최신 교육의 이해 2판

INTRODUCTION TO EDUCATION

이인학 · 이기영 · 김규태 · 최성열
신성철 · 박지은 · 류관열 · 김도진 공저

학지사

2판 머리말

　현대인들은 자신들이 의식하거나 의식하지 못하는 가운데 다양한 교육활동에 참여하며 살아가고 있다. 여기서 교육(education)이라는 용어는 상당히 철학적이고 학술적인 개념인 동시에 일상생활에서도 자주 사용하는 친근한 단어다.

　동서양을 막론하고 교육은 개인 내부의 자연적 성장의 힘과 외부의 영향력과의 합력(合力)으로 성립되는 인간형성의 작용을 말하며, 타고난 그대로의 인간을 바탕으로 하여 참되고 가치 있는 인간으로 이루어 보려는 작용으로 인식되고 있다.

　그러나 교육은 시대와 사회의 여건, 교육학자 자신의 주의나 세계관에 따라 각기 그 의미를 달리해 왔다. 도덕적 · 인격적 면을 중시한 칸트(Kant, I.)는 교육은 인간을 인간답게 형성하는 작용이라 보았고, 문화와 지식 면에 치중한 슈프랑거(Spranger, E.)는 비교적 성숙한 사람이 미숙한 사람을 자연의 상태에서 이상의 상태로 끌어올리기 위하여 문화재를 통하여 유의적(有意的) · 구체적 · 계속적으로 주는 문화작용으로 보아 교육을 문화의 번식, 즉 전달과 경신이라고 하였다. 반면에 생명과 생활경험 면에 중점을 둔 듀이(Dewey, J.)는 인간 생명의 유한적이거나 창조적인 면과 사회적 생명의 영속적이거나 전달적인 면이 합치되는 것이 인간의 전일적 생활이며, 이것을 자유와 자연에 방임해 두는 것이 아니고 뜻 있게 선택하여 조정하고 이상화하는 것이 곧 교육이라 보았다. 개인주의 심리학적 입장에 입각한 루소(Rousseau, J. J.)나 케이(Key, E.)가 인간의 자발자전(自發自展)

을 위한 모든 조성작용을 교육이라 주장했음은 주지의 사실이다.

이처럼 교육은 시대와 환경에 따라 그 목적이 달리 설정되어 왔으나 교육 그 자체가 정의하는 대로 인간을 인간답게, 사회와 국가에 바람직한 인간으로 만드는 것을 가장 이상적으로 생각하였음은 재론의 여지가 없다.

그럼에도 불구하고 한국 교육의 현실은 '전인교육' '인간본위의 교육'과는 다소 동떨어진 것이 사실이다. 자주 바뀌는 입시교육정책, 교육의 하향 평준화, 입시위주로 전락한 학생들의 인성교육 등은 우리나라 교육의 현주소를 대변할 정도로 국가발전이나 나라의 역량에 비례한 큰 틀에서의 교육정책이 제대로 자리 잡지 못한 것이 현실이다.

2008년 초 이명박 정부가 구성되면서 교육인적자원부가 폐지될 것이라는 언론보도에 많은 국민들이 놀랄 정도로 우리나라 교육정책의 난맥상은 여전하다. 이러한 시점에서 교육학을 강의하고 있는 저자 여덟 명이 합심하여 만든 『최신 교육의 이해』는 국가백년대계가 곧 교육정책에 있음을 제대로 지각하고 이 나라의 교육발전을 위해 조그만 벽돌 한 장을 올린다는 겸허한 심정으로 펴내는 것이며, 배우는 후학들에게 조그만 도움이라도 되었다면 이 책에 대한 큰 보람으로 여길 수 있을 것이다.

이 책은 여덟 명이 분담하여 교육학에 대한 기본 구상을 장별로 나누어 집필했으나 한 사람의 저자가 단독으로 집필한 것이나 다름없이 하기 위해, 책 전체의 일관성을 유지하고 체제의 통일성을 기하기 위해 공동 집필자들은 편집지침의 기본 원칙을 따르는 데 나름대로의 최선을 다했다. 그러나 간혹 사소한 부분에서의 누락이나 중복 언급은 피할 수 없을 것으로 판단된다. 부족한 부분은 학계 동료 연구자들과 독자들의 비판과 조언을 통하거나 의견을 모아 수정·보완의 기회를 통해서 반영하도록 노력할 것을 약속드린다.

이 책의 구성 가운데 전반부인 제1장 교육 및 교육학의 이해에는 교육의 어원, 정의 등을 포함한 교육의 개념을 담았다(김규태). 제2장 교육의 역사적 기초에는 한국교육사와 서양교육사의 내용이 포함되었다(박지은). 제3장 교육의 철학적 기초에는 교육철학의 개념 및 교육철학의 기능, 현대 교육철학의 사조에 대한 내용이 수록되었다(류관열). 제4장 교육의 심리적 기초에는 발달이론과 학습이론을 실었고(최성열), 제5장 교육의 사회적 기초에는 교육사회학의 이론적 관점 및 사회계층과 교육에 관한 내용을 담았다(김도진). 제6장에서는 교육과정에 대한 내용을 다루었다(신성철). 후반부인 제7장에서는 교육공학에 대해서 기술하였으며(신성철), 제8장에서는 교육의 측정과 평가에 대해서 언급하였다(최성열). 제9장에서는 생활지도와 상담에 관한 내용이 주로 논의되었으며(이기영), 제10장에서는 교육행정에 대한 상세한 기술이 나타나 있다(이인학). 그리고 마지막인 제11장에서는 교사론을 중심으로 기술하였다(이기영).

　끝으로 2판 출간을 기꺼이 허락해 주신 학지사 김진환 사장님께 사의를 표하며, 책의 편집과 교정에 이르기까지 세세하고 꼼꼼한 배려를 아끼지 않았던 백소현 선생님께도 감사의 말씀을 전한다.

2013년 8월
저자 일동

차 례

제2장 교육의 역사적 기초

제3장 교육의 철학적 기초

제4장 교육의 심리적 기초

제5장 교육의 사회적 기초

제6장 교육과정

제7장 교육공학

제8장 교육의 측정과 평가

제9장 생활지도와 상담

제10장 교육행정

제11장 교사론

제 1 장

교육 및 교육학의 이해

1. 교육의 의미

교육이라는 말이 어떤 의미로 쓰이고 있는지를 알아보기 위해서는 우선 교육의 어원에 대하여 살펴보는 것이 쉬운 방법일 수 있다. 교육에 대한 어원은 동양과 서양 관점에서 살펴볼 수 있다.

동양적 관점에서 보면, 교육(敎育)은 교(敎)와 육(育)이 결합된 단어다. 다시 교(敎)는 본받을 효(爻), 아들 자(子), 칠 복(攴)의 의미가, 육(育)은 자(子)와 육(肉)이 결합된 단어다. 이들 단어 속에 내재된 의미를 풀이해 보면, 교육은 아동을 회초리로 가르치면서 어른을 본받게 하는 교(敎)와 어머니가 품속에서 아이를 기른다는 육(肉)의 뜻을 지니고 있다.

한편 서양적 관점에서 보면, 교육은 pedagogy와 education이다. Pedagogy는 paida(아동)와 gogos(이끌다)가 결합되어 아동을 이끄는 사람이라는 의미이며, education은 e(out of, 안에서 밖으로)와 ducare(draw, 끄집어내다)가 결합되어 아동의 내재된 잠재력을 발현한다는 뜻을 갖는다(김규태, 방경곤, 이병환, 권민석,

2013).

동서양의 교육에 대한 어원을 종합해 보면, 교육은 성숙한 어른이 자녀나 학생들을 기르고 가르치며 보살핌으로써 그들 속에 내재된 잠재력, 재능, 역량을 발현하는 행위라고 할 것이다. 다시 말해, 교육은 학생들이 지니고 있는 '꿈' '꼴' '꾼' '끈' '깡' '꾀' '끼'를 실현하도록 돕는 것이다.

교육은 학생 개인이 이루고자 하는 장래 목표와 진로를 성취하도록 '꿈'을 가꾸게 하는 것이다. 교육은 탁월한 감성과 도덕적 됨됨이를 갖춘 '꼴'을 갖게 하는 것이다. 교육은 종합적 사고와 창의적 전문성을 지닌 '꾼'이 되게 하는 것이다. 교육은 다양한 사람들과 인적 네트워크를 형성하는 '끈'을 매게 하는 것이다. 교육은 도전하고 모험을 감수하고 새로운 영역을 개척하는 '깡'을 갖게 하는 것이다. 교육은 당면한 현실과 문제를 창의적으로 해결할 수 있는 '꾀'를 부리게 하는 것이다. 교육은 적성과 특기와 카리스마인 '끼'를 발산하도록 하는 것이다.

교육은 학생들의 '꿈' '꼴' '꾼' '끈' '깡' '꾀' '끼'를 바람직한 방향으로 이끄는 것이다. 이러한 교육의 의미에는 인간에 대한 신념, 변화에 대한 신념과 계획에 대한 신념 등의 전제가 담겨 있다. 인간에 대한 신념은 인간의 존엄성에 대한 신념, 인간의 주체성에 대한 신념, 인간의 성장 가능성에 대한 신념이며, 이것들은 교육을 성립시키는 대전제가 된다. 변화에 대한 신념은 인간의 가능성을 현실성으로 옮겨 가는 과정에서 인간이 변화한다는 것이다. 계획에 대한 신념은 교육이 인간의 성장 가능성에 대한 신념을 바탕으로 하고 변화를 전제로 하여 성립된다고 하더라도 이를 실천해 감에 있어서 어떤 방향과 방법으로 변화시킬 것인가에 대한 계획을 필요로 한다는 것이다.

교육이라는 의미는 가치지향성과 가치중립성 관점에서 규정되기도 한다. 가치지향성을 강조하는 것을 규범적 정의라고 하며, 가치중립성을 강조하는 것을 서술적 정의라고 한다. 규범적 정의는 "교육은 전통에 입문하는 과정으로 이성적인 안목을 길러 주는 것이다." "교육은 인간의 내적인 자아실현의 과정이다." "교육은 인간을 인간답게 형성하는 작용이다." 등으로 바람직한 방향과 가치를 담고 있다. 한편 서술적 정의는 "교육은 지식 획득의 과정이다" "교육은 국가 및 경제 발전의 수단이다." "교육은 인간 행동의 계획적 변화다." 등으로 교육의 수단적, 외재적 측면을 강조한다(김규태 외, 2013).

2. Peters의 교육의 개념

R. S. Peters는 교육의 정의를 다음과 같은 기준으로 규정하고 있다. Peters는 교육의 개념을 ① 기준으로서의 교육, ② 입문으로서의 교육, ③ 교육받은 사람으로 구분하여 제시하고 있다.

1) 기준으로서의 교육

Peters는 세 가지 기준을 충족할 때 교육이 성립한다고 보았다. ① 교육은 가치 있는 것을 전달함으로써 그것에 헌신하는 사람을 만든다. ② 교육은 지식, 이해 그리고 어떤 인지적 안목을 포함하며 이러한 것들은 무기력해서는 안 된다. ③ 교육은 학습자의 의도성과 자발성을 무시해서는 안 된다.

첫 번째 기준은 교육의 규범적 측면을 말하고 있다. Peters는 교육은 가치 있는 것이 달성되어야 한다는 기준을 자명한 원리로 생각했다. 교육은 가치 있는 것이 도덕적으로 받아들일 수 있는 방법을 통해 의도적으로 전달되고 있거나 전달되었다는 것을 의미한다. 어떤 사람이 교육을 받았으나 좋은 방향으로 변화되지 않았다든가, 자기 아들을 교육하면서 가치 있는 어떠한 것도 가르쳐 주지 않았다는 것은 논리적으로 모순일 것이다.

두 번째 기준은 교육의 인지적 측면을 말하고 있다. Peters는 교육받은 사람이 되기 위해서는 지식과 어떤 개념 구조를 갖추고 사실을 전체적으로 조직하는 원리를 알고 사물이 왜 그런가에 대한 이유를 이해하고 있어야 한다고 보았다. Whitehead는 이에 대해 무기력한 지식이 되어서는 안 된다고 말했는데, 그가 말한 지식은 사물을 전체적으로 보는 안목을 지니고 있으며 아는 것에 헌신하는 지식이다. 또한 Peters는 인지적 안목을 강조했는데, 그것은 자기가 하고 있는 일을 다른 것과 관련지을 수 있고 그것이 삶의 어떤 부분에 있는가를 아는 지식이다. Peters는 훈련과의 차이점을 말하면서 훈련은 제한된 기술이나 사고 방식을 길러 주는 것임에 비하여 교육은 보다 넓은 신념체계를 가진다고 했다.

세 번째 기준은 과정에 대한 기준이다. Peters는 어떤 것이 교육적 과정으로 간주되기 위해서는 교육받은 사람에게 자기가 교육받고 있다는 데 대한 최소한의 의식이 필요하다는 점을 강조한다. 가르친다는 것은 학생들이 이성을 가지고 있다는 점을 인정한다는 것이다. 자기가 어떤 일을 하고 있는지를 알지 못하고 그 활동의 의미와 내용마저 모른 채 단순한 명령과 지시를 수동적으로 받아들인다면 교육이 아닌 것이다. Peters는 지적인 요소가 개입될 여지가 없는 틀에 박힌 일을 아무 생각 없이 반복적으로 연습하는 것은 교육에서 제외되어야 한다고 했다.

이러한 점에서 교사가 독단적으로 지식을 주입하거나 아이의 독자적인 생각을 무시하고 같은 것을 여러 번 반복하여 기계적인 반응을 하게 한다면, 그것은 아무리 가치 있는 내용이라 하더라도 교육이 아니다. 훌륭한 교사는 학생들이 처음에 흥미를 느끼지 못하는 일에 계속 전념하도록 할 수 있는 사람이라고 했다. 물론 학생들이 원하는 것이 아닌 필요한 것에 자발적인 흥미를 불러일으킨다는 것은 쉬운 일이 아니다. 이 점에서 Peters는 교육을 입문하는 과정으로 보고 있다.

2) 입문으로서의 교육

Peters는 Dewey를 중심으로 하는 성장이론가를 비판했다. 그들은 지나치게 흥미를 강조한 나머지 가치 있는 내용을 의도적으로 전달하는 교사들의 역할을 회피했다고 비판했다. 그뿐 아니라 Peters는 학생의 자발성과 의도성을 무시했다는 점에서 전통주의자들도 비판했다. 이러한 비판을 바탕으로 Peters는 교육을 입문(initiation)의 관점으로 보았다.

입문이란 성년식으로 쓰이고 있는데 사회 구성원이 되는 관문에 들어섰다는 것이다. 교육의 최종 목적은 자기학습이라고 할 수 있다. 자기 스스로 학습하는 방법을 터득하여 혼자서도 학습할 수 있는 여건을 조성할 수 있을 때 자기학습이 가능한 것이다. 학생 스스로 자기학습이 가능할 때 우리는 학문에 입문했다고 할 수 있는 것이다.

Peters가 말하는 입문의 의미는 공적 전통(public tradition)에 입문하는 것이라고 했는데, 공적 전통이란 '삶의 형식(form of life)' 또는 '지식의 형식(form of knowledge and awareness)'이며, 인류가 오랫동안 공동으로 이룩한 전통이다.

교육은 경험 있는 사람이 경험 없는 사람들의 눈을 개인의 사적 감정과 관계 없는 객관적인 세계로 돌리게 하는 일이다. 결국 교육을 입문, 성년식에 비유한 것은 아주 냉혹한 객관적인 세계의 관문에 들어서게 한다는 데서 비롯된다.

이러한 견해는 교사중심의 전통주의도, 아동중심의 진보주의도 아니다. 교사의 것도 학생의 것도 아니며 양자가 공유하도록 해야 한다. 양자 모두 공동의 세계를 탐색하는 경험에 공동으로 참여케 하는 것이다. 따라서 교사는 학생들을 이러한 세계로 가는 길에 이끌어서 타인의 도움 없이 혼자의 힘으로 설 수 있도록 돕는 일을 해야 한다.

3) 교육받은 사람

Peters는 교육의 목적에 관한 논의에서 교육의 목적은 필요치 않다고 했다. 왜냐하면 교육의 개념 속에 교육의 목적에 해당되는 부분이 들어 있기 때문이라는 것이다. 그러나 교육의 목적을 꼭 해명해야 한다면 교육의 개념 속에서 추론될 수 있으며, 그것은 바로 '교육받은 사람(educated man)'을 만들고자 한다는 것이다.

Peters는 교육의 개념을 분석하면서 교육은 내재적 목적을 가지고 있다고 했다. 즉, 그는 교육은 교육 이외의 그 어떠한 목적도 가질 수 없으며, 교육의 가치는 교육 안에 내포되어 있는 원리들과 기준들로부터 온다고 했다. 즉, Peters는 교육이 외재적인 목적을 위한 수단이 되는 것을 경계했다.

교육은 가치 있는 정신의 상태, 지성, 탁월성의 도야 등과 같은 내재적인 목적을 가지고 있다는 것이다. 그러므로 교육받은 사람 역시 내재적 가치에 목적을 두고 있는 사람이다. 다시 말하면 교육받은 사람은 가치 있는 것을 통달하고 또 그것을 배려하며 인지적 안목에서 바라보는 것을 특징으로 하는 정신 상태를 성취한 사람이다.

교육이 가치 있는 것이라면 교육받은 사람도 당연히 가치 있는 일에 헌신하는 사람이어야 한다. 또한 교육받은 사람은 사물을 전체적으로 보는 안목을 지니고 자기가 하는 학문과 다른 분야의 관계를 알며, 그것이 인생의 어떤 위치에 있는가를 아는 인지적 안목을 가진 사람이다. 교육받은 사람은 잡다한 지식을 많이 갖고 있거나 한 분야에만 뛰어난 능력을 갖춘 사람이 아니다. 적어도 지식의 체계를 알고 그 분야가 자신의 삶에 어떤 의미를 갖고 있는가를 아는 안목을 소유한 사람이다. Peters가 교육받은 사람에 대해 특히 강조한 것은 그가 '무엇을 하는가?'에 따라서라기보다는 그가 '무엇을 보는가?' 또는 '무엇을 파악하는가?'에 달려 있다는 뜻이다. 즉, 그는 전체적인 안목과 인지적 안목에 큰 비중을 두었다.

이것은 교육을 통해 새로운 눈을 가지게 될 뿐만 아니라 삶을 바라보는 안목이 보다 다양해진다는 것이다. 교육받은 사람은 지식의 체계, 사실을 조직하는 원리에 대한 이해능력을 갖추어야 하며, 고도로 발달된 과학적 지식을 갖고 있다고 할지라도 지식의 범위가 지나치게 협소하거나 자기가 하고 있는 일을 인생의 다른 분야와 관련시키지 못한다면 그를 교육받은 사람이라 할 수 없고 훈련받은 전문가에 불과하다.

훈련이라는 것이 제한된 기술이나 사고방식을 길러 주는 것임에 비하여, 교육은 보다 넓은 신념체계를 다룬다. '훈련받은 마음'을 가진 사람은 자기 앞에 놓인 특정한 문제를 꼼꼼하고 유능하게 해결할 수 있다. 그러나 '교육받은 마음'에는 그러한 분위기의 여러 국면 내지 차원을 넓게 의식하고 있다는 뜻이

들어 있다.

그뿐 아니라 어떤 사람이 알기만 하고 그것을 생활에 관련시키지 못할 때 그를 교육받은 사람과 구별하기 위하여 '알기만 하는 사람(knowledgeable man)'이라 부른다. 왜냐하면 교육받은 사람은 자신이 가진 지식에 따라서 자신의 견해를 변화시키는 사람이다. 이러한 의미에서 볼 때 많이 배운 자가 정직하지 못하면 문제는 심각해진다. 무지한 자들의 술수는 금방 탄로가 나지만, 배운 자들의 기만 술수는 세월이 한참 지나야 밝혀지기 때문이다.

요약하면, 교육받은 사람은 교육의 목적이나 교육의 개념을 성취한 사람이다. 그러므로 교육받은 사람은 교육의 기준을 충족해야 하며 교육의 내재적 가치에 따른 절차의 원리를 준수하는 사람이다.

3. 교육의 구성요소

일반적으로 교육활동이 이루어지는 장면을 생각해 보면 교육을 행하는 교사, 교육을 받는 학습자, 그리고 교사와 학습자가 상호 교섭할 수 있도록 연결해 주는 매개체로서의 교육내용(교재)으로 이루어져 있다. 이 세 가지 구성요소는 교육을 성립하게 하는 가장 기본적인 것으로 교육의 3요소라고 불린다.

1) 교사

교사란 어떤 형식으로든 가르치는 위치에 있는 사람들을 통칭하는 말이다. 좁은 의미로는 가르치는 일정한 장소가 있고 그곳에서 가르치는 사람, 소위 '선생님'을 의미한다. 넓은 의미에서 교사는 교육대상인 학생을 지도하고, 조력하고, 안내하고, 자극하여 과거의 상태보다 성장하도록 하는 데 직간접적으로 기여하는 모든 사람과 환경을 지칭하는 말로 사용할 수 있다.

2) 학습자

교육은 학습자를 대상으로 한다. 학습자는 아직 미성숙하고 가르침을 필요로 한다는 것이 교육의 출발점이며, 학습자가 성숙한 상태에 이르렀을 때 비로소 교육은 끝난다고 할 수 있다. 지금까지의 학습자는 교육을 받는 대상이라는 의미에서 교육의 객체로 간주되어 왔지만, 학습자는 교사가 가르치는 지식을 단순히 수동적으로 받아들이는 대상이 아니라 성장할 수 있는 무한한 가능성을 가지고 있다. 즉, 교육을 통해 변화하는 주체라는 측면에서의 학습자는 교육에서 가장 중요한 위치를 차지한다.

3) 교육내용

교육내용은 교육활동의 수행에서 교사와 학습자를 연결시켜 준다는 의미로 교육의 매개체라고 할 수 있다. 매개체이기는 하지만 교육이 바로 교육내용을 다음 세대에 전달하기 위한 활동이라는 점에서 교육내용은 교육의 핵심을 차지한다.

예전에는 교사와 학습자, 매개체인 교육내용을 완전히 분리된 별개의 존재로 생각하는 경향이 없지 않았지만, 지금에 와서는 별개의 존재로 생각하는 것이 아니라 어떻게 상호작용하고 서로 긴밀하게 협조하는 것이 교육의 효과를 극대화할 수 있는지 여러 각도에서 연구하고 있는 추세다.

4. 교육의 형태

교육의 형태는 그 기준을 어디에 두느냐에 따라 여러 가지로 분류될 수 있다. 교육받는 대상에 따라 유아교육, 아동교육, 청소년교육, 성인교육으로, 교육이 이루어지는 장소에 따라 가정교육, 학교교육, 사회교육, 직장교육으로, 교육내

용에 따라 교양교육과 직업전문교육으로, 또한 교육제도에 따라 초등교육, 중
등교육, 고등교육 등으로 구분할 수 있다. 여기서는 다양한 교육의 형태 중에서
교육의 기본적 개념을 이해하는 데 중요한 유형인 형식교육과 비형식교육, 가
정교육과 학교교육, 사회교육에 대해 살펴보고자 한다.

1) 형식교육과 비형식교육

교육은 의도에 따른 형식을 완전히 갖춘 형식교육(formal education)과 형식을
불완전하게 갖춘 비형식교육(informal education)으로 분류된다. 형식교육이란
특정한 교육의 이상과 목적에 따라 그것의 실현을 위하여 의도하는 것을 계획
하고 지속적으로 일정한 기간 동안 실시하는 교육을 말한다. 즉, 교육하고자 하
는 일련의 계획된 의도가 있고 그 의도에 따라 선정된 교육내용을 특정 장소에
서 학습자에게 교육하는 과정이 있는 것이다. 대표적인 형식교육의 형태는 학
교교육이다.

비형식교육은 일정한 틀을 가지고 있는 학교에서 이루어지는 것이 아니라
자연이나 사물, 인간관계에서 자연 발생적으로 이루어지는 무의도적 교육을
의미하며, 비형식교육의 대표적인 예로는 가정교육을 들 수 있다. 교육은 학교
교육과 같은 형식교육만으로 이루어지는 것이 아니다. 학생은 자기가 원하든
원치 않든, 좋든 나쁘든, 거의 무의식적이고 우연적으로 지식과 기술, 규범과
관습, 생활 습관 등을 배운다. 비형식교육은 교육을 위해 필요한 계획성, 조직
성 등의 요건을 갖추지 못하며 개인을 둘러싸고 있는 제반 환경과 조건에 따라
교육되는 것이다. 이러한 일련의 사회적 영향은 사회가 인간에게 미치는 자연
적 기능인 것이다. 비형식교육의 형태에는 가정교육이나 사회교육이 해당되며
현대 사회에서의 매스컴이나 인터넷 등도 사람들에게 매우 강한 영향력을 가
지고 있다.

하지만 형식교육과 비형식교육은 서로 별개의 존재로 있는 것이 아니고 상호
연속적이고 보완적인 관계를 가지고 있다. 학교, 가정, 사회에서의 교육이 서로

균형을 유지하며 이들을 바람직한 방향으로 이끌어 나갈 때 교육의 성과를 기대할 수 있다. 따라서 형식교육을 통하여 의식적으로 아는 내용과 비형식교육을 통하여 무의식적으로 아는 내용 사이의 불일치를 좁히는 문제가 교육의 방향을 설정하는 데 아주 중요한 문제라 할 수 있다.

2) 가정교육, 학교교육, 사회교육

교육이 이루어지는 장소를 중심으로 교육의 형태를 구분해 보면, 교육은 가정교육, 학교교육, 사회교육으로 나눌 수 있다. 흔히 교육은 학교에서만 이루어진다고 생각하기 쉽지만, 넓은 의미에서의 교육은 학교 뿐만 아니라 가정과 사회에서도 이루어지고 있다.

(1) 가정교육

가정교육은 모든 교육의 기초가 되며 인간교육이 이루어지는 기본적인 터전을 마련해 준다. 가정교육은 가족 집단을 단위로 하여 성립되는 교육의 형태이며, 부모가 의도적으로든 무의도적으로든 자녀에게 행하는 모든 행위를 말하는 것으로 비형식교육에 속한다. 가정교육의 중요한 특징은 다음과 같다.

첫째, 가정교육은 자연적, 무의도적으로 이루어지는 교육이다. 가정은 인간이 태어나면서부터 자연적으로 소속되는 집단이다. 모든 인간은 가정에서의 삶의 과정에서 거의 자연적으로 그리고 아무런 의도 없이 다양한 것들을 배우게 된다. 가정에서도 자녀의 교육을 위한 계획을 세우고 조직적으로 지도하기도 하지만 학교교육의 조직과 체계에 비한다면 매우 미미한 것이다. 그러나 학교교육의 기초가 바로 가정이라는 점에서 가정교육의 중요성은 결코 과소평가될 수 없다.

둘째, 가정은 강한 애정을 중심으로 결속된 집단이다. 가정교육은 강한 애정과 신뢰로 결속된, 연령과 성별이 서로 다른 가족 구성원 사이에서 실시되며 부성과 모성의 상보적 관계를 통하여 이루어지므로 인간 삶의 원천이 되는 애정을 학습하게 된다.

셋째, 가정교육은 인간성의 기초를 형성하는 장이다. 모든 인간은 태어나면서 자연적으로 가정의 구성원이 된다. 어린 시절의 대부분을 부모, 형제와 생활하면서 보내는데 그 과정에서 심리적, 정서적, 사회적 특성을 습득하고 형성하게 된다. 이는 이후의 삶에도 지속적으로 영향을 미친다.

넷째, 가정교육의 내용은 실생활에서 필요한 지식과 기능을 습득하는 것이다. 인간이 활동하는 데 필요한 기본 지식과 기능, 덕성 등은 모두 가정교육을 통하여 형성된다. 특히 언어 습득은 단순한 의사소통의 수단을 넘어 사고와 감정 그리고 행동의 원리를 내재하고 있다는 점에서 매우 중요하다.

다섯째, 가정교육은 그 기능상 일정하게 정해진 프로그램에 따라 훈련에 중점을 두는 학교교육과는 달리 항상 자녀의 심신 보호와 배려가 배경이 되고 있다. 과잉보호나 방임이 아닌 적절한 보호는 교육의 가장 원초적 형태다. 따라서 가정에서의 적절한 보호는 아동의 건전한 인성과 심신의 발달을 도와주며 새로운 변화에도 안정감을 가질 수 있도록 한다.

이와 같은 가정교육의 특성과 의의에서 제대로 실효를 거두기 위해서는 무엇보다 교육적인 가정환경이 조성되어야 한다. 우리가 살고 있는 현대 사회는 핵가족 현상의 심화, 맞벌이 부부의 증가 등으로 인하여 전통적인 가정이 갖는 여러 교육적 기능을 수행하기 어려운 면이 많다. 이러한 이유로 가정교육의 기능들을 학교교육이나 사회교육에서 떠맡고 있다. 그러나 이러한 학교교육이나 사회교육은 강한 애정과 신뢰에 바탕을 둔 가정교육의 기능을 제대로 수행할 수 없는 측면이 많다. 따라서 가정교육의 중요성이 새롭게 인식되고 있으며, 앞으로도 가정의 교육적 기능을 회복하고 향상하기 위한 여러 이론적 및 실천적 노력이 뒷받침되어야 할 것이다.

(2) 학교교육

학교는 가정 다음으로 가장 중요한 사회화 기관이다. 학교는 제도화된 틀 속에서 전문적인 소양과 지식을 갖춘 교사가 일정한 연령층의 학생을 대상으로 문화유산을 교육내용으로 구성하여 의도적이고 계획적이고 조직적으로 교육하는 곳이다. 오늘날 학교교육은 가장 중요하고 대표적인 형태의 교육기관이다. 이러한 학교교육의 중요한 특징은 다음과 같다.

첫째, 학교교육은 문화유산을 전승함으로써 사회의 유지와 존속을 가능하게 한다. 인간이 동물과 구별되는 특징 중의 하나는 문화를 창출해 낸다는 점이다. 인간이 인간성을 유지하고 인간다운 삶을 유지해 내는 것도 이러한 문화유산이 전승되고 있기 때문이다. 따라서 문화유산을 체계적이고 전문적으로 전승하기 위해서는 교육기관이 담당해야 할 몫이 크다.

둘째, 학교교육은 문화유산을 전달함으로써 사회의 통합과 통제의 기능을 수행한다. 학교는 과거로부터 내려오는 문화유산을 가장 조직적이고 효과적으로 전달할 수 있는 기관이다. 또한 그러한 문화유산인 행동양식, 가치관, 축적된 지식, 사회규범 등을 습득함으로써 사람들은 유사한 인격과 행동 특성을 갖는데, 이는 공동체 의식을 가진 사회 구성원이 된다는 것을 의미한다.

셋째, 학교교육은 사회적 선발 및 지위 결정의 기능을 한다. 학교교육은 학생들에게 장차 종사할 직업에 필요한 다양한 지식과 기술을 제공하고 태도와 가치관을 교육시킴으로써 그들의 직업을 선택하게 하는 힘을 제공한다. 이는 그들의 사회적 지위를 결정하는 중요한 요소다.

넷째, 학교교육은 사회의 변화 및 발전 기능을 수행한다. 학교는 끊임없이 변화하는 사회의 새로운 지식과 기술을 학생들에게 전수함으로써 사회의 변화와 발전을 촉진시킨다.

다섯째, 학교교육은 자아실현의 기능을 한다. 학교교육은 개인의 성장과 발달을 극대화하기 위해 환경을 조성하려고 한다. 교육의 대상은 바로 인간이고 인간은 개인차가 있으므로 학교는 학습자 개개인을 교육의 출발점으로 삼아 교육의 목적인 전인적인 성장과 발달을 도모하고자 한다.

(3) 사회교육

사회교육(social education)은 넓은 의미로 성인교육, 청소년교육, 가정교육, 직업교육, 종교교육 등을 포괄한 개념이고, 좁은 의미로는 성인과 청소년을 대상으로 하는 어느 정도의 의도적이고 조직적인 교육활동으로서 가정교육과 학교교육에 대조되는 개념이라고 할 수 있다. 즉, 넓은 의미로 정의해 보면 '사회교육은 학교 외에서 전개되는 조직적이고 계속적인 교육활동의 총체다.'

3) 평생교육

평생교육(lifelong education)은 인간 삶의 질 향상이라는 이념을 추구하기 위하여 요람에서 무덤까지, 즉 인간이 태어나서 죽을 때까지 전 생애에 걸쳐 교육이 필요하며 생애에 걸친 교육이 일정한 체계를 이루고 행해져야 한다는 것을 의미한다. 즉, 평생교육은 태교에서부터 유아교육, 아동교육, 청소년교육, 성인교육, 노인교육이 서로 관련성을 갖도록 수직적으로 통합된 교육이며, 가정교육, 학교교육, 사회교육이 상호 협력할 수 있도록 수평적으로 통합된 교육인 것이다. 평생교육의 관점에서 인간은 삶을 유지하는 동안 시공간적 제약을 받지 않고 언제, 어느 곳에서든 교육받을 수 있는 존재이며, 보다 가치 있고 바람직한 삶을 살기 위해 교육을 필요로 하는 존재다. 이런 점은 사회교육과 유사하나 사회교육보다 넓은 범위에서의 교육에 대한 관점이다.

5. 교육학

교육학은 교육의 현상과 행위에 관한 학문적 탐구과정과 그 과정을 통해 획득된 지식의 체계다. 교육학은 다른 학문이 이루어 낸 성과를 활용하여 교육현상을 탐구한다는 측면에서 응용학문의 성격을 띠고 있다. 교육학은 교실 안에서의 교사와 학생의 상호작용에 관한 실천을 강조한다는 점에서 실천지향적 성격이 강하다. 또한 교육학은 여러 학문의 지식을 토대로 교육현상을 바라본다는 점에서 종합적이고 간학문적이다.

교육학은 규범적 교육학, 공학적 교육학, 설명적 교육학, 비판적 교육학 등으로 구분될 수 있다(이돈희, 2003). 규범적 교육학은 교육의 이상적 모습, 즉 이상적인 교육의 조건과 당위적 규칙을 추구하며, 공학적 교육학은 교육의 효율성을 높이는 원리와 기술의 개발에 관심을 갖는다. 그리고 설명적 교육학은 교육현실 속에 전개되고 있는 교육활동이나 교육제도가 어떤 성격의 것이냐에 관심을 갖고, 비판적 교육학은 교육활동이나 교육제도에 숨겨져 있는 문제의 비판적 분석에 관심을 갖는다.

교육학의 분야는 순수학문이라기보다는 다른 학문의 관점에서 교육의 현상을 설명하는 응용학문으로, 인문과학적 성격은 물론 사회과학이나 공학적 성과를 토대로 조직된 복합학문적 성격을 띤다고 할 수 있다. 교육학 분야는 여러 영역으로 구분으로 되고 있으나 여기서는 다음과 같이 교직과정에서 배우는 교육학 과목들을 중심으로 구분한다.

1) 교육사 및 교육철학

역사학자 E. H. Carr는 『역사란 무엇인가』라는 책에서 역사란 현재와 과거의 끊임없는 대화라고 하면서 과거를 통해 현재를 조명하고 미래를 예측할 수 있다고 했다. 이처럼 교육사는 교육현상을 파악하는 통찰력을 길러서 현재의 교육실천을 돕고, 미래의 교육을 전망할 수 있게 하는 교육학의 한 분야다. 교육사는 지난 교육의 성공과 실패를 보여 주기 때문에 현재 교육에 대한 판단의 지침을 제공한다. 그리고 과거의 내용과 방법을 알아서 현재 교육의 장면을 바라봄으로써 미래에 더 좋은 교육을 생각하고 실천할 수 있게 한다. 즉, 과거의 교육을 과학적으로 비판, 검토하여 오늘날의 교육 현실과 문제를 분석하고 미래의 교육을 올바르게 설계할 수 있게 한다(김수동, 김준권, 서의정, 이기룡, 이범석, 2011).

한편 교육철학은 교육현상과 실천행위들을 분석적(사물 또는 현상의 가정, 의미, 원리, 관계를 파악)이고 통합적(간학문적, 다양한 관점에서 접근) 관점에서 사고, 반성, 분석, 비판하는 학문이다. 교육철학은 교육과 인간의 본질에 대한 진리를 추구하고 교육적 실천과 담론에 대한 비판적 탐구를 한다. 교육철학은 존재의 본질을 탐구하는 존재론, 지식의 근원과 탐구방법을 다루는 인식론, 가치 있고 바람직한 것이 무엇인가를 탐색하는 가치론, 철학적 탐구와 사고의 방법과 원리를 규명하는 논리학 등에 주로 관심을 둔다.

교육철학이 중요한 이유는 교육철학의 분석적, 평가적, 사변적, 통합적 역할에서 살펴볼 수 있다. 우선 분석적 역할은 교육적 의미체계를 구성하거나 내재하고 있는 언어, 신념과 가치관, 사회관 등의 의미와 관계(예: 교권, 체벌, 학생인권 등)를 규명하는 것이다. 둘째, 평가적 역할은 주어진 기준이나 준거에 비추어 교육적 의미체계나 교육 실제를 평가하는 활동(예: 방과후 수업의 효과 등)을 말한다. 셋째, 사변적 역할은 교육에 대한 새로운 설명체계나 의미체계를 구안하여 설명하거나 교육적 비전 및 방향을 제시(예: 세계화 시대에서의 교육과정, 융합학문 시대의 수업방법 등)하는 것을 말한다. 넷째, 통합적 역할은 여러 가지 차원과 관점에서 제시되는 교육에 대한 의미체계를 전체적으로 검토하고 이를 통합된 체계로 파악하려는 활동(예: 학생 비행에 대한 종합대책)을 말한다(송유진, 김규태, 2012).

2) 교육심리학

교육심리학은 교육의 현상 및 과정을 심리학적 측면에서 연구하여 교육활동에 필요한 실제적 지식과 기술을 제공함으로써 효과적인 학습지도와 생활지도에 도움을 주는 학문이다. 교육심리학의 분야는 크게 발달심리, 학습심리, 성격 및 적응심리, 생활지도 등으로 구분된다. 발달심리는 학생의 신체, 지능, 성격, 사회성, 도덕성 등의 발달을 다룬다. 학습심리는 학습의 원리와 방법, 학습동기, 자아효능감, 성취목표, 개별화 방법 등을 다룬다. 성격 및 적응심리는 학생의 성격, 부적응, 적응기제 등을 다룬다. 생활지도는 학생에 대한 지도, 조언, 코칭 등을 다룬다(문선모, 2010).

교육심리학이 중요한 이유로는 교사들이 교육현장에서 당면하는 문제해결 과정의 근거 탐색(예: 학교폭력의 원인), 학생의 발달수준과 개인차를 고려한 수업 내용 및 방법 선택과 적용(예: 강의, 개별화수업, 모둠학습 등), 학습과정과 동기유발 방법에 대한 이해와 활용(예: 효과적인 칭찬, 목표설정), 효과적인 학습활동의 평가, 학생의 전반적 이해와 적절한 생활지도 등을 들 수 있다.

3) 교육사회학

교육사회학은 사회적 상황 속에서 일어나는 교육행위를 탐구한다. 교육은 사회에 의해 만들어진 제도와 내용과 방식에 따라 이루어지고 있다. 또한 교육기관의 교육도 사회적 관계와 구조를 통해 이루어지고 있다. 이러한 점에서 교육은 사회학적 특성을 지닌다. 교육사회학은 역사적이고 사회적인 산물로서의 교육이 어떠한 조건과 방식으로 개인을 사회화하는가, 개인과 집단의 상호작용을 형성하고 통제하는 방식과 주체는 누구인가 등에 관심을 둔다.

교육사회학의 관심 영역은 세계화, 환경, 도시화, 사회적 상호작용, 생애과정, 가족, 건강과 질병, 계층, 빈곤, 복지, 불평등, 성, 종교, 미디어, 조직, 일과 일터 등으로 다양하다. 이들 영역에 대해서 교육사회학은 면대면 상호작용 상황에서 일상적 행동과 사회구조 및 양식에 대한 미시적 접근과 정치체제나 경제질서 및 문화변동에 의한 교육제도와 행위에 대한 거시적 접근, 그리고 미시적이고 거시적인 접근을 연계한 통합적 접근에서 교육의 사회적 현상을 분석한다.

교육의 사회학적 연구는 사회 속에서 어떠한 일이 일어났고 현 상황이 어떠한 것인가 등에 대한 자료를 분석하는 사실적 연구, 한 사회와 다른 사회의 사회적 맥락과 사례를 분석하여 공통점과 차이점을 비교하는 분석적 연구, 현대 사회의 성격을 이해하기 위해서 과거 사회들을 살펴보거나 어떤 형태의 변동 과정을 겪어 왔는지를 분석하는 역사적 연구, 개인 및 집단의 행위, 기능 및 역할 변화에 어떠한 영향을 미쳤으며, 어떠한 사회적 요소와 관련되어 그 변화가 일어났는가에 대한 인과관계를 규명하는 이론적 연구 등으로 분류된다(이종각, 2012).

4) 교육과정 및 교육평가

교육과정(curriculum)은 학교의 교육목적을 달성하기 위하여 선택한 문화 또는 생활경험을 교육적인 관점에서 편성하고 그들 학습활동이 언제, 어디서, 어떻게 행해질 것인가를 종합적으로 묶은 교육의 전체 계획이다. 반면에 교육평가는 교육목적의 달성도에 관한 증거 및 교육목적의 달성에 영향을 미치는 변인에 관한 증거를 수집하고 그에 기초해 교육적 의사결정을 내리는 과정이다. 교육평가 과정에서 가장 핵심이 되는 것은 교육목표의 달성에 관한 의사결정으로서 학습평가, 태도평가, 신체운동 평가 등이다. 교육평가를 위해 사용되는 방법으로는 필답검사, 표준화검사, 질문지, 관찰, 면접, 각종 심리검사 등이 있으며 이러한 도구는 타당성, 신뢰성, 객관성을 갖추어야 한다(서울대학교 교육연구소 편, 1994).

5) 교육방법 및 교육공학

교육방법 및 교육공학은 학급환경에서 이루어지는 수업에 대한 효과적인 전략과 방법을 다루는 분야다. 수업은 교수-학습 활동이 잘 일어나도록 환경을 의도적으로 설계, 개발, 관리하는 것이다. 좋은 수업은 일반적으로 좋은 수업설계나 교육과정 구성하에서, 학습자가 중심이 되어 학습을 설계하고, 학습을 이끌어 가는 과정을 중시하며, 학습자에 의해서 결과가 정리되고 검증될 수 있는 수업을 말한다. 수업은 학습자가 학습목표를 성취하도록 강의, 발문, 토론, 모둠학습, 시범, 연습, 게임, 시뮬레이션, 문제해결 등 다양한 방식으로 이루어진다. 수업의 단계는 주의집중, 수업목표 제시, 선행학습 상기, 학습자료 제시, 학습 안내 및 지도, 연습, 피드백 제공, 형성평가와 파지 및 전이의 고양 등으로 이루어진다.

수업활동에서 교사와 학생 간의 효과적인 상호작용을 촉진하도록 도와주는 수단을 수업매체라고 한다. 수업매체는 언어, 도표, 지도, 슬라이드, 필름, 모형, 파워포인트, 비디오 등으로 다양하다. 학습내용에 따라 그리고 학습자의 학습방식, 학습수준과 학습속도에 따라 적합한 학습경험을 전달할 수 있는 매체가 좋은 수업매체라고 할 수 있다.

최근에는 이러한 수업방식, 절차, 매체 등을 통칭하여 교육공학이라고 한다. 교육공학은 학습과 학업수행 문제의 분석, 교수의 과정과 자원의 설계, 개발, 활용, 평가, 관리 등을 포괄하는 용어로 쓰이고 있다(성태제 외, 2012).

6) 생활지도 및 상담

생활지도는 학생의 건전한 성장과 발달을 촉진하기 위하여 생활과정에서 나타나는 현실적 문제를 개인의 특성에 알맞게 지도하는 일이다. 생활지도의 목적은 개인생활과 사회생활에서의 만족, 행복, 효능감을 증진하고 개인의 자아실현을 도모하는 것이다. 생활지도는 진로지도, 성격지도, 학업지도, 개인 및 집단 상담, 심리검사, 심리적 평가, 정보제공, 정치(定置)활동 등으로 구분된다. 한편 상담은 학생 자신과 환경에 대한 이해를 증진시키며, 합리적이고 현실적이며 효율적인 행동양식을 증진시키거나 의사결정을 내릴 수 있도록 지원·조언하는 활동을 말한다(서울대학교 교육연구소편, 1994).

7) 교육행정 및 교육경영

교육행정은 교육의 목적을 효과적으로 달성하기 위해 교육법규나 정책을 입안 또는 집행하고 교수–학습에 필요한 제 조건을 정비·확립하며 교육조직 구성원의 협동적 행위를 능률적으로 조성하는 수단적 봉사활동이다. 교육행정의 원리에는 민주주의(민주성)의 원리, 자주성(자율성) 존중의 원리, 타당성의 원리, 효율성의 원리, 안정성의 원리, 합법성의 원리 등이 있다. 행정가가 직무를 수행하는 데 요구되는 기술로는 주어진 업무에 필요한 사무적 기술, 상사와 부하, 동료 간의 관계와 협력에 필요한 인간관계 기술, 조직의 혁신과 발전을 제시하고 평가할 수 있는 통합적 기술 등이 있다. 최근에는 공공성과 공익성과 합리적인 공공관리를 강조하지만 시장과 경영 논리를 도입하여 교육의 생산성과 효율성 등을 강조한다. 이렇게 교육행정 부문에 경영학적 접근을 시도하는 분야가 교육경영이라고 한다. 교육경영은 성과와 이윤 극대화, 과학적 관리, 고객지향 서비스, 시장적 경쟁과 효율을 강조한다. 교육경영은 교육의 가치와 목표 달성을 위한 조직운영의 전략을 수립하고, 지식과 사람과 과업의 효율적 관리와 경쟁력 제고를 통해 교육성과를 극대화하는 봉사활동이다(이병환, 장기풍, 김규태, 2012).

연구문제

1. 교육의 어원을 설명하는 과정에서 인간은 태어날 때 백지상태로 태어나는지, 아니면 가능성을 가지고 태어나는지에 따라 교육의 방향과 내용이 달라질 수 있다고 하는데, 짝과 함께 서로 의견을 나누어 보고 왜 서로 다른 의견을 가지고 있는지 토론해 보자.
2. 교육을 통하여 무기력한 지식이 되지 않으려면 어떻게 해야 하는지 토론해 보자.
3. 교육을 통하여 가치 있는 것에 헌신하는 사람을 길러 내야 한다고 했는데, 교육받은 사람과 훈련받은 전문가는 어떻게 다르며, 교육받은 사람이 되기 위해서는 어떠한 조건을 갖추어야 하는지 생각해 보자.

참고문헌

강갑원, 박영진, 안병환, 이경희(2006). 교육학개론. 파주: 교육과학사.

고벽진, 이인학, 윤선오, 이위환, 이경혜, 안현주(2005). 최신교육학의 이해. 파주: 교육과학사.

권창길, 김흔숙, 이기영(2000). 교육학개론. 서울: 학지사.

김경희, 안영후, 손영환, 정태근(1999). 교육학. 서울: 학지사.

김규태, 방경곤, 이병환, 권민석(2013). 새로운 초중등 교원임용시험을 위한 논술과 면접. 파주: 양서원

김범준, 구병두(2007). 교육학개론. 서울: 공동체.

김수동, 김준권, 서의정, 이기룡, 이범석(2011). 새로운 교육철학 및 교육사. 파주: 양서원.

김용선, 이혜림, 이훈병(2004). 현대교육의 이해. 파주: 양서원.

김의석, 이우언, 정석환(2007). 최신 교육학개론. 파주: 양서원.

김정일, 김창곤, 김진한(2000). 교육학개론. 서울: 학지사.

남궁용권, 김남근, 김노연(2005). 알기 쉬운 교육학개론. 파주: 양서원.

문선모(2010). 교육심리학의 이해. 파주: 양서원.

서울대학교 교육연구소 편(1994). 교육학용어사전. 서울: 하우.

성태제 외(2012). 최신 교육학개론. 서울: 학지사.

송유진, 김규태(2012). 명품교사가 되기 위한 교육철학 이해. 서울: 강현출판사.

송충빈(2005). 교육과 교육학의 이해. 파주: 양서원

신창호(2005). 교육학개설. 서울: 서현사.

윤건호, 김봉석(2005). 교육학개론. 서울: 창지사.

윤정일, 허형, 이성호, 이용남, 박철홍, 박인우(2002). 신교육의 이해. 서울: 학지사.

이돈희(2003). 세기의 전환과 교육학적 성찰. 파주: 교육과학사.

이병환, 장기풍, 김규태(2012). 교육행정 및 교육경영. 서울: 태영출판사.

이종각(2012). Basic+ 교육사회학. 서울: 태영출판사.

이희동(1999). 교육학개론. 서울: 홍익출판사.

조수환(2002). 교육학개론. 파주: 교육과학사.

주영흠, 박진규, 오만록(2002). 신세대를 위한 교육학개론. 서울: 학지사

한상효, 유평수, 서재목(2006). 교육학개론. 파주: 교육과학사.

홍은숙(2007). 교육의 개념. 파주: 교육과학사.

황정규, 이돈희, 김신일(2003). 교육학개론. 파주: 교육과학사.

제 2 장

교육의 역사적 기초

교육의 역사는 인류의 역사와 맥을 같이한다. 인간의 탄생과 더불어 교육이 시작되었다고 해도 과언이 아니다. 비록 현재처럼 체계화된 학교체제와 가르치는 것을 전문적으로 하는 교사가 없었다고 해도 어떤 식으로든 교육이 이루어졌을 것이라고 보는 것이다.

부모나 조상들이 자녀를 데리고 다니면서 사냥이나 농경기술, 길쌈이나 가사 등 생활에 필요한 것을 가르치기 시작하면서 교육이 시작되었고, 차츰 인구가 늘어나고 산업이 발전되어 감에 따라 부모나 조상들이 담당했던 역할을 전문적으로 가르치는 교사와 학교가 대신하게 된 것이다.

이 장에서는 교육의 역사를 한국교육사와 서양교육사로 구분하여 살펴보고자 한다.

1. 한국교육사

1) 삼국시대의 교육

삼국시대 교육의 성립과 발전에 영향을 준 것은 유교(儒敎)와 불교(佛敎)였다. 유교는 형식적인 교육의 발전에 영향을 주었으며, 불교는 비형식적인 교육의 발전에 기여했는데, 특히 일반대중의 종교적인 신념과 가치관의 형성에 크게 기여하였다. 또한 불교는 민족문화의 뿌리로서 백성들의 의식을 일깨우는 대중 교화의 길을 열어 주었다는 데 역사적 의의가 크다고 할 수 있다.

유교와 불교는 종교적인 순수한 기능의 수행을 넘어 정치, 경제, 교육 등 문화 전반에 걸쳐 영향을 주었으며, 윤리의식의 발달과 더불어 정치제도의 발달을 촉진시켰다. 그중에서도 특히 유교의 수용과 한자의 도입은 이를 가르치고 배우는 형식적 교육기관인 학교교육의 성립과 발달을 촉진시켰다.

(1) 고구려의 교육

고구려는 삼국 중 가장 먼저 국가체제와 교육체제를 갖추었으며 일찍부터 중국과의 교섭이 잦았다. 이러한 영향으로 형식적인 교육기관으로서 최초의 관학(官學)이라고 할 수 있는 태학(太學)과 사학의 시초라고 할 수 있는 경당(扃堂)을 가지고 있었다.

① 태학

고구려의 학교교육에 대한 기록으로는 『삼국사기』에 "소수림왕 2년(372년)에 태학을 세워 자제를 교육했다."라는 내용이 나오는데, 이는 학교교육에 관한 기록 중 최초의 것이다. 태학은 중국의 학제를 본받아 국가의 고급관리를 양성하기 위해 주로 상류계층의 자제를 교육시켰던 수도에 위치한 고등교육기관이라 할 수 있다. 태학의 입학 연령은 15세였으며 입학 후 9년 동안 수학하였다. 주요 교육과정은 오경(시전, 서전, 주역, 예기, 춘추)과 삼사(사기, 한서, 후한서) 등 유학을 중심으로 한 중국의 전통적인 고전들로 이루어졌다.

② 경당

우리의 교육 역사상 최초의 사학(私學)이라고 할 수 있는 경당은 설립연대를 정확히 알 수는 없으나 서민 자제를 대상으로 독서와 활쏘기 등 문무를 겸비한 초·중등교육기관으로, 수도뿐만 아니라 지방의 마을마다 설립되었다고 전해진다. 특히 문무를 겸비한 교육이 이루어졌던 점으로 미루어 보아 신라의 화랑도교육과 유사한 교육이었을 것으로 추측된다.

(2) 백제의 교육

백제도 일찍부터 중국과의 교섭이 잦아 고구려와 신라보다도 발달된 문화양식을 가지고 있었을 뿐만 아니라 나름 독창적인 문화를 발달시킨 국가였다. 그러나 백제에 학교가 있었다는 직접적인 기록은 아직 발견되지 않고 있다. 다만 『삼국사기』에 284년 백제 사람인 아직기가 일본으로 건너가 태자를 가르쳤으며, 285년에는 왕인 박사가 일본에 논어와 천자문을 전했고, 고구려가 태학을 세운 지 3년 만인 375년에 근초고왕이 박사 고흥을 얻어 처음으로 『서기(書記)』라는 백제 역사책을 가지게 되었다는 기록이 있다. 이 기록에 따르면, 백제에는 박사제도라는 것이 있어서 상당한 수준의 고등교육이 이루어졌으며, 이 박사들이 일본으로 건너가 일본에 교육적인 영향을 주었음을 알 수 있다.

(3) 신라의 교육

신라는 지리적 여건 때문에 고구려나 백제에 비해 중국의 문화 유입이 다소 늦었으며 문화수준도 높지 못했다. 신라에서 유학이 행해진 것은 오래된 듯하나 학교교육에 관한 기록은 없다. 다만 문무왕 16년(676년)에 이룩한 삼국통일 이전에는 화랑도제도가 있어서 독자적이면서 자발적인 교육제도를 통해 인재를 양성함으로써 통일의 기틀을 다졌고, 삼국통일 이후에는 신문왕 2년(682년)에 국학을 세워 관리를 양성하였다.

① 화랑도

화랑도는 본래 자생적 집단이었다. 그 당시에는 마을마다 청소년 집단이 있었는데, 이 집단은 용모가 수려하고 다른 사람의 모범이 될 만한 사람이 중심이 되어 운영되던 수양단체였다. 즉, 화랑도는 국가에서 쓸 인재를 선발하기 위한 필요에서 시작된 청소년 운동이었으나 진흥왕 37년(576년)에 국가적인 공인단체로 인정받으면서 체계화되고 조직화되었다. 화랑도는 고구려의 경당과 마찬가지로 문무를 겸비한 교육을 했다. 교육목적은 용감한 병사와 실천적 인재 양성이다. 평소 화랑들은 전국의 명산대천을 찾아다니면서 심신을 단련하고 무술을 연마하며 호연지기를 길렀지만 유사시에는 전사로 활동하였다.

화랑들은 도의교육(道義敎育)을 중시했는데 그 핵심이 바로 세속오계(世俗五戒)다. 화랑도의 교육과정은 주로 전사로서 갖추어야 할 무술이 주된 내용이었으나 정신도야에 필요한 시, 춤, 음악 등도 중시되었다. 화랑도교육은 군사적 목적을 달성하기 위한 군사교육의 성격도 강했지만 또한 도의를 연마하기 위한 도덕교육, 심신을 단련하기 위한 체육교육, 정서를 함양하기 위한 정서교육의 성격도 강했다. 한마디로 화랑도교육은 문무가 일치되고 지·덕·체를 겸비할 수 있는 교육이며, 오늘날 우리가 계승해야 할 교육전통이라 할 수 있을 것이다.

② 국학

삼국통일 이후에는 당나라의 국자감(國子監)제도를 모방하여 국학을 세웠다. 국학은 신문왕 2년(682)에 설립되었으며 신라 최초의 관학이다. 국학의 교육목적은 유학의 이념을 연구하고 널리 보급하며 그 이념에 입각하여 국가관리를 양성하는 것이었다. 교육내용은 주로 유교경전들이었으며 『논어』와 『효경』을 필수과목으로 하였고, 『예기』 『주역』 『좌전』 『모시』 『춘추』 『상서』 『문선』 등은 선택과목이었다. 입학자격은 15~30세의 6두품 출신 귀족자제였고 수학 연한은 9년이었다. 그러나 소질이 없는 자는 퇴학시켰고 미숙하게나마 가망이 있는 자는 9년 이상 재학할 수 있었다. 국학을 졸업하는 자는 성적에 따라 대나마(大奈麻), 나마(奈麻), 대사(大舍)의 벼슬을 주었다. 국학의 명칭은 경덕왕 6년(747년)에 태학감으로 바뀌었다가 혜공왕 때 다시 국학으로 불리었다.

신라에서 국학이 점차 완비되고 학문이 성함에 따라 유교교육 자체가 관료의 등용문이 되었다. 원성왕 4년(788년)에는 일종의 과거제도라고 할 수 있는 독서삼품 출신과를 정하여 인재 등용의 방법으로 삼았는데, 독서삼품 출신과의 성적으로 문관을 등용하였다. 이는 통일신라 이전의 화랑도 교육을 통하여 인재를 선발한 것과는 확연하게 구별되는 것으로, 관리 등용에 문벌이나 가문 위주에서 벗어나 실력과 능력 위주로 관리를 등용함으로써 과거제의 효시가 되었다고 할 수 있다.

2) 고려시대의 교육

고려시대에는 신라의 문화가 계승되어 오면서 사상 면에서는 불교와 유교가 공존하며 고려사회를 지배하였다. 한 개인의 수신(修身)의 도로서 불교가 장려되었고, 치국(治國)의 도로서 유교가 발달하였다. 고려의 교육기관은 크게 관학과 사학으로 구별할 수 있으며, 거듭되는 내란과 외적의 침입으로 중앙정부가 교육에 소홀할 수밖에 없었으므로 관학에 비해 지방의 유학자들이 세운 사학이 더욱 발달하였다.

(1) 관학

고려 초기의 교육제도는 신라의 것을 그대로 계승하고 있었으나 성종(982~997년) 시대에 이르러 교육제도가 새롭게 정비되면서 여러 종류의 관학들이 설립되었다. 관학(官學)으로는 국자감, 향교, 학당이 있었다.

① 국자감

국자감(國子監)은 성종 11년(992년) 개경(개성)에 설립한 최고 교육기관으로 국가의 고급관리를 양성하는 데 목적이 있었다. 이 국자감에는 태학전(太學田)을 주고 조세를 면제해 주었을 뿐만 아니라, 예종 14년(1119년)에는 육영재단인 양현고를 설치하여 국자감의 재정을 도왔다. 인종 1년(1123년)에 이르러 비로소 국자감의 학제가 완비되어 유학계 교육의 삼학(三學)과 기술계 교육의 삼학(三學)으로 육학(六學)이 구성되었다. 유학계 교육의 삼학으로는 국자학(國子學), 태학(太學), 사문학(四門學)이며, 기술계 교육의 삼학으로는 율학(律學), 서학(書學), 산학(算學)이 있었고 입학자격도 다르게 규정하였다.

② 향교

향교는 지방에 설립된 관학으로 중등교육을 담당했던 교육기관이다. 향교는 주로 유학을 널리 전파하고 지방 사람들을 도덕적으로 교화하고 풍속을 바로잡는 데 크게 기여했다. 향교는 지금도 여러 곳에 남아 있다. 향교의 정확한 설립연대는 알 수 없으나 성종 6년(987년) 이후 향교가 지방의 관립학교로 운영되었을 것으로 추정된다. 향교는 유교의 교육 뿐만 아니라 제사의 기능도 함께 지니고 있는 사당이었다. 따라서 향교에는 공자 등의 선현을 모시고 제사를 지내는 문묘와 함께 교육을 위한 명륜당이 있었다. 이렇게 볼 때 향교는 유교의 사당인 동시에 중요한 교육기관이었음을 알 수 있다. 향교의 교육내용은 제술(작문)과 명경(효경, 논어 9경) 등이었으며, 의학, 율학, 서학, 산학 등의 교과도 개설되었던 것으로 전해진다.

③ 동서학당과 오부학당

학당은 고려 말에 등장한 중앙 교육기관이며 원종 2년(1261년) 개경에 설립한 관립학교로 국자감에서 교육을 받지 못한 개경의 학도들을 위한 교육기관이었다. 즉, 개경에 설립한 향교와 비슷한 수준의 유학 교육기관이었다. 고려 말 공양왕 2년(1390년)에 정몽주의 건의로 개경의 중앙과 동, 서, 남, 북에 설립하기로 하였으나 북부학당은 끝내 설치되지 못하였고 사부학당만이 설치되어 운영되었다.

(2) 사학

11세기경 고려의 조정은 계속되는 내란과 외적의 침입으로 관학의 진흥에 그다지 힘을 쏟지 못하고 있을 때 관직에서 은퇴한 학자와 지방에서 은거하던 선비들이 사설 교육기관을 설립하여 후학을 양성하는 데 힘썼다. 그 대표적인 것이 최충의 문헌공도(文憲公徒)를 포함한 12도(十二徒)와 서당(書堂)이다.

① 12도

12도는 고려시대의 사학(私學) 교육기관 12개교를 총칭하는 것으로, 문종 때의 대학자였던 최충이 평생을 관직에 헌신하다가 72세(1055년)에 은퇴한 후 자신의 재산을 털어 설립한 사학에 많은 학생들이 모여들었는데 이들을 가리켜 문헌공도(文憲公徒)라고 하였다. 문헌공도의 교육성과가 널리 알려지자 지방의 선비들이 앞다투어 유사한 사학을 설립하였다. 당시 국자감과 향교는 그 교육성과가 부진하였고, 학당은 아직 출현하기 전이었으므로 과거를 보려는 학동들은 관학보다는 오히려 12도를 선호하였다. 12도의 교육목적은 주로 인격 완성과 과거준비에 있었고, 교육내용은 구경(九經), 삼사(三史), 제술(製述)로 구성되었다. 교육방법으로는 하과(夏課), 각촉부시(刻燭賦詩), 신급제자의 교관 등용 등을 통해 학습의 효과를 증대시키는 것이었다. 이는 12도의 수업방법들 중 독특한 것으로 하과는 여름철에 사찰에서 학습하는 습속이며, 각촉부시는 양초에 일정한 표시를 하여 그 선이 타 들어갈 때까지 부과된 시를 짓도록 하는 방법이다. 12도는 고려 말 국학이 성행하면서 쇠퇴하기 시작했고 결국 공영왕 3년(1391년)에 폐지되었지만 고려시대 교육에 관학과 더불어 교육사적으로 중요한 역할을 했다고 할 수 있다.

② 서당

서당은 고려시대 일반 서민 자제들을 교육시킨 초등교육기관이다. 고려시대 서당에 관한 명확한 기록은 없지만, 중국 송나라 서긍의 『고려도경』에 서당이 마을마다 있었다는 기록으로 미루어 보아 서당이 매우 많았음을 알 수 있다. 서당은 지방의 일반 서민계급의 자제들을 수용하여 교육했던 사설 교육기관으로 서민의 기초교육 보급에 끼친 영향이 매우 컸다. 서당이 가장 왕성하게 발전했던 시기는 조선시대였지만 대부분 고려시대의 서당제도를 본받은 것이었다.

3) 조선시대의 교육

조선(朝鮮)은 태조 이성계가 정권을 장악하여 세운 근세왕조(1392~1910년)다. 조선왕조가 내세운 이념은 11~12세기 중국에서 발달한 유학으로 남송의 주자(朱子)가 집대성한 성리학(性理學)이다. 조선은 건국 초기부터 성리학을 정치이념으로 삼고 불교를 억압하는 숭유억불 정책을 채택하였다. 따라서 교육에서도 자신의 몸과 마음을 닦고 다른 사람을 다스린다는 유교의 수기치인(修己治人)을 목적으로 삼았다. 수기란 자신의 몸과 마음을 닦는 것이요, 치인은 다른 사람을 다스리는 것을 말한다. 이렇게 수기치인을 한 사람은 바로 '군자(君子) 혹은 선비'다. 그러나 지나치게 성리학을 숭상한 나머지 성리학 이외의 학문은 잡학이라 하여 실제 생활과 관련된 과학기술이나 생산기술의 발달을 저해하는 결과를 가져오게 되었다.

갑오경장에 이르기까지 조선의 교육제도는 성균관, 사학, 향교, 서원, 서당으로 구성되어 있었다. 조선시대의 교육은 관학이나 사학을 막론하고 유교경전을 배우고 익히는 교육으로 이루어졌으며, 모든 교육 제도와 내용이 과거시험 중심의 교육으로 이루어지는 폐단을 낳기도 하였다.

(1) 관학

조선시대의 교육기관과 학제는 고려의 것을 계승하여 더욱 발전시켰다. 정부에서 주도하는 관학으로는 성균관, 사학(四學), 향교 등이 있었다. 이 중 성균관은 최고학부로서 고등교육을 담당하였고, 서울의 사학과 지방의 향교, 서원은 중등교육을, 각 고을마다 설치된 서당은 초등교육을 담당하였다.

① 성균관

조선 최고의 국립 교육기관인 성균관(成均館)은 태조 7년(1398년)에 지금의 성균관대학교 자리에 건립되었다. 성균관이라는 명칭은 고구려, 신라 때는 태학 혹은 국학, 고려 때는 국자감, 성균감으로 부르다가 성균관으로 개칭하였는데 이를 조선왕조가 그대로 계승한 것이다. 성균관에는 유학을 강의하는 명륜당, 공자를 비롯한 선현들의 위패를 모시고 제사를 지내는 문묘, 유생이 거처하는 기숙사 등을 두었다.

성균관의 입학자격은 양반에 한하여 주어졌고, 양반 자제라 하더라도 원칙적으로 생원, 진사 시험에 합격한 자라야 했지만 일부는 사학(四學)에서 우수한 학생들이 진학하는 경우도 있었다.

교육과정은 크게 강독(講讀), 제술(製述), 서법(書法)의 과정으로 나뉘어 있었는데, 교육내용은 4서(논어, 맹자, 중용, 대학), 5경(시전, 서전, 주역, 예기, 춘추)을 비롯한 유교의 여러 경전이었으며, 성균관의 재원은 비교적 충분하였으므로 태조 때부터 양현고를 두어 학생들의 식료공급을 지원하였다.

성균관의 학칙은 『학령』, 『권학사목』, 『구제학규』, 『진학절목』, 『학교사목』, 『학교모범』 등에 상세히 기술되어 있다.

성균관은 조선 최고의 고등교육기관이었으나 일제 강점기에는 과거제도의 폐지와 함께 성균관의 권위가 추락되어 경학원(經學院)이라고 불렸다. 그 후 민족의 교육열이 고조되자 일제는 부득이 명륜당과 부속건물에 명륜전문학교를 세웠다. 해방 후 성균관은 성균관대학교로 발전하였다.

② 사학

사학(四學)은 고려 말의 오부학당을 계승한 국립 교육기관으로서 사부학당의 준말로 동부, 서부, 남부, 북부, 중부 학당의 오부학당으로 시작되었지만, 북부학당이 폐쇄되고 사부학당으로 정착되었다. 사학은 성균관의 부속학교와 같은 성격을 지닌 학교로서 향교와 비슷한 수준의 중등교육기관이라고 할 수 있다. 학제와 교육방침은 비슷했지만 사학은 선현의 위패를 모신 문묘가 없었다. 교육방침과 교육내용은 성균관과 비슷했고 기숙사를 두고 있었으며 학비는 국가에서 제공하였다.

사학의 입학자격은 10세 이상의 양반 자제들이었으며, 학업을 마친 후에는 능력에 따라 생원이나 진사 시험에 응시할 수 있는 자격이 주어지거나 능력이 뛰어난 경우는 성균관으로 진학하여 공부할 수 있는 기회도 있었다.

그러나 사학은 임진왜란 때 불타 소실된 후 다시 복원하였지만 학생 수도 적고 교육활동도 활발하지 못하였다. 그러다가 구한말 선교사들이 '학당' 이라는 이름으로 많은 수의 학교를 개원하였다. 1885년에는 아펜젤러가 배제학당을 설립하였고, 1886년에는 최초의 근대식 여학교인 이화학당을 설립하였다.

③ 향교

향교는 국가에서 지방의 각 행정단위인 주(州), 부(府), 목(牧), 군(郡), 현(縣)에 성균관을 축소하여 설립하였는데, 양반의 자제들을 가르치기 위하여 설립된 국립 교육기관으로 중등교육을 담당하는 기관이라 할 수 있다. 향교는 고려시대의 향교를 계승한 교육기관이지만 규모나 운영 면에서 볼 때 훨씬 체계적이었다. 향교의 설립목적은 성현에 대해 제사를 올리는 문묘의 기능과 지방의 유생들에게 유학을 가르치는 명륜당, 기숙사의 기능을 가지고 있었으며, 이 외에도 지방의 백성을 가르치고 계몽하는 평생교육의 기능도 가지고 있었다. 향교는 조선 중기까지 교육적 기능이 활발했으나 조선 중기 이후 서원이 세워지면서 교육기관으로서의 기능은 점차 쇠퇴하고 제사를 지내는 문묘의 기능만 남게 되었다.

(2) 사학

사학은 사립 교육기관으로, 조선시대의 대표적인 사학으로는 서원과 서당이 있다. 사학은 고려시대의 12도가 쇠퇴한 이후 새로운 형태의 사학인 서원이 등장하여 번성하였으며, 고려시대부터 있었던 초등교육기관인 서당은 조선시대에 더욱 발전하였다.

① 서원

서원은 조선시대 성리학의 연구와 교육을 목적으로 지방에 세워진 중등교육기관이라 할 수 있다. 서원의 기원은 중종 38년(1543년) 풍기군수 주세붕이 고려시대의 유학자인 안향의 고향에 사당을 세워 백운동서원이라 불러 안향의 학덕을 기리는 한편, 우수한 학동들을 모아 학문을 가르치기 시작한 것에서 비롯되었다. 이후 서원은 쇠퇴해 가는 향교를 대신하여 국가의 재정지원을 받으면서 급증하기 시작하였다.

서원의 설립목적은 학덕이 높은 선현들에게 제사를 지내고, 그 학문적 전통에 따라 학문을 갈고 닦는 것이었지만 과거를 준비하는 교육도 이루어졌다. 교과내용은 유학의 교육이 중심이었고, 교과는 소학(小學)과 가례(家禮)를 입문으로 삼고 사서오경을 기본으로 하였다. 하지만 서원의 수가 폭발적으로 증가함에 따라 질적 저하와 함께 그 본래의 기능을 상실하게 되었다.

② 서당

조선시대의 서당은 글방, 섩, 서방, 책방이라고도 불리었으며, 고려시대의 서당을 계승한 사설 교육기관으로서 주로 일반 서민 자제들의 교육을 담당한 초등교육기관으로 기초교육을 담당했다고 할 수 있다. 고구려의 경당이 사설 교육기관으로 일반 서민 자제들에게 기초교육을 담당했던 맥락에서 경당을 서당의 기원으로 볼 수 있다.

서당의 설립목적은 사학(四學)과 향교에 진학할 수 있는 능력을 길러 주는 데 있었으며, 중등교육기관에 입학할 수 있도록 지방의 아동이나 청소년들에게 독해력을 증진시키고, 유교에 대한 기

김홍도의 〈서당도〉

초지식을 전하는 데 그 목적이 있었다.

서당은 설립 주체에 따라 그 성격도 달랐으며, 서당의 교육내용은 천자문(千字文)부터 당율(唐律)에 이르기까지 다양했다.

조선시대의 서당 교육방법은 상당히 체계적이고 과학적이라고 할 수 있다. 우선 학습자의 능력과 개인차를 고려한 교수방법이 이루어졌으며, 훈장중심의 인간교육이 잘 이루어진 교육형태라고 할 수 있다.

2. 서양교육사

1) 고대의 교육

우리가 흔히 고대교육이라 함은 고대 그리스와 로마의 교육을 지칭한다. 그중에서도 고대 그리스가 서양교육의 출발점으로 인식되고 있다. 그 이유는 고대 그리스가 현대 서양문명의 두 축을 이루는 헬레니즘과 헤브라이즘 중 헬레니즘 문명의 발상지며, 고대 그리스의 교육사상과 교육실제는 현대 유럽 모든 나라의 교육을 형성하는 데 막대한 영향을 끼쳤기 때문이다(신차균, 안경식, 유재봉, 2006). 사실 로마를 고대교육으로 집어넣는 이유도 결국 로마가 무력으로 그리스를 정복했지만 교육적으로는 그리스의 교육을 넘지 못하고 흡수되었기 때문일 것이다. 고대 그리스 문화의 가장 큰 특징은 현세적이고 인간중심적이라는 것이다.

특히 당시 그리스는 통합된 하나의 국가가 아닌 100여 개가 넘는 도시국가들로 구성되어 있었다. 이 도시국가들 중 교육적으로 가장 대립되는 국가가 바로 스파르타와 아테네였다.

(1) 스파르타의 교육

스파르타는 북방에서 이주해 온 도리아(Doria)족이 세운 도시국가로, 강인한 군인을 양성하는 것이 국가의 목표가 될 만큼 철저한 군국주의적 교육을 실시하였고, 교육에 대한 국가 통제가 강하였다. 고대는 귀족, 평민, 노예로 태어나긴 하지만 그 신분이 안정적인 것이 아니었다. 전쟁을 치러서 패망하면 귀족이나 평민으로 태어났더라도 상대국의 노예가 되는 것이 기정사실이었다. 그렇기 때문에 전쟁에서 패망하지 않으려면 무엇보다 전쟁에 이길 수 있는 강한 힘을 필요로 하였다. 이러한 분위기를 잘 대변해 주는 나라가 스파르타이다.

스파르타는 국가 최고의 목적이 생존이라고 할 수 있을 만큼 강한 힘을 요구하였기 때문에 이에 필요한 극기와 인내, 엄한 규율을 통해 강한 스파르타인을 양성하여야 했다. 이를 위해서 필요한 신체적 훈련으로 말타기, 활쏘기, 창던지기, 씨름 등을 통하여 강하고 민첩한 신체를 단련시켰다.

스파르타의 교육목적은 리쿠르구스(Lycurgus)법을 바탕으로 국가의 생존목적을 수행하기 위하여 강한 힘과 극기, 인내력, 복종력을 기르면서 국가에 대한 충성심을 함양하는 것이었다. 그러기 위해서는 태어날 때부터 튼튼한 아이만 키워졌고, 병약한 아이나 신체불구아는 산 속에 버려져 죽게 되거나, 아니면 인정 많은 사람이 데려다 키우도록 내버려 두었다.

스파르타의 교육단계는 가정 교육기와 국가 교육기로 나눌 수 있다. 가정 교육기는 출생하여 7세까지 가정에서 부모가 양육하였고, 국가 교육기는 8~20세의 기간으로 부모에게서 떨어져 엄격한 육체적 훈련과 애국심 교육을 받았다. 8~18세의 청소년은 국가가 운영하는 병영에서 엄격한 신체적 훈련을 받았다. 18~20세의 2년간은 전문적인 군사훈련을 받았고, 이후 10년간 군복무를 하였으며, 30세가 되면 시민권을 얻고 결혼도 하고 자유생활을 누릴 수 있었다.

이처럼 스파르타에서는 한 개인의 출생과 양육, 결혼까지도 국가의 간섭과 통제하에 이루어졌으며, 훌륭한 시민이란 강인한 신체를 가진 군인이었다. 따라서 그들의 교육방법은 학습자 개인의 수준을 고려하기보다는 일종의 훈련이었다. 교육이 가지는 내재적인 가치들은 철저하게 묵살되었다는 점에서 후세 교육에 기여한 점은 없다고 볼 수 있다.

(2) 아테네의 교육

아테네는 이오니아(Ionia)족으로 구성된 민족으로 스파르타와는 달리 자유스러운 교양인을 양성하는 것이 목적이었다. 스파르타에서는 강한 무사를 길러 내는 것이 목적이었다면, 아테네는 심신의 건강과 영혼의 아름다움을 추구하는 지혜를 지닌 사람을 육성하는 것을 소중하게 여겼다. 그래서 아테네의 교육목적은 훌륭한 교양인을 길러 내는 것이며, 아울러 지혜 있는 인간을 길러 내기 위한 교육을 중요한 목적으로 삼았다.

아테네에서는 자유인이 되기 위한 시민의 자격조건을 갖추기 위하여 가장 필요한 것이 개인의 교양이라고 믿었다. 이러한 점에서 볼 때 아테네의 교육은 한 인간의 개성을 조화롭게 발달시키는 것에 있었다고 볼 수 있다. 아테네에서 훌륭한 시민이란 조화로운 인간발달을 의미하는데, 여기서 말하는 조화로운 인간발달이란 절제력과 용감성, 관대함 같은 덕목과 자아통제력을 개발하는 것을 목적으로 하고 있다.

아테네에서는 출생에서 7세까지는 가정에서 어머니를 통해 신화나 일화를 들으면서 성장했고, 8~16세는 음악학교와 체육학교의 두 종류 학교에서 교육을 받았는데, 읽기, 쓰기, 셈하기, 시와 음악 등은 음악학교에서 배우고 체조와 운동경기에 필요한 훈련은 체육학교에서 받았다. 그리고 16~18세는 지식교육과 신체훈련을 동시에 받았는데, 지식교육은 소피스트들과 접촉함으로써, 신체훈련은 공립경기장에서 운동경기와 군사훈련을 받음으로써 이루어졌다. 2년간 군복무 후 20세가 되면 완전한 시민으로서의 특권을 얻어 자유로운 시민으로 정치활동에도 참여할 수 있었다.

이러한 아테네의 자유스러운 분위기에서 소크라테스, 플라톤, 아리스토텔레스 같은 철학자들이 탄생한 것이다.

〈표 2-1〉 아테네 교육과 스파르타 교육의 비교

	아테네	스파르타
교육기초	• 솔론(Solon) 헌법	• 리쿠르구스(Lycurgus) 법전
교육목적	• 초기: 미와 선의 조화로운 융합인 양성 • 후기: 개인발전을 위한 지식과 기능의 습득	• 애국정신이 투철한 군인 양성 • 이상적인 군인이 되는 데 필요한 신체적 완성과 복종의 생활화
교육내용	• 3Rs, 시, 체육, 음악	• 체육, 군대훈련, 3Rs
교육방법	• 개성중심의 진보적(자유주의적)	• 국가중심적·통제적인 군사교육
교육단계	• 0~6세: 가정교육 • 7~15세: 교복(教僕)을 통한 교육 • 16~18세: 소피스트를 통한 교육, 차원 높은 신체단련 • 18~20세: 군복무 후 시민권 획득	• 0~6세: 가정교육기 • 7~17세: 국가교육기 • 18~20세: 군사훈련 • 20~30세: 군복무 후 시민권 획득
특징	• 개인의 자유의지를 바탕으로 한 자유주의, 인문주의 교육을 강조 • 진보주의적, 교양주의적 교육	• 군국주의, 국가주의, 보수적·상무적 통제교육 • 여성교육 중시
교육사적 의의	• 개성존중의 인문주의, 자유주의 교육에 영향	• 전체주의, 국가주의, 군국주의 교육에 영향

(3) 소피스트의 교육

소피스트(sophist)들은 원래 지자(知者) 또는 현인(賢人)을 가리키는 말로 어느 방면에 탁월한 사람에게 부여된 존칭이었지만 페르시아전쟁(B.C. 500~497) 직후 아테네가 융성기를 맞이하면서 등장한 아테네의 전문적인 지식인 집단을 말한다.

페르시아전쟁에서 대승을 거둔 아테네인들의 사고방식은 공동체 중심적이기보다 개인주의적이고 이기주의적이었다. 이런 사회적 상황에서 젊은이들은 입신양명을 위해 아테네로 몰려들었다. 그 당시 출세의 척도는 남을 설득하기 위한 능수능란한 웅변이었다. 이러한 배경 속에서 등장한 이들이 바로 소피스트들이다. 그들의 근본사상은 프로타고라스가 "인간은 만물의 척도다. 존재하는 사물에 대하여는 그것이 존재한다는 것의 척도이며, 존재하지 않는 사물에 대하여는 그것이 존재하지 않는다는 것의 척도다."라고 단정하는 것과 같은 인식론상의 회의론에 두었다. 소피스트들이 주로 가르쳤던 필수과목은 토론, 웅변, 수사학이었다. 소피스트들에게 교육이란 보편적 진리를 탐구하는 과정이 아니라 단지 사회적·정치적으로 출세하기 위한 세속적인 지식과 기술을 전달하는 수단일 뿐이었다.

이 같은 소피스트들의 교육관은 지식을 세속화, 전문화했다는 점에서 높이 평가할 수 있지만 협소한 개인주의, 조야한 감각주의, 극단적 상대주의가 건전한 사회생활과 도덕생활을 거부하고 파괴하는 결과를 가져왔다.

2) 로마의 교육

로마는 처음 이탈리아 반도의 티베리스 언덕 위에 세워진 조그만 도시국가였으나 점차 힘이 강해지면서 이탈리아 반도를 통일하고 대제국을 건설한 나라이며, 처음에는 왕정을 행했던 도시국가였으나 공화정을 거쳐 제정시대로 발전하였다.

로마인은 그리스인과는 달리 모방능력이 뛰어나고 실제적이고 공리적인 성향이 강하였다. 그리스인이 다분히 사변적이고 철학적이며 예술적인 성향이 강하였다면, 로마인은 현실적이고 실제적이고 세속적인 성향이 강하여 사색이나 철학보다는 실제 생활에 필요한 지식과 기술을 익히는 것을 중시하였다. 그래서 로마인들은 군대의 조직과 운영, 건축이나 토목공사, 법의 제정과 시행에 뛰어난 능력을 발휘하였다.

로마 사회는 일찍부터 법률사상과 법이 발달하였는데, 12동판법과 시민법, 만민법의 발달이 그 증거다. 키케로는 자연법과 만민법, 시민법을 토대로 법체계를 완성시킨 철학자이자 법학자다.

로마의 교육내용은 3Rs(읽기, 쓰기, 셈하기)과 12동판법, 체육 등이었으며 특히 체육이 강조되었는데, 용감한 전사를 길러 내는 데는 신체단련이 필요했기 때

문이다. 교육방법도 마찬가지로 군사훈련이 주류를 이루었고, 법률의 암송이
전부였다.

　공화정시대의 교육은 가정과 병영에서 실제적인 직업훈련과 군사훈련을 통
하여 유능한 시민과 용감한 전사를 길러 내는 것이 주된 목적이었고, 제정시대
에는 웅변술에 능한 사람을 길러 내는 것이 목적이었다. 그 당시에는 출세하기
위해서 반드시 필요한 것이 유창한 웅변과 연설이었으며, 웅변은 단순히 목소
리만 큰 것이 아니라 투철한 애국심과 공리에 밝은 웅변가가 중요했다. 로마의
교육사상가로는 키케로, 세네카, 퀸틸리아누스 등을 들 수 있다.

　이 시기에 세워진 교육기관으로는 문자학교, 문법학교, 수사학교를 들 수 있
다. 문자학교는 초보적인 읽기, 쓰기, 셈하기 등 초등교육 수준의 기초교육을
담당하였고, 문법학교는 언어나 문자 연구를 위한 교육기관으로 중등교육을 담
당하였으며, 수사학교는 유능한 웅변가와 전문적인 지식인을 양성하기 위한 기
관으로 고등교육을 담당하였다.

〈표 2-2〉 **왕정 · 공화정 · 제정시대의 비교**

	왕정시대	공화정시대	제정시대
개요	• 학교교육은 없었음 • 가정과 사회가 유일한 교육장소 • 주지적 교육활동보다는 경험을 통한 실제의 학습을 중시	• 실제적 · 실리적 · 도덕적 · 애국적 성격을 띰. 즉, 이 시대는 아직 그리스 문화를 수입하기 이전으로 로마 고유의 성격이 두드러짐	• 학교교육이 본격적으로 진행
교육기관	• 가정, 사회	• 가정	• 루두스(Ludus) • 문법학교 • 수사학교, 법률학교
교육목적	• 도덕적 · 시민적 생활 함양	• 용감하고 순종하는 군인 양성	• 지적 · 도덕적인 유능한 웅변가의 양성과 실용적 인간의 육성
교육과정	• 생활을 통한 경험과 모방교육	• 읽기, 쓰기, 셈하기, 12동판법, 체육(군사훈련)	• 7자유학과, 웅변술, 수사학, 라틴어, 그리스 문법

3) 중세의 교육

중세는 서로마제국이 고트(Goth)족에게 멸망(A.D. 476)한 후 동로마제국마저 오스만투르크족에게 멸망당한 15세기까지 약 1000년간을 말하는데, 이 시기를 지배한 것은 종교적으로는 기독교, 경제적으로는 봉건제도, 사상적으로는 스콜라철학이었다.

중세 전기의 교육은 기독교 사상의 영향으로 종교적인 성격이 강하였다. 금욕생활과 내세주의가 강하였으며, 인간을 선한 존재가 아닌 악한 존재로 보았다. 또한 학문도 교부철학과 스콜라철학의 발달로 수도원 교육이 성행했다.

교부철학은 기독교 신학이 형성된 시대에 교회를 육성한 아버지 역할을 한 소위 '교부'들이 논의한 철학을 말하는데 2세기부터 7세기에 걸쳐 수립된 철학이다. 그리고 스콜라철학은 교회의 교리를 합리화하기 위한 운동으로 시작한 철학으로, 성서의 내용을 학문화하고 교리를 이성적인 견해에서 체계화할 필요를 느껴 본산학교와 수도원학교에서 학문연구가 이루어졌다.

중세 기독교의 학교로는 교구학교, 초신자학교, 문답학교, 고급문답학교, 본산학교, 수도원학교들이 세워졌고, 이 학교들의 특징은 신앙활동과 교육활동이 병행되었다는 점이다.

교구학교는 가난한 아이들을 위한 학교로 초등교육을 담당하였고, 초신자학교는 세례받지 못한 사람들을 위하여 기독교의 기본 교리를 전수하기 위해 세운 학교이며, 문답학교는 초신자와 교구학교의 교사를 양성하기 위한 학교로 신학 이외에도 철학, 수사학, 천문학과 문학, 그리스어와 로마서적 등을 연구하였다. 고급문답학교는 문답학교가 널리 보급되면서 교사를 대량으로 양성할 필요를 느껴 교사 양성기관으로 설립된 학교다. 본산학교는 교회의 성직자들을 양성하기 위하여 세운 고등교육기관이며, 수도원학교는 수도원의 부속학교로 중세의 전문적인 학문 연구기관이자 스콜라철학자들의 연구 본산지였다.

수도원학교가 내세운 교육목적은 금욕생활을 통한 내세의 준비였기에 육체적인 쾌락과 현실에서의 욕구와 욕망을 멀리할 수 있어야 하고 가정적인 문제나 정치적인 문제에서도 초연할 수 있어야 한다고 가르쳤다.

수도원학교에서의 교육내용은 주로 7자유과였는데, 7자유과는 문법, 수사학, 천문학, 음악의 4과로 이루어져 있다.

이 외에도 중세 후기의 교육에는 기사도 교육과 시민교육의 발달 그리고 대학의 발달을 들 수 있다. 중세 후기에는 종교적인 성격이 쇠퇴하고 세속적인 성격이 강하게 나타나면서 중앙집권적인 통치체제가 붕괴되고 봉건적인 통치체제가 출현하였다. 이에 봉건영주들은 자신들의 신변과 토지를 지키기 위한 방법으로 전문적인 기사를 양성하게 되었다. 이때 필요한 것이 기사도 교육이며, 기사도는 기독교적인 무사를 의미한다.

기사도 교육의 목적은 야만적인 무사들에게 기독교정신을 습득시키는 것과 교회의 영주와 부녀자, 약자들을 보호하도록 가르치는 것에 있었다.

다음으로 시민교육의 발달을 들 수 있다. 시민교육의 경우, 십자군전쟁 이후 상업과 무역이 발달하면서 자유로운 도시가 생겨나고 봉건제와 장원제가 붕괴되면서 그들의 속박에서 벗어난 농노들이 상공업을 통해 부를 축적하였고 그들이 귀족계급과 승려들에 맞설 수 있는 신흥 상공계급으로 부상하면서 경제적인 이득을 추구하기 위한 방편으로 도제제도를 도입하였다.

도제제도는 오늘날 개인교습이나 사사제도라고 할 수 있는데, 도제제도에서는 엄격한 과정과 절차를 거친 도제, 장인, 마스터를 두고 있었다.

중세 중·후반기에 본산학교나 수도원학교에만 고등교육을 맡길 수가 없어서 출현한 것이 대학이다. 본래 대학은 11세기경 학생들과 교수들이 모여 하나의 길드(조합)를 조직함으로써 시작된 것이 종합대학교(university)로 발전하였고, 교수와 학생의 합숙소가 오늘날의 단과대학(college)이 되었다.

중세 최초의 대학인 이탈리아의 볼로냐 대학은 12세기에 세워졌고 살레르노 대학, 프랑스의 파리 대학, 영국의 옥스퍼드 대학과 케임브리지 대학, 독일의 빈 대학과 하이델베르크 대학은 12~14세기에 세워졌다. 중세의 대학에서는 주로 라틴어로 강의가 이루어졌으며, 7자유과에 속하는 수학, 기하학, 천문학, 수사학, 논리학 등이 교과내용이었다.

4) 근세의 교육

근세는 16~19세기를 말하며, 중세와는 달리 신중심에서 인간중심으로, 내세주의에서 현세주의로, 인간의 욕망과 욕구를 끊임없이 참고 견디는 금욕주의가 아니라 적절하게 노출시키고 충족해 나가야 한다고 생각하는 자연주의로, 외부적 권위가 아니라 개인주의로 강조점이 달라졌다.

근세에서는 인간을 악한 존재가 아닌 선한 존재로 보고 이러한 본성을 그대로 드러내는 것이 아름답다고 보았다. 인간이 본래 갖고 있는 본성을 억압하기보다는 적절하게 노출시키고 또 충족하는 것이 마땅하다고 생각하였다.

그렇기 때문에 교육의 목적도 인간성을 존중하고 선천적으로 타고난 성장 가능성을 최대한 발휘시키는 것을 무엇보다 중요하게 생각하였다.

근세는 한마디로 인간성 회복운동기라고 할 수 있다. 인간 본연의 모습을 회복하자는 운동이 문예부흥 운동이라 할 수 있고, 이러한 인간성 회복운동이 문학과 예술과 교육에 영향을 끼쳐 낭만주의 예술과 인문주의 교육을 낳았다. 낭만주의 예술은 인간의 자연스러운 노출을 소재로 하고 있고, 인문주의 교육은 인간의 지성을 높이고 고매한 인격을 함양하는 데 노력을 기울였다. 이를 위해서는 그리스어의 고전과 라틴어를 공부해야 한다고 생각했다.

(1) 르네상스와 인문주의 교육

르네상스(Renaissance)는 고대 그리스와 로마의 고전문학, 예술, 사상으로의 회귀를 의미하는 문예부흥 운동이다. 르네상스라는 말이 부활, 부흥이라는 의미를 가지고 있는 만큼 그리스와 로마의 화려했던 인간중심, 인간성 발견운동으로 돌아가자는 운동인 것이다.

중세 기독교 문화는 자아의 욕구를 억압하고 자유스러운 활동을 허락하지 않았고, 인간을 악하게 보았기 때문에 행복과 희망을 내세에서만 추구하고 현세에서는 끊임없이 참고 견디는 인고의 생활을 강요한 반면, 근세는 생명의 가치를 인정함과 동시에 명랑하고 활발한 인간적인 생활 속에서 참다운 행복이 있음을 믿도록 한 것이다.

르네상스 운동의 근본사상은 인문주의(humanism)를 출현시켰고, 신중심에서 인간중심으로, 내세주의에서 현세주의로, 금욕주의에서 자연주의로 변화시켜서 이러한 세계관, 인간관이 교육에도 영향을 끼쳐 인문주의 교육을 낳게 한 것이다. 대표적인 인문주의 교육자는 비토리노(1378~1446), 에라스무스(1467~1536), 라블레(1483~1553), 비베스(1492~1540) 등이다.

(2) 종교개혁과 교육

종교개혁은 16세기 독일을 중심으로 일어난 운동으로, 서민을 중심으로 기존 교회의 부패와 타락성에 반발하여 일어난 운동이며 루터(M. Luther)가 발단이 되었다.

그는 인간은 형식이 아닌 믿음을 통해서만 구원이 가능하다고 생각했다. 즉, 미사에 형식적으로 참여하거나 교회에 기부하는 것으로 구원을 받을 수 있는 것이 아니며, 참다운 신앙은 개인의 내면과 양심의 문제이고, 모든 사람이 성서를 최고의 권위로 생각하여 각자 스스로 읽고 해석하는 성서주의를 주창하였다. 이는 대중에 대한 교육을 확대해 나가는 계기가 되었다.

루터는 가톨릭의 세속화와 타락을 반대하고 신앙을 통한 구원을 주장하여 종교개혁의 선봉장이 되었는데, 그는 종교개혁가일 뿐만 아니라 위대한 교육자이기도 하다.

그의 교육사상을 간단하게 소개하면 ① 보통교육의 의무화, ② 공교육의 실시, ③ 학교교육의 중시, ④ 세속적 교육 강조, ⑤ 아동중심 교육의 강조, ⑥ 교직의 중요성과 고귀성 강조 등이다. 특히 루터는 성서를 가장 중요한 교과로 생각하고 누구나 성서를 읽을 수 있는 기초교육으로서의 의무교육을 강조한 최초의 선각자이기도 하다.

(3) 실학주의 교육

실학주의는 인문주의에 대립되는 개념으로 관념보다는 사물을, 언어나 서적을 통한 교육보다는 실물자료를 활용한 교육을, 즉 실생활에 필요한 교육과 공리주의의 원리에 따른 교육을 중요시하고 실천하는 교육을 말한다.

실학주의는 크게 인문적 실학주의, 사회적 실학주의, 감각적 실학주의로 구분하여 살펴볼 수 있다.

① 인문적 실학주의

인문적 실학주의는 그리스, 로마의 고전을 통해 실생활에 유용한 인간을 양성하는 데 목적이 있다고 할 수 있으며, 고전의 형식보다는 내용을 중시했고, 현실생활의 중요성을 강조하였다. 대표적인 인문적 실학주의자로는 프랑스의 라블레(1484~1553년)와 영국의 밀턴(1608~1674년) 등을 들 수 있다.

② 사회적 실학주의

사회적 실학주의는 고전 같은 서적을 통한 교육보다는 실제 사회의 직접적인 접촉을 통하여 신사를 양성하는 데 목적을 두고 있었다. 이를 위해 지식교육보다는 풍부한 사회경험을 쌓도록 하는 데 주안점을 두었는데, 지력, 덕성, 체육을 포함한 전인적인 교육을 강조하였고 단순한 암기에 따른 기억보다는 이해와 판단을 강조하였으며 강제나 체벌을 반대하였다. 대표적인 인물로는 프랑스의 몽테뉴(1533~1592년)와 영국의 로크(1632~1704년) 등을 들 수 있다.

③ 감각적 실학주의

감각적 실학주의는 경험과 관찰을 통한 직접적인 교육을 강조해서 과학적 실학주의라고도 부른다. 감각적 실학주의는 언어나 서적을 통해서 학습하기보다는 실물이나 표본 같은 감각적 대상을 직접 관찰하는 것이 아동의 흥미를 유발하고 이해를 증진시킬 수 있다는 관점에 서 있으며 직관에 따른 교육원리의 모체를 이루고 있다. 대표적인 학자로는 코메니우스를 들 수 있는데, 그는 세계 최초로 그림이 든 교과서이며 시청각교육의 원조격인 『세계도회』(1657)와 교육에 관한 논술로는 최초의 교육학서라 할 수 있는 『대교수학』(1658)을 저술하여 근대교육의 발전에 기여하였다.

(4) 계몽주의 교육

계몽주의는 18세기에 나타난 사회양상으로, 칸트에 따르면 계몽이란 미성숙의 상태에서 벗어나는 것으로 진리의 표준을 이성에 두었고 인간은 이성에 따라서만 행복한 삶을 유지시켜 나갈 수 있다고 믿었다. 그러므로 계몽주의는 이성을 억압하는 종교, 정치, 사회 등의 모든 권력구조를 제거하고 스스로 생각하게 하고, 모든 문제와 사물을 자신의 이성의 힘으로 따질 수 있게 하는 데 목적을 두었다.

계몽주의 교육은 합리적인 것을 추구하고 지적 도야를 통한 이성의 계발에 주안점을 두었기 때문에 교육내용도 과학이나 철학을 중요하게 여겼다. 이 시대의 교육사상으로는 자연주의와 합리주의, 범애주의 등을 들 수 있으며, 대표적인 사상가로는 루소(1712~1778년)와 바제도(1724~1790년) 등을 들 수 있다.

(5) 신인문주의 교육

신인문주의는 계몽사상의 합리주의적이고 공리주의적인 것에 반기를 들고, 정의와 인간성의 원만한 발달, 역사와 민족을 소중히 여기고 고대 그리스의 고전 속에 담겨 있는 정신과 사상을 본받자는 사상이다. 이러한 인도적인 사상이 문예적, 철학적인 면에서는 낭만주의로, 교육에서는 신인문주의로 사상적 체계가 성립된 것이다.

신인문주의는 그리스나 로마의 고전을 형식적, 기계적으로 모방하는 것이 아니라 고전 속에 포함된 사상을 본받으려는 것을 목적으로 하였다. 대표적인 학자로는 페스탈로치(1746~1827), 헤르바르트(1776~1841), 프뢰벨(1782~1852) 등을 들 수 있다.

페스탈로치는 고아의 아버지이며 서민학교의 창설자로서 인류의 교육자로 불리고 있다. 그는 교육의 목적을 3H(Head, Heart, Hand)의 조화로 보았다. 헤르바르트는 교육학을 과학적·학문적으로 체계화한 인물이다. 프뢰벨은 유치원교육의 창시자이며 유아교육의 아버지로, 조직적인 놀이를 위한 은물을 창안하여 현대 유치원교육에 있어서 교구발달에 선구적인 역할을 하였다.

5) 현대의 교육

20세기 이후를 현대라고 부르는데, 현대의 교육은 고대, 중세, 근세의 교육과는 확연하게 다른 특징들을 가지고 있다. 우선 아동을 보는 관점과 교육의 방식 등 여러 가지 면에서 가히 혁명적이라고 표현할 수 있을 만큼 교육에서 많은 변화가 일어났다. 현대 교육의 특징을 몇 가지로 구분하여 설명하면 다음과 같다.

첫째, 교육의 과학화를 들 수 있다. 20세기로 접어들면서 과학의 발달과 더불어 교육의 과학화가 이루어진 시기라고 할 수 있다. 특히 교육에 심리학이 도입되면서 여러 가지 심리검사가 교육대상자를 정확하게 알게 하는 자료로 활용될 수 있으며, 교육기자재의 도입은 교육방법의 발달을 가져왔다. 교육기자재의 도입은 전통적인 교수방법에서 벗어나 어떻게 하면 좀 더 효율적이고 효과적으로 가르치고 학습할 수 있는지 그 방법을 연구함으로써 교수방법과 교육방법의 발전을 가져왔으며, 이는 앞으로도 많이 진화할 것으로 예상된다.

둘째, 아동중심의 교육을 들 수 있다. 19세기 후반까지만 해도 아동들은 탄광지대에서 석탄을 채굴하는 등 노동착취의 대상이 되었으며, 상대적으로 교육의 주요한 대상에서 제외되었다고 해도 과언이 아닐 것이다. 그러나 20세기에 들어서면서 '20세기는 아동의 세기'라고 발표하기도 하고 아동에 대한 관심이 높아지면서 아동중심의 교육이 이루어졌고, 이를 계기로 아동들이 노동에서 해방될 수 있었으며 교육의 주요한 대상이 될 수 있었다. 또한 아동을 보는 관점에도 많은 변화가 일어났다. 이전까지만 해도 아동을 작은 야만인 또는 석고나 밀납처럼 조각할 수 있는 존재로 생각했으나, 진보주의자들은 이러한 생각을 뜯어 고치는 데 일조하였다. 진보주의자들은 아동들이 미숙하긴 하지만 고유한 인격을 가지고 있는 인격체로 인정해 줘야 함을 요구했다.

셋째, 교육의 사회화를 들 수 있다. 그 전까지만 해도 학교의 시설이나 인력 등은 해당 학생들에게만 개방되고 지역사회 주민들에게는 아무런 혜택이 없었으나, 20세기에 들어서면서 지역사회 학교를 통하여 학교의 시설과 인력이 지역사회 주민들을 위해 개방되기 시작했다. 그러면서 지역사회 주민들이 학교의 시설을 이용하여 문해교육, 교양, 오락, 취미활동 등 기초생활 교육뿐만 아니라 전문성을 키울 수 있는 분야에 이르기까지 학교의 시설이나 환경을 적극적으로 활용하게 되었다. 이러한 지역사회 학교를 통하여 평생교육의 개념이 도입되고 '요람에서 무덤까지'의 교육이념을 실천하기 시작하였다.

연구문제

1. 인류의 역사는 곧 교육의 역사라고들 말하는데, 우리가 교육의 역사를 공부해야 하는 이유를 설명해 보자.
2. 한국교육사와 서양교육사의 차이점을 중심으로 비교해 보자.
3. 아테네와 스파르타 교육의 특징을 설명해 보자.
4. 근세 교육의 큰 흐름을 역사적인 사건을 중심으로 구분하여 설명해 보자.

참고문헌

고벽진, 이인학, 윤선호, 이위환, 이경혜, 안현주(2005). 교육사 및 교육철학. 파주: 교육과학사.

김범준, 구병두(2007). 교육학개론. 고양: 공동체.

노상우(2004). 교육의 역사와 사상. 파주: 교육과학사.

목영해, 이향재, 양진건, 한규원(2004). 교육의 역사와 철학. 파주: 교육과학사.

박영진, 조건덕, 장성화(2010). 교육학개론. 서울: 동문사.

성태제 외 12인(2007). 최신교육학개론. 서울: 학지사.

소동호(2004). 교육사상사. 파주: 교육과학사.

신득렬, 이병승, 우영효, 김회용(2005). 쉽게 풀어쓴 교육철학 및 교육사. 파주: 양서원.

신차균, 안경식, 유재봉(2006). 교육철학 및 교육사의 이해. 서울: 학지사.

신창호(2005). 교육학개설. 서울: 서현사.

윤정일, 허형, 이성호, 이용남, 박철홍, 박인우(2002). 신교육의 이해. 서울: 학지사.

이형행(2007). 교육학개론. 파주: 양서원.

조경원, 김미환, 최양미, 장선희, 정광희(2004). 서양교육의 이해. 파주: 교육과학사.

조수환(2002). 교육학개론. 파주: 교육과학사.

제 3 장

교육의 철학적 기초

교육철학은 교육의 여러 가지 현상에 대한 철학적 탐구를 가리키는 것으로, 교육의 여러 행위와 교육의 문제를 철학적인 관점에서 접근하는 것을 말한다. 이러한 문제는 교육의 본질적인 문제라 할 수 있다. 즉, 교육이 나아가야 할 방향과 추구해야 할 이념을 탐구하는 것이 교육철학이라 할 수 있다. 교육은 인간을 대상으로 하는 학문이기 때문에 다양한 철학적 관점이 있을 수 있고, 교육현상을 이해하는 점에서도 마찬가지다. 이 장에서는 교육철학의 개념과 기능 그리고 다양한 현대 교육철학의 동향을 살펴보고자 한다.

1. 교육철학의 개념

흔히 '철학' 하면 맨 먼저 위대한 철학자인 소크라테스, 플라톤, 아리스토텔레스 등과 함께 '머리 아프다' '어렵다' 는 이미지를 떠올리는 것이 사실이다. 물론 철학은 쉽지 않다. 형이상학, 인식론, 현상학 등의 용어만 나오면 머리가

지끈거리고 생각하기조차 싫은 것이 사실이다. 하지만 철학을 인간에 비유하면 척추에 해당하는 부분이고, 건물로 비유하면 대들보에 해당한다고 할 수 있다. 인간의 중심을 잡아 주는 역할을 하는 척추가 없다면 살아갈 수가 있겠는가? 또 건물을 짓는 데 중심인 대들보가 없이 아무리 실내장식을 잘 꾸며 놓은들 그 건물이 얼마나 오래 지탱할 수 있을 것인가? 이와 마찬가지로 철학은 물질적인 가치보다 정신적인 가치를 더 중요하게 생각하는 부분이라고 할 수 있다.

급변하는 현대 사회에서는 정신적인 가치에 해당하는 철학을 한낱 사치스러운 유희쯤으로 생각하는 경향이 많은 것으로 보인다. 철학에 대해 시시콜콜한 것으로 생각하고 온통 물질적인 가치에 치중하는 경향이 아주 많아 보인다. 단적인 예로 들 수 있는 것이 현대 의학이나 과학기술은 날마다 발전하고 있는데, 이에 반대되는 것이 늘어나는 점(占)집이다. 이것은 그만큼 점을 보러 가는 인구가 늘고 있다는 증거가 아니겠는가? 또 뒤집어 놓고 생각하면 그만큼 자기의 철학이나 신념 없이 부화뇌동하는 사람이 많다는 말이 아니겠는가? 물론 그만큼 사회변화가 심하다는 말도 될 수 있을 것이다. 하지만 내 인생의 주인은 나인데 내 생각이나 신념 없이 어떻게 이 험한 세상을 헤쳐 나갈 수 있을 것인가? 철학은 물질보다는 정신을, 또 자기의 중심을 잡아 주는 것이라고 할 수 있다.

철학의 어원을 살펴보면 '지혜를 사랑하는 학문'이라고 설명되어 있다. 지금 우리가 쓰고 있는 철학은 philosophy라고 하는데, 이 말은 다시 philos(사랑)와 sophia(지혜)라는 두 낱말이 합쳐서 이루어진 것이다. 즉, 철학은 Love of wisdom, '지혜를 사랑하는 것'이라는 뜻이 된다. 지혜를 사랑한다는 것은 생각하는 학문이라는 말이기도 하다. 그만큼 많이 생각하라는 말이기도 할 것이다. 여기서는 먼저 철학의 영역을 살펴보고 다음으로 교육철학의 기능을 살펴보고자 한다.

철학의 영역은 크게 존재론(存在論), 인식론(認識論), 가치론(價値論), 논리학(論理學)의 네 가지로 나누어 설명할 수 있다. 먼저 '존재론'은 이 우주의 궁극적인 본질 혹은 실체란 무엇인가를 규명하려는 철학적인 노력이라고 할 수 있다.

이 세상에서 변화하지 않고 그대로 머물러 있는 것은 아무것도 없다. 이것이 바로 존재론이 가지고 있는 가장 중요한 물음이다. 이 세계의 모습은 무한히 다양하지만 실재는 하나라고 보는 입장을 일원론(一元論)이라 하고, 그 하나가 정신 혹은 영혼이라고 보는 입장은 관념론(觀念論)이라 하며, 그 하나가 물질 혹은 객관적으로 파악할 수 있는 것이라고 보는 입장은 실재론(實在論)이라 한다. 또한 우주의 본질이란 끊임없이 변화하고 발전하는 그 자체이며, 그 너머에 어떠한 본질이 따로 존재하는 것이 아니라는 입장이 실용주의(實用主義)다.

다음으로, '인식론'은 진리 또는 지식의 근거와 특징을 밝히려는 철학적 노력을 말한다. 진리와 진리가 아닌 것은 어떻게 구분하며, 안다는 것과 알지 못한다는 것은 어떻게 구분하며, 우리가 어떻게 하면 참다운 앎에 도달할 수 있는가 하는 것이 인식론의 큰 과제다.

참다운 앎에 도달할 수 있다고 보는 입장과 도달할 수 없다고 보는 입장이 있다. 참다운 앎에 도달할 수 있다고 보는 입장은 자명하고 확실한 지식이야말로 의심의 여지가 없다고 주장하고, 반대의 입장은 지식을 단순히 의견에 불과하다고 생각하며 자명하고 확실한 지식은 없고 단지 우리가 그렇게 생각할 뿐이라고 주장한다.

이 양극단 사이에 또 하나의 입장이 있을 수 있는데, 그것은 절대 불변의 것이 아니라 상대적이고 확률적인 것이며 개선 가능하다고 보는 입장이다. 여기서 인간의 지식이란 광석을 발굴해 내듯이 어디엔가 숨겨져 있는 것, 즉 전혀 새로운 것을 발견해 내는 것이 아니라 이 세계 안에서 이루어지고 있는 현상을 설명하기 위해 인간들이 만들어 낸 인식의 도구 또는 설명의 도구에 불과한 것이라고 보는 입장이다.

세 번째로 '가치론'은 선(善)과 악(惡), 바른 것(正)과 그릇된 것(邪), 아름다운 것(美)과 추한 것(醜), 가치 있는 것과 가치 없는 것, 정의와 불의, 목적과 수단 등의 문제와 관련지어 그 근거와 판단기준, 대상 등을 밝히려는 철학적 노력으로 윤리학과 미학이 대표적인 분야다. 윤리학은 인간의 개인적·사회적 행위의 질과 도덕성의 문제를 다루며, 착한 사람, 좋은 사회, 훌륭한 삶의 본질과 기준을 밝히는 일을 하게 된다. 미학은 예술과 인간의 삶과 경험 속에 들어 있는 아름다움의 본질과 기준, 그 대상을 밝혀내려는 데 힘쓰는 학문이다.

마지막으로, '논리학'은 우리가 어떤 철학적인 결론에 도달했을 때 그 결론에 도달하기까지의 사고과정이 과연 타당한 것이었는가를 검토하는 데 있어서 여러 가지 규칙과 기준을 밝히려는 철학적 노력이라고 할 수 있다. 논리적 사고에는 연역법과 귀납법이 있다. 연역법은 보편적인 원리로부터 구체적인 사실에 대한 지식을 끌어내는 추리의 과정이고, 귀납법은 반대로 개개의 구체적인 사실들에 대한 관찰을 통하여 어떤 보편적인 법칙이나 원리를 이끌어 내는 추리의 과정이다. 그러나 현대에 이르러서는 어떤 주장의 타당성을 논리학에만 의존하는 철학적 탐구방법에 회의를 갖게 되었다. 왜냐하면 어떤 결론에 도달하기까지의 추리과정이 아무리 논리적이라고 하더라도 그 결론이 근거로 삼고 있는 전제가 참 또는 거짓을 검증할 수 없는 종류의 것이라면 그 결론도 참인지 거짓인지를 밝혀낼 수가 없으며 의미가 없는 주장이라는 것이다.

논리학을 기본으로 하여 성립된 철학사조로는 논리실증주의와 분석철학이 대표적이다. 논리실증주의는 문장의 논리적 검증을 통하여 진위 여부를 검증하는 반면, 분석철학은 하나의 진술이나 개념이 그 인간과 사회, 문화 등의 맥락 안에서 어떠한 의미를 갖는 것인가를 밝히려는 방향으로 기울어지고 있다. 분석철학은 철학의 이론체계라기보다는 철학적 방법론으로 여겨지고 있다.

2. 교육철학의 기능

교육이론을 탐구하는 데는 크게 과학적 접근과 철학적 접근의 두 가지 접근 방법이 있다. 과학적 접근은 과학적 탐구를 통하여 이론을 추출하는 것을 말하고, 철학적 접근은 철학적 탐구를 통하여 철학적 이론을 이끌어 내는 것을 말한다. 과학적 접근은 사물 또는 현상을 기술하고 설명하며 이 진술에 기초하여 예언하고 통제하는 원리를 얻는다. 이에 반하여 철학적 접근은 사물 또는 현상을 분석하고 평가하며 여러 가지 생각들을 통합하는 지적 활동이다. 그러므로 과학적 접근이 사물과 현상을 기술하고 설명하고 예언하고 통제하는 기능을 가지고 있다면, 철학적 접근은 분석하고 평가하고 생각한 것을 통합하는 기능을 지닌다고 할 수 있다. 철학의 기능을 살펴보면 다음과 같다.

1) 분석적 기능

분석적 기능은 이론적 혹은 일상적 언어의 의미와 거기에 내포된 논리적 관계를 명확하게 하고 여러 가지 가치기준을 밝히는 행위를 말한다. 우리가 일상적으로 사용하는 용어에는 의미가 분명하지 않은 용어들이 많은데, 간혹 오해를 불러일으키기도 하고 또는 혼자서 임의대로 해석하여 전혀 엉뚱한 방향으로 일이 진행되거나 진행되지 않는 경우도 많다. 분석적 기능은 이처럼 의사소통을 명확하게 하고 올바른 사고를 하기 위하여 무엇보다도 언어의 의미나 가치판단의 기준 같은 것을 분명히 할 필요가 있다.

교육철학의 분석적 기능은 교육적 언어와 의미를 분명하게 밝히고 여러 의미들 사이의 논리적 관계를 분명하게 드러내는 활동을 말한다. 예를 들면, 우리가 일상적으로 사용하는 용어에는 가치어와 가치중립어, 비난어 등이 있는데 이 용어들을 구분하고, 애매하고 모호한 용어 등 흔히 혼동하기 쉬운 용어 등도 구분하여 명확하게 사용하는 것을 말한다.

여기에서 추가로 설명해야 할 것 중에서 가치어와 가치중립어, 비난어가 있다. 가치어는 말 그대로 가치 있게 쓰이는 말을 의미하는 것으로, 예를 들면 교육, 도덕, 정의감 등 그 자체가 가치 있는 것이며 사람으로 치면 인간 보증수표라고 할 수 있다. 가치중립어는 가치 있을 수도 있고 아닐 수도 있다는 것을 나타내며 대표적인 예로는 훈련을 들 수 있다. 비난어는 말 그대로 비난을 듣는 말을 의미하는 것으로 대표적인 예로 세뇌, 간첩 등을 들 수 있다.

2) 평가적 기능

평가적 기능은 말 그대로 어떤 준거(criterion), 기준(standard) 또는 규범(norm)에 비추어 가치판단 또는 가치를 평가하는 행위를 말하는 것으로 사실을 있는 그대로 기술하고 설명하는 식의 과학적 탐구, 즉 과학적 이론과는 그 개념을 달리하고 있다.

예를 들면, 이것은 좋다, 저것은 나쁘다, 그것은 보통이다 등의 가치판단을 내리는 행위를 평가적 기능이라 하며, 이때 평가는 반드시 어떠한 주어진 준거, 기준 또는 규범에 근거한 평가라야 한다. 그렇기 때문에 평가적 기능은 주어진 어떤 준거, 기준 또는 규범에 비추어 어떤 실천, 이론, 주장, 원리의 만족도를 밝히는 행위를 말한다. 평가적 기능의 예를 들면, 철수의 중간고사 성적이 국어 93점, 수학 82점, 영어 79점, 과학 68점이라고 가정해 보자. 이 학생의 성적을 평가하라고 하면 우리는 거의 대부분 국어 수, 수학 우, 영어 미, 과학 양과 같은 식으로 평가를 내리는데, 이러한 것은 아무런 의미가 없다는 것이다. 철수의 성적을 평가할 만한 명확한 근거가 있어야 한다는 것이다. 이러한 기준을 제시해 주는 것이 평가적 기능이라고 할 수 있다.

3) 사변적 기능

철학을 한다는 것은 어떤 의미에서 보면 사색(생각)하는 과정이라 할 수 있다. 물론 사색이 철학의 전유물은 될 수 없지만 어떤 문제해결을 위해 사색에 잠기는 것을 철학한다고 볼 수 있다. 훌륭한 강의나 강연을 하기 위해서는 물론 원고를 잘 쓰고 많은 이론적인 지식을 공부하는 것도 중요하지만 어떻게 강의를 이끌어 갈 것인가, 또 이 부분에서는 어떤 예를 들면 학습자들이 쉽게 이해할 수 있을 것인가 하고 많은 생각을 하는 것이 더 중요하다고 할 수 있다. 따라서 철학의 최대 기능은 사변적 기능이라 할 수 있으며, 깊이 있는 사색을 통하여 통찰에 이를 수 있다고 할 수 있다. 이러한 사변적 기능은 우주의 본질과 인간의 근본문제가 무엇인지를 밝혀내는 문제라 할 수 있다.

또한 사변적 기능은 제시된 문제를 해결하기 위해 새로운 가설을 설정하고 아이디어나 개념을 찾아내는 이론적 활동이라고도 할 수 있고, 아이디어나 개념을 통하여 새로운 해결책 등 어떤 모종의 생각, 즉 새로운 안을 만들어 낸다는 점에서 창안적 기능이라고 해도 무방할 것으로 생각된다.

4) 통합적 기능

인간의 삶에서 부딪히는 여러 가지 문제들은 단순한 것이 아니고 다양한 분야가 복잡하게 얽혀 있다. 마찬가지로 다양한 학문 영역들은 삶의 복잡한 문제를 이해하고 설명하고 해결하려는 여러 가지 노력의 결과로 형성된 것이라고 할 수 있다.

이러한 여러 가지 문제를 해결하기 위해서는 다양한 기준이나 관점을 통합적으로 조정하고 종합하여 일관성 있는 체계를 만들어 내는 것이 중요한데, 이런 문제를 탐구하는 것을 통합적 기능이라고 한다.

통합적 기능을 다른 말로 표현하면 하나의 현상이나 과정을 전체로서 파악하고 여러 부분과 차원을 통합하여 이해하려는 행위를 말한다. 즉, 나무도 보고 숲도 볼 수 있는 안목을 말하는 것이다. 깊은 산속에 들어가서 우거진 수풀만 보고 와서는 그 산 전체를 보았다고 말할 수 없듯이, 나무도 보고 숲도 보고 전체를 종합해서 볼 수 있는 안목을 키우는 것을 말하는 것이다.

교육학은 이론적으로 심리학, 사회학, 인류학, 역사학, 행정학, 경제학 등 여러 다양한 학문과 관련되어 있다. 그렇기 때문에 교육과 관련하여 다양한 학문 영역에서 발견된 새로운 이론과 새로운 제안을 전체로 통합할 수 있는 일관된 이해가 필요하다. 다음으로는 현대의 여러 교육사조를 살펴보고자 한다.

3. 현대 교육철학의 사조

현대의 교육철학은 20세기를 기준으로 전·후기로 구분하여 살펴볼 수 있다. 20세기 전기의 교육철학은 진보주의와 본질주의, 항존주의와 재건주의로 구분하여 살펴볼 수 있고, 20세기 후기의 교육철학은 실존주의와 분석철학, 포스트모더니즘으로 구분하여 설명할 수 있다.

1) 20세기 전기의 교육철학

(1) 진보주의

진보주의는 전통적인 교육에 반기를 들고 등장한 교육사조로 20세기 미국뿐만 아니라 전 세계의 교육에 일대 개혁을 일으킨 교육사조라고 할 수 있으며, 교사중심의 전통적인 교육의 편협성과 형식주의가 낳은 비인간화에 대한 반발로 일어난 교육운동이다. 또 진보주의는 실용주의 내지는 실험주의 철학사조로, 아동을 보는 관점에 있어서 진보주의 이전에는 아동을 석고나 밀납처럼 조각할 수 있는 존재로 생각하고 성인의 축소판으로 생각하여 아동 고유의 인격이나 사고는 없는 것으로 여겨 성인들이 마음대로 조종할 수 있는 존재로 생각한 것을 완전히 바꾸어 놓은 것이다. 진보주의자들은 아동도 나름대로의 인격을 가진 고유한 존재이며, 사고나 표현이 없는 것이 아니라 나름대로 생각을 가지고 있으나 표현하는 방식이 서툴러서 성인들의 입장에서는 생각이 없는 것으로 보일 뿐이지 절대 생각이 없는 존재가 아니라고 했다.

진보주의자들이 보는 관점은 이 세상에서 변하지 않고 고정된 것은 아무것도 없으며, 변화 그 자체가 만물의 속성으로 진리는 절대적인 것이 아니라 상대적인 것이라는 철학적 입장에 바탕을 두고 있다. 진보주의 교육의 대표적인 교육철학자인 듀이에 따르면, 교육은 전통적인 교육에서 주장하는 미래의 생활을 위한 준비가 아니라 현재의 생활 그 자체를 의미 있게 만들어 가는 것이라고 하고 있다. 따라서 교육의 목적은 현재 경험의 계속적인 성장에 있다고 하는데, 여기서 말하는 경험의 성장은 현재 당면한 문제를 해결하는 과정에서 획득된 지식이나 규범 혹은 원리 등의 축적과 그 자체의 개선을 의미하는 것이면서 동시에 지력의 발달을 의미한다.

진보주의자들은 경험을 통하지 않고서는 학습할 수가 없다고 생각한다. 따라서 진보주의자들은 교과내용을 학생들에게 전달하는 전통적인 교육방법을 부정하고, 학생들이 직접 그 내용을 경험해야 한다고 주장한다. 교육이란 사회에 나가기 위한 준비단계일 뿐만 아니라 현재의 학생생활에도 도움을 줄 수 있어야 하기 때문에 학교는 전문가나 지식인을 목표로 학생들을 교육하기보다는 건전한 생활인의 육성을 목표로 해야 한다고 주장하고 있다.

진보주의 교육철학의 선구자인 듀이와 그 추종자들이 말하는 진보주의 교육의 독특한 특징은 ① 교육은 생활이다, ② 교육은 성장이다, ③ 교육은 경험의 재구성이다, ④ 교육은 사회적 과정이다의 네 가지다.

아울러 진보주의자들이 내세운 교육의 원리를 Kneller는 다음과 같이 요약하고 있다.

- 교육은 미래 생활을 위한 준비가 아닌 현재의 생활 그 자체다.
- 학습은 아동의 흥미와 직접적으로 관련되어야 한다.
- 교육내용의 이수에 앞서 선행되어야 할 것은 문제해결 방법을 배우는 것이다.
- 교사는 아동을 통제하고 지시하는 입장이 아니라 그들의 입장에서 도와주어야 한다.
- 학교는 경쟁보다 협동을 장려하는 곳이어야 한다.
- 민주주의만이 성장에 필요한 사상과 인격의 자유로운 상호작용을 허용하고 촉진한다.

듀이를 비롯한 진보주의 교육자들은 미국을 비롯한 여러 나라에서 교육의 개혁을 위한 하나의 중요한 흐름을 형성하게 되었으며, 우리나라의 교육에도 많은 영향을 끼쳤다고 할 수 있다. 그러나 학습자의 개인적 경험과 흥미에 대한 지나친 강조는 교육의 사회적 기능과 문화적 전통을 간과하는 문제를 낳았으며, 기본적인 학습능력의 저하와 현대 사회의 발전에 필요한 학문적 지식 학습의 저조라는 문제점을 드러내었다는 점에서 본질주의자와 항존주의자로부터 비판의 대상이 되었다. 이를 구체적으로 열거하면 다음과 같다.

- 아동에게 지나친 자유를 부여했다.
- 아동들의 흥미를 지나치게 존중한 나머지 아동들에게 비교적 어려운 학과인 과학이나 수학 과목을 피하고 쉬운 학과를 택하게 했다.
- 자유를 지나치게 존중한 나머지 방향감각을 경시했고, 현재의 생활을 중시한 나머지 미래에 대한 교육의 준비성을 소홀히 했다.
- 민주적인 방식을 과신함으로써 가치의 절대적인 측면을 보는 안목을 키우지 못했다.
- 아동중심에 너무 치우치다 보니 목표설정을 명확하게 하지 못했다.
- 아동의 흥미를 지나치게 강조하다 보니 근본적인 지식을 소홀히 다루었다.

(2) 본질주의

본질주의는 진보주의 교육사조의 비판으로부터 성립되었으며, 진보주의와 항존주의를 절충했다고 해서 절충주의라고 부르기도 하고 근본주의라고 부르기도 한다. 본질주의자들은 진보주의자들이 지나치게 아동의 흥미와 자유를 존중한 나머지 진정한 인류의 문화유산을 전달하는 것을 망각하고 있다고 비판하였으며, 진보적 학교에서는 학습자가 기본적인 학문을 학습할 수 없다고 보았다.

본질주의가 교육을 보는 관점은 인류가 쌓아 놓은 공적 전통 중에서 가장 본질적이고 핵심적인 것을 배우는 것이어야 한다는 것이다. 다시 말하면, 교육은 교육목표를 인류의 문화유산 중 과거의 핵심적인 경험, 즉 문화유산 중에서 가장 본질적인 것을 골라 조직적인 학교교육을 통해서 다음 세대에 전승시키고자 하는 교육사상이다.

Kneller가 말하는 본질주의 교육에 대한 원리를 요약해 보면 다음과 같다.

- 본질주의는 훈련의 중요성을 강조한다.
- 교육의 주도권은 아동·학생에게 있는 것이 아니라 교사에게 있는 것이다.
- 교육과정의 핵심은 주어진 교과를 철저하게 이수하고 자기 것으로 만드는 데 있다.
- 학교는 전통적인 학문적 훈련방식을 계속 유지해야 한다.

본질주의자들은 고등학교 수준까지는 교과를 통합하지 말고 별도의 독립된 교과목으로 가르치는 것이 바람직하다고 주장한다. 통합은 각 교과목 내용을 충분히 학습한 뒤에 이루어져야 한다는 것이다. 따라서 본질주의는 진보주의가 어린 아동에게 교과중심이 아닌 활동중심, 흥미중심, 주제중심의 수업을 실시하는 것을 잘못이라고 비판하며 반대하고 있다. 초·중등학교 학생들에게는 앞으로 살아가는 데 필요한 지식과 기술 등을 가르치고 대학교육에서는 민주사회의 지도자로 육성하기 위한 준비작업으로 문제해결 능력을 중심으로 교과를 통합하는 것이 좋다는 견해다.

이러한 견해에도 불구하고 본질주의는 여러 가지 면에서 진보주의자들의 입장에서 비판을 받았는데, 이를 구체적으로 나열해 보면 다음과 같다.

- 교육내용 면에서 체계적이면서 현실문제의 해결에 도움이 되는 학문을 중시하기 때문에 전반적으로 자연과학을 강조하고 인문, 사회과학을 경시하는 결과를 낳았다.
- 본질주의가 내포하고 있는 보수성이 비판받았는데, 이러한 보수성은 필연적으로 지적 진보성과 지적 창의성을 저해했다.

- 본질주의는 체계적인 지식의 전수와 학습현장에서의 교사의 주도권을 강조한 나머지 아이의 자발적인 참여와 학습동기를 경시했다.

(3) 항존주의

항존주의는 1930년대 진보주의 교육이념을 전면 부정하면서 등장한 교육이론으로 '영원한' '불변하는' '항존' 의 의미를 지니고 있는 진리의 절대성과 불변성 그리고 영원성을 믿고 변하는 것과 일시적인 것을 거부하는 신념을 말한다. 즉, 시간과 공간을 초월한 절대적인 진리를 말하며, 이것은 진보주의 교육에 대한 저항에서 시작되었다고 할 수 있다. 저항이라는 것은 진보주의가 말하는 변화에 대한 저항을 말한다.

항존주의의 입장은 인간의 본성은 변하지 않으며 본질적으로 동일하다는 가정에 기초한다. 항존주의 교육에는 '절대의 원리' 가 적용되는데, 이것은 '변화의 원리' 가 적용되는 진보주의 교육과는 완전히 상반된다.

항존주의 교육철학은 고대 그리스의 이성관과 지식관을 그대로 이어받고 있다. 그들은 인간이 이성을 지니고 있는 존재이며 이성의 계발을 통해 인간다운 삶을 영위할 수 있다고 보았다. 항존주의 교육의 최대 목적은 이성의 계발에 있다. 이러한 이성의 계발은 영원불변하는 진리를 습득함으로써 계발된다고 보았다. 영원불변하는 진리는 일시적인 가치나 시대에 따라 변하는 가치가 아니라 시대를 초월하여 변치 않는 진리를 말하는데, 이러한 변치않는 진리를 찾아내는 노력을 게을리해서는 안 된다는 것이다.

Kneller의 항존주의 교육원리를 요약하면 다음과 같다.

- 인간의 본성은 어디에서나 동일하기 때문에 교육은 모든 사람에게 동일해야 한다.
- 이성은 인간이 지니고 있는 최고의 속성이므로 교육은 인간의 이성을 계발하는 데 초점을 맞추어야 한다.

- 교육의 임무는 일시적인 가치나 시류에 편승하는 것이 아니라 영원한 진리를 추구하는 데 있다.
- 교육은 생활의 모방이 아닌 생활의 준비가 되어야 한다.
- 학생들은 우주의 영원성을 접하게 하는 기본적인 교과를 배워야 한다.
- 학생들은 오랜 세월에 걸쳐 축적된 열망과 업적이 담긴 '위대한 저서(The Great Books)'를 읽어야 한다. 여기에서 '위대한 저서'란 인류의 문화유산과 정신이 담긴 고전을 말한다.

항존주의를 대표하는 학자 중 한 사람인 Hutchins는 학생들이 쉽게 접하고 읽을 수 있는 시집이나 소설, 에세이집보다는 인류의 문화유산과 정신이 고스란히 담겨져 있는 역사서나 사상집 등 고전을 읽어야 하며, 이러한 고전 읽기를 통해서만이 내 인생을 바꿀 수 있다고 하였다. 시집이나 소설, 에세이집을 폄하하는 것은 아니지만 소설이나 시집을 통하여 내 인생을 바꾸기는 쉽지 않다는 말일 것이다. 아니면 작가가 그려 놓은 틀 속에 나를 가두어 그 틀을 벗어나지 못하게 한다는 말일 것이다.

이상에서 살펴본 것과 같이, 항존주의는 산업혁명과 더불어 과학의 급속한 발달의 영향으로 절대적 가치를 상실하고 방황하는 시대 상황 속에서 정신적 가치의 우월성과 절대적 가치를 중시하면서 삶의 지표를 명확하게 제시하려 했다. 그럼에도 불구하고 지나치게 이상적이며 현실을 무시했다는 점 등 여러 가지 비판을 받았다. 항존주의의 비판점을 열거해 보면 다음과 같다.

- 항존주의는 지나치게 귀족주의적, 주지주의적인 경향을 띤다.
- 항존주의는 교육을 위대한 고전들에 한정함으로써 현실의 학문을 무시하고 고전의 지식들을 영원한 것으로 만든다는 점에서 현실을 무시한다.
- 항존주의는 비민주적이다. 민주주의는 개인의 개성을 존중하고 다양한 개인의 가치를 존중하며 인정하는 데 반해, 항존주의는 유일하고 절대적인 가치를 높이 평가하는 바람에 민주주의 기본이념을 위협할 수 있다.

(4) 재건주의

재건주의는 기존의 진보주의, 본질주의, 항존주의 교육철학에 대한 비판에서 시작되며 현대의 문화적 위기를 극복해야 한다고 주장한다. 재건주의의 다른 교육철학과의 차이점은 미국 또는 세계의 문화는 현재 심각한 위기에 직면해 있고, 또 종래의 교육으로는 이 위기를 극복할 수 없다는 두 가지 위기를 전제로 하고 있다는 점이다. 특히 재건주의가 주목받고 있는 점은 스푸트니크 쇼크 이후 미국 교육이 근본적으로 재검토되고 비판받는 과정에서 새로운 교육철학으로 세계적인 이목을 집중시켰다는 점이다. 재건주의는 인류가 심각한 문화적 위기 상태에 있다고 규정하는 교육철학이다. 그래서 재건주의는 위기를 전제로 하고 있으며, 이러한 위기를 극복할 수 있는 미래를 위한 청사진, 즉 마스터플랜을 교육을 통하여 제시해야 하고 또 교육을 통하여 극복해 나가야한다.

재건주의 철학자들은 발전이란 자연적으로 이루어지는 것이 아니라 인간이 어떤 목적을 성취하기 위해 계획하고 노력할 때에만 가능하다고 주장하고, 이러한 계획은 교육을 통하여 실현 가능하다고 믿고 있다. 그들은 자신이 환경을 이해하고 통제할 수 있는 인간을 만드는 것이 교육의 목적이라고 본다.

Kneller의 재건주의 교육이론을 요약하면 다음과 같다.

- 교육의 가장 중요한 목적은 사회를 재구성하는 데 필요한 프로그램 제작에 있다.
- 새로운 사회질서는 완전히 민주적인 것이어야 한다.
- 교사는 재건주의 사상의 타당성과 긴급성을 민주적 방법으로 학생들에게 설득시켜야 하고, 교육자들은 맡은 과업을 열심히 수행해야 한다.
- 교육의 목적과 방법은 행동과학을 통해 발견된 연구성과에 따라 재구성되어야 한다.
- 학생, 학교, 교육은 크게는 사회적 · 문화적 힘에 따라 재구성되어야 한다.

재건주의는 사회·문화적 위기 시대의 교육은 학습자와 일반대중들에게 문화변화 및 사회변화에 대한 시대적 요구와 긴급성을 일깨우고 교육을 통한 새로운 사회질서의 정립과 문화개혁에 대한 확신을 심어 줄 수 있어야 한다고 보았다. 그러나 재건주의 교육철학은 위기에 처한 사회현실에 대한 기본적인 문제의식을 밝히는 데는 성공했다고 치더라도 교육실제에는 크게 영향을 끼치지 못하였으며, 오히려 사회 전체를 일시에 개혁하려는 시도는 공상적인 사회개조 이론이라는 평을 면하기 어렵다.

재건주의의 비판점을 살펴보면 다음과 같다.

• 재건주의는 교육의 힘을 지나치게 과신하고 있다. 앞에서도 언급한 것과 같이 재건주의는 현대문명이 처한 위기를 교육을 통하여 해결해 나가야 한다고 생각하고 있다. 교육이 사회변화를 주도해 나가던 시대는 이미 지난 것 같다는 생각이 든다. 사회변화의 속도가 워낙 빠르고 다양하기 때문에 교육을 통하여 사회변화를 주도해 나간다는 것은 무리가 있다.
• 재건주의는 미래사회를 어떤 가치관에 입각해서 세울 것인가에 대한 구체적인 논의가 결여되어 있다.

2) 20세기 후기의 교육철학

(1) 실존주의

실존주의는 제2차 세계대전 이후 죽음에 대한 불안과 인간의 취약성을 경험하면서 절망적인 허무주의를 극복하고 인간의 주체성을 회복하는 인간 존재에 관한 철학이다. 실존주의 전까지만 해도 철학의 관심이 외적 세계였음에 반해 실존주의는 내적 세계, 즉 인간 자신에게 집중했다.

제1, 2차 세계대전을 겪으면서 모든 질서와 권위, 가치 등이 의심스러워진 상황에서 이렇게 불안한 사람들에게 확고하면서도 절대적인 어떤 것이 필요했다.

그리하여 사람들은 오로지 자기 자신의 내면적인 것으로 돌아가 거기서 마지막 위안을 삼으려고 했으며, 이러한 인간의 가장 내면적인 핵심을 '실존(Existence)'이라는 개념으로 표현하였다. 또 어떤 학자는 실존과 대립되는 개념으로 현존재라는 용어를 사용하여 실존의 개념을 명확하게 설명하고 있다.

실존과 현존재의 개념은 우리가 흔히 명확하게 구분하지 않고 사용하는 경우가 많은데, 실존과 현존재는 엄연히 구분되는 개념이다. 흔히들 실존은 실제로 있는 모습이라고 생각하기 쉬우나 우리 눈앞에 실제로 존재하는 모습이 아니다. 그것은 현존재라는 의미다. 예를 들면, 이상적인 배우자상으로 내세우는 조건을 우선순위로 꼽으라면 외모를 기준으로 해서 키가 몇 센티미터 이상, 인물은 어떤 연예인을 기준으로 그 정도 수준, 그 외 또 어떤 조건 등을 내세우는 경우가 많다. 그러나 이러한 것들은 모두 현존재라는 것이다.

반면에 실존은 그 사람만이 가지고 있는 고유한 것, 다시 말하면 인간성이나 따뜻한 마음씨, 다른 사람을 배려하는 것을 말한다. 실존은 대체 불가능한 존재를 말하는 것이다. 키나 외모는 언제든지 대체할 수 있지만 실존은 오직 그 사람만이 가지고 있어 대체 불가능한 것을 말하는 것이다. 대표적인 실존주의자로 꼽을 수 있는 분이 예수님이다. 성경 말씀에 보면, 예수님은 아흔아홉 마리의 양을 안전한 곳에 머무르게 해 두고 한 마리의 길 잃은 양을 찾아 나선다. 아흔아홉 마리의 양과 한 마리의 양은 숫자로 따져 비교할 수도 없지만 아흔아홉 마리의 양이 한 마리의 양을 대체할 수 없다는 것이다.

그러므로 실존주의자들이 생각하는 진정한 의미의 교사의 역할은 학생과의 끊임없는 대화를 통해 학생 자신의 정체감을 확인시켜 주고 자신의 성취수준을 스스로 설정할 수 있도록 도와주는 역할이라고 했다. 그러므로 아동들에게 자신의 일을 자신이 할 수 있도록 자유로운 분위기를 만들어 주는 것이 중요하다고 주장하고 있다.

(2) 분석철학

분석철학은 1960년대 들어서 영국과 미국을 중심으로 기존의 형이상학적 가정을 사변적, 종합적으로 탐구하는 교육철학의 방법을 비판하고 교육철학을 객관적인 체계를 갖춘 독립적인 학문으로 발전시키려고 한 학문이다. 분석철학은 쉽게 말하면 우리가 일상 사용하는 용어나 개념의 모호성을 제거하기 위하여 사용하는 언어의 분석, 즉 언어의 논리적 구조를 명확하게 밝히고 그 뜻을 분명히 하는 작업을 중시하였다. 분석이란 개념은 학자마다 조금씩 견해를 달리하는데, 복잡한 것들의 궁극적인 구성요소를 밝혀내는 것을 분석이라고 하기도 하고, 개념이나 명제를 명료하게 하거나 정의를 내리는 것을 분석이라고 하기도 한다.

실존주의와 더불어 20세기 철학의 새로운 조류를 이룬 분석철학이 대두하게 된 배경은 철학의 본질에 관한 반성에서 찾을 수 있고, 또 다른 이유는 형이상학을 배제한 논리나 검증을 철학하는 방법으로 규정하려는 움직임에서 찾을 수 있다. 이렇게 형성된 분석철학의 일반적인 경향은 크게 논리실증주의와 일상언어학파로 나누어 볼 수 있다.

논리실증주의는 논리적 분석방법을 사용하여 의미 있는 명제가 어떤 명제인가에 대한 검증 가능성의 기준을 제시하는 것이다.

일상언어학파를 대표하는 학자로는 비트겐슈타인(L. Wittgenstein)을 들 수 있으며, 우리가 일상 사용하는 언어를 그대로 관찰하고 분석함으로써 그 의미를 분석하는 것을 뜻하며, 이를 통하여 그 언어를 사용하는 사람들의 삶을 이해하게 된다는 것이다.

다시 말하면, 분석철학은 교육에 사용되는 여러 개념들의 의미를 명확하게 하는 일과 교육과 관련된 이론과 주장들의 정당성의 근거를 밝히는 일, 이러한 이론이나 주장들의 논리적 가정을 밝히는 일, 교육과 관련된 이론의 성격을 명확하게 하는 일 등을 말한다. 대표적인 학자로는 러셀, 무어, 비트겐슈타인 등을 들 수 있다.

(3) 포스트모더니즘

포스트모더니즘(postmodernism)의 등장배경은 1950년대 초 역사학자인 토인비(A. J. Toynbee)가 처음 사용한 이래 철학, 예술, 과학, 문화, 교육 등 여러 분야에서 폭넓게 사용되고 있으며, 20세기 산업사회의 지배적인 문화논리를 이루었던 모더니즘을 초월 또는 극복하자는 사상이다.

포스트모더니즘은 상반되는 두 가지 속성을 가지고 있다. 먼저 인간의 해방을 추구한다는 특성에서 볼 때 포스트모더니즘은 유토피아적 인본주의 속성을 가지고 있다. 또한 대중으로 하여금 사회 모순의 총체적 인식 또는 사회개혁에 대한 의지를 형성하는 것을 가로막는 대신 어떤 것이든 좋다는 상대주의의 속성과 상품소비가 주는 일회적 행복감을 즐기게 한다는 특성에서 볼 때 포스트모더니즘은 상업적인 보수주의 속성을 가지고 있다. 그리고 포스트모더니즘은 근대사상을 비판하고 극복하고자 하면서도 근대주의의 일부 특성을 계승하고 있는 것이다.

포스트모더니즘은 전통적인 교육관을 비판하고 이를 해체하려는 논리를 전개한다는 점에서 낭만주의와 맥을 같이하는데, 포스트모더니즘을 주장하는 학자들의 사상을 요약해 보면 다음과 같다.

첫째, 포스트모더니즘은 전통적인 교육방법에 대한 전환을 요구한다. 전통적인 교육방법이란 지식의 일방적인 전달과 주입이라고 할 수 있다. 이러한 교육방법은 결과적으로 보면 학생들의 사고와 행동을 무비판적으로 만들고 수동적이고 경직된 것으로 만들어 버려서 자유롭고 창의적인 사고를 할 수 있는 틀을 만들어 주지 못한다는 것이다. 교육은 교사와 학생, 학생과 학생 간의 대화와 토론을 통한 상호작용 안에서 새로운 가치를 추구해 가는 동반자적 관계가 중요하다고 주장한다.

둘째, 포스트모더니즘은 학교에서 가르치고 있는 지식에 대한 전통적인 관점을 전환할 것을 요구한다. 전통적으로 교육이 포함하는 지식은 객관적이고 명확한 것으로 인식되었기 때문에 교육이 추구하는 가치는 절대적이거나 보편적으로 인식되었지만 포스트모더니즘은 그러한 지식관과 가치관을 거부하고 있다. 즉, 보편타당한 것으로 간주되었던 교과 지식의 성격을 전반적으로 재검토하고 재인식할 필요가 있음을 시사하고 있다.

셋째, 포스트모더니즘은 학생중심의 교육을 강조하고 열린 교육환경을 제공한다. 포스트모던 사회에서는 빠르게 변화하는 청소년들을 받아들이고 학생 개개인의 고유한 특수성과 독립성, 그들만의 고유한 문화 등을 인정하면서 지식중심의 교육환경 속에서 다양한 감성중심의 교육을 강조하고 있다.

넷째, 포스트모더니즘은 기존의 교육과정을 비판하고 다양한 관심과 가치를 존중할 수 있는 교육과정을 강조하고 있다. 학교의 교육과정은 단일의 보편적인 지식과 가치를 전달하는 것이 아니라 다양한 관심과 가치를 존중할 수 있어야 하고 또 그것을 반영할 수 있어야 한다고 보는 것이다.

연구문제

1. 우리가 인생을 살아가면서 자신의 철학이 필요하다고 하는데, 그 이유는 무엇일까? 만약 철학이 없는 삶을 살아간다면 어떻게 될까?
2. 교육철학의 기능 네 가지를 나열하고 설명해 보자.
3. 현대의 교육철학 네 가지 중에서 자신이 가장 공감하는 교육사조는 무엇이며 그 이유를 설명하고 다른 학생들의 의견을 듣고 나와는 어떻게 다른지 비교해 보자.
4. 실존과 현존재를 구분하고 나는 어떤 관점을 가지고 사람을 대하며 그 이유는 무엇인지 설명해 보자.

참고문헌

고벽진, 이인학, 윤선호, 이위환, 이경혜, 안현주(2005). 교육사 및 교육철학. 파주: 교육과학사.

권정숙 외(2010). 교육학개론. 서울: 태영출판사.

김기수, 조수남(2002). 교육철학탐구. 파주: 교육과학사.

김범준, 구병두(2007). 교육학개론. 고양: 공동체.

김의석, 이우언, 정석환(2007). 최신 교육학개론. 파주: 양서원.

남궁용권, 김남근, 김노연(2005). 알기 쉬운 교육학개론. 파주: 양서원.

목영해, 이향재, 양진건, 한규원(2004). 교육의 역사와 철학. 파주: 교육과학사.

신득렬(1984). 교육철학. 서울: 학문사.

신득렬 외(2005). 쉽게 풀어쓴 교육철학 및 교육사. 파주: 양서원.

윤정일, 허형, 이성호, 이용남, 박철홍, 박인우(2002). 신교육의 이해. 서울: 학지사.

이숙종(2006). 코메니우스의 교육사상. 파주: 교육과학사.

이형행, 권영성(2010). 교육학개론. 고양: 공동체.

장선주, 정찬주, 이영자, 설재풍(2009). 교육학개론. 서울: 태영출판사.

정확실(2007). 대교수학. 파주: 교육과학사.

조경원, 김미환, 최양미, 장선희, 정광희(2004). 서양교육의 이해. 파주: 교육과학사.

최철용 외(2009). 교육학개론. 파주: 양서원.

제 4 장

교육의 심리적 기초

1. 교육심리학의 개념

다양한 교육현상을 이해하고 교육문제를 해결하는 데 유용한 교육심리학은 기본적으로 교육학과 심리학의 이론과 연구를 기초로 형성되었다. 교육은 인간의 성장 가능성을 전제로 하여 인간다움의 가치를 가지는 방향으로 이끄는 자기실현의 노력임과 동시에 개인에게 도움을 주는 행위이며, 교육학이란 근대과학의 연구방법을 사용하여 교육의 다양한 현상을 설명하고 연구함으로써 그 성과를 체계화한 하나의 과학체계를 의미한다. 또한 심리학은 인간의 행동을 기술·예언·설명·통제하려는 학문으로서 인간행동의 원인과 표출양식의 근본적인 이해에 도움을 주고 있다.

교육과 심리학은 공통적으로 인간행동을 연구대상으로 한다. 교육과 심리학의 차이를 네 가지로 살펴보면 다음과 같다. 첫째, 일반심리학은 인간행동에 관한 보편적 원리와 법칙의 확립이라는 데 그 주목적이 있는 반면, 교육은 특수한 상황에서 개개 학습자의 특성을 변화시키는 데 그 목적이 있다. 둘째, 보편적 법칙을 확립하고자 하는 현대의 일반심리학은 방법론적으로 정밀성과 경제성을 지향하고 있기 때문에 일관성만 있다면 행동의 작은 변화와 차이도 중요한 고려의 대상으로 하고 있다. 그러나 교육은 크고 의의 있는 변화와 차이에 관심이 있다. 셋째, 일반심리학은 특수한 영역을 제외하면 가치중립적이며 기술적인 반면, 교육은 가치지향적이라는 점이 심리학적 지식의 교육적 응용에 무리를 초래한다. 넷째, 과거에 심리학의 원리나 법칙들이 주로 통제된 실험실에서 확립된 반면, 교육은 이에 비하면 상당히 자연상태에 가까운 교육에서 일어나는 과정이기 때문에 심리학의 지식을 교육의 장에 적용하는 데 무리가 있다.

이상의 내용들을 종합해 보면, 교육심리학이란 '교육의 목표를 효과적으로 달성하기 위해 교육의 과정(process)에 관련된 현상을 연구대상으로 하여 필요한 이론과 실천적 방법을 연구하는 학문'이다. 다양한 영역에 대한 관심으로 시작된 교육심리학은 폭넓은 이론과 연구를 체계적으로 발전시키면서 독자적인 학문분야로서의 영역을 형성해 왔다. 이러한 노력으로 얻어진 지식을 이용하여 교육현상을 이해하고 설명하며 적용함으로써 교육의 효과를 극대화하려는 학문이 바로 교육심리학이다.

2. 발달의 의미

1) 발달의 개념

성장(growth)과 발달(development)은 일생 동안 일어나는 여러 가지 변화의 총합을 표현하는 용어다. 엄밀히 말하면 다분히 다른 의미를 가지고 있으나, 이 두 개념은 흔히 상호 교환적으로 사용되며 상호 의존적이고 밀접한 관계가 있다. 성장, 성숙, 발달에 대한 일반적인 개념 정의를 살펴보면 다음과 같다.

• 성장(growth)은 양적 변화를 의미하며, 세포가 분열하고 새 단백질을 합성

할 때 일어난다.

- 성숙(maturation)은 나이를 먹거나 능력과 적응성이 증가되는 것으로 질적 인 변화를 가져오게 된다.
- 발달(development)은 점진적인 성장과 확장이며, 낮은 단계에서 더 복잡한 단계로 나아가는 변화다. 발달은 기능과 능력의 점진적인 증가로서 성장과 성숙 그리고 학습을 통해 성취된다.

2) 발달의 특성

① 개인차

개개인은 그 자신의 독특성을 갖고 성장한다. 어느 발달 시점에 도달하는 연령은 개인에 따라 큰 차이를 보인다. 발달 속도뿐 아니라 발달 유형에도 개인차가 있으며, 남녀의 성별에도 차이가 있다.

② 결정적 시기

성장과정에는 신체기관이 특정 방식으로 특별한 환경과 상호작용하는 한정된 시기가 있는데, 이 시기를 결정적 시기(critical period), 민감기(sensitive period) 혹은 최적기(optimal period)라고 한다. 그러나 만약 이 시기에 적절한 환경적 자극이 주어지지 않으면 특정한 행동이 발달되지 않거나 결손이 생기게 되며, 심한 경우 영구적인 결함과 기능 장애를 일으킬 수 있다.

③ 연속성

신체의 성장은 개체의 내적 충동에 따른 연속적 과정으로 앞 단계의 변화를 기초로 다음 단계의 변화가 이루어지는 연속적 관계를 갖게 된다. 그러나 이러한 발달단계는 속도가 항상 일정하지는 않다.

④ 속도

발달에는 고정되고 정확한 순서가 있지만 같은 비율이나 속도로 진행되지는 않는다. 성장의 속도는 상승할 때도 있고 감소할 때도 있다. 출생 전후의 빠른 성장률은 아동 초기 동안 점차적으로 안정되고 아동 중기에는 비교적 느리다. 그러나 청년 초기에는 현저히 증가한다. 아동마다 개별적인 성장 속도가 있으므로 발달상에서 개인차를 중시해야 한다.

⑤ 순서와 방향성

인간발달은 일정한 방향이 있다. 머리의 발달이 먼저 진행되며, 팔이 다리보다 먼저 발달한다. 따라서 중추신경에서 말초신경으로 발달하고, 전체운동(대근육)에서 특수근육(소근육)으로 발달한다.

⑥ 상호 관련성

연령 증가에 따른 변화는 유전과 환경의 상호 관련성에 의해서 발생한다.

3. 발달이론

1) Piaget의 인지발달이론

1896년 스위스에서 태어난 Jean Piaget는 심리학 역사상 가장 영향력 있는 발달심리학자다. 그는 생물학 박사학위를 취득한 후 심리학에 점차 더 흥미를 느끼게 됐고, 자신의 세 자녀를 대상으로 한 관찰결과를 기초로 하여 그의 초기이론을 수립하였다. Piaget는 생물학적 원리와 방법을 인간발달 연구에 적용하고자 하였으므로, 심리학에 도입한 다양한 용어들은 생물학에서 온 것이 많다.

(1) 인지발달의 과정

인간은 환경과의 끊임없는 상호작용을 통해서 외부세계, 자기 자신 및 자신과 외부세계의 관계에 관한 지식을 습득한다. 개인이 발달한다는 것은 자기 자신과 그들 주위에 있는 환경으로서의 세계를 인지구조 속으로 조직하는 것이다. Piaget에 따르면, 인지발달은 주위의 제반 환경과의 상호작용을 통한 적응(adaptation)과정을 통해서 이루어진다. 이러한 적응과정은 동화(assimilation)와 조절(accommodation)이라는 두 가지 하위과정에 따라 평형화(equilibration)가 이루어지는 과정인데, 이는 인지구조(schema)를 조직해 가는 원천이 된다.

동화는 자신이 이미 가지고 있는 도식 또는 인지구조 속에 외부의 대상을 받아들이는 인지과정이다. 이와 대조적으로 조절은 자신이 가진 기존의 도식이나 구조가 새로운 대상을 동화하는 데 적합하지 않을 때 그 새로운 대상에 맞도록 이미 가지고 있는 도식이나 구조를 바꾸어 나가는 것이다.

(2) 인지발달 단계

① 감각운동기(sensory-motor stage, 0~2세)

2세가 될 때까지 아동은 주로 감각적인 인상과 운동활동을 통하여 세상을 이해한다. 따라서 Piaget는 이 단계를 감각운동기라 하였다. 이 단계에 속하는 4~8개월 아동의 인지발달의 주요 특징으로는 대상영속성(object permanence) 발달이 있다. 이 시기 이전에는 글자 그대로 'out of sight'는 'out of mind'다. 즉, 유아는 시야를 떠난 대상은 마치 더 이상 존재하지 않는 것처럼 취급한다.

② 전조작기(preoperational stage, 2~7세)

영아들은 신체적으로 조작할 수 있는 대상을 통해서만 세계를 이해하고 그 세상에 대해서 배울 수 있었으나, 유아기가 되면 사물에 관해 사고하는 능력이 점차 발달하고 대상을 정신적으로 표상할 수 있는 상징을 사용할 수 있게 된다. 전조작기 동안에 아동의 언어와 개념은 놀라운 비율로 발달한다. 그러나 아직까지 그들의 사고는 미발달 상태로 남아 있다.

가장 잘 알려진 보존성 문제 중의 하나는 액체량 보존이다. 실험자는 조용한 방에 아동을 앉힌다. 실험자는 모양과 크기가 동일한 두 개의 유리컵에 아동이 두 컵에 들어 있는 양이 같다고 할 때까지 주스를 붓는다. 그리고 두 개의 컵

중에서 하나의 컵에 들어 있는 물을 길고 좁은 컵에 붓는다. 그리고 실험자는 아동에게 "어느 컵의 주스가 더 많니?"라는 질문을 한다. 6세 이하의 아동은 짧고 넓은 컵보다 길고 좁은 컵에 물이 더 많다는 주장을 한다는 것을 발견하였다.

전조작기 아동이 보존성 문제의 해결에 어려움을 겪는 첫 번째 이유는 지각적 중심화(perceptual centration) 때문이다. 지각적 중심화란 한 번에 대상의 한가지 특징이나 문제, 사건의 한 측면에만 주의를 기울이려는 경향성이다. 논리적 사고를 어렵게 하는 두 번째 이유는 비가역성(irreversibility)이다. 비가역성이란 유아가 정신적으로 길고 좁은 컵에 있는 주스를 짧고 넓은 컵으로 다시 붓지 못하는 것을 의미한다. 세 번째 방해물은 자기중심성(egocentrism)이다. 자기중심성이란 어린 아동이 다른 사람의 관점을 고려하는 것이 어렵다는 것을 의미한다.

③ 구체적 조작기(concrete operational stage, 7~11세)

구체적 조작기의 특징들을 살펴보면 다음과 같다. 첫째, 구체적 사물이나 대상을 활용하면서 논리적 사고를 한다. 둘째, 자기중심적인 사고 및 언어로부터 사회화된 사고 및 언어로 발달함으로써 탈자기중심성이 성취된다. 셋째, 유목화능력이 발달된다. 넷째, 미래의 가능성에 대한 사고는 대상에 대한 직접적이고 구체적인 경험 없이는 일어나기 어렵다. 다섯째, 보존개념이 획득되고 가역적 사고가 가능해진다. 여섯째, 도덕적 상대주의의 관점에서 도덕적 사고와 판단을 할 수 있으며, 행위를 판단하는 데 결과보다는 동기를 중시한다.

④ 형식적 조작기(formal operation stage, 12세 이상)

형식적 조작기의 특징들을 살펴보면 다음과 같다. 첫째, 이 시기의 사고체계는 고도의 평형상태에 도달해 있으며, 융통성 있고 능동적이어서 복잡한 문제를 능률적으로 다룰 수 있다. 둘째, 특정의 사물이나 현상이 내재해 있는 무수한 가능성을 상상할 수 있으며, 구체적 현실을 초월하여 사고를 진행시킬 수 있다. 셋째, 추상적인 것을 포함한 논리적인 사고가 가능하다. 문제해결을 위하여 가설을 세워 귀납적 추리를 할 수 있으며, 삼단논법(syllogism)과 같은 연역적인 추리를 할 수 있다. 넷째, 도덕적 상대주의와 자율적인 도덕성이 보다 발달한다. 다섯째, 사상의 인과관계를 제대로 파악할 수 있다.

2) Freud의 성격발달이론

Sigmund Freud는 체코슬로바키아의 영토인 모라비아의 프라이베르크에서 20세 어머니와 40세 아버지 사이에서 장남으로 태어났다. 그는 어린 시절 생활이 어려웠던 관계로 이사를 자주 다녔다. 대학에 가서는 의학을 전공하였는데 26~35세경까지 신경학에 관심을 기울였으며, 자유연상법(free association method)을 통하여 히스테리 환자의 억압된 감정과 생각을 의식으로 떠올리도록 하는 방안을 창안했다.

Freud는 정서적 어려움을 겪고 있는 자신의 환자들의 생활사를 분석하여 인간발달에 대한 이론을 만들었다. Freud는 최면술, 자유연상 그리고 꿈의 분석에 많이 의존하였다. 왜냐하면 그것들이 환자들을 억압해 온 무의식적 동기(unconscious motives)의 일부 징후를 나타내기 때문이다. 환자들의 억압(repressed)을 유발하는 동기와 사건들을 분석함으로써, Freud는 인간발달을 갈등적 과정이라고 결론지었다. Freud에 따르면, 생의 초기 몇 년 동안에 부모들이 성적 욕구(instincts)와 공격적 욕구를 다루는 방식은 아동들의 행동과 성격형성에 중요한 역할을 한다.

(1) 성격의 세 구성요소

Freud의 심리성적 이론에서는 성격의 세 구성요소—원초아, 자아, 초자아—가 발달하여 점차적으로 심리성적 발달의 5단계로 통합된다고 한다. 원초아(id)는 출생 시에 나타나는 것이다. 원초아의 단일 기능은 타고난 생물학적 본능을 충족하는 것이며, 원초아는 즉각적으로 본능을 충족하려고 시도할 것이다. 예를 들어, 배고프거나 기저귀가 젖으면 영아들은 그들의 요구가 충족될 때까지 소리 내어 운다.

자아(ego)의 기능은 본능을 만족시킬 현실적인 수단을 찾는 것이다. 음식을 어떻게 얻었는지를 기억하고 있는 걸음마기 아기가 배고파서 엄마를 찾으며 '맘마'라고 말할 때 자아가 기능하는 것이다.

초자아(superego)는 의식의 자리다. 3~6세에 아동들이 도덕적 가치와 부모들의 기준을 내면화함(자신의 것으로 취함)에 따라서 초자아가 생긴다. 일단 초자아가 생기면 아동들이 착한지 나쁜지에 대해 어른들이 말할 필요가 없다. 아동들은 이제 자신들이 위반했음을 알고 있으며 자신들의 비도덕적인 행동에 대해서 죄의식과 부끄러움을 느낀다. 따라서 초자아는 자아로 하여금 현실적인 목표보다는 이상적인 목표로 향하게 하는 것이다.

원초적 자아는 기본적 요구를 말하고, 자아는 이러한 요구가 충족될 수 있는 현실적인 방법을 찾을 때까지 충동적인 원초아를 제한하며, 초자아는 자아의 문제해결 책략이 도덕적으로 수용 가능한지 여부를 결정한다. 이러한 세 가지의 성격구조를 형성하고 움직이게 하는 성적 에너지를 리비도(libido)라 한다.

(2) 성격발달 단계

Freud의 성(性)의 개념은 성교만이 아니라 신체에 쾌감을 일으키는 모든 것을 포함한다. Freud는 성적 에너지를 리비도라고 하고 나이가 들면서 성적 에너지가 집중된 성감대(erogenous zone)가 옮겨 간다고 했다. 즉, 아동기의 중요한 성감대는 입, 항문, 성기다. 이러한 단계이론은 생물학적인 성숙에 따라 지배되나 아동의 경험이 발달에 중요한 영향을 주며 다음과 같은 단계에 따라 진행된다고 했다.

① 구강기(oral stage, 0~1세)

아기는 영양을 공급받고 살아남기 위해 빨아야 하지만 빠는 행위 자체가 아기한테 쾌감을 준다. Freud는 이러한 쾌감을 자애적(autoerotic)이라고 불렀다.

즉, 아기가 자신의 손을 빠는 것은 자신의 충동을 다른 사람에게로 향하는 것이 아니라 바로 자신의 몸을 통해서 만족을 얻는 것이다. 생후 6개월 동안의 아기들의 세계는 '대상 부재(objectless)' 상태다. 즉, 젖을 먹을 때 어린 아기들은 엄마의 따뜻한 품을 경험하나 엄마의 존재를 자신과 분리된 타인으로는 인식하지 못한다. 대략 6개월이 되면서 타인, 특히 어머니에 대한 개념을 형성하기 시작한다. 만일 충분한 만족을 얻지 못하면 다음 단계로 넘어가지 못하는 고착(fixation)현상이 일어난다. 구강기에 고착되면, 입술이나 손가락 빨기, 과식이나 과음, 과도한 흡연과 같은 구강적 특성이 나타난다.

② 항문기(anal stage, 1~3세)

이 시기에는 배설물을 보유하거나 배출하는 데 쾌감을 얻는다고 한다. 괄약근을 조절할 수 있을 만큼 성숙하면, 때로는 최후의 순간까지 배설을 참아 내장의 압력을 증가시키면서 마지막 방출의 쾌감을 높이려 한다. 이때 유아의 본능적 충동이 외부로부터 통제받는 경험을 겪게 된다. 만일 부모가 엄격하고 억압적으로 훈련하면 성인이 된 다음에도 고착현상이 일어난다. 반대로 너무나 깨끗하게 통제하면 결벽성을 형성하게 된다. 또한 대변을 참고 있을 때 생기는 항문 수축에서 오는 쾌감에 치우치면 수전노와 같은 인색함이 형성되며, 대변 배설 후의 긴장이완에서 오는 쾌감에 치우치면 물건을 낭비하거나 지저분한 성격이 형성된다.

③ 남근기(phallic stage, 3~6세)

이 단계에 이르면 주된 성감대가 항문으로부터 성기로 옮아 간다. 남근기 동안 아동은 오이디푸스 콤플렉스(Oedipus complex)를 경험한다. 즉, 이성 부모에 대한 성적인 애정과 접근하려는 욕망을 느끼게 된다. 아버지를 어머니의 애정 쟁탈의 경쟁자로 생각하여 아버지에 대한 적대감이 형성되고, 이러한 감정이 아버지로 하여금 아동의 성기를 없애 버릴 것이라는 거세불안(castration anxiety)에 시달리도록 만든다. 결국 아버지에 대한 적대감정을 억압하고 아버지에 대한 동일시(identification)를 증가시킴으로써 경쟁심을 극복한다. 그 결과, 남아는 적절한 남성적 역할을 습득하게 되어 아버지의 도덕률과 가치체계를 내면화하게 되고, 이를 통하여 양심과 자아 이상을 발달시킨다. Freud는 여아에게도 이와 비슷한 현상이 나타나는데 이를 엘렉트라 콤플렉스(Electra complex)라고 했다. 여아는 남근이 없으므로 거세불안을 갖지 않는 대신에 남근선망(penis envy)을 갖는다고 한다. 따라서 여성은 약한 초자아를 형성하게 되어 남성보다 덜 엄격한 편이라고 한다.

④ 잠복기(latency stage, 6~11세)

이 시기에는 성적이고 공격적인 환상들이 대부분 잠복 상태에 있다. 비교적 평온한 상태를 유지한다. 아동들은 스포츠나 게임, 지적 활동 등과 같은 구체적이고 사회적으로 용납되는 일에 에너지를 전환시킨다.

⑤ 생식기(genital stage, 11세 이후)

사춘기가 시작되면서 성적 에너지는 성인과 마찬가지로 힘으로 솟아올라 비로소 이성에게 성적 만족을 얻으려고 한다. Freud는 이 시기의 주요한 과제는 '부모로부터 자유로워지는 것'이라고 했다. 아들의 경우 어머니와의 연결된 고리를 풀고, 자기 자신의 여자를 발견하고, 아버지와의 경쟁심을 버리고 아버지로부터도 자유로워져야 한다. 그러나 오랫동안 부모에 대한 강한 의존심을 쌓아 왔기 때문에 떨어진다는 것은 매우 고통스러운 일이다.

3) Erikson의 심리사회적 발달이론

Freud의 영향을 받은 Erik Erikson은 아동이 어떻게 자아정체감(self-identity)을 발달시키고 어떻게 사회화되는가에 주된 관심을 가졌다. 그가 말하는 정체감이란 용어에 대해서는 그때그때에 따라 주체성, 자기 정의(定義), 자기 한계, 존재 증명, 자각, 자기 가치 등의 여러 가지 용어에서 나타나는 의미를 포함하고 있다. 그것은 '나는 무엇인가?'라는 질문에 대한 대답이며, 자기의 깊은 내부에 있는 것으로 언제 무엇을 하더라도 그것에 따라서만 인생의 모든 것을 볼 수밖에 없을 정도로 그 개인에게 강한 영향력을 갖고 있는 것이라고 정의를 내릴 수 있다.

(1) 심리사회적 발달단계

① 신뢰감 대 불신(Basic trust vs. Mistrust, 0~1세)

인간이 직면하지 않으면 안 될 최초의 발달과제는 '기본적 신뢰 대 기본적 불신'이다. 이 과제의 달성은 건강한 성격형성의 기초가 된다. 유아는 기본적 신뢰의 능력이 기본적 불신에의 경향을 만회하도록 균형을 취하지 않으면 장래 타인과의 만족스러운 인간관계를 지속적으로 유지하지 못하게 된다. 그렇기 때문에 이 시기에는 어머니와 자녀 간의 상호성이 강조된다. 이 시기는 Freud의 구강기에 해당된다고 볼 수 있다.

② 자율성 대 수치(Autonomy vs. Shame and doubt, 2~3세)

아이의 자율은 근본적으로 '자율적 존재로서의 부모'에 대한 반응이다. 즉, 자율적으로 행동하고 사고하는 부모들로부터 아동들의 자율의 원형이 비롯된다는 것이다. 이 두 번째 단계의 긍정적인 결과는 자아존중감(self-esteem), 자기통제, 자기확신, 자신의 장래에 대한 의지다. 자율의 단계에서 자신의 장래에 대한 의지의 원초적인 형태가 발달하게 되는데, 이것은 청년기의 정체감 형성을 위한 중요한 전제가 된다.

③ 주도성 대 죄의식(Initiative vs. Guilt, 4~6세)

Freud의 남근기에 해당하고 오이디푸스 콤플렉스가 생기는 시기다. Erikson은 이동(移動, locomotion)과 인지력(cognitive abilities)의 발달에 따라 아이가 자발적이 되고 지배와 책임을 확장하는 시기라고 본다. 이 시기를 통해서 새로운 목표를 찾아내고, 새로운 능력이 아이 속에서 발달한다.

주도성 대 죄의식이라는 심리사회적 위기의 긍정적 해결은 환경에 대한 적극적인 인지적 탐색이 여러 가지 정보를 가져다주는 즐거운 경험이라고 하는 감

각의 발달과 관계가 있다. 이 심리사회적 위기를 부정적으로 해결하면 압도적
인 죄의식을 형성해 버린다. 실험이나 탐색을 부모가 어떻게 제한하는가에 따
라 아이는 자기 주위의 세계에 대한 어떠한 의문이나 의혹도 그것들이 부모들
의 침입이라고 느끼게 된다. 아이의 질문은 부분적인 진실, 부적절한 설명, 그
리고 무관심과 마주치게 된다. 실제 호기심 자체가 금기시되어 어떤 것에 흥미
를 갖는 일이 죄라고 느끼게 된다. 이와 같은 위기를 죄의식의 방향에서 해결하
는 아이는 환경에 어떻게 대처하면 좋은가에 대하여 부모나 그 외의 권위자에
게 의존해 버린다.

④ 근면성 대 열등감(Industry vs. Inferiority, 7~11세)

Freud의 잠복기에 해당한다. 성적 관심이 후퇴하고 '나는 배우는 존재다.' 라
고 하는 단계를 맞이하여 '어떠한 일로 얼마나 바쁠까?' 를 생각하고 싶게 한다.
Freud는 이 시기가 성격형성에는 아무런 중요한 의미도 갖지 않는다고 지적하
고 있다. 그러나 Erikson은 개인의 일에 대한 기본적 태도가 이 단계에서 확립
된다고 주장한다. 이 단계에서 아이가 자기의 능력을 발달시켜 평가에 관한 개
인적 기준을 획득하면 자기가 사회에 대해서 얼마나 공헌할 수 있는가 하는 평
가도 할 수 있게 된다.

근면이라는 개념 속에는 능력을 형성시켜 유의미한 일을 수행하고자 하는 열
의(eagerness)가 포함되어 있다. 학령기에는 아이를 동기 유발시키는 많은 측면
이 존재한다. 일에 대한 이러한 능력은 새로운 것으로 아이를 성인의 능력에 가
깝게 한다. 이 새로운 능력들은 아이의 가치 감각을 높이는 책임을 가지거나 어
느 정도 독립을 허용하는 효과를 가지고 있다. 이와 같은 능력의 증대에 부수적
으로 따르는 동기유발적인 요인에 덧붙여 능력의 발달을 촉진시키는 수많은 외
적 강화의 원천이 있다.

⑤ 자아정체감 대 역할혼미(Self-Identity vs. Role confusion, 12~18세)

이 시기는 자기 자신의 정체감을 느끼기 시작하는 시기다. 인간이 독특한 존재
이며, 사회 속에서 무엇인가 의미 있는 역할을 스스로 하고 있다는 감정을 의미

한다. 다르게 표현하자면, 자아정체감이란 '내적 불변성(sameness)과 연속성(continuity)을 유지하는 능력(심리학적 의미에서의 개인의 자아)이 다른 사람에 대한 자기 의미의 불변성과 연속성이 합체하는 경험으로부터 생긴 확신' 을 말한다.

이 시기를 맞이한 청년은 개인 고유의 특징(좋아하는 것, 싫어하는 것 등), 예상되는 미래의 목표, 자기 자신의 운명을 통제하는 힘을 느끼고, 현재의 자기가 무엇이며 앞으로 무엇이 되고 싶은가를 결정하고 싶어진다. 이와 같은 정체감 형성의 내적인 원동력이 되고 있는 자아는 '① 같은 생각을 가진 사람들과 동일시하고 사회적 환경에 적응하는 능력, 적성, 기능을 선정하고 통합하는 능력, ② 어떠한 충동, 욕구, 역할이 가장 적절하고 유효한가를 학습함에 따라 위협이나 불안에 대하여 방어를 유지하는 능력' 을 갖고 있다. 이들 자아가 선택한 특징은 모두 집합되고 통합되어 그 인간의 심리사회적 정체감을 형성하는 것이다.

⑥ 친밀감 대 고립(Intimacy vs. Isolation, 19~24세)

이 시기는 개인이 정체감의 문제를 처리할 수 있을 만큼 성장했기 때문에 다른 사람과의 관계의 문제, 즉 우정, 사랑, 성적, 친밀성 그리고 자기 자신, 자신의 내적 자원, 자신의 흥분이나 참여(commitment)의 범위 내에서의 친밀성을 포함한 친밀한 관계의 문제로 이행할 수 있는 시기다. '친밀감' 이란 자기가 무엇인가를 잃어버리고 있는 것은 아닌가 하는 두려움 내지 자신의 정체감과 다른 누군가의 정체감을 융합하는 능력으로 생각할 수 있다. 그렇기 때문에 결혼은 이와 같은 친밀감을 전제로 해야 한다.

Freud는 이 시기를 생식기라고 부르고 있는데, 자아정체감을 다른 사람의 정체감과 연결시키는 친밀감 위에 세우지 않으면 인간은 사랑하는 대상과의 상호성 속에서 진정한 성적 생식을 발전시킬 수 없다고 보는 것이 Erikson의 입장이다. 친밀감 단계의 위험성은 고독이다. 그것은 친밀감에 관련되는 것을 즐거워하지 않기 때문에 인간관계를 피하는 것이며, 일시적으로는 선택을 위해 필요한 조건이 될지 모르나 성격장애가 되는 것임에 틀림없다.

⑦ 생산성 대 침체(Generativity vs. Stagnation, 25~65세)

이 시기의 성인은 사회 속에서 자신의 위치를 차지하기 시작하고 사회가 만든 것은 어떠한 것이든 그 발견과 완성을 위해 노력하기 시작한다. 그리하여 개인은 그것에 대하여 책임을 가진다. 생산성은 본래 포괄적인 의미로 낳는 것을 의미하는데, 세대에서 세대로 태어나는 것, 즉 아이, 생산물, 관념 및 예술작품을 의미한다고 볼 수 있다.

따라서 생산성이란 사회가 존재하는 데 빠뜨릴 수 없는 능력이다. 사회 구성원으로서의 성인은 자기의 자질, 기능, 창조성이 젊은이들의 생활의 질을 향상하기 위하여 제고되어야 한다는 의무감을 어느 시점에서 느끼기 시작하는 것이다. 생산성과는 대조적으로 성인기의 여러 요구에 응답할 수 없기 때문에 침체(정체)가 생긴다. 침체란 심리적인 성장이 결여되고 있음을 의미한다.

⑧ 자아통합 대 절망(Integrity vs. Despair, 65세 이상)

인생의 최종단계가 끝나는 시기는 사람에 따라 다르므로 심리사회적 위기가 이 단계에서 해결된다고 생각하기는 어렵다. 그러나 자아통합이 달성되기 위해서는 자기 인생의 의미에 대하여 깊이 숙고해 볼 필요가 있다. Erikson 이론에서 자아통합이란 자기의 인생을 있는 그대로 받아들이고 죽음에 대하여 크나큰 공포심을 갖지 않고 직면할 수 있는 능력을 의미한다. 자아통합 감각(또는 상태)을 확립한 사람은 자기의 과거에 대하여 실존적인 관점에서 조망할 수 있다. 그리하여 자기의 인생과 개성이 개인적인 만족과 위기의 축적에 따라 생겨난 것임을 인식한다.

지금까지의 여러 경험에 대하여 어떤 것을 부정하거나 다른 사실을 지나치게 강조하지 않고 전체로서 받아들이는 일이 가능할 것이다. 자아통합이란 일상회화에서 사용하는 것과 같은 의미로서가 아니라 현재의 상황과 함께 과거의 역사를 통합하고 그 결과에 만족할 수 있는 능력이다. 자아통합의 반대방향은 절망이다. 절망이란 감정은 '인생은 무의미하다.' 든가 '종말(죽음)이 가깝다.' 든가 하는 감정을 증대시킨다.

4) Kohlberg의 도덕성 이론

Lawrence Kohlberg는 Piaget의 도덕성 발달단계를 기초로 아동 후기부터 성인에 이르기까지의 도덕성 발달을 3수준 6단계로 나누어 설명하고 있다. 도덕적 발달단계는 정의의 개념과 옳고 그름을 판단하는 합리적 사고의 근거를 바탕으로 형성되었다. 이 도덕성 이론의 특징은 도덕성 발달이 인지발달 수준에 따라 그 단계가 결정된다는 것이다. 또한 다른 발달이론과 마찬가지로 연령 증가와 함께 낮은 단계의 발달이 이루어져야 다음 단계로 이동할 수 있다는 것이다. Kohlberg는 자신이 고안한 도덕적 딜레마인 '하인즈 딜레마(Heinz dilemma)'를 제시하여 도덕적 추론을 조사하였다.

> 유럽에서 한 여인이 특별한 종류의 암에 걸려 죽음 직전에 와 있었다. 의사들이 그녀를 살릴 수 있을 것으로 생각하는 한 가지 약이 있었다. 그것은 같은 도시에 있는 한 약사가 최근에 발견한 것으로 라듐의 한 형태였다. 그 약을 제조하는 데는 비용이 많이 들었다. 그 약사는 약값으로 제조 비용의 10배를 불렀다. 그는 라듐 구입에 200불을 지불하고 그 약의 소량 처방에 2,000불을 요구했다. 환자의 남편 하인즈는 돈을 꾸기 위해 아는 사람을 모두 찾아다녔지만 약값의 반인 1,000불밖에 구하지 못했다. 그는 약사에게 자기 아내가 죽어 가고 있다는 것을 말하고 약을 좀 싸게 팔거나 아니면 약값을 나중에 갚도록 해 달라고 부탁했다. 그러나 약사는 "안 돼요. 내가 그 약을 발견했고 나는 그걸로 돈을 벌려고 합니다." 하고 말했다. 그래서 하인즈는 절망했고 아내를 위해 그 약을 훔치려고 약국을 부수고 침입했다. 하인즈는 정당한 일을 하였는가? 만약 정당하다면 그 이유는?

Level 1 | 인습 이전의 도덕성

이 단계에서는 옳고 그름의 의미가 자신의 주관적인 검정의 측면에서 규정된다. 옳은 것이란 벌을 피하고 보상을 가져오는 것이다. 자신이 그것을 좋아하면 그것은 옳은 것이며 좋아하지 않으면 그른 것으로 간주된다. 자기중심성이 지배하며 자신의 주관적 감정이 판단을 좌우하는 정서적 수준의 이해라고 볼 수 있다.

- 1단계: 처벌과 복종에 따른 도덕성
  - 복종이 강조되며 권위자의 위력을 인지하고 그것이 벌을 면하게 해 줌을 인식한다.
- 2단계: 도구적 목적 및 거래 수단으로서의 도덕성
  - 자신이 필요로 하고 원하는 것을 다른 사람이 해 줄 때 그것이 옳다고 생각한다.

[Level 2] 인습적 도덕성

아직도 옳고 그름은 주관적인 감정에 따라 좌우되지만 그러한 감정이 여러 사람을 통해 공감될 수 있는 것이 된다. 부모나 사회의 기대, 법 등과 같은 권위에 따라 인정되는 것을 옳은 것으로 생각한다. 복종의 개념은 사회 집단의 규칙과 규준에 따르게 된다. 사회의 규칙과 기대를 이해하고 수용한다.

- 3단계: 대인관계의 조화를 위한 도덕성
  - 이 단계에서는 다른 사람들이 자신을 좋은 사람, 선한 사람으로 보아 주기를 바란다. 따라서 다른 사람의 기대가 매우 중요하게 작용한다. 특히 부모, 친구들과 신뢰와 존중, 감사의 관계를 유지하기를 바란다.
- 4단계: 법과 질서 준수로서의 도덕성
  - 사회체제를 유지하는 데 필요한 사회적 의무나 규범에 대해 복종한다. 이 시기의 도덕성은 때로 법과 질서의 도덕성이라 불린다. 다른 사회적 의무와 갈등을 일으킬 때 법을 준수하는 것이 중요하다고 생각한다. 또한 권위자는 벌을 줄 권리가 있다고 믿는다.

Level 3 인습 이후의 도덕성

이 수준에서의 옳고 그름의 판단은 객관적인 원리에 따라 이루어진다. 개인이 공감하는 인류 공유의 기준, 정의, 기본적 권리, 인간 존중의 측면에서 판단된다. 합리적이고 이성적인 개인은 자신의 감정이나 다른 사람의 명령을 넘어서서 객관적으로 옳다고 생각하는 것을 발견하고 존중할 수 있어야 한다고 생각한다. 사회 정의, 공정성, 기본권 등의 개념이 존중된다.

- 5단계: 사회 계약 정신으로서의 도덕성
  - 사회적 관계와 개인의 권리가 존중되며, 사회적 법률이란 상호 합의에 따라 변화될 수 있는 것으로 본다. 다수를 위한 최대의 선이 강조된다.
- 6단계: 보편적 도덕원리에 따른 도덕성
  - 일반적인 윤리적 원리를 기본으로 한다. 인간의 삶의 권리, 최대한의 자유, 이러한 기본 원리에 대한 진지한 책임 등이 강조된다.

4. 학습이론

학습이란 보통 후천적인 경험의 결과로서 유기체에 비교적 영속적인 변화를 가져다주고, 그를 통해 비교적 영속적인 행동의 변용이 생기게 하는 것을 말한다. 인류는 끊임없이 변화하는 환경에 적응하는 과정에서, 때로는 주어진 환경을 개선하기 위하여 무엇인가를 끊임없이 학습하여 왔다. 즉, 학습이란 우리 인간의 생존과 문명발전의 기초로서 인류 역사가 시작된 이래 지금까지 지속되어 왔던 핵심적 과정이었다. 그러나 이러한 학습이 어떻게 발생하고 그 과정이 어떠한지에 대한 체계적이고 과학적인 탐구는 비교적 최근인 19세기 말에서야 시작되었다.

1) 행동주의 학습이론

행동주의는 우리가 인간의 학습을 이해하는 데 가지는 매우 중요한 시각을 보여 준 최초의 심리학적 이론이다. 행동주의 학습이론은 인간의 행동이 외부 환경의 자극과 반응의 연합으로 이루어진다는 이론으로, 1910년경 Watson의 업적을 시작으로 Pavlov, Thorndike, Skinner, Bandura 등으로 이어지는 일련의 이론체계다. 행동주의 학습이론에 내재된 근본적인 학습원리는 자극과 반응 간의 연합이다. 자극(stimulus)이란 환경에서 학습자에게 제시되는 모든 것을 의미한다. 즉, 눈에 보이는 사물, 귀로 들리는 소리, 피부로 느껴지는 감촉 등은 모두 자극이 된다. 반응(response)이란 자극에 따른 행동을 의미한다. 뜨거운 물이 손에 닿았을 때 급히 손을 떼는 행동, 역겨운 냄새를 맡았을 때 순간적으로 숨을 멈추는 행동 등은 모두 자극에 대한 반응을 의미한다. 행동주의에서는 이와 같은 자극과 반응의 연합을 학습으로 이해하고 있으며, 이러한 이유로 행동주의 이론을 연합이론(association theory)이라고도 부른다.

(1) Thorndike의 시행착오이론

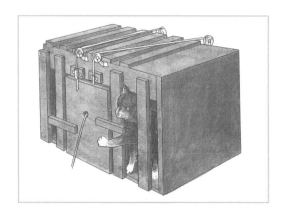

[그림 4-1] Thorndike의 문제상자

Edward Thorndike의 가장 유명한 실험은 고양이를 대상으로 한 것이었다. 그는 굶주린 고양이를 '문제상자(puzzle box)'에 넣고, 발이 닿지 않는 곳에 먹이를 잘 보이도록 놓아두었다. 그는 문이 열리게 되어 있는 기계장치를 숨겨 놓은 문제상자에 배고픈 고양이를 가두어 놓고, 문제상자 밖에 고양이가 볼 수 있도록 생선을 놓아둔 다음 고양이가 그 생선을 먹기 위하여 바깥으로 나가려고 애쓰는 과정이 어떠한가를 연구하였다.

이 실험에서 고양이는 여러 가지 반응을 시도해 보는 가운데 우연히 성공하게 되는데, 이런 과정을 되풀이하는 동안에 자극상태와 반응 간에 결합이 이루어져 문제를 해결하는 데 소요되는 시간이 감소되고, 그 방법이 개선되는 것이다. 일련의 실험을 통하여 Thorndike는 다음의 세 가지 기본 법칙을 제시하였다. 첫째는 효과의 법칙(law of effect)으로, 학습의 과정이나 그 결과가 만족스러울 때는 결합이 한층 강화되고 반대로 불만족스러울 때는 결합이 약해진다는 것이다. 둘째는 연습의 법칙(law of exercise)으로, 빈도의 법칙으로도 불리며 반복연습이 많은 학습은 결합이 견고해지고 연습량이 적은 학습은 결합이 약해진다는 것이다. 셋째는 준비성의 법칙(law of readiness)으로, 학습할 때 심신조건이 좋은 조건으로 준비되어 있으면 만족을 느끼고 효과가 있지만, 준비가 없는 경우는 불만족스러워 효과도 약하다는 것이다.

(2) 고전적 조건화

러시아의 의사 Ivan Pavlov가 실시한 일련의 실험으로 고전적 조건화(classical conditioning)에 대한 연구가 시작되었다. Pavlov는 1849년 러시아에서 태어나서 1936년 러시아에서 죽었다. 그의 아버지는 목사였으며, 원래는 Pavlov 자신도 목사가 되기 위하여 공부하였다. 그러나 그는 마음을 돌려서 그의 일생의 대부분을 생리학을 공부하면서 보냈다. 1904년에는 소화생리학을 연구한 공로로 노벨상을 받았다.

Pavlov는 배고픈 개에게 고기를 주면서 동시에 종소리를 들려주었다. 그는 실험을 통해 개가 타액을 흘리는 여러 가지 상황을 관찰하였다. 그는 개가 타액을 흘리는 데 일정한 법칙이 있음을 발견하였으며, 이러한 결과는 학습을 설명하는 데 중요한 전환을 가져왔다. 물론 인간의 경우 보다 복잡한 양상을 보이는 것이 사실이지만, 학습자가 환경에 반응한다는 사실은 환경을 적절히 조작함으로써 원하는 학습을 성취할 수 있다는 단서를 제공하였기 때문이다.

고전적 조건화가 어떻게 일어나는지 이해하기 위해 연합의 과정과 함께 다음의 네 가지 개념을 이해해야 한다.

- 무조건자극(unconditioned stimulus: UCS)은 본능적 또는 반사적 생리 또는 정서반응을 일으키는 사물이나 사건이다. Pavlov의 실험에서 무조건 자극은 고기다.
- 무조건반응(unconditioned response: UCR)은 무조건자극에 따른 본능적 또는 반사적 생리반응 또는 정서반응이다. 고기가 주어졌을 때 무조건반응은 개의 타액분비였다.
- 조건자극(conditioned stimulus: CS)은 무조건자극과 연합된 사물이나 사건이다. Pavlov의 실험에서 조건자극은 종소리다.
- 조건반응(conditioned response: CR)은 무조건반응과 동일하지만 학습된 생리반응 또는 정서반응이다. 고기가 없는데도 종소리에 타액을 분비하는 것이 조건반응이다.

Pavlov에 따르면 모든 무조건반사는 무조건자극(고기, UCS)과 무조건반응(타액분비, UCR) 간의 선천적인 연결에 기초를 둔다. 조건반사에서 대응되는 용어는 조건자극(종소리, CS)과 조건반응(타액분비, CR)이다. 조건자극은 애초에는 중성적인 자극, 즉 사전에 조건화가 없으면 조건반응(타액분비, CR)을 유발하지 않는 어떤 자극이다. 여기에서는 종소리다. 조건반응(타액분비, CR)은 조건자극(종소리, CS)과 무조건자극(고기, UCS)이 짝지어진 후에 조건자극(타액분비, CS)에 따라 유발되는 반응이다. 이런 관계가 고전적 조건화다.

고전적 조건화는 자극들의 짝짓기를 필요로 한다. 학습이 얼마만큼 일어나는가는 두 자극이 연합되는 방식에 따라 크게 달라진다. 자극들을 짝짓는 데는 네 가지 기본적인 방식이 있다.

지연 조건화(delayed conditioning)에서는 CS와 UCS가 중첩된다. 즉, CS가 사라지기 전에 UCS가 나타난다. 지연 조건화 절차를 눈꺼풀 조건화에 적용하면,

예를 들어 버저를 5초 동안 울리면서 그 마지막 2초쯤에 사람의 눈에 공기를 분사할 수 있다.

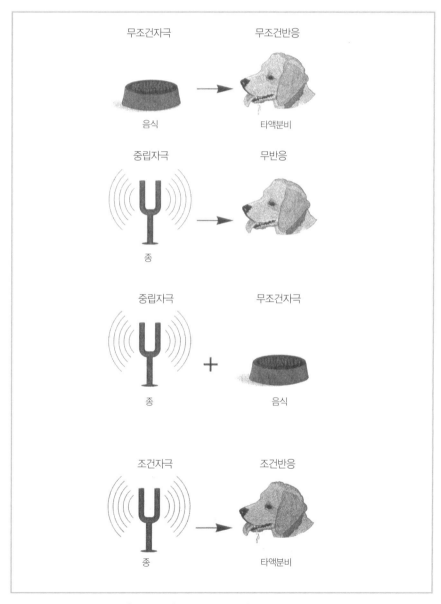

[그림 4-2] Pavlov의 고전적 조건화 실험

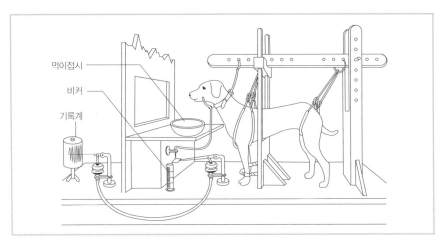

[그림 4-3] Pavlov의 실험

　흔적 조건화(trace conditioning)에서는 CS가 시작되어서 UCS가 제시되기 전에 끝난다. 실험실에서 사람의 눈꺼풀 조건화를 연구하기 위해 흔적 조건화를 사용하기도 한다. 전형적인 실험을 예로 들면, 버저가 5초 동안 울리고 난 지 0.5초 후에 사람의 눈에 공기를 훅 불어넣어 그 사람이 눈을 깜박이게 만든다. 이렇게 버저와 공기 분사를 여러 번 짝지어 제시하고 나면 그 사람은 버저 소리에 눈을 깜박인다.

　역향 조건화(backward conditioning)에서는 CS가 UCS를 뒤따르는 상황이다. 예를 들면, 어떤 사람의 눈에 공기를 분사하고 나서 버저를 울릴 수도 있다.

　동시 조건화(simultaneous conditioning)에서는 CS와 UCS가 정확히 동시에 일어난다. 예를 들면, 버저를 울리는 동시에 어떤 사람의 눈에 공기를 훅 불어넣을 수 있다. 두 자극은 모두 정확히 같은 시각에 시작하고 끝난다.

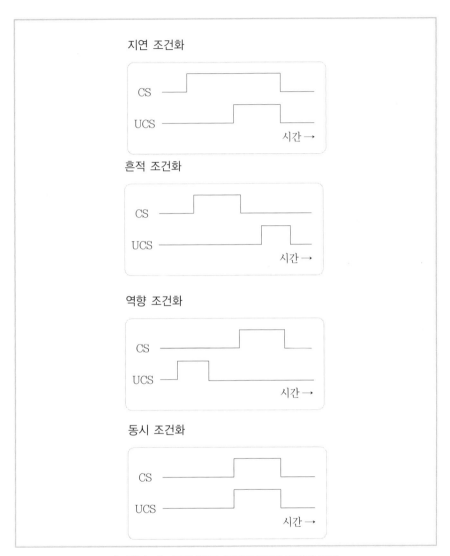

지연 조건화

CS

UCS

시간→

흔적 조건화

CS

UCS

시간→

역향 조건화

CS

UCS

시간→

동시 조건화

CS

UCS

시간→

[그림 4-4] 조건자극과 무조건자극의 짝짓기 방식

(3) 조작적 조건화

Burrhus Frederic Skinner의 이론인 조작적 조건화(operant conditioning)는 동물이나 인간의 다양한 자발적 반응이 강화되었을 때는 강해지고, 무시당하거나

벌을 받을 때는 약해지는 것을 의미한다. 조작적 조건화란 용어는 유기체가 특
유한 결과를 획득하거나 회피하기 위해 환경을 조작하도록 학습되는 사실을 의
미한다.

① 정적 강화와 부적 강화

[그림 4-5] Skinner의 실험

- 정적 강화(positive reinforcement): 정적 강화는 강화물
  (reinforcer)이 제공된 뒤에 행동의 빈도나 강도가 증가
  하는 과정이다. 교실에서는 교사의 발언과 같이 바람
  직하고 가치 있는 것이 보통 정적 강화물이 될 수 있다.
  행동한 결과가 어떤 것이든 상관없이 행동을 증가시키
  는 결과를 초래하면 정적 강화다.
- 부적 강화(negative reinforcement): 어떤 자극이라도 그것
  을 제거하는 것만으로 행동이 증가된다면 부적 강화다.
  부적 강화에서 '부적'이라는 용어는 정서적으로 사용되
  는 것이 아니라 수학적으로 사용되는 것으로 '제거한다'
  는 의미를 가진다.

② 강화계획

강화계획(schedules of reinforcement)은 크게 계속적 강화계획과 간헐적 강화
계획으로 분류할 수 있다. 계속적 강화계획은 반응이 나타날 때마다 그 반응을
강화하는 상황을 말한다. 간헐적 강화계획은 다음과 같이 나눌 수 있다.

- 고정비율계획(fixed-ratio schedule): 고정비율 강화계획이란 강화물이 미리
  정해진 횟수에 근거하여 제시되는 것을 의미한다. 예를 들어, 교사가 "칠판
  에 적힌 5문제를 모두 푼 사람은 나가서 놀아도 좋아요!"라고 한다면 학생
  들은 문제를 푸는 데 걸린 시간에 관계없이 5문제를 푸는 즉시 나가서 노는
  강화물을 받게 된다.
- 고정간격계획(fixed-interval schedule): 고정간격 강화계획이란 강화가 어떠

한 고정된 시간을 기준으로 제시되는 것을 의미한다. 예를 들어, 수학문제를 풀 때 5분마다 한 번씩 고정적으로 강화를 주는 경우다.

- 변동비율계획(variable-ratio schedule): 변동비율 강화계획은 학생들이 강화물을 획득하기 위해 수행하여야 하는 수행 횟수를 예측하지 못하도록 강화물을 제시하는 방법이다. 도박이 대표적인 예다.
- 변동간격계획(variable-interval schedule): 변동간격 강화계획은 어떠한 시점에서 강화가 주어지는지 예측할 수 없도록 설정되어 있는 경우다. 예를 들어, 수학문제를 풀 때 5분 안에 아무 때나 한 번의 강화를 주는 경우다.

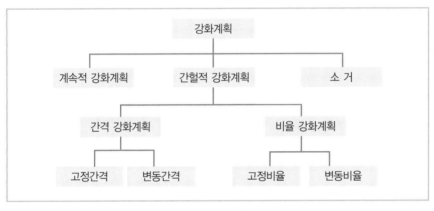

[그림 4-6] 강화계획의 종류

출처: 임규혁, 임웅(2007), p. 178.

(4) 사회학습

Albert Bandura는 Skinner 학파 학자들이 행동의 결과가 미치는 영향을 강조하는 데 모델링(modeling) 현상과 대리적 강화(vicarious reinforcement)를 거의 무시하였다는 점에 주목하였다. 행동주의 이론은 요소적이고 구체적인 인간의 행동에 관하여 잘 설명하고 있다. 반면에 인지이론은 사고나 문제해결과 같은 고등정신 기능에 관한 학습에 대하여 잘 설명해 준다. 그러나 이들 이론은 인간

학습의 일면만을 강조하는 편견적인 면도 있다. 따라서 두 이론의 절충적 입장에서 학습을 설명하는 사회학습이론(social learning theory)이 대두되었다.

신행동주의자(neo-behaviorist)로 일컬어지는 Bandura는 조건화와 인지이론을 통합하여 사회학습이론을 제시하였다. 인간은 자신의 경험에서뿐 아니라 다른 사람의 행위를 관찰하면서 학습해 간다. 타인의 행동을 관찰하는 것은 곧 인간으로서의 사회화 과정을 밟고 있는 것을 의미한다. 사회학습이론에 대한 Bandura의 분석은 다음과 같은 네 단계를 포함한다.

- 주의단계: 관찰학습의 첫 단계는 모델에게 주의를 기울이는 것이다. 일반적으로 학생들은 매력적이고, 성공적이고, 재미있고, 인기 있는 역할 모델에 주의를 기울인다.
- 파지단계: 교사들이 학생들의 주의를 끌면 그다음에는 학생들에게 따라 하기 바라는 행동을 모델로 보여 주고 학생들이 모방하거나 연습할 기회를 주어야 한다.
- 운동재생 단계: 운동재생 단계 동안에 학생들은 그들의 행동을 모델의 행동과 같게 하기 위해 노력한다.
- 동기화 단계: 관찰학습의 마지막 단계는 동기화다. 학생들은 자신도 모델처럼 행동하면 강화를 받을 수 있는 기회가 증가한다고 믿기 때문에 모델을 모방한다. 개인이 모델의 형태를 보고 그 행동을 모방할 때, 또는 강화를 받을 때 직접 강화(direct reinforcement)를 통하여 모방이 강화되거나 대리적 강화(vicarious reinforcement)를 통해서도 모방은 증가한다.

2) 인지주의 학습이론

인지주의 학습이론은 1950년대 이후부터 많은 관심을 받기 시작했지만, 학습에 대한 인지주의적 관점은 이미 19세기 후반 독일의 W. Wundt에게서 시작되었다. 인지주의 학습이론은 행동주의 학습이론과는 달리 학습을 반응의 변화가 아닌 지식의 변화로 보며, 목적, 통찰력, 이해와 같은 정신적 과정을 강조하고, 성공적 수행은 과거의 경험보다도 현재 상황 속의 관계를 이해하는 데 더 밀접한 연관성이 있다고 본다. 이러한 견해를 뒷받침하고 있는 것에는 이른바 형태심리학의 학습이론이라고 일컫는 통찰학습이론, 장(場, field)이론 그리고 E. Tolman 등의 인지적 행동주의 이론이 있다. 통찰학습이론은 넓게는 형태심리학의 학습이론을 말하고, 좁게는 Wolfgang Köhler의 침팬지 실험을 통한 학습이론을 말한다. 그는 침팬지를 대상으로 문제해결 과정에 대해 실험하여 학습이론으로서의 통찰이론을 추출해 냈다. 즉, 문제해결의 행동은 학습사태를 통

[그림 4-7] Köhler의 실험

찰함으로써 일어난다는 주장이 이 이론의 요지다.

인지주의 학습이론에서는 행동주의 학습이론과 달리 사람을 환경적 상황의 영향을 받는 수동적 존재가 아닌 능동적이고 적극적인 존재로 본다. 즉, 사람은 문제해결을 위한 정보를 적극적으로 탐색하며 이미 알고 있는 것을 재배열하고 재구성함으로써 새로운 학습을 성취하는 것이다. Köhler는 원숭이 여섯 마리가 있는 우리의 천장 높은 곳에 바나나를 달아 놓았다. 물론 원숭이들이 뛰는 것만으로는 닿을 수 없는 높이였지만 원숭이들은 계속 뛰었다. 그런데 술탄(Sultan)이란 이름을 가진 원숭이 한 마리만은 달랐다. 그는 몇 번 뛰어 보았으나 닿지 않자 뛰는 일을 멈추고 주위를 두리번거렸다. 한쪽에 놓아두었던 상자를 보았다. 즉시 그 상자를 바나나 밑에 가져다 놓고 그 위에 올라가서 뛰었으며, 물론 목적을 달성하였다. 다른 원숭이들도 술탄을 따라 했다. 이런 일을 여러 번 반복하여 상자 사용에 익숙해진 후에는 같은 문제 장면이 주어지면 원숭이들은 뛰어 보지도 않고 처음부터 상자를 사용하였다. 이 같은 방법의 우회는 통찰(insight)을 전제한 것이므로 매우 중요한 것이라고 Köhler는 생각했다.

비록 그 수준이 낮은 것이기는 하지만 원숭이에게는 문제해결에 대한 지적인 시도가 있었다. 즉, 원숭이는 주어진 문제 상황을 여러 가지로 살펴서 해결에 도움이 될 것으로 예상되는 행동을 찾는 것 같았다. 그리고 일단 어떠한 생각이 떠오르면 그것을 행동에 옮김으로써 그 결과를 확인했다. Köhler는 원숭이가 문제 상황을 지각적으로 해석하여 갑작스럽게 해결책을 발견하는 현상을 통찰이라 불렀고, 그 같은 통찰로 문제해결에 성공하는 것을 통찰학습이라고 불렀다.

연구문제

1. 교육과 심리학의 차이점을 설명해 보자.
2. Piaget, Freud, Erikson의 발달단계를 설명해 보자.
3. 고전적 조건화와 조작적 조건화의 차이점을 설명해 보자.
4. Köhler의 통찰설을 설명해 보자.

참고문헌

강영하, 송재홍, 정미경, 정종진 역(2004). 교육심리학. 서울: 아카데미프레스.

박아청(2002). 교육심리학의 이해. 파주: 교육과학사.

서봉연, 이순형(1985). 발달심리학: 아동발달. 서울: 중앙적성출판사.

송길연, 김수정, 이지연, 양돈규 역(2000). 발달심리학. 서울: 시그마프레스.

신종호, 김동민, 김정섭, 김종백, 도승이, 김지현, 서영석 역(2006). 교육심리학. 서울: 학
　　지사.

윤운성(2001). 교육의 심리적 이해. 파주: 양서원.

이병승, 우영효, 배제현(2008). 쉽게 풀어 쓴 교육학(2판). 서울: 학지사.

이성진(2000). 교육심리학서설. 파주: 교육과학사.

이형행(2007). 교육학개론. 파주: 양서원.

임규혁, 임웅(2007). 교육심리학(2판). 서울: 학지사.

장현갑, 안신호, 이진환, 신현정, 정봉교, 이광오, 도경수 역(1999). 심리학입문. 서울: 시그
　　마프레스.

주영흠, 박진규, 오만록(2002). 신세대를 위한 교육학개론. 서울: 학지사.

Baldwin, J., & Baldwin, J. (1998). *Behavior principles in everyday life.* Upper Saddle
　　River, NJ: Prentice Hall.

Bandura, A. (1986). *Social foundations of thought and action: A social cognitive the-
　　ory.* Englewood Cliffs, NJ: Prentice Hall.

Eggen, P. D., & Kauchak, D. (1992). *Strategies for teachers: Teaching content and think-
　　ing skills.* Needham Heights, MA: Allyn & Bacon.

Slavin, R. E. (2003). *Educational psychology.* Boston: Allyn & Bacon.

제 5 장

교육의 사회적 기초

1. 교육사회학의 의미

1) 교육사회학의 개념

인간은 사회를 떠나서는 살 수 없고 사회의 구성원으로 살아가야만 인간다운 삶을 영위할 수 있다. 따라서 우리는 인간을 사회적 동물이라 부른다. 인간은 사회 구성원으로 성장해 가면서 사회적·문화적 특성에 따라 각기 다르게 성숙하고 발전해 간다. 이처럼 인간은 자기가 속해 있는 집단 속에서 갖가지 행위양식이나 가치규범과 같은 문화내용을 학습해 가고 내면화하는 과정을 거치게 되는데, 이러한 과정을 넓은 의미에서 교육이라 할 수 있다. 이렇게 인간은 배움을 통해서 존재와 존속이 가능하고 또한 스스로 자연환경에 대한 대응력을 높여 가고 지적 능력 및 판단능력도 넓혀 간다. 따라서 교육은 사회적 맥락 속에서 수행되고, 사회성을 간과할 수 없으므로 사회적 탐구에 관심이 모아질 수밖에 없다. 특히 근대사회로 접어들어 공교육제도가 확립되고 학교교육이 교육의 중심적 역할을 담당하면서부터 교육에 대한 사회학적 관심은 커지기 시작했다.

사실 교육은 그 자체가 사회현상이다. 교육이란 그 시대의 사회·정치·경제적 조건의 영향을 받음은 물론 사회의 각 부분이나 영역에 영향을 끼친다. 즉, 사회적 요구로 생겨나서 교사와 학생 또는 학생과 학생 간의 인간관계를 중심으로 전개되는 사회현상이다. 따라서 교육사회학은 교육현상에 있어 사회학적 방법을 통해서 교육문제를 탐구하는 학문이라 할 수 있다. 다시 말해, 교육사회학은 교육에 대한 연구로서 교육체계와 교육의 과정에서 발생하는 집단의 관계를 사회학적인 연구에서 성취된 지식, 기술, 방법 등으로 연구하는 학문이다. 이처럼 교육사회학은 독립된 학문의 성격보다는 교육학과 사회학을 접목시킨 학문적 영역이라 할 수 있다(권건일, 송경애, 2007). 교육사회학에 대한 개념을 종합한 Richard는 교육사회학을 "교육에 대한 사회학적 연구로 교육체제와 교육의 과정에서 일어나는 집단관계를 사회학적인 연구에서 이루어진 지식, 기술, 방법 등으로 연구하는 것"이라고 했다. Durkheim은 교육사회학을 사회학적 연구를 통하여 분석된 지식과 기술 그리고 연구방법을 교육실제에 적용하는 학문이라고 정의하면서 교육사회학의 연구 영역과 대상을 다음과 같이 소개하였다.

- 교육의 사회적 사실과 사회학적 기능에 대한 연구
- 교육과 사회·문화적 변동과의 상호관계에 대한 연구
- 다양한 교육제도에 대한 문화적 비교 연구
- 사회제도로서의 학교와 교실에 대한 연구

한편 Peters와 Smith 같은 도덕 및 철학적 이론을 중시하는 교육학자들은 교육적 사회학(educational sociology)이라는 개념으로 교육현상에 대해 사회학의 원리를 적용하여 교육학에서 연구문제를 찾았다. 즉, 실제적 교육문제와 관련을 갖거나 논리적 연결을 갖고 있는 사회학적 지식을 교육실천에 응용하려고 하였다. Natrop는 "교육사회학을 교육 사실과 교육현상에 관한 과학 또는 사회

적 교육학(social pedagogy)"이라고 정의했다. Parellius는 "교육사회학은 사회학
의 과학적 연구방법으로 교육현상을 연구하는 것"이라고 정의하고 있으며,
Brown은 "교육사회학이란 사회학적 제 원리를 교재와 활동, 방법, 학급조직,
측정 등을 포함한 전체 교육과정에 응용하는 하나의 새로운 학문"으로 정의하
였다. 이와 같은 교육사회학에 대한 학자들의 견해를 종합하면, '교육사회학'
은 교육학자들이 중심이 되어 연구한 영역으로 도덕적·철학적·실천지향적
인 것으로 보고 교육적 문제를 강조하고 있으며, 나아가 사회적 유형·학문지
향적인 성격을 가지고 사회적 문제를 강조하고 있다고 정의할 수 있다.

2) 교육의 사회적 기능

개인이 개인생활의 방편과 사회적 순응의 수단으로서 교육을 필요로 하는 반
면, 사회는 사회대로 그 문화의 보존과 발전 또는 사회질서의 유지와 개선을 위
하여 교육을 필요로 한다. 그래서 교육은 사회적 필요에 따라서 작용하는 사회
적 근본 기능이라 하겠다.

교육이 갖는 사회적 기능은 사회가 갖는 문화내용을 유지, 계승하는 일과 각
계계층에서 요구되는 인력을 공급하여 사회의 계승, 발전을 도모하는 일, 급격
히 변하는 사회생활에 건설적이고 창의적으로 적응할 수 있게 하는 일, 사회의
결속과 통합을 기하는 일과 사회의 창의적 변화를 촉진하는 일 등을 포함한다.
여기서는 교육의 보수적 기능과 진보적 기능으로 나누어 설명하고자 한다.

첫째, 교육의 보수적 기능이다. 교육이 사회질서를 유지하는 일에 충실하여
야 한다는 생각은 현대인이라면 누구나 가지고 있을 것이다. 그것은 아마도 원
시시대에도 간접적으로 나타난 것으로 보이는데, 당시에 그것을 알 수 있는 것
중 하나는 그 집단생활의 보존이었을 것이다. 집단생활의 보존을 위해서 원시
인들 간에는 교육이 간접적으로 분명 이루어졌을 것이고, 문명이 점차적으로
만들어짐에 따라서 인류사회는 사회적 전통이 쌓이고 문화라는 것으로 이루
어졌다.

옛날에는 주로 문화의 전달을 여러 사회기관, 즉 가정, 직장, 교회 등에서 행하였다. 그러나 인간의 생활이 복잡해지고 문화내용이 고도화됨에 따라 이 일을 위한 특수한 기관이 필요하게 되었다. 학교는 이 같은 요청에 따라 생겨났다. 그러므로 학교의 임무는 무엇보다도 문화의 전달에 있는 것이라고 할 수 있고, 이런 학교에서 과거의 문화를 전달한다는 것은 바로 보수적 기능을 뜻하기도 한다.

사회의 유지와 존속을 위하여 학교교육이 가지는 보수적 기능은 대단히 중요하다. 문화를 전달하고 젊은 세대를 사회화하는 데 가장 기본적인 것들을 가르치는 곳이 바로 학교이기 때문이다. 그리고 더불어 학교가 젊은 세대에게 문화를 전달하고 과거에 높이 평가되고 인정되어 선택된 가치, 사고, 행동, 감정을 학습케 하는 것은 사회의 유형유지를 위해 사회가 학교에 요구하는 중요한 기능이다.

둘째, 교육의 진보적 기능이다. 교육의 진보성이라고 하는 것은 보수성과는 사뭇 다르다. 그래서 교육의 진보적 기능을 강조하는 이들은 교육은 현존 사회의 유지와 보존을 위한 수단이 아니라 사회를 개혁하고 개선하는 수단이자 방편이라고 본다. 한마디로 머물러 있는 것이 아니라는 것이다. 교육의 역사를 살펴보면, 교육의 진보적 성격에 대한 강조는 플라톤의 사상에서 시작되어 오늘에 이르기까지 줄기차게 주장되어 오고 있다. 플라톤은 교육을 이상국가 건설의 기본 수단이라고 하였는데, 그의 이 같은 견해는 18세기의 계몽사상가들이 부흥시켜 다시 활발한 전개를 보였다. 그 대표적인 이가 Rousseau였다. 성선설을 주장한 그는 사람은 그릇된 사회로 말미암아 악해지므로 사회를 개혁해야 인간도 선하게 살 수 있다고 보았다. 또한 Rousseau는 자연의 손으로 인간을 교육하여 이러한 자유인의 수효가 늘어나 사회에 가득 찰 때 사회의 진보와 개선이 가능하다고 하였다.

이렇게 교육의 사회적 기능을 전통적 측면과 사회적 측면으로 구별하였으나 간단하게 구분할 수 없고 여러 가지 기능으로 분석된다. Green은 교육의 사회적 기능을 다음과 같이 요약하였다.

- 사회의 질서 유지와 발전 도모의 기능
- 인간의 사회화 기능
- 문화유산의 전달기능
- 사회생활에서의 동기유발 기능
- 사회 구성원 각자의 능력 향상의 기능
- 사회제도와의 밀접한 상호 부조의 관계 수립 기능

이뿐 아니라 대부분의 교육사회학자들은 교육의 사회적 기능을 문화유산의 계승 기능, 사회통합의 기능, 사회충원의 기능, 사회적 지위이동 촉진 기능, 사회개혁의 기능 등으로 구분하고 있다.

(1) 문화유산의 계승기능

교육의 가장 중요한 기능 중 하나가 바로 인류의 문화유산을 후대로 전달하고 계승하는 기능이다. 문화의 계승은 사회화의 기능, 사회적응 기능, 사회 유지 등을 포함하는 포괄적인 개념이다. 교육은 문화를 창조하고 사회의 변화를 촉진하는 사회 · 문화적 기능을 가지지만 우선은 과거로부터 계승되어 온 문화를 유지하는 기능을 수행한다. 개인적 차원에서 볼 때 아이들은 사회 구성원으로서 인정받기 위해 그 사회에 적응해야 하고, 그 사회에 적응하기 위해서는 그 사회가 공인하는 언어, 사고, 감정, 태도, 지식, 가치관, 행동양식을 학습하여 내면화해야 한다. 이러한 학습은 대부분 학교교육을 통해서 이루어진다.

학교교육을 넓게 보아서 인간의 사회성 형성을 목표로 삼는 일면이 있다면, 의도적이든 비의도적이든 간에 그것은 사회적 기능으로서 영위되는 사회화 과정이라고 보지 않을 수 없고, 그와 같은 사회화 과정은 또한 사회의 지속적 발전과 밀접하게 관련되는 작업이 아닐 수 없다. 교육의 사회적 기능에 대한 관점은 다양하게 나타나고 있지만, 크게 집약해 보면 보수주의적 관점으로 과거의 문화유산을 중시하는 기능, 진보주의적 관점으로 현재의 사회생활 적응을 중시하는 기능, 사회개혁주의 관점으로 사회변화와 미래를 위한 기능으로 나누어 볼 수 있다. 이러한 사회적 기능을 수행하는 다양한 관점에서 학교교육을 중심으로 사회적 기능을 살펴보면 다음과 같다.

문화전달의 기능은 일종의 교육의 사회화(socialization) 기능이다. 문화가 제공하는 지식, 기술, 가치, 규범, 언어 등 제반 생활양식과 행동양식을 후진 세대들에게 학습하도록 하고 사회생활에 잘 적용할 수 있도록 하는 기능이다. 문화는 사회 구성원 간에 널리 보급되고 세대 간에 지속되어 역사적 전통으로서 존속·발전한다. 바로 이 과정이 문화의 전달이다. 그 전달방법은 비의도적, 무의도적 과정에서 이루어지며 매스컴을 통해서도 이루어지나 그 전형적인 기관은 학교이며 학교교육의 주된 사회적 기능 중의 하나다.

학교는 기성문화와 사회제도를 전달하고 유지·보존하는 기관으로서, 특히 정적인 사회에서는 이러한 기능이 학교에서 중요하다. 기성문화나 제도의 변혁보다도 전통적 관습이 중시되고 타성과 형식성이 강조된다. 이와 같이 사회화를 통하여 다음 세대로 하여금 사회에 적응하게 하는 것이 바로 사회의 안전과 유지를 위해 필요한 교육의 중요한 기능인 것이다. 학교에서 사회화를 크게 나누면 하나는 인지적 사회화 기능이다. 즉, 지식이나 기술을 습득시키는 기능이다. 다른 하나는 규범적 사회화의 기능이다. 즉, 가치관이나 행동양식을 형성시키는 기능이다.

Durkheim은 아동의 도덕적 발달에서 학교의 역할이 가장 중요한 것이 되어야 한다고 판단하였다. 도덕교육은 개인이 그가 속한 사회의 규범과 이상을 가지고 일관성 있는 방식으로 행동하도록 도덕적으로 사회화하는 데 있다. 그리고 도덕교육을 위한 가장 좋은 교육적 방안은 학급을 사회 집단으로 활용하는 것이다. 이를 위해 일정한 규칙, 규범을 내포한 학습정신, 학급에 대한 충성심, 가정과 같은 학습을 이루는 것이 강조된다.

(2) 사회통합의 기능

사회통합(social-intergration)의 기능이란 여러 이질적 요소들이 각기 고유의 기능을 유지하면서, 전체적으로는 모순과 갈등이 없이 조화를 이루며 발전해 가는 기능을 의미한다. 이 기능은 문화유산의 계승 기능의 이차적 기능이라고도 하는데, 이 두 기능이 모두 사회화를 통하여 공인된 태도, 규범, 가치관 등의 생활양식과 행동양식을 육성함으로써 전체 사회의 조화를 이루어 간다는 점에서는 차이가 없다. 그러나 사회통합의 기능은 문화유산의 계승 기능보다 강제성을 띠는 사회적 통제와 사회적 제재의 기능을 갖는다는 점에서 구분된다.

학교교육을 통한 통합적 기능은 학교사회 내에서 학생들의 바람직한 행동을 권장하지만 비정상적인 일탈행동에 대해서는 제재를 가한다.

그 결과 학생들로 하여금 사회가 공인하는 방향으로 나아가게 한다. 그러나 이러한 사회적 통합을 형성한다는 것은 다양하고 복잡한 현대사회에서는 매우 어려운 일이며, 학교교육의 힘만으로는 어려운 과제가 되고 있다. 따라서 현대사회에서의 이질요소의 통합을 위해서는 다양한 사회기제(social mechanism)를 활용하게 된다. 즉, 사회질서 유지를 위한 법과 공권력을 발동하는 예를 들 수 있다. 그러나 사회적 통합을 형성하기에 보다 능동적이고 바람직한 방법은 교육을 통한 공통의 사회의식과 사회의 동의를 형성하는 일이다. 특히 학교교육을 통한 사회통합의 기능은 학교 수업을 중심으로 한 정치적 사회화 등을 통해서 심층적인 의식구조의 변화를 가져오는 데 의의가 있다. 즉, 학교는 학생들에게 공통의 이념과 사상 그리고 가치관 형성을 통한 사회적 통합이 이루어지도록 하는 기능을 가지고 있다.

모든 국가들이 의무교육제도를 통하여 국민의 지적 수준과 문화수준을 향상함으로써 새로운 국가목표를 일반화하고 국민형성(nation building)을 도모하는 것도 이러한 맥락으로 이해할 수 있다.

(3) 사회충원의 기능

교육이 수행하는 기능 중 가장 현실적이고 구체적인 기능은 사회충원의 기능이다. 이 기능은 지식, 기술, 가치관, 태도 등의 육성을 비롯하여 인력의 선발, 분류, 배치 등의 기능을 포함하는 의미를 갖는다. 이 같은 기능은 가정교육을 비롯한 사회교육제도에서도 직간접적으로 수행하는 것이나 학교교육이 주로 담당한다. 따라서 학교교육의 기능으로서 인력의 선발, 분류, 배치 기능은 사회충원의 기능이다. 사회는 그 유지, 존속을 위해 다양한 기능을 수행하게 되는데 그 기능에 따라 지위와 역할이 다르다. 각각의 지위와 역할은 그에 상응한 지식과 기술과 자질을 요구하는데, 학교교육은 이런 요구에 맞게 학생의 능력, 적성, 흥미 등을 기초로 하여 인력을 선발하고 교육을 시켜 배치하는 기능을 갖는다.

현대사회에는 수많은 직업이 있다. 캐나다 직업사전에 따르면 세상에는 2만여 종의 직업이 있고, 한국의 경우도 현재 약 1만 8백여 종의 직업이 있다고 한다. 일의 종류에 따라 지위와 역할이 다르며, 지식과 기술 수준이 다르게 요구된다. 교육은 이러한 사회적 요구를 인력의 선발, 분류, 배치 등을 통하여 충족한다.

사회가 고도로 산업화되면서 학교교육을 통한 인력 양성은 매우 중요한 역할로 부각되었다. 더욱이 산업구조와 사회구조의 급격한 변화는 인력 수급의 요구를 점차 심화시키고 있다. 학교수준과 학력은 사회적 선발과 배치에 매우 중요한 기준이 되고 있다. 오늘날과 같은 개방사회에서는 학교의 졸업증서가 사회적 선발과 지위의 배분에 결정적인 요인으로 작용하고 있는 것이 일반적인 현상이다. 이에 따라 대개 전문직종이나 관리직종에는 고학력자를 배치하고, 미숙련 단순노동직에는 저학력자를 배치하게 되었다.

우리나라의 사회충원은 과거와 같은 신분과 귀속적 요인에 따르기보다는 교육수준과 같은 업적 요인에 따라 이루어진다. 그리고 직업적 지위와 배분은 교육수준에 따라서 그 부여조건이 제한되는 경우가 일반적이다. 이러한 학력위주의 사회적 선발과 기회 제한의 문제는 능력사회(meritocracy)의 이념에 배치되는 현상으로 나타나 능력이나 업적보다는 졸업장, 학위 소지 여부가 더 중요시 되는 경향을 갖는다.

(4) 사회적 지위이동 촉진기능

사회이동(social mobility)이란 원래 개인이나 집단이 한 사회적 위치에서 다른 위치로 이동하는 것을 말한다. 현대 개방사회에서 학교교육은 개인의 사회적 지위를 결정해 주는 데 중요한 요인이 되고 있다. 학교교육의 성과는 사회가 요구하는 능력을 부여하기 때문에, 결과적으로 학교교육은 사회적 지위 향상을 위한 조건을 충족해 줌으로써 사회이동을 가능하게 해 주는 것이다.

사회이동에는 크게 두 가지 양상이 있다. 하나는 상하 계층으로 이동하는 수직적 이동이고, 다른 하나는 직종이나 지역적으로 이동하는 수평적 이동이다. 특히 고학력을 중시하는 사회적 풍토에서는 학교교육을 많이 받아야만 하위계층에 속하는 직업에서 상위계층에 속하는 직업으로 상승 이동할 가능성이 커진다. 또 고학력 위주의 사회에서는 고학력을 얻기 위해서 고등교육기관이 몰려 있는 대도시로 집중하는 수평적 이동을 초래하게 된다. 이처럼 학교교육은 수직적 이동뿐만 아니라 수평적 이동까지도 촉진하는 역할을 한다.

사회적 지위나 계층의 상승이란 권한, 권위, 재산, 대우 등에서 남보다 유리한 위치에 놓이게 됨을 뜻한다. 이러한 동기로 사회 상승의 기회를 얻고자 노력하며, 그 상승의 기회는 교육수준과 학업성취 수준에 비례하는 것이 일반적이다. 우리나라의 경우도 오래전부터 교육은 개인과 가문의 사회적 지위, 권위를 나타내는 기준이 되어 왔다. 우리 부모들의 자녀에 대한 교육열은 이러한 맥락에서 이해될 수 있다.

(5) 사회개혁의 기능

학교교육은 기존 사회의 유지를 위해서 문화를 전승하는 역할을 담당하기도 하지만, 다른 한편으로는 새로운 문화를 창조하고 더 바람직한 방향으로 변화

시키는 기능을 담당하기도 한다. 또한 학교교육은 사회로부터 영향을 받기도
하지만, 다른 한편으로는 학교교육이 사회에 영향을 미친다는 점에서 적극성
과 능동성을 갖는다.

교육의 사회변화와 주도적 역할에 대한 주장은 미국의 교육학자 Brameld의
재건주의 교육원리에 잘 제시되어 있다.

재건주의자들이 지적하고 있는 현대 문화의 병폐는 크게 ① 생활, 건강, 교육
수준의 불균형, ② 인구의 폭발적 증가와 기아, ③ 대지, 수질, 식품, 공기의 오
염, ④ 국가 간의 적대감과 증오심, ⑤ 인종 간의 긴장과 파괴행위, ⑥ 전체적 정
치체제(사이비 민주주의), ⑦ 도덕감각의 붕괴와 매춘화, ⑧ 과학의 폭발적 발달
로 요약된다. 바로 이러한 현대 문화의 병폐와 그에 따른 위기를 의식하고 새로
운 사회를 건설해야 한다는 것이다. 이를 위해 학교가 무엇보다도 앞장서야 마
땅하다고 주장한다.

학교교육의 사회개혁 기능은 사회변화를 유도하고 촉진하는 역할을 의미한
다. 이러한 기능은 창의력과 태도의 개방을 비롯하여 문화의 분화를 통해서 이
루어질 수 있다. 비과학적 사고방식에서 벗어나 합리적인 사고를 할 수 있게 하
고 개방적인 가치와 태도를 갖도록 해야 한다.

또한 학생들로 하여금 사회적 문제와 문화적 위기를 각성하게 하고 그러한
문제의 해결에 학생들이 적극적으로 참여할 수 있도록 계획하여야 한다.

사회적 의식을 각성시키기 위하여 학생들이 현실에 대해 의문을 제기할 수
있도록 권장하여야 하며, 종교, 정치, 경제, 교육 등의 논쟁거리들을 탐구하도
록 권장하여야 한다. 왜냐하면 논쟁거리들을 탐구함으로써 전통적 견해가 발전
할 수 있기 때문이다. 사회개조를 위한 교육의 당면과제는 문화를 어떤 방향으
로, 어느 영역의 문화를 중심으로 창조할 것인가 하는 것과 또 어떤 방법으로
수행할 것이냐 하는 것 등의 계획에 관한 것이다.

2. 교육과 사회화

1) 사회화의 개념

사회는 두 사람 이상이 모인 집단의 모임이다. 그러나 단순히 집단들만 모였다고 해서 이것이 사회가 되는 것은 아니다. 사회가 되기 위해서는 그 사회가 추구하는 공통된 생활양식, 언어습관, 가치관을 공유해야 한다. 따라서 한 개인이 사회에 소속되기 위해서는 그 사회가 공유하고 있는 다양한 양식, 언어, 습관, 가치관 등을 배워야 하는데, 이렇게 한 개인이 자기가 소속해 있는 사회의 행동양식, 가치관, 규범과 같은 문화를 학습하고 내면화하는 과정을 사회화라고 한다.

사회화라는 개념은 보는 관점에 따라서 그 양상이 달라지는데 크게 개인적인 측면과 사회적인 측면으로 구분할 수 있다. 첫째, 사회적인 측면에서 보면 사회의 문화가 한 세대에서 다음 세대로 전달되고 각각의 개인이 사회의 구성원으로 성장하여 사회에 통합되는 과정을 의미한다. 다시 말해서 사회를 유지하고 성원을 통제하기 위해 집단의 규범이나 가치에 맞는 행동양식을 기르는 역할을 부여하며, 동시에 사회 구성원의 행동양식에 유사성을 형성하여 전체 사회의 기능이 원활하게 수행되고 더 나아가 사회가 계속 발전할 수 있도록 통합하는 기능을 갖는 것을 의미한다. Broom과 Selznick은 "사회화란 문화가 전승되고 개인이 조직된 생활양식에 적응하는 방식을 말한다. 사회화는 생물적인 유기체를 인간화하여 통제하고, 정체의식을 가진 자아로 변화시키며, 나아가 이상·가치 및 열망도 부여해 준다."라고 정의하고 있다.

둘째, 개인적인 측면으로서 "인간이 가지고 있는 잠재적 가능성을 개발하여 '개인적' 성장과 발달을 이루는 과정이다."라고 사회화를 정의한다. 즉, 사회생활에 필요한 행동양식, 언어, 직업적 역할을 습득하고 내면화하여 타인과의 관계 속에서 생활하는 방식을 학습하는 것으로서, 사회적 기대와 기대에 대처하는 방식을 습득함으로써 사회에 적응할 수 있게 된다고 보는 것이다. Sewell은 개인적 측면에서의 사회화를 "한 개인이 자기가 속해 있거나 혹은 속하게 될 집단의 기술, 지식, 태도, 가치 및 동기 등을 선택적으로 습득하는 과정"으로 정의하고 있고, 최정웅(1993)은 "자기가 소속한 집단이나 사회의 가치와 관습, 행동양식이나 문화양식, 혹은 규범이나 제 규정을 습득하고 실천해서 그가 속한 사회적 환경에 적응해 가면서 유능한 사회 성원으로 성장해 가는 과정"으로 정의하고 있다.

윤정일(1995)은 사회화가 되기 위한 기본 조건을 다음과 같이 세 가지로 구분해 정리하고 있다.

첫째, 사회적 상호작용이다. 인간의 성격발달은 어느 정도 선천적 기질이나 생물학적 특성의 영향을 받지만 사회적 상호작용을 통해서 더 영향을 받는다. '늑대 어린이'나 '늑대 청년' 등의 사례는 인간이 다른 사람과의 사회적 교섭과 접촉을 통해서 또는 인간문화 속에서라야 인간으로서 사회화될 수 있음을 보여 준다. 둘째, 생득적 학습능력이다. 인간은 다른 동물보다 상당히 높은 지적 잠재능력을 가지고 태어난다. 그래서 일생 동안 다른 동물보다 많은 것을 배울 수 있다. 인간은 본능적 성향에 따라 행동하는 것보다는 생후에 학습한 행동을 하는 영역이 훨씬 넓다. 인간은 학습할 수 있는 잠재능력을 가지고 태어나기 때문에 사회화가 가능하다. 셋째, 언어능력이다. 약간의 지능을 가진 동물은 더러 있지만 언어를 사용할 줄 아는 동물은 인간뿐이다. 언어는 지식, 정서, 가치, 태도 등을 표현하고 전달하는 중요한 수단이다. 인간 집단에서 언어를 통한 상징적 상호작용은 사회화 과정의 중요한 양식이 되며, 나아가서 사회와 문화가 존속할 수 있는 결정적 요인이 된다.

2) 사회화 과정

사회화는 인생의 어느 한 시기에 국한되는 현상이 아니라 인간의 사회생활이 계속되는 한 지속적으로 일어나는 사회활동이다. 사회화 과정은 단기간에 이루어지는 특정한 기능이나 지식의 습득과는 달리 비교적 장기적이고 지속적인 과정이며, 다른 사람과의 직접적인 접촉을 통해 이루어진다. 사회화를 다른 말로 사회적 학습이라고 할 수 있는데 다음의 몇 가지 형태로 나타날 수 있다.

첫째, 보상과 처벌 혹은 조작적 조건화다. 조건화는 주위에 계속적인 자극이 있는 경우 일정한 유형의 행동이 반사적으로 수반되는 것을 의미한다. 이것은 행동주의 학자인 Pavlov와 Skinner에서 그 예를 찾아볼 수 있는데, 대부분의 학생들은 상이나 칭찬을 받기 위해 혹은 벌이나 꾸중을 듣지 않기 위해 열심히 공부한다. 이렇듯 사람들은 보상과 처벌 그리고 조건화에 따라 많은 사회적 행동을 배우고 사회화하게 된다.

둘째, 모방과 동일시 학습이다. 이것은 접촉하는 타인의 행동을 모방하는 사회적 학습을 말하는 것으로서 모방은 다른 사람의 특정한 행위만을 본받아 흉내 내는 과정이며, 동일시는 개인이 영화, 성공담 속의 인물, 특정 인물과 유사한 태도와 행동을 나타내려는 경향을 말한다. 이렇듯 사람들은 모범적인 인물을 정해서 모방하는 방법을 통해서도 사회화가 이루어진다.

셋째, 내면화 과정이다. 개인은 현재의 규범과 가치를 수동적으로 내면화하기도 하지만 변동하는 환경 속에서 과거의 지식이나 경험을 새로운 맥락에서 계속적으로 적용하면서 자신의 목적을 달성해야 하는 경우도 많다. 이런 학습과정을 문제해결이라고 하는데 인지적 학습으로 이해할 수 있다. 문제해결의 방법을 배우는 것은 특히 복잡한 현대사회에서 개인이 효과적으로 환경에 적응하고 행복한 생활을 하기 위해 매우 중요하다.

이상의 사회적 행동에 대한 각각의 학습형태는 모두 각각 나름대로의 장단점을 가진다. 조건화와 모방은 효과적이기는 하지만 비판적 사고력을 자극하지 않으므로 이에 따른 사회적 학습방법은 현대의 급변하는 산업사회에는 적합하지 않다. 그리고 문제해결법은 사고력과 비판력을 고양하기에는 유용하지만 현재의 규범과 가치를 위태롭게 할 염려가 있고, 또한 어느 정도는 사회화와는 다른 결과를 낳을 수도 있음을 염두에 두어야 한다.

3) 사회화 기관

한 인간이 성장·발달해 가면서 사회적 학습을 하는 데 영향을 주거나 사회화의 매개에 영향을 주는 기관이나 담당자를 사회화의 기관 또는 대행자라고 한다. 대표적인 기관으로는 가족, 또래집단, 학교, 직장, 매스미디어 등이 있다. 먼저 가족과 가정은 1차적인 사회화 기관으로서 아동의 사회화의 시작이 되는 장소이며 가장 기본적인 사회 단위다. 따라서 개인은 자신의 뜻과 상관없이 가정의 생활방식에 따라 갖가지 행동, 태도, 가치를 배운다. 가정에서의 사회화의 내용은 신체발달을 위한 양육, 언어 습득, 예의범절 및 인격수행, 사회적 기술을 갖추기 위한 기반 확립 등이며, 가정에서의 자녀양육 방식이나 가족 구성원 간의 인간관계 구조는 사회화에 직접적인 영향을 준다.

둘째는 또래집단이다. 어머니의 품 안에서 자라던 아이는 점점 자라나 놀이터에 나간다든지 또는 유치원에 다니게 되면 지금까지 상대해 보지 못했던 놀이동무들과 교제하게 되는데, 이때 그 놀이동무들을 또래집단 또는 동료집단이라 부른다. 이러한 또래집단은 사회화의 중요한 대행자로서 아동기, 청소년기의 인성발달에 영향을 준다. 또래집단에서는 친구와의 상호작용 중 어떻게 말하고 행동하는지 터득하며, 타인과의 관계에서 자신을 억제하는 자제력을 습득하고, 성역할 및 자신의 사회적 위치, 역할의 개념을 형성한다. Piaget 이론에 따르면, 자기중심성이 완화되는 계기가 되기 때문에 사회성 발달에 큰 영향을 준다고 할 수 있다. 특히나 이전까지의 종적 관계에서 벗어난 횡적인 관계에서 질서의식을 습득하고 독립심과 자발적 행동양식 등을 습득하게 된다.

셋째는 학교다. 학교는 가정이나 또래집단에 비하여 다분히 계획적, 합리적, 의도적인 사회화 기관으로 학생들은 학교교육을 통하여 일반적인 태도, 가치 및 기능을 습득할 뿐만 아니라 동료들과의 비공식적 상호작용을 통하거나 또는 교사나 상급생들과의 관계를 통하여 사회적 역할을 배운다. 따라서 아동기, 청소년기 사회화의 가장 중요한 기능을 담당하는 기관이라고 할 수 있다.

사회화의 내용은 직업생활을 위한 지식과 기술 습득, 사회규범과 문화적 가치

학습 등이며, 교육과정을 통해 사회의 요구에 따라 유능한 사회인을 배출한다.

넷째는 직장이다. 직장은 직업과 관련된 활동이나 전문 직업에 필요한 지식, 태도, 기술 등을 습득하는 사회화 기관으로서 직장을 중심으로 한 취미생활과 타인과의 상호작용을 통해 사회화가 가능하며 가정과 학교와는 달리 합리적이고 비정의적인 사회화 기관이다.

마지막은 대중매체(mass media)로서 오늘날 가장 광범위한 사회화의 대행자다. 대중매체는 각 개인의 사회화에서 순기능과 역기능을 가지고 있어 부모나 교사는 아동이 대중매체로부터 긍정적이고 교육적인 영향을 받을 수 있도록 선도해야 한다.

3. 교육사회학의 이론적 관점

모든 학문이 그러하듯이 교육사회학도 다른 학문과 같이 나름대로의 성격을 규정짓는 이론적 틀 또는 접근, 분석, 설명하는 방식이 있을 수 있다. 넓은 의미에서 교육사회학은 교육과 사회의 관계를 설명하는 학문이다. 보다 구체적인 의미로는 교육의 사회적 과정과 제도로서의 성격을 설명하는 학문이라 할 수 있다(김병성, 2004). 교육은 사회를 떠나서 성립될 수 없는 것처럼 교육이론 역시 사회이론을 떠나서는 설명될 수 없는 부분이기에 교육사회학이라는 학문의 탄생은 당연한 것이며 이에 따른 이론적 틀이 존재한다.

이 절에서는 많은 교육사회학의 이론 중 거시적 접근에서 사회의 본질을 규명하고자 한 기능이론과 갈등이론, 미시적 접근에서 사회의 본질을 규명하고자 한 해석학을 살펴보고, 각각에 대한 비판이론도 알아보고자 한다.

1) 기능이론적 관점

기능이론과 갈등이론은 모두 거시적 관점에서 사회의 본질을 규명하고자 한다. 기능이론의 명칭은 기능이론 외에 구조기능이론, 질서모형, 평행모형 등이 있다. 명칭에 따라 이론의 강조점이 서로 다르나 이들을 모두 포함하여 기능주의 이론으로 부르는 것이 일반적이다. 기능이론은 사회학의 아버지로 불리는 Comte나 사회 유기체설을 제시한 Spencer에서 그 이론적 기초를 찾을 수 있다. Durkheim은 이론적 근거를 발전시켰으며, 사회학 이론의 구축은 Parsons가 이룬 것이었다. 그것을 Merton이 정예화하였다. 1980년 중반에는 기존의 기능주의에 대한 다양한 비판들을 적극적이고 창조적으로 수용함으로써 이론 자체의 설명력을 높이는 동시에 통합이론을 위한 패러다임을 제시하려는 노력에 힘입어 신기능주의로 나타나고 있다.

기능주의 이론에서 언급하는 주요 개념은 기능, 유지, 존속, 통합, 결속, 안정, 균형, 항상성, 합의, 질서, 사회화 등이다. 따라서 '어떻게 사회의 유지 및 존속이 가능한가?'에 대해 체계적인 설명을 제공한다. 18세기 후반 유럽은 산업화와 도시화로 격심한 사회변동을 겪고 있었고 프랑스 대혁명 이후로 정치가 불안정하여 사회사상가들로 하여금 사회질서에 깊은 관심을 갖게 하였다. 사회가 왜, 어떻게 만들어지고, 무엇이 사회를 유지시키는가? 무엇이 사회를 변동시키는가? 이러한 의문에 대하여 사회학자들은 생물학의 종의 이론과 진화론 그리고 세포이론의 발달에 영향을 받아 그 해답을 구하고자 하였다. 그래서 기능주의 이론가들은 개별 유기체와 사회 유기체를 비교하여 사회를 유기체에 비유한다. 즉, 사회의 본질은 상호 의존적인 관계 또는 부분의 집합으로 구성된 체계로 보고 유기체에 비유하여 여러 기관이나 부분이 전체의 생존과 존립에 공헌하고 있는 관계로 본다(김경식 외 역, 2007).

- 사회와 유기체는 둘 다 성장·확대라는 면에서 비유기체적 물질과 구별될 수 있다.
- 사회와 유기체에서 구조의 점진적 분화는 기능의 분화를 수반한다.
- 사회와 유기체에서 한 부분에서의 변동이 다른 부분에 영향을 미치는 것과 같이 전체의 부분들은 상호 의존적이다.

- 사회와 유기체에서 전체의 각 부분은 그 자체가 소사회 또는 유기체다.
- 사회와 유기체에서 전체의 생명은 파괴될 수 있다. 그러나 그때 부분들은 잠시 더 존속할 것이다.

이처럼 기능주의는 사회 내의 제도들은 모두 함께 일하는 상호 의존적인 부분들로 이루어져 있고, 각 부분은 전체 사회의 기능 중 일부 필요한 활동에 기여한다는 것을 전제로 출발한다. 이 접근은 인간 유기체의 생물학적 기능과 같은 것으로 생각하여, 각 부분이 전체를 위해 역할을 하며 모든 부분들은 생존을 위하여 서로 의존한다고 본다. 예컨대 인체는 손, 발, 코, 귀, 입, 위, 폐 등 여러 기관의 부분으로 구성되어 있어 이들이 각기 담당하고 있는 기능을 순조롭게 수행함으로써 인체의 생존과 활동을 가능하게 만드는 것처럼, 사회의 각 부분도 상호 의존하며 항상 안정을 유지하려는 속성을 지니고 있다는 것이다.

그리고 기능주의에 따르면 학교교육의 사회적 기능은 전체 사회에 대한 적응 체계적 기능으로 전체 사회의 유지에 기여한다. 즉, 학교교육에서의 기능주의의 기본 입장은 교육과 사회관계를 긍정적으로 파악하고 교육의 순기능을 강조하는 것이다. Durkheim은 사회학적인 시각, 도덕교육의 중요성 등을 주장하며, 학교교육은 전체 사회의 지배적인 행위 유형들을 의도적으로 전달해 줌으로써 한 사회의 존속에 기여하는 수단으로 이해한다. 즉, 교육의 기능을 한 사회의 공통적 감성과 신념인 집합의식을 새로운 세대에 내면화하는 것을 의미한다고 하였다. 따라서 기능론적 관점에서 볼 때 학교제도는 안정된 사회를 유지하는 데 필요한 태도, 가치, 기술, 규범 등을 다음 세대에 전승하는 매우 중요한 역할을 한다. 이를 좀 더 구체적으로 서술하면 다음과 같다(김경식 외 역, 2007).

- 학교교육은 지적 목적을 추구한다. 언어나 수학 등과 같은 인지적 지식은 물론, 종합하거나 평가하는 탐구능력도 습득시킨다. 이러한 것들이 사회를 유지, 존속, 발전시키는 데 필요하기 때문이다.

- 학교교육은 사회통합을 위한 정치적 목적을 추구한다. 그 나라의 정치, 역사, 위인의 생애를 가르쳐 후세들이 기존의 정치적 질서에 적절히 참여하고 사회통합에 이바지하도록 한다. 구성원들이 질서, 공중도덕, 법에 순종하도록 하며, 이민자나 산업 근로자도 동화시켜서 한 사회 안의 이질적 요소를 동질화해 통합을 추구한다.
- 학교교육은 경제적 목적을 추구한다. 교육은 개인의 직접 준비를 위해서뿐만 아니라 국가나 경제에 필요한 노동 인력을 양성하기 위해서도 구성원을 훈련시킨다. 즉, 교육은 사회구조나 산업구조의 변화에 맞는 인간을 길러 내기 위해 노력한다.
- 학교교육은 사회적 목적을 추구한다. 구성원의 사회적, 도덕적 책임감을 고취시키고 사회문제를 해결 · 개선하며, 사회개혁을 위한 정신을 전수함으로써 가정이나 교회가 지니는 기능을 보완한다. 교육은 개인을 특정 사회에 걸맞은 사회적 존재로 만들거나 특정 사회적 역할을 습득시키는 과정이다.
- 학교교육은 인재를 선발 · 훈련 · 배치하는 기능을 수행한다. 학교는 재능 있는 사람을 선발하여 교육한 후 적재적소에 배치 · 충원시키는 합리적 기구라고 한다. 학교가 선별장치라는 말은 교육의 선발기능을 뜻하는 말이다.
- 학교교육은 사회이동을 촉진하는 기능을 수행한다. 타고난 신분이 아닌 개인이 쌓은 실력 · 능력 · 업적 · 실적 등에 따른 사회이동임을 전제함으로써 교육은 사회적 지지를 획득하는 공정한 게임이 된다고 본다. 그래서 교육제도는 위대한 평등화 장치라는 주장도 가능하다.

한편 교육과 사회과학에서 기능주의는 많은 공헌을 하였지만 이에 대한 비판도 만만치 않게 받고 있다. 오랫동안 기능주의 이론은 특히 미국의 사회학에서 지배적 이론으로 그 위치가 확고했지만, 1960년대 이후 그 한계가 명백해짐에 따라 위상이 약해지기 시작했다. 비판점을 살펴보면 다음과 같다.

- 기능주의는 다양한 관심과 이념 그리고 갈등하는 이익집단이 많이 있다는 사실을 인식하지 못하고 통합과 합의를 지나치게 강조한 나머지 집단간의 갈등을 잘 다루지 못하고 있다. 즉, 교육을 둘러싼 사회가 경쟁적인 이데올로기의 각축장이라는 점을 전혀 고려하지 못한 것은 기능론적 교육관이 갖는 커다란 오류라고 지적된다.

- 기능주의는 인간을 사회화의 주체가 아닌 객체로 봄으로써 아동에 대하여 수동적인 존재, 사회의 종속적 존재라는 입장을 견지한다. 또한 기능주의 관점에서는 학급의 역동성(교사와 학생 또는 학생과 학생의 관계)과 같은 상호작용을 분석하는 데 어려움이 있다고 지적한다. 이와 관련하여 기능주의 접근은 교육과정의 내용, 즉 무엇을 가르치고 어떻게 가르치는가와 같은 것을 잘 다루지 못한다고 비판을 받고 있다.

- 기능이론은 기회균등, 업적주의, 경쟁적 사회이동 등을 전제로 하지만 불평등한 출발, 과정, 결과에 따라 불평등한 사회이동이 일어나고 있는 현실에 무관심하다. 능력의 차이에 따른 소득의 차이를 당연한 것으로 여김으로써 불리한 계층의 불행을 소홀히 다룬다.

- 변화가 일어날 때 그 변화는 느리고 계획적이며 체제의 균형을 전복하지 못한다는 기능주의 가정은 모든 상황에서 타당한 것은 아니다. 연쇄반응과 같은 변화의 가정은 함의를 지니고 있지만 그것이 안정된 사회나 급속히 변화하는 사회의 실제들을 반드시 반영하는 것은 아니다. 이처럼 교육에 대한 기능주의 분석은 다소 엄밀성이 부족하며 인과적 적합성을 가지고 있지 못하다.

- 교육 선발이 능력본위로 이루어진다는 기본 전제 때문에 선발과정의 귀속적 측면에 대한 관심을 소홀히 다루었다는 비판이다. 이것은 학교교육을 단지 사회의 영향 속에서 움직일 수 밖에 없는 종속변수로 취급했다는 것이다. 그러나 학교는 학교 나름대로 능동적 역할을 수행하고 교사와 학생도 학교가 정한 목표에 자율적으로 임하거나 때로는 그것을 수정하기도 한다.

• 학교교육을 통한 사회이동을 과신한 나머지 과잉교육 현상이 나타난다. 과
  잉교육이란 고학력 실업이나 저고용 현상을 빚어 내는 교육적 부작용이다.
  교육을 통한 사회적 지위 상승이동을 노리다 보니 과잉교육 현상이 생긴
  다. 한국 사회의 학력 인플레이션이 그 대표적 예다.

2) 갈등이론적 관점

기능이론과 대조적으로 갈등이론은 사회의 실체를 개인과 개인 또는 집단과
집단의 끊임없는 세력 다툼, 경쟁, 저항 관계로 본다. 갈등이론은 Marx나 Weber
등의 이론과 사상에 그 지적 뿌리를 두고 있으나, 기능이론에 대한 도전과 비판
적 관점은 신마르크스주의자들이 활발하게 전개하였다. 이 이론적 발전은
Dahrendorf, Mills, Coser 등이 이끌었다. 1960년대를 거쳐 1970년도에 들어오면
서 미국에서의 현대 갈등이론은 고도의 사회적 및 인종적 갈등과 관료주의화·
산업화·도시화를 통한 억압에 회의를 느끼면서, 유럽 사회학적 사고방식에 친
숙한 지식인들의 반응으로 그 출발점을 찾았다.

갈등이론이 중시하는 개념들은 갈등, 경쟁, 억압, 통제, 대립, 변화, 계급, 착
취, 재생산, 물화, 소외, 이데올로기, 허위의식, 계급의식 등이다.

갈등 이론가들은 기능주의적 자유주의 이데올로기의 허구성을 지적하면서
학교교육을 통한 평등사회 실현에 회의를 갖는다. 그들은 학교교육의 기회 확
대와 양적 성장에도 불구하고 사회적 불평등은 여전히 존재한다는 점을 들어
기능주의를 부정한다. 즉, 교육이 지배집단의 권익을 정당화하고 주입해서 기
존 사회의 계층구조를 재생산하는 데 주력한다고 주장하고 있다.

이러한 갈등이론은 마르크스의 계급투쟁론을 기반으로 발전하였다. 마르크
스의 갈등이론은 계급갈등이론이나 경제갈등이론으로 불리며, 사회 생산관계
에서 비롯된 계급적 갈등이 주요 관심사다. 이들 갈등이론의 기본 전제는 인간
이 소유하고자 하는 대상물은 제한되어 있으나, 개인의 소유욕은 무한하여 이
모순을 해결할 수 없기에 경쟁과 갈등이 불가피하다는 것이다.

마르크스적 관점에서는 학교교육의 기능이 지배집단의 신념과 가치를 종속계급에게 보편적인 가치로 내면화하는 기능이라고 주장한다. 지배와 종속의 관계를 유지시켜 주고 여러 세대에 걸쳐 영속화해 주는 기능을 학교교육이 담당하고 있음을 주장한다. 이와 같이 계급 불평등 구조를 사회적으로 재생산하여 현존 지배체제를 영속화하는 기능을 재생산 기능이라 한다. 이러한 재생산 기능을 다루는 이론을 재생산이론이라 부르며, Bowles와 Gintis가 후에 이 이론을 체계적으로 연구하였다.

기능이론은 업적주의적인 현대사회에서 학교교육의 긍정적인 기능을 강조하고, 학교는 아동들이 미래의 직업적 역할을 효과적으로 수행하는 데 요구되는 전문적인 기술과 능력을 길러 주며, 전체 사회의 질서 유지를 위하여 필요한 공통의 가치, 신념, 규범 등을 내면화하는 효율적인 기제라고 생각한다. 이에 반해 갈등이론은 학교의 중요한 기능이 인지적 기술을 제공하거나 공통의 가치를 습득시키는 것이라기보다는 산업화된 기술사회 혹은 자본주의 사회의 지배적인 가치를 가르치는 것으로 본다. 그리하여 충성심을 기르고 현 상태에 의존하도록 하며 혜택받은 사람의 이익을 영속화하고 가난한 사람들에게 그들의 분수를 지키도록 가르친다는 것이다.

한편 갈등이론이 학교교육의 사회적 성격을 해석하는 데 다양한 해석 틀을 제공하고 현행 학교교육의 문제점을 사회구조적 문제와 연결시켰다는 점에서 공헌한 것에도 불구하고, 학교교육의 본질적인 모습을 왜곡하거나 해석의 오류가 존재한다는 비판을 면치 못하고 있다. 이런 갈등론적 교육이론에 대한 비판들을 정리하면 다음과 같다.

- 구조결정론에 빠져서 교육이 경제구조나 문화구조에 따라 일방적으로 그 성격이 결정된다고 한다. 따라서 교육행위의 설명에서 인간의 의지를 무시하고 사회조건만을 지나치게 강조한다.
- 사회구조를 단순히 이분법에 따라 설명한다. 지배자와 피지배자, 가진 자와 못 가진 자 등으로 사회 구성원을 양분하고 교육이 지배자와 가진 자에

게만 봉사하는 것으로 규정하고 있어 교육의 본질적 모습을 왜곡하거나 과
장하고 있다는 것이다.
- 학교교육의 공헌을 전혀 무시하고 있다. 학교교육이 전통사회의 구속적인
  신분세습제도를 약화시키고 업적주의적 사회이동을 가능하게 해 준 공헌
  을 전적으로 부정하고 있다.
- 갈등과 세력 경쟁을 지나치게 강조한 나머지 교육이 사회적 결속력을 높이
  고 국가 공동체 의식을 높이는 데 기여한 점을 과소평가하고 있다.
- 교육 선발의 불평등 요소를 강조함으로써 교육을 통한 능력과 재능의 선별
  을 인정하지 않으며, 사회적 상승이동에 기여한 학교교육의 공헌도 무시하
  는 경향이 있다.
- 갈등이론에서는 교육체제의 내용을 분석하지 않음으로써 교육정치학 이론
  의 출현과 필요를 느끼지 않았으며, 따라서 만족할 만한 교육변동이론이
  발전될 수 없게 하였다.

3) 기능이론과 갈등이론의 비교

지금까지 살펴본 교육현상의 기능론적 관점과 갈등론적 관점을 비교하면, 기
능주의 이론은 재능 활용의 능률과 사회적 통합을 위한 교육의 기능을 강조한
반면, 갈등이론은 기존 학교교육에 대한 비판에 주력하여 불평등의 정당화와
지배층 문화의 주입을 논박하고 있다. 두 이론을 정리하여 비교하면 〈표 5-1〉
과 같다(이종각, 2000).

결국 두 이론의 차이를 한마디로 정의하자면 '안정지향' 대 '변화지향' 혹은
'상호 의존' 대 '상호 대립'이라고 말할 수 있다. 그러나 이러한 차이에도 불구
하고 두 이론은 또한 일정한 공통성을 지니고 있다.

첫째, 기능이론과 갈등이론은 모두 학교교육을 사회구조와 지나치게 관련지
어 논하고 있다. 둘째, 두 이론은 모두 인간을 외부의 자극, 특히 사회의 요구나
필요에 따라 단순히 반응하는 수동적인 존재로 보고 있다. 셋째, 두 이론은 모

〈표 5-1〉 기능이론과 갈등이론의 비교

	기능이론	갈등이론
사회관	① 사회의 모든 요소는 안정지향적이다. ② 사회의 각 요소들은 상호 의존적이며 통합적인 기능을 한다. ③ 사회변화는 점진적이고 누적적으로 진행된다. ④ 사회체제 유지를 위해 사회 구성원들의 공동체 의식을 강조한다. ⑤ 사회의 지위배분은 개인의 성취능력에 따라 달성된다. ⑥ 사회의 가치·규범·관습 등은 구성원들의 합의에 따른 것이며, 보편적이고 객관적인 성격을 지니고 있다.	① 모든 사회는 변화지향적이다. ② 모든 사회는 불일치와 갈등이 일어나고 있다. ③ 사회변화는 급진적이고 비약적으로 진행된다. ④ 사회의 각 집단은 경쟁적이고 대립적인 관계를 지니고 있다. ⑤ 일반적으로 사회가 선호하는 가치는 지배집단과 관련을 맺고 있다. ⑥ 사회의 각 기관들은 지배집단의 이익에 봉사하고 있다. ⑦ 사회갈등의 원인은 재화와 희소성과 불평등한 분배에 기인한다.
교육관	① 학교는 사회의 안정과 질서에 기여하는 제도다. ② 학교는 사회가 요구하는 기술, 지식 등과 공동체 의식을 전수한다. ③ 학교는 사회구조적 모순을 해결하여 주며, 사회 평등화를 도모한다. ④ 교육은 독립적이며 자율적이라는 자유주의적 이데올로기에 근거하고 있다. ⑤ 학교는 개인의 재능과 노력에 따라 공정한 평가를 하며, 아울러 정당한 사회적 보상이 주어진다.	① 학교는 기존의 위계질서를 공고히 하며, 지배계급층의 이익에 종사하는 도구다. ② 학교는 기존의 질서를 재생산함으로써 사회 불평등을 영속화한다. ③ 교육이 이데올로기적 상부구조로서 경제적 토대의 대응체라는 유물론적 해석에 근거하고 있다. ④ 학교는 피지배계층에게 기존의 불평등한 위계구조에 순응하도록 강요하는 이데올로기적 기관이다. ⑤ 학교는 인간을 강요하고 억압함으로써 타율적이고 수동적인 존재로 전락시키고 있다.

두 거시적 접근을 택하여 교육이 현상유지 또는 현재의 체제유지에 얼마나 공헌하며 기능하는가를 설명하고 있다.

4) 해석학적 관점

기능주의와 갈등주의 이론은 사회체제와의 관계 속에서 학교가 어떤 역할을 수행하고 있는가를 거시적으로 분석하는 데 관심을 모았다. 그러나 1960년대 이후 체제나 구조보다는 과정과 상호작용을 보다 강조하는 미시적 접근방법이 점점 관심의 대상이 되었다. 특히 1970년대 이후 학교의 교실을 연구대상으로 삼아 연구하는 규범적 패러다임보다는 학교에서의 교사–학생 간 사회적 상호 작용론, 현상학, 민속방법론 등 사회학적 이론들이 중요시되었다. 교육과 사회의 관계를 미시적 측면에서 해석하는 해석학적 관점에서는 교사와 일상생활, 행위자 자신의 상황 등에 대한 해석에 강조점을 둔다.

Wilson은 사회학을 크게 '규범적 패러다임'과 '해석적 패러다임'으로 구분했다. 규범적 패러다임은 인간의 사회적 행위가 규칙에 따라 지배되고, 그러한 행위 패턴의 사회학적 설명이 자연과학적 모델을 통해 이루어질 수 있다고 본다. 반면 해석적 패러다임은 이런 전제들을 의심한다. 즉, 인간의 사회적 행위란 일정하게 공유된 규칙에 따라서 일관되게 이루어지는 것이 아니라 서로의 행동을 의미 있게 받아들이고 해석하면서 상호작용하는 해석적 과정이라는 것이다.

해석학적 관점에서 볼 때 세상의 실체와 그 법칙은 인식 주체, 즉 인간의 인식 밖에 객관적으로 존재하는 것이 아니라 인간이 부단히 구성하여 가는 것이다. 사회과학에서 해석학은 인간의 상호작용 속에서 이루어지는 해석과 의미 부여에 관심을 갖고, 상호작용을 하나의 해석적 과정으로 파악한다. 따라서 상호작용이 실제로 일어나고 있는 일상세계를 구체적으로 이해하기 위한 해석적 기술이 강조된다. 이러한 해석학적 패러다임은 해석하는 학자들마다 분류하는 방식이 다양한데, 일반적으로 Husserl과 Schutz가 기초를 닦은 현상학적 해석학, Mead와 Blumer로 대표되는 상징적 상호작용론, 상징적 상호작용론자와 현상학자들의 관심사로부터 도출되어 나온 민속방법론 등이 이에 해당한다.

먼저 현상학적 해석학은 Weber의 이해사회학과 Husserl의 철학방법론을 병합하여 Schutz가 체계화한 이론으로, 외부에 객관적으로 존재하는 것에 대한 과학적 실증주의적 접근이 아니라 의식의 과정, 즉 행위자들의 주관적인 상태가 어떻게 그리고 어떤 방법으로 생성되고 유지되며 또 변화되는가에 관한 것이다. 또한 교육에 대한 현상학적인 접근은 교육 참여자들, 즉 교장, 교감, 교사, 학부모들이 교육경험을 어떠한 의미로 받아들이는지에 대한 깊이 있는 이해를 제공한다.

둘째, 상징적 상호작용론은 프래그머티즘의 사상을 배경으로 한 이론이다. 상징적 상호작용론적인 관점에서 학교교육은 교사와 학생의 관계, 즉 교수-학습 과정이라는 것이 일반적으로 규정될 수 없는 성질의 것이며, 그것이 이루어지는 상황과 교사와 학생에 따라 다양한 의미로 해석될 수 있고, 다양한 관계가 끊임없이 진행되면서 형성, 발전되어 간다고 볼 수 있다. 또한 사회관계는 상호작용 관계에 있는 쌍방이나 일방이 자신의 행동에 대하여 상대방이 어떻게 대응할 것인가를 예견하고, 상호 용납할 수 있는 방법으로 상황을 정의하며, 쌍방이 수용할 수 있는 행동의 한계를 설명해 준다. 사회를 사람들 간의 상호작용 관계로 봄으로써 사회의 불변하는 구조적 측면을 중시하는 기능주의 이론과는 달리 사회의 과정적 측면을 강조한다.

마지막으로, 민속방법론은 1960년대 초 Garfinkel이 발전시킨 것으로, 우리가 일상생활에서 당면하게 되는 타인과의 관계를 규정짓는 기본원칙에 관한 연구다. 현상학과 마찬가지로 민속방법론은 '저기 어딘가'에 이미 존재하는 외재적인 실체를 부정한다. 이들에게 직접적으로 관찰 가능한 것은 하나의 공통적인 사회적 실재에 대한 감각을 만들어 내는 사람들의 노력이다.

지금까지 살펴본 상호작용론, 민속방법론, 해석학, 현상학적 관점은 거시적 관점이 소홀히 다룬 미시적이고 구체적인 사실들을 들여다봄으로써 우리가 흔히 간과할 수 있는 구체적 현실을 관심의 표면으로 끌어올린 장점을 지니고 있다. 그럼에도 해석학적 관점은 다음과 같은 한계점을 지니고 있다.

첫째, 해석학적 관점은 주관적 측면을 강조하다 보니 사회구조의 영향력을 과소평가할 우려가 있다. 둘째, 해석학적 관점에서 사용되는 개념들은 추상적이어서 그 뜻이 명확하지 않을 때가 많다. 셋째, 해석학적 관점은 주관적 측면을 강조하는 것 같으면서도 정작 인간의 무의식, 감정, 욕구, 동기, 포부 등의 심리적 측면을 과소평가한다. 넷째, 너무 사소한 일상적 현상에 초점을 맞추다 보니 사회가 당면하고 있는 중요한 문제를 간과할 우려가 있다. 다섯째, 해석학적 교육관은 교육이 어떠한 방향으로 이루어져야 한다는 것을 말하지 않을뿐더러 어떤 주장을 한다 해도 그 내용이 일관되거나 명확하지 않다. 여섯째, 교육의 미시적인 차원에 주된 관심을 두다 보니 해석학적 교육관은 사회가 교육에 미치는 영향력을 소홀히 다룬다.

4. 사회계층과 교육

어느 사회에서나 그 사회의 구성원들이 사회공간 속에서 갖게 되는 위치가 어떤 기준에 따라 하나의 서열을 이루고 있음을 볼 수 있는데, 많은 사람들이 이를 가리켜 사회계층이라고 한다. 따라서 사회의 각 계층은 어떠한 형태로든지 교육에 영향을 미칠 수밖에 없다. 사회의 각 계층은 특유의 부분문화를 가지고 있기 때문에 생활양식과 가치관이 계층에 따라 서로 다를 뿐 아니라, 자녀의 교육에 대한 생각과 그에 따른 행동도 다를 수밖에 없다. 그뿐 아니라 교육사회학자들이나 학업성취도를 연구하는 많은 교육학자들이 학교교육의 성취도와 방향에 가장 많은 영향을 미치는 요소로 사회계층을 들고 있다.

1) 사회계층의 개념

우리는 흔히 사회계층과 사회계급을 혼용하는 경우가 많은데, 사회계층과 사회계급은 뚜렷한 차이점이 있다. 첫째, 사회계층은 동일한 혹은 유사한 사회적 지위를 가진 사람들의 집단 혹은 사회지위로는 개인의 소득, 직업, 교육수준,

사회적 명망 등의 기준에 따라 결정되며, 사회에서 그 성원의 직업, 재산, 수입, 학력, 직책 등의 각종 속성에 따라서 그들을 몇 개의 범주로 구획하고 각각을 계층으로 파악하는 것이다. 요약하면, 사회계층이란 동일한 또는 비슷한 정도의 희소가치를 향유하는 사람들의 집단, 또는 그에 따라서 비슷한 사회적 평가를 받는 사람들의 범주를 가리키는 개념이다.

둘째, 사회계급은 사회계층보다는 좁은 의미로 주로 마르크스주의자들이 계층 대신 즐겨 사용하는 개념이다. 그 의미는 경제적 속성에 따른 구분이며, 단절적 의미를 갖는 집단으로 이해하는 것이며, 심리적 귀속감, 즉 의식의 수반을 필요로 한다. 즉, 사회계급이란 경제적 조건이 유사한 사람들이 비슷한 생활습관·태도·행동·가치관을 갖고 있는 경우다.

〈표 5-2〉 **계층과 계급의 비교**

계층	계급
인위적 분류	역사적 분류
연속된 전체 속의 단계적 구분	이질적·비연속적인 집합체
지표가 복수	지표가 단일(주로 경제적 측면)
기능적 개념	역사적·철학적 개념
상대적 개념	절대적 개념
다원적 구분	이원적 구분(부르주아, 프롤레타리아)

2) 사회계층에 대한 관점

사회계층을 바라보는 관점은 기능론과 갈등론으로 나누어 볼 수 있다. 전자는 어느 사회에서나 사회계층이 필연적으로 존재할 수밖에 없다고 보는 반면, 후자는 계층이 사회의 불평등 구조를 유지하기 위해 다분히 인위적으로 만들어지고 유지되는 기제라고 본다. 기능주의적 관점은 사회진화론자들의 영향을 받았으며, 적자생존의 자연적 선택원리에 입각하여 사회의 불평등은 생물학적인 진화과정의 결과로 불가피하다고 보고 있다. 또한 어떤 사회도 평가와 보수에서의 제도화된 불평등 없이는 존속할 수 없다는 점을 주요 논리로 제시한다. 즉, 사회계층이란 구성원의 합의에 따라 형성된 것으로, 아주 자연스럽고 조화로운 기능의 분화라는 것이다. 그래서 계층구조하에서의 차별적인 분화체계는 사람들로 하여금 보다 나은 위치로 올라가기 위해 노력케 함으로써 개인의 발전은 물론 사회의 진보와 발전을 가져온다고 할 수 있다.

　이와는 달리 갈등론자들은 사회가 모두 갈등하는 개인과 집단들로 구성되어 있다고 보기 때문에 불평등을 보는 시각이나 그에 접근하는 방식에도 역시 같은 이론적 입장을 취한다. 그들은 인간사회에서는 희소가치를 지닌 대상을 먼저 획득하고 소유하려고 하기 때문에 대립, 갈등, 분열, 투쟁 등이 일어난다고 본다. 이때 인간의 기본적인 소유욕 때문에 유리한 위치에 있는 사람과 불리한 위치에 있는 사람 간에 차이가 생기며, 그러한 차이는 생득적인 것일 수도 있고 후천적·환경적인 것일 수도 있으며 제도적인 모순이나 구조적인 불합리에서 일어날 수도 있다. 즉, 계층이 발생함으로써 사회는 역기능적으로 작용하게 되

〈표 5-3〉 사회계층을 바라보는 두 가지 시각

기능이론적 시각	갈등이론적 시각
① 사회계층은 보편적이며, 필요하고 또 필연적이다.	① 계층은 보편적일지는 모르지만, 필요하거나 필연적인 것은 아니다.
② 사회조직이 계층체계를 만든다.	② 계층체계가 사회조직을 만든다.
③ 계층은 통합·조정·응집을 위한 사회적 욕구에서 생긴다.	③ 계층은 집단정복, 경쟁, 갈등에서 생긴다.
④ 계층은 사회와 개인이 적절한 기능을 하도록 촉진한다.	④ 계층은 사회와 개인이 적절한 기능을 못하도록 방해한다.
⑤ 계층은 사회적 공동가치의 표현이다.	⑤ 계층은 권력집단들의 가치의 표현이다.
⑥ 권력은 늘 정당하게 배분된다.	⑥ 권력은 늘 부당하게 배분된다.
⑦ 일자리와 보상은 평등하게 배분된다.	⑦ 일자리와 보상은 불평등하게 배분된다.
⑧ 경제적인 부문을 타 부문의 밑에 둔다.	⑧ 경제적인 부문을 사회의 맨 위에 둔다.
⑨ 계층체계는 항상 진보적 과정을 통하여 변화된다.	⑨ 계층체계는 항상 혁명적 과정을 통하여 변화된다.

고 가진 자와 못 가진 자에 대한 억압과 지배 그리고 착취가 일어나서 사회는 모순적인 사회가 되고 만다는 것이다. 따라서 갈등론적 관점에서의 사회계층은 구성원의 합의에 따른 것이 아니라 강자의 약자에 대한 강압적 지배에 따른 것이다.

이와 같이 두 이론은 서로 다른 관점에서 사회계층을 조명하고 있다. 기능론적 관점은 사회계층화 현상이 존재한다고 보는 반면, 갈등론적 관점은 소수인의 특권과 권력 때문에 사회계층화 현상이 인위적으로 만들어진다고 본다. 그러나 기능이론이든 갈등이론이든 그 어느 하나만을 가지고 복합적 현상인 사회불평등, 즉 계층체계를 보기에는 현실적으로 설명력이 떨어질 수밖에 없기 때문에 절충론을 전개하기도 한다. 절충론자들은 사회계층의 현상이 잉여자본의 분배가 권력을 가지느냐 못 가지느냐에 따라 결정된다는 갈등이론의 입장을 취하지만, 그 갈등은 대립과 반목의 계급투쟁에서 나오는 것이 아니라 합법적인 절차에서 온다는 기능주의적 입장을 취한다.

3) 사회계층의 결정요인

사회계층이란 사회적 희소가치의 불평등한 분배로 서열화되어 위계가 유사한 집단이라고 앞에서 정의하였다. 따라서 동일 계층에 속한 사람들은 지식, 언어습관, 권력, 재산 등 다양한 요인에서 비슷한 생활방식과 수준을 나타낸다고 볼 수 있다. 이러한 사회계층의 발생과정에 대한 이론을 살펴보면 다음과 같다 (최정웅, 1993).

첫째, 인간사회는 불평등하다고 보는 자연주의 이론이다. 자연주의 이론에 따르면, 계층현상은 자연의 법칙이요 순리다. 사회가 있는 곳이면 어디든지 계층이 나타나며 인간사회의 불평등은 어떤 초자연적인 힘에 따라서 이루어지는 것이다. 이 이론은 가장 고전적인 이론으로서 플라톤, 아리스토텔레스 등이 주장하였다.

둘째, 선함과 평등을 추구하는 인간의 의지와는 달리 계층이 생긴 것은 사회제도의 모순 때문이라고 보는 사회주의 이론이다. 사회주의 이론에 따르면, 사회제도의 모순이 인간을 불평등하게 만들고 있으며, 이것은 죄악이므로 인정할 수가 없다. 대표적인 학자는 Rousseau다.

셋째, 인간사회의 불평등을 긍정적으로 수용하고 있는 기능주의 이론이다. 기능주의 이론에 따르면, 사회계층은 사회가 진보하고 발전해 나가는 과정에서 생성된 것이고, 사회 불평등 현상은 긍정적으로 수용하며 없앨 수 없다. 낮은 계층에 있는 사람이 보다 높은 계층으로 이동하기 위한 노력에서 사회가 발전해 나가므로 사회계층을 없앨 수도 없고 또 없앨 필요도 없다고 보는 입장이다. Parsons 등이 대표적인 학자다.

넷째, 우리 사회가 존재하는 자원은 항상 희소하기 때문에 그 희소 자원을 보다 많이 가지기 위해 대립하고 투쟁한다고 보는 갈등이론이다. 갈등이론에 따르면, 희소 자원을 분배하는 데 유리한 입장에 있는 사람과 불리한 입장에 있는 사람이 이미 구분되어 있다. 즉, 가정배경이나 권력에서 기득권을 점유하고 있는 사람은 더 많은 자원을 분배받는다는 것이다. 따라서 사회계층이 자원의 분배에서 역기능을 하므로 사회계층을 당연히 없애야 한다고 보는 입장이다. Marx가 대표적인 학자다.

다섯째, 기능주의 이론과 갈등주의 이론을 상호 보완한 절충주의 이론이다. 절충주의 이론은 사회적 자원의 분배는 기득권이 결정한다는 갈등이론의 입장을 취하고 있지만, 이 기득권은 대립이나 반목, 독점에서 나오는 것이 아니라 합법적인 절차에서 나온다는 기능론적 입장을 취한다. 즉, 계층의 생성 과정은 권력에 기인하지만 사회의 발전과 존속을 위해서는 계층이 필요하다고 보는 입장이다. 대표적인 학자는 Lenski다.

다음으로 사회계층이나 사회계급을 결정해 주는 요인에 대해서 알아보면 학자에 따라 다소 차이가 있으며 사회에 따라 달라질 수 있다. Marx는 생산수단을 소유하고 있는가의 여부, 즉 생산의 사회적 관계에서의 위치에 따라 계급이 결정된다고 설명하였고, Weber는 3P, 즉 재산, 권력, 권위에 따라 계급이 결정된다고 설명하였다. Warner는 사회계층의 분류기준을 직업, 거주가옥 형태, 거주지역, 수입, 수입원, 교육수준 등으로 삼았으며, Havighurst도 직업, 가옥형태, 거주지역, 수입, 수입원, 교육수준 등을 사회적 지위를 결정하는 지표로 보았다. 종합하면, 부와 수입, 교육, 직업 등이 사회계층을 결정하는 요인이라 볼 수 있다. 좀 더 구체적으로 살펴보면 다음과 같다.

- 부와 수입: 부와 수입의 원천이 떳떳하고, 수입이 안정적일수록 높은 사회계층의 지위를 차지할 수 있다. 예를 들어, 술집 주인은 돈을 많이 벌지만 그 사회적 지위는 대학교수보다 낮으며, 교회의 목사는 수입은 적지만 그의 수입의 수십 배가 넘는 야구선수보다 사회적 존경을 더 받을 수 있다.

- 직업: 우리는 그 사람의 직업을 알면 그 사람의 교육 정도, 생활수준, 그의 친구들을 대강 짐작할 수 있다. 직업은 그 사람의 생활과 양식을 알기에 가장 좋은 요인이 된다. 직업을 평가하기 위해서는 직업에 따른 수입의 정도, 그 직업을 갖기 위해 필수적인 훈련이나 교육 정도, 직업의 사회적 중요도, 권위의 정도, 작업상의 조건 등이 관련되어 있다.

- 교육: 오늘날 직업구조는 대개 초등학교 졸업생들에게는 육체노동의 사회적 지위를, 중등학교 졸업생들에게는 하급관리층의 사회적 지위를, 대학 졸업생들에게는 전문직의 기회를 주고 있다. 이는 개인이 얼마나 학교교육을 많이 받았느냐 하는 것이 그 사람의 일생 동안의 사회적 지위와 직접적으로 관련된다는 것을 말해 주고 있다. 요즘 같은 전문화 사회에서는 지식과 기술이 사회적으로 요청되고 그러한 지식이나 기술이 오랫동안 학교교육에서 습득되는 경우는 학교교육의 중요성이 더해진다. 하지만 학교교육을 받기 위해서는 돈이 많이 들고 또 중류사회의 부모들이 하는 것과 같은 격려가 있어야 하기 때문에 학교교육은 사회계층과 밀접한 관계를 갖는다. 교육의 질을 평가하는 요인으로는 학교에 다닌 횟수와 함께 학위의 종류, 전공분야, 학교의 종류와 명성, 학업성적 등을 들 수 있다. 일류학교의 졸업생은 나머지 학교의 졸업생보다도 상류사회에 올라가기에 더 용이한 위치

에 있어 왔다.

4) 계층의 특성

Centers는 수입, 교육, 직업과 같은 객관적인 지표만으로는 사회계층을 효과적으로 분류하지 못하기 때문에 개인이 갖고 있는 계층 귀속감, 계층 일체감을 살펴보아야 한다고 하였다. 즉, 자신이 어떤 계층에 속한다고 확인하거나 또는 개인이 갖고 있는 심리적 계층의식과 같은 주관적인 것도 고려하여야 한다고 주장하였다. 그러나 실제로 한 사람의 사회계층은 어느 하나의 지표로 결정되는 것이 아니라 여러 지표가 복합적으로 영향을 미치는 것이다. 사회계층에 따른 생활양식과 행동특성은 다음과 같이 구분할 수 있다.

① 상류층

우리나라의 상류층은 아직 학문적으로 논의되지 않았지만 미국의 경우는 직종별로 박물관 이사, 심포니 오케스트라 관계자, 상공회의소 의원, 종교적으로 영국의 성공회 및 장로교 목사가 많다. 이들은 이미 사회적으로 지위가 확립되어 있기 때문에 굳이 자기의 위치를 높이기 위하여 전시효과로 큰 자동차나 큰 저택을 갖는 경우가 다른 계급에 비해 흔하지 않다. 반면 자기네들끼리의 배타적인 클럽을 갖는 경우가 많다. 그들은 학벌에 관계없이 상류층 지위를 가질 수 있다고 생각하기 때문에 중류층 사람들보다 학벌을 덜 중요하게 생각한다(상층문화에 따라 행동하지 않으면 가족적인 압력이 가해진다).

② 중상층

주로 전문직 종사자, 변호사, 의사, 저명한 목사, 교수, 회사 사장, 상공회의소 의원으로서 사회적으로 저명한 가족 전통은 없으며, 자신의 노력으로 오늘의 위치에 오른 경우가 많다. 상당수의 사람들이 상류층으로 이동한다. 여자는 직장을 나가기보다는 대개 집안에서 살림을 한다. 이들의 행동특성은 사교적이며 시간관념이 미래지향적이고 독립심이 강하고 경쟁적인 사회생활에 강하다. 이들의 오늘의 위치는 돈과 학벌에 의존하기 때문에 특히 대학교육을 중요시한다. 학교교육을 높게 평가하기 때문에 학교에 대한 열성이 대단하다. 다른 사람으로부터 인정을 받으려고 애쓰기 때문에 사교적 모임, 학교 사친회, 지역사회 모임 등에서 가장 활동적이다. 이들은 "우리는 우리의 조상이 누구인가를 따지지 않는다. 내가 어디 출신인가보다 현재의 내가 누구인가가 더 중요하다."라고 말한다. 남과 조화적이고 관용을 베풀며 독단적이지 않고 융통성이 있다. 성공은 노력의 결과라고 생각하고 열심히 일하고자 하는 태도를 가지고 있다.

③ 중하층

사회의 하부 관리인, 판매원, 공장 노동자, 감독, 숙련기술자, 철도 기술자 등 하층의 관리직과 기술자들이다. 이들의 수입은 국가적으로 보면 중간에 속할 것이다. 검소하고 특히 경제적인 독립을 중요하게 여기며, 남에게 신세지지 않고 살아가는 것을 큰 자랑으로 생각한다. 학교와 교회를 존중하고 안정적인 생활을 하는 모범적인 소시민이다. 행동특성은 중상층과 마찬가지로 학벌을 매우 중요시하며 학교에 대해서 열성이 있다. 따라서 중상층과 함께 가장 이상적인 교육환경을 이룬다고 볼 수 있다.

④ 하상층

노동자 계층으로서 숙련 또는 미숙련의 노동자들이 대부분 여기에 속한다. 미국에서는 이민 온 사람들의 대부분이 여기에 속한다고 보고 있으며, 종교적으로는 가톨릭 교인, 여호와의 증인, 유대인들이 이 계층에 속한다. 우리나라에서는 노동자 외에 영세상인, 자급자족을 겨우 하는 영세농가들의 부인들도 대개 일을 하고 집에 머물러서 TV를 보는 것 이외에 특별한 취미가 없다. 중등교육을 마치는 사람이 많지 않으며 대학에 자녀를 보내는 사람이 많지 않다.

⑤ 하하층

노동자 계층으로서 사회의 최하층에서 몇 세대를 살아오는 사람들, 막일로 생계를 유지하는 사람들이다. 우리나라에서는 생활이 매우 어렵고 일정한 주거와 직업이 없이 방황하는 사람들이 여기에 속할 것으로 생각할 수 있다. 사회적으로 존경받지 못하고, 통계적으로 보아 성적 탈선, 범죄, 빈민굴 등과 관련된 사람들이 많다. 초등학교를 마치기 힘든 사람들도 상당수 있다. 애써 취직했다 해도 입에 풀칠하기 어렵고 한평생을 계속 빚 속에 살기 때문에 인생의 성공은 근면이나 절약의 결과로 믿지 않고 오히려 행운이나 가족적 배경 때문이라고 생각한다. 이들의 인간관계는 친척 및 가까운 동료들과의 비공식적인 관계에 그치고 사회적으로 남 앞에 나서서 활동하기를 꺼린다. 이러한 환경이 이 계층에 속한 자녀들을 지진아, 공격적인 문제아, 게으름뱅이, 도움이 필요한 특수아동이 되게 하는 원인이 된다.

5) 교육에 대한 사회계층의 영향

- 교육에 대한 열의와 기재에 대한 계층차가 심하다. 상층은 대학을 교양교육으로서 당연한 것으로 여기고, 중층은 대학교육을 사회적 상승수단으로서 필수 불가결한 것으로 인정하고, 하층은 대학교육이란 인생에서 불필요한 것이라고 본다.
- 교육기회에 대한 계층 차가 심하다. 일반적으로 상층일수록 교육기회가 많다.
- 학교 선택과 교육과정에 대한 계층적 영향이 크다. 상층은 인문계 고등학교, 대학의 의학부 계통으로 진학하며, 하층은 실업계 고등학교와 실리적인 학과목을 위주로 한다.
- 아동양육에서도 계층 차가 심하다. 하층일수록 아동양육법에서 제약이나 절제 없이 아동의 욕구나 요구를 그대로 충족해 주지만, 중층일수록 제약이 심하다.

5. 인간과 사회 그리고 문화

1) 인간의 사회성

인간은 생물학적 유기체인 동시에 사회적 소산이다. 인간이 하나의 인간이기 위해서는 생물학적으로 성장, 발달해야 하며 동시에 사회적으로 성숙해야 한다. 이러한 점에서 Havighurst와 Neugarten은 인간발달에는 서로 다른 두 면이 있는데, 그것은 생물학적인 면과 사회적인 면이라고 하였다. 그러므로 아동이 성인이 되는 데 필요한 것으로는 적당한 영양, 적절한 주택, 질병으로부터의 해방과 같은 생물학적인 요소뿐만 아니라 사회적인 요소도 그에 못지않게 중요한 요인이 되고 있다.

인간성은 문화와 역사적 전통을 가진 사회 안에서 그 사회의 영향에 의해서 이룩된다. 그러므로 인간에게는 사회성이 바로 본성이다. 인간의 본성은 나면서부터 개인에게 주어지는 것이 아니고 사회적인 삶을 통해서 이루어진다. 따라서 인간은 사회를 떠나서는 존재할 수 없다. 인간의 본성은 자연적인 상태에서는 다른 동물에 비해서 비전문적이고 약하며 미완성의 성격을 가졌는데, 사회적인 공동생활을 통해서 완성되어 간다. 육체적인 기능들뿐만 아니라 지성과 양심 등이 문화적인 전통의 모체(母體)로서의 사회 안에서 사회를 통해서 자라나고 이루어진다. 인간은 자연으로부터 출생한 상태에서는 불완전한 저급한 동물에 지나지 않으나, 사회적인 접촉을 통해서 받는 사회적인 영향에 의해서 비로소 인간으로 성장한다. 그러므로 인간은 사회적 존재이며, 인간의 본성은 사회성이라고 하겠다.

인간의 모든 경험과 행동은 사회화의 과정을 통해서 사회적인 환경으로 말미암아 결정되고, 인간의 사유와 가치판단과 행동은 그의 사회화 과정에서 이룩된 사회성을 통해서 비로소 인간이 되는 것이다.

이규호(1974)는 인간의 사회성을 다음과 같은 세 가지 측면에서 고찰하고 있다.

- 인간은 언제나 일정한 사회적 집단의 구성원이다.
- 인간은 여러 집단들의 구성원일 뿐만 아니라 동시에 여러 가지 역할들의 담당자다.
- 인간의 사회성의 다른 한 측면은 다른 인간들과의 상호 행동을 통해서 결정된다.

집단 구성원으로서의 사회적인 자아, 일정한 역할의 담당자로서의 자아, 그리고 상호 행동을 통해서 드러나는 사회적인 자아는 인간의 사회성의 세 가지 측면들이다. 집단의 구성원으로서 사회적인 자아는 문화적인 환경에 의해서 이루어진 사회성의 측면이고, 역할의 담당자로서의 사회적인 자아는 사회적 구조에 의해서 만들어진 사회성의 측면이고, 상호 행동을 통해서 드러나는 사회적인 자아는 대인적 영역에서 다른 인간들과의 관계를 통해서 이룩된 사회성의 측면이다. 이와 같이 인간의 사회성은 사회적 환경과 사회적 구조와 대인관계를 통해서 결정되는 것이다.

인간의 정신이나 인성은 신체의 발달과 같이 기원적 세포에서 이미 나타나는 것이 아니고, 개체가 자라면서 얻는 그의 사회적 경험에 따른 것이다. 이러한 면에서 인간의 본질(human nature)은 사회적으로 획득된 것이다. 사람이 어떠한 개인으로, 어떠한 사회적 특성으로 발달되어 가느냐는 그가 사회 속에서 다른 사람들과 어떤 교섭을 가지며, 무엇을 배웠고, 사회적 교섭에서 무엇을 경험했느냐에 달려 있다. 따라서 개체는 사회적 상호작용을 통해서만 하나의 개인(person)이 된다.

Brookover에 의하면, 인간의 성장을 가능케 하는 요소에는 생리적 유기체, 자연적 환경, 사회·문화적 환경의 세 가지가 있는데, 이 중에서도 인간을 인간의 모습으로 만드는 데 있어서 가장 중요한 것은 어디까지나 사회·문화적 환경의 힘이다. 인간성은 생리학적 유전과 사회·문화적 환경의 종합 및 상호작용 과정을 통해서만 이루어진다. 결국 사회 · 문화적인 힘에 의해서 유기체로서의 개체적 인간이 비로소 하나의 사회인이 되는 것이다. 개인의 인간성은 사회 · 문화적 환경 속에서 이루어진다. 즉, 개인은 그의 사회 · 문화적 환경에 적응해 가면서 그 안에서 인정받는 유능한 성원이 되어 가는 것이다. 그러므로 인간성은 어디까지나 사회화 과정을 통해서 가능하다. 사회화 과정을 통하여 동물적인 인간의 본능이 길들여지고 변화되어 사회적 인간으로 변화, 발전되는 것이다.

2) 사회적 동물로서의 인간

아리스토텔레스는 인간을 사회적인 존재라고 말하였다. 그가 말하는 사회적인 존재라는 것은 인간이란 본질적으로 다른 사람들과 공동체를 이룩하면서 살게 되어 있다는 것이다. 인간은 본래 가정, 이웃, 국가라는 일정한 사회 속에 태어나며, 그 속에서 여러 형태의 사회화 과정을 통하여 각 사람의 개성이 형성되며, 여러 가지 생활양식을 습득하게 되는 것이다. 그러므로 어떤 인간이건 특정한 사회나 문화의 테두리를 벗어나 고립된 개인으로서는 살아가기가 어렵다. 만일 인간이 나면서부터 인간적 환경에서 떠나 다른 동물이나 자연환경 속에서만 자라나게 된다면, 그 인간의 성장은 결코 인간으로서의 성장이 아니라는 것을 많은 학자들이 증명하고 있다. 말하자면 인간이 간직하고 있는 인간적 유전요소는 반드시 인간적 환경 속에서 비로소 발달할 수 있다는 것이다. 다시 말하면, 인간으로서의 사고, 감정, 언어 및 행동 등은 일정한 사회 · 문화적 여건 속에서만 성장, 발달되는 것이다. 사람은 부모와 가족의 사회적 접촉이 이루어지고 있는 가정이라는 사회 집단 속에 태어난다. 그리고 가정과 이웃이라는 사회적 테두리 속에서 여러 사람들과의 접촉을 통하여 성장해 간다. 아울러 그가 태어나고 자라는 가정이나 사회 안에서 그곳에 마련되어 있는 공동 생활양식으로서의 문화, 즉 그 집단이나 사회의 전통과 가치, 그리고 그 밖에 언어를 포함하는 여러 가지 행동양식을 습득해야만 한다. 왜냐하면 개인이 그 사회의 성원으로서 그 사회의 여러 가지 생활에 순응하기 위하여서는 이것이 부득이한 일이기 때문이다.

사회적 동물로서의 인간은 나면서부터 자기가 태어난 사회적 테두리 안에서 여러 형태의 사회적 접촉을 하면서 생활에 필요한 여러 가지의 방편과 생활양식을 배우게 된다. 아동은 아동으로서 이를 배워야 하며, 어른은 어른으로서 이를 가르쳐 주려고 노력한다. 이 같은 의식적·무의식적 노력과 과정을 우리는 교육이라고 칭한다.

인간의 삶과 그의 모든 경험은 언제나 사회 집단 안에서 이루어진다. 인간은 본질적으로 처음부터 다른 사람들과의 공동체와 더불어 그 존재가 가능하다. 인간은 사회 속에 태어나서 사회 속에서 삶을 영위하다가 사회 속에서 생(生)을 마친다. 사회를 떠난 인간은 하나의 동물은 될지언정 인간은 못되며, 따라서 개체인 인간이 하나의 인간다운 인간이 되기 위해서는 반드시 사회·문화적인 영향을 받아야 한다. 그러므로 인간은 어쩔 수 없이 사회적 동물이요 사회적 존재가 될 수밖에 없다.

미완성의 극히 나약한 존재로 태어나는 인간은 출생한 시점을 기준으로 보면 타 동물에 비해서 지극히 불완전한 상태에 있으나, 가정을 기점으로 한 사회에 의존해서 만물의 영장으로 변해 간다. 그러므로 인간은 철두철미하게 사회의 소산이요 사회적 존재다.

인간이 사회적인 존재라는 것은 인간이 다른 사람들과의 공존관계에 의존하는 존재라는 것을 의미한다. 인간은 누구도 혼자서 고립해서는 생존할 수가 없다. 인간은 다른 사람들과의 공존에 의해서만 그 생존이 가능하다. 이것은 비단 의식주 등 외적인 면에서뿐만 아니라 정신적 내지 정서적 면에서도 그 접촉과 이를 통한 정신적인 안정감이 필요하다. 인간은 언제나 다른 사람과의 정서적·정신적 유대가 필요한 존재다. 이것은 인간이 근본적으로 사회적인 존재라는 것을 증명하는 것이기도 하다.

인간은 원래 본질적으로 사회적인 존재다. 인간 존재는 사회 안에서만 혹은 적어도 사회와 더불어서만 생각될 수 있다. 사회를 떠난 인간 존재는 생각할 수도 없다. "사회를 떠난 존재는 동물이 아니면 천사일는지는 몰라도 인간은 아니다. 인간은 인간들과 더불어 사는 사회에서만 인간인 것이다."

　사회적 존재로서의 인간의 모습을 결론적으로 요약하면 다음과 같다.

- 인간은 단독으로는 생존할 수 없고 따라서 다른 인간들과의 공동생활에 의존하는 존재이기 때문에 사회적인 존재다. 인간은 본질적으로 다른 인간들과 더불어 공존하는 존재다.
- 인간은 또한 그의 경험과 행동에 있어서 언제나 초개인적인 질서들과 공동생활의 규범들을 통해서 제약되고 결정된다. 이러한 질서들과 규범들을 포괄해서 문화라고 할 수 있다. 그리고 이런 의미에서 인간은 문화적인 존재라고도 한다.
- 인간은 또한 그의 경험과 행동에 있어서 그가 속하는 사회구조 안에서의 그의 위치와 역할을 통해서 결정된다. 모든 위치와 역할은 언제나 그 인간에게 특수한 태도와 성품과 행동을 요구한다. 따라서 인간은 사회적인 존재다.

3) 교육과 문화의 관계

　문화가 인간과 더불어 출발하여 인간생활을 지배했듯이 교육도 인간과 더불어 출발하여 인간생활을 지배하고 있다.

　문화의 형성은 자연적이며 복합적인 오랜 인간생활의 과정을 통해 마련된 것으로 이러한 문화의 가치, 신념 및 규범은 인간생활에 지대한 영향을 미치고 있다. 교육에 있어서도 의도적으로 행해지건 무의도적으로 행해지건 인간생활에 미치는 영향은 지대하다. 그런 점에서 문화와 교육의 관계에 대한 논의는 있음 직한 일이다.

　문화는 후천적 · 역사적으로 형성된 외면적이고 내면적인 생활양식의 체계로서 인류의 역사와 더불어 넓고 깊은 인간 문화를 형성, 축적하고 있는 것이다. 그런데 사회 안에 형성된 문화는 사회 안에서 성장하며 생활하는 인간에게 지

대한 작용을 한다. 한국 사회에서 태어난 사람이 한국말을 익혀 쓰며 한국사람
다운 생활양식을 가지며 심지어 한국적인 인성을 지니게 되는 데 비하여 미국
사회에서 태어난 사람이 미국말을 익혀 쓰며 미국사람다운 생활양식을 가지며
미국적인 인성을 지니게 되는 것이 바로 그 사회의 문화가 그 사회의 인간에게
지대한 작용을 하고 있음을 입증하는 것이 된다.

미개사회에서 형성된 문화는 보잘것없을 정도로 아이가 성인과 더불어 생활
하는 가운데 습득되지만 지금과 같이 고도로 발달된 문화는 의도적인 교육을
통해서만 부분적이나마 문화생활에 적응할 수 있다. 다시 말하면, 오늘날 고도
의 문화는 체계적이고 의도적이며 선택적인 교육의 필요를 제시했으며, 그러한
내용의 교육을 통해서만 문화화된 개인으로서 행복하게 살 수 있으며 사회화된
개인으로서 사회에 유용한 생활을 전개할 수 있다.

이와 같이 문화의 발달은 교육의 필요를 초래했고, 문화의 내용이 교육의 내
용으로 작용했음을 고려할 때 문화와 교육의 관계는 문화가 독립변인이며 교육
이 종속변인인 관계를 나타낸다고 할 수 있다.

높은 정도의 문화는 교육적 작용을 절실히 요청하게 되었고 문화내용이 곧
교육내용으로 작용되었다는 관점에서 문화가 독립변인이요 교육이 종속변인
인 듯 싶으나, 교육은 문화보존이란 기능과 문화발전이란 창의적 기능을 지니
고 있어 교육 없이는 문화소멸을 초래하고 교육 없이는 문화발전을 기대할 수
없다는 관점에서 교육이 독립변인이요 문화가 종속변인인 듯 생각할 수도 있다
는 바는 전술하였다.

이와 같은 문화와 교육의 관계는 상호관계를 지닌 상관성으로 결론짓는 것이
타당할 것이다. 다시 말하면, 새로운 문화의 형성은 교육에 반영되어야 할 것이며
알찬 교육작용은 새로운 문화발전에 기여하는 기능을 수행하므로, 결국 문화는
교육에 영향을 주고 교육은 문화에 영향을 주면서 상호 관련 속에 인류의 역사와
더불어 상호 발전을 하고 있는 것이다. 즉, 문화는 교육에 대하여 독립변인이며
종속변인이고 교육은 문화에 대하여 또한 독립변인이며 종속변인인 것이다.

참고문헌

강희돈(1990). 한국사회에서 사회이동과 학교교육 역할탐색을 위한 변인 추출. 교육사회 학연구, 1(1), 115-124.

고벽진, 이인학, 이미연, 이경혜, 이춘옥(2006). 신 교육사회학. 파주: 교육과학사.

권건일, 송경애(2007). 교육학개론. 파주: 양서원.

김경식, 안상헌, 윤주국, 이병환, 장흥재 역(2007). 교육사회학. 파주: 교육과학사.

김구호, 김영우, 문현상(2008). 최신 교육사회. 서울: 동문사.

김두정(2002). 한국학교교육과정의 탐구. 서울: 학지사.

김범준, 구병두(2007). 교육학 개론. 고양: 공동체.

김병무(2001). 현대 사회학의 이해. 서울: 청목출판사.

김병성(2004). 교육과 사회. 서울: 학지사.

김병욱(2007). 교육사회학. 서울: 학지사.

김신일, 박부권(2005). 학습사회의 교육학. 서울: 학지사.

김영화(2000). 한국의 교육과 사회. 파주: 교육과학사.

김준건 외(2011). 교육학개론. 파주: 양서원.

김호권 외(2002). 학교가 무너지면 미래는 없다. 파주: 교육과학사.

성태제, 강이철, 곽덕주, 김계현, 김천기, 김혜숙, 봉미미, 유재봉, 이윤미, 이윤식, 임웅, 한숭희, 홍후조(2007). 최신 교육학개론. 서울: 학지사.

안우환(2000). 학생의 사회계층에 따른 교사 효율성 지각과 학업성취와의 관계. 경북대 학교 대학원 석사학위논문.

안우환(2004). 가족내 사회적 자본과 학업성취와의 관계. 경북대학교 대학원 박사학위논 문.

오욱환(2001). 한국 사회학의 토대 강화를 위한 이론과 주제의 확대. 교육사회학연구, 11(3), 79-103.

오욱환(2003). 교육사회학의 이해와 탐구. 파주: 교육과학사.

이규민(1992). 학력주의 사회의 형성 조건에 관한 연구. 연세대학교 대학원 석사학위 논문.

이규호(1974). 교육과 사상. 서울: 배영사.

이규호(1975). 사회화와 주체성. 서울: 익문사.

이상노, 이윤수 공역(1972). 교육사회학(Havighurst & Neugarten 공저). 파주: 교육
　　과학사.

이종각(2000). 교육사회신강. 서울: 동문사.

조돈문(2005). 한국사회의 계급과 문화. 교육사회연구, 39(2), 1-33.

최정웅(1993). 교육의 사회학적 이해. 파주: 교육과학사.

최홍기 역(1967). 사회학(A. Inkeles 저). 서울: 법문사.

황종건(1961). 교육사회학. 서울: 재동문화사.

Bellan, J. M., & Scheuman, G. (1998). Actual and virtual reality. *Social Education, 62*(1),
　　35-40.

Boyd, N. M., & Kyle, K. (2004). Expanding the view of performance appraisal by intro-
　　ducing social justice concerns. *Administrative Theory & Praxis, 26*(3), 249-278.

Dumais, S. A. (2002). Cultural capital, gender, and school success: The role of habitus.
　　Sociology of Education, 75(1), 44-68.

Gergen, K. J. (1999). *An invitation to social construction.* London: Sage.

Goodson, I., & Sikes, P. (2001). *Life history research in educational settings: Learning
　　from lives.* NY: McGraw-Hill.

Lash, S. (1990). *Sociology of postmodernism.* London: Routledge.

제 6 장

교육과정

1. 교육과정의 개념

우리가 학교생활을 하면서 가장 많이 듣는 이야기 중의 하나는 교육과정이라는 용어일 것이다. 많은 사람들이 교육과정이라는 용어를 자연스럽게 사용하며 대화하는 것을 자주 듣게 된다. 이는 교육과정(敎育課呈)이란 용어가 이제는 단순히 교육학자들만의 전문용어가 아니라 많은 사람들이 친숙하게 사용하는 보편적 용어가 되었음을 나타내 주는 것이다(이성호, 2004a).

그렇다면 과연 교육과정이란 무엇인가? 교육과정이라는 용어는 우리에게 친숙하지만 그 정확한 의미를 파악하는 데에는 많은 노력이 필요하다. 왜냐하면 교육과정이라는 용어는 여러 가지 의미를 지니고 있고 사용하는 사람에 따라 그 의미가 상이하기 때문이다. 그런데 교육과정의 개념이 중요한 이유는 어떠한 의미로 교육과정을 사용하고 이해하느냐에 따라 자신의 교실수업에 대한 생각이나 학교생활의 의미가 달라지기 때문이다(강현석, 주동범, 2004).

따라서 교육과정을 한마디로 정의 내리는 것은 쉬운 일이 아니다. 이 절에서는 우선 교육과정이라는 용어의 어의적 의미부터 살펴보고, 그동안 내려진 교육과정에 대한 다양한 정의를 살펴봄으로써 교육과정이란 무엇인가에 대한 대략적 이해를 시도하고자 한다.

1) 교육과정의 어원적 의미

교육과정은 영어로 'curriculum'이라고 하는데, 이 단어는 라틴어 'currere(달리다)'와 'culum(cule, 과정)'의 합성어다. 이러한 어원에 비추어 보면, 'curriculum'이라는 단어는 말이나 사람이 달려야 하는 과정이나 코스로 'a race course'를 뜻한다. 즉, 말이 달리며 경주하던 정해진 코스가 커리큘럼이다. 그러고 보면 학교에서의 교육과정의 의미를 쉽게 짐작할 수 있다. 1학년에 입학해서는 이러한 정해진 교과목들을 배우고, 또 2학년에 가서는 이러이러한 정해진 교과목들을 배우고, 또 언제는 이런 시험을 보아야만 하고, 그래서 나중엔 졸업, 즉 목표지점에 이르게 되는 일련의 정해진 코스가 교육과정이 되는 것이다. 이러한 의미를 학교에 적용한다면 'a course of study'라고 할 수 있을 것이다. 따라서 학교에서의 교육과정은 학생이 입학해서 졸업할 때까지 쭉 달려가는 정해진 코스, 곧 커리큘럼인 것이다.

커리큘럼이란 용어가 어원적으로 지니고 있는 이러한 외연적 의미에 덧붙여, 그것이 내포하고 있는 함축적 의미를 살펴보면 세 가지 정도로 나누어 볼 수 있다(이성호, 2004a; 김대현, 2012).

첫째는 응집이다. 즉, 교육과정은 여러 가지 내용을 응집시켜 놓은 것이다. 교육과정은 많은 것들을 줄여서 간결하게 만들어 집약시켜 놓은 것이라는 점이다. 둘째는 순차의 의미를 내포하고 있다. 이는 교육과정에는 그 내용들이 어떤 체계적 순서에 따라 기술되어 있다는 것이다. 그냥 아무렇게나 뒤죽박죽으로 무엇인가를 담아 놓은 것이 아니다. 셋째는 연계라는 의미가 커리큘럼이란 용어에 내포되어 있다. 이는 교육과정에서는 그 내용들의 앞뒤가 서로 논리적으로 이어져 있다는 것이다. 즉, 건너뛰는 일이 없이 수직적, 수평적 관계가 분명하게 이어져 나타나고 있다는 것이다.

2) 교육과정의 정의

교육과정은 한마디로 정의 내리기 어렵다. 누군가가 우리에게 이런 질문을 한다고 해 보자. "당신이 다니고 있는 학교 또는 학과의 교육과정은 무엇입니까?" 이에 대해 우리는 어떤 대답을 할 수 있는가? 교육과정을 처음 접하는 학생들이 이런 질문을 받게 되면 대개는 그저 머뭇거리거나 아주 일부의 학생들은 자신들이 배우는 교과목을 열거하기도 한다. 교육과정 분야의 문헌을 살펴봐도 교육과정이 무엇인가 하는 정의는 그 문헌의 수만큼 다양하고 많아서, 교육과정 분야를 처음 공부하는 사람들은 그 실체를 파악하지 못하여 혼란을 겪을 수 있다.

위의 질문에 대해 자신이 배우고 있는 교과를 열거하는 학생들은 그나마 교육과정에 관한 개념을 어느 정도는 가지고 있다고 할 수 있다. 이 경우에 교육과정이란 학교를 다니면서 배워야 하는 교과 또는 그 내용을 뜻한다. 교육과정에 관한 이러한 설명은 가장 간단하고 쉬운 것이라고 할 수 있다. 그러나 교육과정이란 이보다 훨씬 복잡하고 한마디로 정의 내리기가 쉽지 않다. 학교를 다니는 동안에 학습자가 학습하는 내용은 시대나 사회가 변함에 따라서 달려져 왔다. 그것은 각 시대나 사회가 갖는 교육적 이상이나 가치관이 다르고 우리가 바람직하게 여기는 이상적인 인간과 사회의 모습이 다르기 때문이다. 그뿐 아니라 교육의 수혜자인 학습자에 대한 이해나 우리가 전수해야 하는 문화 또는 지식에 대한 이해도 서로 다르기 때문이다. 이러한 사실들은 교육과정을 한마디로 정의 내리기 어렵게 한다. 따라서 여기서는 교육과정의 정의를 교육이나 교육학 분야에 종사해 온 사람들이 교육과정에 대하여 지닌 생각, 즉 교육과정을 바라보는 관점에 따라 알아보고자 한다.

(1) 교과에 담긴 내용으로 보는 관점

교육과정에 대한 가장 오래되고 보편적인 관점은 교육과정을 'currere'라는 어원적 의미에 따라서 '교수요목(a course of study)'으로 보는 관점이다. 이것은 전문적인 교육과정 연구가 시작되기 전인 20세기 이전의 교육과정에 대한 관점이기도 하다.

사실 우리는 교육과정 하면 여러 가지 교과목을 연상하게 되고 국어, 수학, 과학, 예·체능 과목이나 그러한 교과에 담긴 내용을 떠올리게 된다. 누군가가 필자에게 "교수님의 이번 한 학기 교육학개론 수업에 대한 교육과정은 어떻게 됩니까?"라고 묻는다면 나는 나의 한 학기 강의계획서를 가장 먼저 내밀 것이다. 강의계획서 안에는 내가 한 학기 동안 가르쳐야 할 내용이 담겨져 있기 때문이다. 마찬가지로 오늘날 교사나 학교행정가들에게 교육과정이 무엇인지 묻는다면 대개는 교과편제와 시간배당을 이야기한다. 교육편제에는 교과목의 명칭, 교과목의 구분, 선택과 필수의 구분 등이 제시되며, 시간배당표에는 학년별로 편성해야 할 시간과 단위 수가 제시되어 있다. 즉, 내용이 담겨 있다는 것이다. 이처럼 교육과정을 교과목이나 교과에 담긴 내용으로 보는 관점에서는 가르쳐야 할 교과목을 학교에서 지정·편성한다.

또한 교육과정의 개정작업이 있을 때 신문이나 방송에서 보도하는 교육과정은 일반적으로 각급 학교에서 배우는 교과들의 종류, 중요도, 시간배당 등을 의미한다. 즉, 언론기관에서 고등학교 교육과정이 바뀌었다고 보도하면 그것은 고등학생들이 배우게 될 교과목의 종류, 필수·선택 과목의 구분, 각 교과에 배당된 단위 수가 달라진다는 것을 말한다.

이러한 교육과정에 대한 고전적 정의 가운데 지금까지도 널리 인용되고 쓰이고 있는 대표적인 예로는 다음과 같은 것이 있다.

- Hutchins(1936)의 정의: 교육과정은 영구불변의 교과로 구성되어야 한다. 즉, 초·중등학교에는 문법, 읽기, 수사학과 논리학 및 수학의 규칙들로,

그리고 중등학교 이후에는 서양세계의 위대한 고전들로 구성되어야 한다.
- Phenix(1962)의 정의: 교육과정은 전적으로 학문으로부터 도출되는 지식으로 구성되어야 한다.
- Good(1973)의 『교육사전』에서의 정의: 교육과정은 졸업 또는 수료를 하기 위해 전공분야에서 이수해야만 하는 일련의 교과목을 체계적으로 모아 놓은 것이다.

이렇게 교육과정을 교육내용으로 보는 관점에서는 한 학기 혹은 정해진 기간에 가르칠 교육내용의 분량을 선정해야 한다. 교육내용을 선정하는 가장 큰 이유는 학교에 다니는 기간은 한정되어 있는데 배워야 할 내용이 너무 많다는 데 있다. 따라서 교육과정 개발에 참여하는 인사들은 가장 가치 있는 지식, 기능, 가치 등을 선별하고 이들을 교과라는 그릇에 담아야 한다. 그렇다면 가치 있는 지식, 기능, 가치란 어떤 것인가? 우선 교육과정의 관점에 따라 가치 있는 지식, 기능, 가치에 대한 평가가 다를 것이다. 학문적 합리주의는 학문의 구조를 가치 있는 교육내용으로 여기며, 사회 적응ㆍ재건주의는 사회문제를 해결하는 데 필요한 지식과 기능을 높이 평가한다. 그리고 인본주의는 자아실현에 도움을 주는 지식, 기능, 가치의 통합적 기능을 주요 교육으로 간주할 것이다. 이와 같이 교육과정의 관점은 교육내용을 선택하는 데 영향을 미친다.

다음은 국가수준의 교육내용을 선정하는 데 도움을 줄 것으로 생각되는 원리들이다(김석우, 김대현, 2005). 이 중에는 교육과정의 관점과는 관계없이 준수해야 할 것도 있으며, 관점의 차이에 따라 선택하거나 억제해야 할 것도 있다. 예를 들어, 타당성의 원리와 학습 가능성의 원리는 관점에 관계없이 준수해야 할 원리다. 그러나 중요성의 원리는 학문적 합리주의에서는 존중되지만 인본주의에서는 그리 중요하게 여기지 않으며, 사회적 유용성의 원리는 사회 적응ㆍ재건주의에서는 존중되지만 학문적 합리주의에서는 크게 고려하지 않는다.

① 타당성의 원리

교육내용은 교육의 일반목표 달성에 도움을 주는 것이어야 한다. 교육의 일반목표는 어떤 교과를 가르쳐야 하는가를 시사해 주며 그 속에 어떤 지식, 기능, 가치 등이 포함되어야 하는가를 대략적이나마 알려 준다. 교육내용이 교육의 일반목표와 무관하게 선택된다면 목적 없는 교육이 된다. 예를 들어, 초등학교 3학년 사회과의 목표 중에 '지도, 연표, 도표 등 다양한 자료를 이용하여 정보를 수집·활용하고, 문제를 합리적으로 해결하며……'라는 목표는 이와 관련되는 교육내용의 선정을 필요로 한다.

② 확실성의 원리

지식으로 구성되는 교육내용은 가능한 한 참으로 밝혀진 교육내용이어야 한다. 참인가의 여부는 논리적 또는 경험적 지식인 경우에는 간단하지만, 윤리적 또는 미학적 지식인 경우에는 가리기가 쉽지 않다. 한때 영국 대학의 철학과에서 윤리학과 정치학을 가르치지 않았던 것은 이와 같은 이유 때문이었다. 하지만 Hiret은 이들 지식이 논리적 또는 경험적 지식과는 다른 근거에서 참이 될 수 있다는 것을 증명하고자 하였다. 여하튼 교육내용은 원칙적으로 참이어야 한다.

③ 중요성의 원리

흔히 학문을 토대로 교과를 구성할 때는 학문을 구성하는 가장 본질적인 것들을 교육내용으로 삼아야 한다. 학문을 구성하는 가장 본질적인 부분을 나타내는 것으로 사실, 개념, 원리, 이론 등을 가리키는 학문의 구조와 탐구방법이 있으므로 교육내용은 학문의 구조를 확인하고 그 학문에 특유한 탐구방법을 포함시켜야 한다.

④ 사회적 유용성의 원리

사회 적응·재건주의 관점에서 볼 때 교육내용은 사회의 유지와 변혁에 도움을 주는 것이어야 한다. 사회기능 분석법, 항상적 생활사태법 등은 학생들이 장차 살아 나갈 사회에서 필요로 하는 지식, 기능, 가치가 무엇인지를 제시하고 있다. 또한 교육내용은 사회를 개조하거나 이상적인 미래사회를 만드는 데 필요한 지식, 기능, 가치가 어떤 것인지를 보여 주어야 한다.

⑤ 인간다운 발달의 원리

인본주의 관점에서 교육내용은 학생의 성장과 자아실현에 도움을 주는 것이어야 한다. 교육내용은 그 자체로 가치를 가지는 것이 아니며, 인간다운 발달에 기여할 때 빛을 발하는 것이다. 또한 교육내용은 지식, 기능, 가치 등의 요소로 분리되는 것이 아니라 통합되어야 하는 것으로 간주된다.

⑥ 흥미의 원리

학생들이 흥미를 갖지 않을 때 학습 가능성은 그만큼 줄어든다. 흥미가 자주 바뀌고 아직 미성숙하다는 이유로 학생들은 교육내용을 선정할 때 고려의 대상이 되지 않는 경우가 많다. 하지만 학생들의 흥미가 다양하다는 점은 어떤 학생들에게 어떤 내용이 적합한지를 가려내는 데 도움을 준다. 오늘날 교육내용 선택의 폭 확대는 흥미가 교육내용 선정에 중요한 원리가 되고 있음을 보여 준다.

⑦ 학습 가능성의 원리

학생들이 학습할 수 있는 교육내용을 선정해야 한다. 학생들은 능력, 학습여건 등에서 동질적이지 않기 때문에 우수한 학생들에게 초점을 맞추거나 학습여건이 좋은 학생들을 겨냥하여 교육내용을 선정한다면 보통이거나 능력이 부족한 학생들은 피해를 입게 된다. 반대로 보통이거나 능력이 다소 떨어지는 학생을 표준으로 교육내용을 선정한다면 우수 학생들은 낮은 수준의 내용에 학습의욕을 잃게 될 것이다. 따라서 하나의 교육과정 속에 심화, 보통, 보충의 교육내용을 제시함으로써 이 문제를 해결하려는 시도가 생기게 된다.

(2) 학교에서 학생이 직접 겪은 학습경험으로 보는 관점

전문적인 교육과정 연구는 20세기 초에 시작되었다. 당시의 교육에서 가장 두드러진 변화는 진보주의 교육철학의 영향을 받아 학습자 중심의 교육이 강조되었다는 것이다. 이러한 사실은 무엇을 가르칠 것인가를 결정하는 데도 영향을 미쳐 교육과정의 결정에서 학습자를 가장 중요하게 고려하게 되었다. 이것은 지식과 교사 중심으로 교육과정을 결정하던 것에서 벗어나 학습자 중심으로 결정하도록 만들었으며, 또한 무엇을 가르칠 것인가에 대하여 학습자의 경험을 가르치고자 하였다. 이러한 변화를 주도한 것은 1920년경 최초의 교육과정 이론으로 등장한 경험중심 교육과정이다. 이 교육과정은 교육과정을 '학교의 지도 아래 학생들이 겪게 되는 모든 경험'이라고 정의하였다.

이렇게 교육과정을 경험으로 보는 방식은 학습자가 실제로 어떻게 느끼고, 생각하며 체험하는가를 중요시한다. 학습자에게는 동일한 교과목이나 교육내용이라도 그것과 어떠한 상호작용을 하는가 하는 것이 중요하다. 이러한 점은 Tyler의 학습경험에 대한 강조에서도 나타난다. Kilpatrick(1918)은 다음과 같이 주장함으로써 교육과정의 내용은 학생들의 일상 경험이 되어야 함을 설파하였다.

"우리는 우리가 일상 행하는 활동으로부터 배운다." 즉, 우리는 경험으로부터 배운다. 어떤 지식들은 그냥 무조건 외우거나 해서 배우는 것이 아니다. 어떤 목적을 갖고 어떤 일을 함으로써 배우는 것이다. 다시 말해서 삶을 통한 학습, 목적을 향한 활동이 곧 학교 교육과정의 형태가 되어야 한다. 교육과정은 삶을 준비하는 것이 아니다. 교육과정은 삶의 실체 그 자체다. 교육은 삶이기 때문이다.

(3) 문서 속에 담긴 교육계획으로 보는 관점

1950년대 중엽, 미국에서 일기 시작하였던 교육과정에 관한 또 다른 사고의 변화는 교육과정을 단순히 내용의 측면에서만 생각할 것이 아니라 실제로 그것을 어떻게 운용하느냐에 관심을 두어야 한다는 새로운 시각이었다. 특히 이들이 믿기 시작한 것은 학교는 학생들의 삶에 막대한 영향을 끼치는데, 이 영향 가운데 어떤 것은 사전에 구조화된 것이기도 하지만 어떤 것은 학교에서 이루어지는 학생들의 단순한 만남 때문에 발생하기도 한다는 것이었다. 즉, 학생들은 학교에 의해서 계획되지 않는 경험도 겪게 된다는 것이다. 따라서 교육과정에 대해 학생들의 일반적인 경험이나 지식으로 단순하게 생각할 것이 아니라, 교수자의 입장에서 교육과정의 사전 계획성을 강조해야 한다는 것이다. 즉, 교육과정을 학습을 위한 교수자들의 의도적인 계획 중 하나로 생각하기 시작한 것이다.

여기에는 국가수준의 교육과정 문서, 시·도교육청의 교육과정 편성 운영지침, 지역교육청의 장학자료, 단위학교의 교육과정, 교육과정 지침서, 교사용 지도서, 수업지도안 등이 존재한다. 교육과정에서 이러한 계획을 강조하는 이유는 기대하는 활동을 학생들이 하도록 하는 데에 있다. 활동을 통해 달성하고자 하는 목표나 기대되는 성과를 계획하는 일이 중요하다. 그것은 목적을 달성하는 데에 가장 중요한 것이 사전에 치밀한 계획을 수립하는 것이기 때문이다. 일반인들이 교육과정에 대한 이러한 정의를 받아들이기는 쉽지 않을 것 같다. 왜냐하면 문서란 그릇과 같고 그 속에 채워지는 내용이 의미를 가지듯이 교육과정을 문서 속에 담긴 계획으로 본다는 말은 계획내용의 종류만큼 다양한 교육과정이 있다는 것을 말하기 때문이다.

이 외에도 교육과정에 대한 정의는 매우 다양해서, 교육과정이란 교육적인 활동 그 자체가 아니라 '의도한 학습결과'라고 정의하기도 한다. 이들은 학교가 계획하고 교사가 가르친 것보다는 학습의 결과에 주목한다. 즉, 교육과정은 학교에서 무엇을 가르칠 것인가를 결정하는 것이 아니라 학습자가 활동한 결과로서 학습한 것이 무엇인가에 관심을 가져야 한다는 것이다.

교육과정 연구는 이론적인 탐구로 끝나서는 안 되며 실제로 학교가 활용할 수 있는 교육과정을 개발하는 일을 해야 한다. 이런 의미에서 Beauchamp는 교육과정이란 "문서 속에 담긴 계획"이라고 정의한다. 즉, 교육과정은 문서 속에 담긴 교육목표, 교육내용, 교수-학습 방법, 교육평가, 운영지침 등이 담긴 종합적 계획이다. 이와 비슷하게 교육과정을 학교의 계획된 활동으로 이해하는 관점에서는 교육과정이란 문서화된 서류를 뜻하는 것으로서 '학습에 대한 계획'이라고 한다. 즉, 교육과정 지침서, 교사용 지도서, 교과서 등을 뜻한다. 이들은 교육과정이 학습자의 활동 그 자체라기보다는 활동에 대한 계획이라는 점을 강조한다. 이러한 입장에서는 교육과정을 '학교에서 학생들에게 무엇을 어떻게 교육시킬 것인가를 국가수준에서 확정 고시한 문서화된 계획으로서 그것을 총론과 각론으로 구분한다.'고 규정하기도 한다. 이것은 우리나라의 학교교육에서 구체적으로 실재하고 있는 교육과정을 기술한 정의다. 이는 현재 우리의 교육과정을 있는 그대로 보려는 교육과정 이해의 한 가지 중요한 표현이라고 할 수 있다(김경배, 김재건, 이홍숙, 2005).

Schubert는 지금까지의 교육과정에 대한 다양한 정의를 다음과 같이 아홉 가지로 정리하여 제시하고 있다.

- 교육과정은 교과목 혹은 교과에 담긴 교육내용이다.
- 교육과정은 학교의 지도하에 학생이 겪는 실제 경험이다.
- 교육과정은 계획된 활동으로 구성된 프로그램이다.
- 교육과정은 수행할 일련의 과제다.
- 교육과정은 의도한 학습결과다.
- 교육과정은 문화적 재생산의 도구다.
- 교육과정은 사회 재건을 위한 의제다
- 교육과정은 학생의 삶에 대한 해석과 전망이다.
- 교육과정은 은유다.

2. 교육과정의 유형

교육과정을 이해하기 위해서는 다양한 이론들을 살펴보는 것이 도움이 될 것이다. 1920년대 무렵 교육학의 한 전문 분야로서 교육과정 분야가 체계적이고도 전문적인 연구를 시작하면서 생겨난 이론은 경험중심 교육과정이다. 이 교육과정은 자신이 등장하기 이전의 모든 교육과정을 자신과 구분하기 위하여 교과중심 교육과정이라 불렀다(김경배, 김재건, 이홍숙, 2005). 이렇게 볼 때 이론적으로는 경험중심 교육과정이 교과중심 교육과정보다 먼저 생겨난 것이다. 그 후 학문중심 교육과정, 사회·재건중심 교육과정, 인간중심 교육과정, 잠재적 교육과정 등이 등장하기 시작했다. 이 절에서는 이러한 교육과정 유형의 역사, 개념, 특징, 장단점 그리고 교육내용에 대해서 중점적으로 다루고자 하며 사회·재건중심 교육과정은 경험중심 교육과정과 유사하여 여기에서는 다루지 않는다.

1) 교과중심 교육과정

교과중심 교육과정은 가장 오랜 전통을 가진, 최초의 전문적인 교육과정 연구가 시작되던 20세기 초 이전의 모든 교육과정을 지칭한다. 다시 말해, 교과중심 교육과정이란 용어는 그것이 존재하던 당시에 있었던 것이 아니라 1920년경 탄생한 경험중심 교육과정이 그 이전의 교육과정을 구분하기 위해서 붙인 이름이다. 이 교육과정의 교육목적은 선세대의 문화유산이나 정보를 후세대에게 전달하는 것이다.

또한 교과중심 교육과정은 형식도야이론에 기초한다. 형식도야이론은 19세기의 능력심리학에 근거하는 것이다. 이 이론에 따르면, 우리의 정신은 지각, 기억, 추리, 상상, 감정, 의지의 뚜렷이 구분되는 여섯 가지 능력으로 이루어져 있다. 이 능력들은 우리 몸의 근육에 비유할 수 있는 것으로서 마음의 근육, 즉 심근이라고 한다. 형식도야이론에서의 형식이란 바로 이 심근을 뜻하는 것이

도자기를 만들 듯 내용보다는 담는 그릇을 만드는 일을 강조하는 형식 도야설

며, 형식의 도야란 곧 여섯 가지 심근의 연마를 뜻한다. 형식도야설은 능력연마설이라고도 불린다. 교과중심 교육과정은 바로 이 심근의 연마를 교육목적으로 한다. 형식도야는 전통적인 인문교과 중심의 교육을 강조하는 학자들의 교육목적이다.

형식도야를 목적으로 하는 교과중심 교육과정은 무엇을 가르칠 것인가에 대하여 형식을 도야하는 데 특별히 도야의 가치가 큰 교과를 가르칠 것을 제안하였다. 이러한 교과로 7자유과를 들고 있다. 7자유과는 중세의 대표적인 교과이며 기원은 고대 그리스까지 거슬러 올라간다. 지금까지도 가장 대표적인 교과로 여겨져 이들을 교과의 전형이라고 할 수 있다. 7자유과란 바로 문법, 수사학, 논리학, 대수, 기하, 천문학, 음악이다. 이들 과목은 우리의 심근을 도야하는 데 도야의 가치가 매우 높다. 교과중심 교육과정을 요약하여 정리하면 다음과 같다.

(1) 개념

① 본질주의에 기초교과 중심이다.

② 교육과정은 지식의 체계를 존중하는 것으로, 학교의 지도하에 학생이 배우는 모든 교과와 교재를 의미한다.

③ 로마시대의 7자유과 중의 3과인 문법, 수사학, 변증법과 4과인 산수, 기하, 천문, 음악 및 동양의 사서(논어, 맹자, 중용, 대학)와 삼경(시경, 서경, 주역)에서 유래된 것이다.

④ 교과중심 교육과정에서는 교과가 학습내용을 조직하고 전개하는 데에 핵심을 이룬다.

⑤ 교과는 그 자체에 논리적 체계가 있고 학습은 체계적으로 하는 것이 유리한 방법이라는 점에 기초한다.

⑥ 교과란 인류의 문화유산을 논리적이고 체계적으로 조직한 것을 말하며, 이것을 학습함으로써 앞으로의 제 문제를 해결할 수 있는 능력을 기르는 데에 중점을 둔다.

(2) 기본 입장

① 교육이란 선세대의 문화유산이나 정보를 후세대에게 전달하는 것: 개인적 입장의 유용성보다 사회적 가치를 더욱 존중하고, 실용성보다 고전성이나 전통성을 더 존중하며, 실질적 내용보다 고전적 가치가 있는 지식이나 기능을 더 중요시한다.

② 인간은 선천적으로 기본 능력을 가지고 태어났으며 그 능력을 훈련시키게 되면 적절히 도야된다는 형식도야설: 인간의 선천적 제 능력을 도야하기 위해서는 무엇보다도 먼저 교과의 조직이 인간의 능력을 잘 도야시킬 수 있도록 구성되어야 한다.

③ 각 교과가 각기 다른 그 자체의 논리를 가지는 것: 각 교과들이 그 자체의 논리를 따르지 않고 다른 논리를 따르면 바람직한 교육이 되지 않는다. 분과형을 지향한다.

④ 인간의 감성보다 이성을 중시: 논리적이고 체계적인 인간이 되기 위해서는 보다 잘 개발되고 체계화된 교과가 이상적인 인간을 만드는 주된 도구가 될 수 있다.

(3) 특징

① 문화유산의 전달이 주된 교육의 내용이다.
② 한정된 교과영역 안에서만 학습활동이 이루어진다.
③ 교사중심의 설명위주 교수법이 주로 사용되며, 교사는 절대적 권위를 가진다.
④ 각 교과는 자체의 논리와 체계가 있으며, 학습을 체계적으로 전개시킨다.

〈표 6-1〉 교과중심 교육과정의 장단점

장점	단점
• 교과중심 교육과정 내용의 체계적인 조직은 경험을 효과적으로 해석하는 데 꼭 필요한 것이다. 즉, 미래경험의 길잡이 역할을 한다. • 교과중심 교육과정 내용의 조직은 단순 명료하다. • 객관적인 평가기준에 의해 쉽게 학습 결과를 평가할 수 있다. • 교과중심 교육과정은 교사와 학생 및 학부형들에게 최대의 안정감을 준다. • 교과중심 교육과정은 개인의 지성계 발에 적당하며 시간과 노력을 절약해 준다. • 문화유산의 전달에 가장 알맞다. • 장구한 전통에 뿌리를 박고 있으며, 널리 받아들여지고 있다. • 중앙집권적 통제가 용이하다.	• 학습자의 흥미와 활동을 경시한다. • 너무 구획화되고 단편화되어 지식을 통합하는 전체적 구조가 없다. • 현대 학교가 성취하려는 민주적 가치로부터 동 떨어져 있다. • 원리, 법칙, 개괄, 논증 등을 위주로 수업을 전개 하므로 학습자들에게는 어렵다. • 교육과정의 내용을 효과적으로 배열하기 어렵 고 사회문제를 무시하기 쉬우며, 효과적인 사고 습관 및 개발에 실패하기 쉽다. • 보다 넓은 새로운 목표를 무시하기 쉬우며 새로 운 내용에 대한 첨가가 곤란하고 융통성 있는 수 업진행이 어렵다. • 교육목적 달성을 충분히 수행하도록 하는 데 이 바지하지 못하고 있다. • 수동적인 학습태도를 형성할 우려가 있고, 인지 발달, 창조적 표현력, 사고력 등 고등정신 능력 함양이 어렵다. • 실제 생활문제에서 유리되기 쉽고, 경쟁적이며 비실용적인 지식을 전달할 수 있다.

2) 경험중심 교육과정

경험중심 교육과정은 무엇을 가르칠 것인가에 관한 전문적인 연구를 시작하면서 생겨난 최초의 교육과정 이론이다. 이것은 1910년대 말에 시작해서 1920년대에 하나의 이론으로 확립되었으며, 1950년대 말 학문중심 교육과정이 등장할 때까지 미국은 물론 우리나라를 비롯한 전 세계 여러 나라의 교육과정에 많은 영향을 끼쳤다. 우리나라의 교육은 해방 후 1954년 처음으로 제정한 제1차 교육과정부터 1973년 학문중심 교육과정을 받아들여 교육과정을 개정한 제3차 교육과정 이전까지 경험중심 교육과정에 기초하였다.

이렇게 경험중심 교육과정이 사회적 인정을 받게 된 원인은 크게 세 가지 정도로 볼 수 있다. 첫 번째로, Thorndike 등이 수행한 '전이실험' 과 그 후 수행한 파지현상에 대한 연구에 따른 심리학적 연구결과에 의해 경험중심 교육과정의 필요성이 인식되었기 때문이다. 전이실험의 결과는 전통적 교과교육과정을 뒷받침하고 있던 '능력심리학' 의 전이이론을 무너뜨리는 계기가 되었다. 또 파지현상에 대한 연구는 학습자가 이전에 기억했던 것을 반복적으로 재생해 내지 않으면 쉽게 망각한다는 결과를 낳았다. 이런 심리학적 연구의 결과들은 학교에서 가르쳐야 할 교육내용들은 서로 비슷한 것끼리 묶어야 하며, 어떤 한

가지 내용은 전체 교육과정을 통해서 여러 차례 반복적으로 다루어질 때 효과적이라는 것을 의미 있게 제시한 것이다. 이런 결과에 따라 생활과 교육의 통합의 필요성과 중요성이 등장하게 되었고, 이는 생활중심 혹은 경험중심이라는 교육과정 등단의 밑거름이 된 것이다.

두 번째로, 제1차 세계대전 중 전쟁 연관 산업에 필요한 인력 충원을 위해 도입되었던 기술자 훈련 프로그램의 놀라운 성과라고 할 수 있다. 이 프로그램은 당시 유행했던 과학적 연구에 대한 신뢰로 실행되었으며 그 결과에 따라 교육자들에게 많은 시사를 받게 되었다. 이전까지의 학교교육 내용은 생활사태의 문제해결이나 생활에서의 유용성과 상관없이 그 자체로의 지적 능력과 마음의 도야라는 가치에 따라 결정되고 있었다. 그러나 이 프로그램이 괄목할 만한 성과를 거두면서 '눈에 보이는 성과' 에 대한 움직임이 일어나게 되었고, 이는 학생들이 앞으로 성인이 되었을 때 생활해 나가는 데 필요한 여러 가지 지식, 기능, 태도들을 교육내용으로 삼아야 한다는 목소리가 커지게 만들었다. 이것이 경험주의 교육과정의 등장에 또 다른 배경이 된 것이다.

마지막으로, 가장 큰 영향을 끼쳤다고 할 수 있는 Dewey의 사상이 있다. 이 사상을 진보주의 사상이라고 하며 이 사상을 통해 경험주의 교육과정을 하나의 교육과정의 형태로 체계화하였다. 듀이에 의하면, 인간의 마음이라는 것은 본능적인 '반응의 경향' 을 의미한다. 그리고 그것은 몇 가지 능력으로 구분될 수 있

는 것이 아니라 수없이 다양한 종류가 있어 우리가 사고할 때 복잡하게 얽혀 사용된다. 그래서 교육이란 기성의 능력을 훈련하는 일이 아니라 '문제 상황'에서 적절한 지력을 선택적으로 활용할 수 있는 능력을 개발하는 것이며, 이를 위해 교육과정은 학생들이 보다 효과적으로 경험할 수 있도록 학습경험을 조직하는 것이라고 주장했다. 또 문제에서도 학생들이 단순히 생활 속에서 부딪히는 문제가 아니라 사회적으로 결정이 되어야 함을 역설하였다. 이런 Dewey의 주장은 경험중심 교육과정을 전면적으로 지지하는 입장이라고 할 수 있다.

경험주의 교육사상은 역사적으로 아동·학생의 경험을 중시해야 한다는 생각의 맥락을 따라 체계화되어 왔으며, Erasmus, 18세기의 Rousseau, 19세기의 Pestalozzi와 Fröbel로부터 이어져 내려온 사상이 Dewey의 진보주의 사상을 통해서 체계화되어 왔다고 할 수 있다.

즉, 경험중심 교육과정은 무엇을 가르칠 것인가에 대하여 생활적응을 목적으로 학습자의 경험을 가르칠 것을 제안하였다. 이것은 문화유산으로서의 지식을 중심으로 교육과정을 결정하였던 과거의 전통적인 교육과정에서 탈피하여 학습자의 경험과 생활에 기초하여 교육과정을 결정하고자 한 것이었다. 이 교육과정을 행함으로써 학습한다는 원리에 입각하여 학습자가 생활의 문제를 능동적으로 해결해 감으로써 바람직한 학습자의 성장을 기할 수 있다고 여긴다. 경험중심 교육과정을 요약하여 정리하면 다음과 같다.

(1) 개념

① 경험: 어떤 문제에 당면하고 그것을 해결하기 위한 행위를 할 때 겪게 되는 지적인 과정이다.
② 교육과정이란 '학교의 지도하에 학생들이 가지게 되는 모든 경험'으로 정의된다.
③ Rousseau의 아동중심 교육에서 출발하여 19세기 말 신교육운동으로 이어져 20세기 초 Dewey의 시카고 대학교 실험학교를 통해서 형성되었다.

④ 실용주의, 도구주의 철학이 진보주의 교육사상에 영향을 끼쳤고, 이는 경험중심 교육을 지향하게 되었다.

(2) 특징

① 교육목적: 아동의 발달과 성장
② 교재는 미리 선택하지 않고 학습의 장에서 결정한다. 생활경험을 교육내용으로 보며, 교육과정의 중심을 학생에게 둔다. 교재는 전적으로 아동의 욕구, 필요, 흥미에 따라 결정됨으로써 사전에 계획될 수 없다.
③ 과외활동을 중시하며, 문제해결력 함양을 강조한다.
   – 문제해결학습(problem solving learning) 중요시: 학생들에게 어떤 문제를 주고 그 해결과정을 통하여 지적, 태도적, 기술적 학습을 시킨다. 새로운 문제에 늘 부딪히며 그것을 해결해 가면서 살아야 하는 현실세계에 적응하기 위해 학교는 문제해결 능력을 키워 주어야 한다.
④ 개인차를 고려한 학습으로 계속되는 성장과정의 전인교육을 중시한다.
⑤ 급격한 사회변화에 적응하는 인간을 육성한다.

〈표 6-2〉 경험중심 교육과정의 장단점

장점	단점
• 학습자의 흥미와 필요가 자발적 활동을 유발하기 쉽다.	• 경험중심 교육과정은 기초학력의 저하를 초래할 수 있다.
• 현실적이고 실제적인 생활문제를 해결할 수 있다.	• 교육에의 시간경제를 무시하기 쉽다.
• 민주시민으로서의 자질함양이 용이하다.	• 직접 경험에서 얻어진 원리나 사실이 새로운 장면에 잘 적용되지 않을 수 있다.
• 학교와 지역사회와의 유대를 강화할 수 있다.	• 경험중심 교육과정은 조직상의 논리적인 체계가 부족하다.
• 학교생활의 여러 가지 장면의 통합을 증진시킨다.	• 교육과정 분류의 준거가 분명치 못하다.
• 개인차에 따르는 학습이 용이하다.	• 교직적 소양과 지도방법이 미숙한 교사는 이 교육과정 운영에 실패할 수 있다.
• 자연적 및 사회적 환경을 학습활동에 이용한다.	• 사전에 계획하지 않기 때문에 행정적인 통제가 어렵다.

3) 학문중심 교육과정

학문중심 교육과정은 1960년을 전후로 발생한 교육과정 이론으로서 생활적응을 목적으로 하는 경험중심 교육과정이 체계적인 지식교육을 소홀히 한 결과로 생겨난 교육과정이다. 생활적응 교육이 팽배하던 당시 원자폭탄의 개발과 이에 따른 제2차 세계대전에서의 승리는 국가 생존에 있어 과학과 수학의 중요성을 부각시켰고, 그 결과 대학의 수학자와 과학자가 교육과정 개발에 적극 참여하게 되었다. 더구나 중등학교 교육내용을 분석한 결과, 1700년 이후 새롭게 생겨난 개념들―예를 들면, 수학에서의 집합론―이 교육과정에 포함되어 있지 않음을 지적하면서 현대의 최신 이론들이 교육과정에 포함되어야 함을 강조하였다.

특히 1957년의 구소련의 스푸트니크(sputnik) 인공위성 발사는 미국에게 매우 충격적인 일이었고 이로 인해 미국 교육에 대한 위기가 고조되었다. 이러한 결과를 초래한 원인에 대한 규명과 함께 이에 대한 반성이 각계에서 일어났다. 이것은 교육 분야에서도 예외는 아니었다. 실제로 그 당시의 학교교육을 지배하던 교육과정은 생활적응을 목적으로 학습자의 흥미나 필요, 사회적응, 생활의 유용성 등을 강조하는 교육과정이었다. 학습자의 흥미와 필요, 사회적 기능과 같은 생활적응에 초점을 둔 교육과정은 당연히 체계적인 지식교육에는 소홀할 수밖에 없었다. 우주선에 관련한 이 사건은 특히 수학과 과학에서의 지식교육의 소홀을 더욱 문제시하였다. 생활적응 교육은 당연히 이 분야에서의 지식교육을 소홀히 하였고, 그 결과 우수한 과학자를 양성하는 데 실패하였다는 것이다. 그들은 이러한 위기감을 극복하기 위한 방안으로서 보다 철저하고 체계적인 지식교육이 필요하다는 사실을 인식하게 되었다. 그리하여 수학과 과학을 중심으로 하는 대대적인 교육과정 개혁운동이 일어났고, 이 결과로 생겨난 교육과정이 바로 학문중심 교육과정이다. 그리고 1959년 9월의 우주홀(Woods Hole) 회의에서 초등학교와 중등학교 과학교육의 문제점과 개선

방안을 논의하면서 학문중심 교육과정이 본격화되었다. 이 모임을 주관한 Bruner는 우주홀 회의의 종합 보고서를 『교육의 과정(*The Process of Education*)』 이라는 책자로 출판하면서, 미국뿐만 아니라 전 세계 초·중등 과학교육에 지대한 영향을 미쳤다. 물론 1950년 이전부터 교과교육이나 교육과정 개혁운동이 서서히 전개되고 있었으며 경험중심 교육과정에 대한 문제와 비판이 다양하게 제기되고 있었다.

이 입장에서 교과가 새롭게 부활하였으며 주로 '지식의 구조'라는 의미에 비추어서 그 의미가 새롭게 제시되었다. 이러한 입장에서 교과는 학문과 동일한 것이며 학문을 탐구하는 활동의 측면에서 교과를 새롭게 조명할 필요가 있다. 여기에는 Bruner 이외에도 학문의 구조를 제시한 Schwab, 의미의 영역을 제안한 Phenix, 교과를 인지적 및 평가적 지도로 보는 Broudy, 지식의 형식을 제안한 Peters와 Hirst 등이 있다. 이들은 교과의 가치를 종래와는 다른 방식으로 정당화하였다. 1960~1970년대에 걸쳐 가장 번성하였던 이 이론은 전 세계에 영향을 주었고, 한국에도 소개되어 1971년의 3차 교육과정 개정에 크게 반영되었으며, 최근까지도 주된 흐름을 이루고 있다.

(1) 개념

① 학문의 기본 구조 중시: 적은 양의 지식으로 활용범위를 극대화하기 위해 노력한다.

② 교육과정이란 구조화된 일련의 학습결과로서, 학문에 내재된 지식의 탐구 과정을 조직한다.

③ 직관적 사고 중시: 감각기관을 통한 경험, 학생들이 실제의 사상을 관찰하거나 표본이나 그림을 이용하여 직접관찰을 통해 직접적·실증적 경험을 하는 것이다.

④ 학습자의 내적 보상(만족감, 자신감, 기쁨, 성취감)을 통해 학습동기를 유발한다.

(2) 기본 원리

① 교과 또는 학문의 기본구조를 중요시한다.
② 학문중심 교육과정은 어떤 교과라도 지적 성격을 그대로 두고 어떠한 발달단계에 있는 어떠한 학습자에게도 효과적으로 가르칠 수 있다.
③ 분석적 사고만큼 직관적 사고도 교육에서 중시한다.
④ 학문중심 교육과정은 학습자의 내적 보상에 의한 학습동기 유발이 필요하다.
⑤ 학교교육이 민주시민의 자질 향상에 별로 관심을 가지지 않는다.

(3) 특징

① 교과의 내용: 지식의 구조, 학문에 내재된 기본적인 아이디어, 기본 개념, 기본 원리
  − 학문중심 교육과정의 궁극적 목적은 학생들로 하여금 지적인 기본 구조와 단계적인 교재나 교과를 탐구하는 것으로 이성을 계발하고 탐구력을 배양하도록 하는 데 있다. 이러한 능력을 갖추게 함으로써 학교교육을 마친 뒤에 보다 넓은 사회에서 계속적으로 성장할 수 있도록 기본 개념과 학습하는 방법의 습득을 강조한다.
② 교육의 목적: 장래생활의 준비
③ 교육과정: 나선형 교육과정
  − 학습의 계열성을 이용한 것으로 선행학습 내용에 기초하여 다음의 교육내용이 점차적으로 깊이와 넓이를 더해 가도록 조직한 교육과정이다.
  − 가르치는 내용은 동일하며 발달단계가 높아짐에 따라 그 동일한 내용을 점점 폭넓고 깊이 있게 되풀이하여 가르치는 것을 의미한다.
④ 학습방법: 탐구과정을 중시하고 발견에 따른 내적 동기유발을 강조한다.

〈표 6-3〉 학문중심 교육과정의 장단점

장점	단점
• 학문중심 교육과정은 교육내용의 단순화를 지니며 내용상의 중복을 피할 수 있다. • 저학년부터 교과의 기본 구조에 따른 교육을 행할 수 있다. ↔ 학습준비도 이론 • 학습 면에서 비약을 가져올 수 있다. • 학습동기를 유발하는 방법을 넓혀 준다. 　– 교과중심 교육과정: 상벌 　– 경험중심 교육과정: 칭찬 　– 학문중심 교육과정: 지적 훈련의 유발과 문제해결 시 오는 희열을 통한 학문의 내적 동기유발 • 두 개념 간의 신텍스(syntax)가 분명하다. • 내용 선정상의 중복 · 누락 방지가 가능하다. • 높은 준비도 형성이 가능하다.	• 능력이 중상 이상인 학생들에게만 적당하다. • 학문중심 교육과정에서는 계속적인 연구가 행해지지 않고 있다. • 좁은 학문이나 과목의 내용에 강조점을 두는 여러 과정을 낳게 했다. 　– 생물학, 화학, 물리학의 새로운 교육과정을 독자적인 것으로 채택 → 단편화, 구획화의 문제 • 학년제를 기초로 만들어져 있다. • 평가방법이 개발되어 있지 않다. 　– 한정된 평가도구 및 방법들을 제시하고 있는 형편 • 과정별 다 편화로 통합학습, 다양한 평가방법의 개발이 어렵다.

4) 인간중심 교육과정

인간중심 교육과정은 1920년대 출현한 교과중심 교육과정과 1930년대에 등장한 경험중심 교과과정, 1960년대에 등장한 학문중심 교육과정과 관련하여 검토되었으며, 교과형 · 경험형 · 학문형의 지나친 합리주의나 이성주의, 진보주의나 실용주의, 학문주의 및 과학주의 등에 따른 인간소외 현상, 비인간화를 비판하며 태동되었다.

특히 현대사회의 기계문명과 거대한 사회조직은 점차로 인간의 자유 및 자율적 행위의 가능성을 제약하였고, 그로 인한 생활의 특성은 인간성의 상실 혹은 비인간화 현상으

베트남전쟁

로 나타났다. 이에 1970년대에 들어서 새롭게 강조된 교육의 인간화 운동에 따라 지적 성취를 위하여 질적으로 우수한 교육을 추구하던 학문중심 교육과정이

도전을 받게 되자 교육의 적절성 문제가 야기됨으로써 교육의 인간화, 즉 인간 중심 교육에 관심을 기울이게 되었다. 학생을 개별성을 띤 인간으로 귀하게 여기지도 존중하지도 않으며, 동일한 교과를 동일한 방식으로 교수하고 평가를 통해 서열화하는 방식, 즉 외삽적(外揷的)으로 인간을 주물한다는 데 반대한 것이다. 이에 결국 학생의 필요나 심리적인 요구를 충족하지 못하여 학생에게 무의미한 학습이 이루어지게 하는 학교 교육과정에 대한 대응이 필요함을 인식한 것이다.

이렇게 일어난 인간중심 교육의 궁극적 목적은 인간의 잠재적인 능력을 최대한으로 개발하여 보다 인간다운 인간을 간직하면서 개인적으로 자아를 실현하며 사회발전에 기여할 수 있는 삶을 살도록 돕는 데 있다. 이는 학교에서 학생이 만족스럽고 의미 있는 경험을 함으로써 자아실현에 이를 수 있도록 보다 구체적으로 전인교육을 전개하려는 일련의 교육과정 동향이다. 이에 개인적 의미의 중요성을 강조하고, 정서적·신체적 측면의 건전한 성장과 함께 인지적 측면의 발달을 동시에 추구함으로써 자아를 실현하도록 한다.

따라서 이 교육과정은 감정과 느낌 그리고 자아개념 등과 같은 정의적 측면의 교육에 많은 관심을 두고 있다. 이들은 학습자와의 의미 있는 만남을 위한 교육과정은 그 내용과 방법이 정의적인 것에 근거를 두어야 한다고 한다 (김대현, 2012 재인용). 뿐만 아니라 인간중심 교육과정은 인간소외에도 관심을 둔다.

(1) 개념

① 기계적 인간, 지식인 지향이 아닌 깊이 생각하고 행동하는 인간
② 사랑하여 스스로 내면적 자아를 확장하는 인간
③ 부단히 배우고 창조하는 전인적 인간 지향

(2) 기본 원리

① 교육의 궁극적 목적을 자아실현을 위한 인간육성에 둔다.

② 자아실현을 위해서 학교환경을 인간화하는 데 노력한다.

④ 학습자들의 잠재적 교육과정에 영향을 미치는 학교환경의 비인간화를 막기 위해서 표면적 교육과정보다 잠재적 교육과정을 중요시한다.

⑤ 교육과정 조직에서 통합을 강조한다.

(3) 특징

① 잠재적 교육과정을 표면적 교육과정 이상으로 중요시한다.
- 표면적 교육과정은 지식이나 기능에 영향을 주고, 잠재적 교육과정은 사회성 발달, 정의적 발달에 영향을 준다.
- 오늘날 학교교육의 문제는 지식, 기술의 발달이 뒤떨어지는 것보다 가치관·도덕성 발달에 소홀한 것이다.

② 학교환경 전체를 인간중심적으로 조성한다.
- 대규모의 학교, 과밀학급, 신체에 맞지 않는 책·걸상은 인간소외, 반항심, 정서적 불안과 같은 문제를 제기한다.
- 금지, 체벌, 강요 같은 학교풍토는 자아실현에 악영향을 준다.

③ 교육목표를 자아실현에 둔다.
- 잠재적 능력이나 가능성을 실현하는 것이 자아실현이며 질병, 신경증, 정신병, 기본적 인간능력의 상실, 감퇴 등이 가장 적게 존재하는 상태를 가리킨다.
- Maslow의 욕구위계론에서는 자아실현의 단계를 최상위에 둔다.

④ 인간주의적인 교사상을 필요로 한다.
- 진실된 교사(솔직하고 진실한 교사, 가면을 쓰지 않고 신비스럽게 보이려고 하지 않으므로 긴장과 불안에서 벗어나는 교사)가 필요하며, 한 개인으로서 아동에 대한 존중, 공감적 이해, 애정을 보여 준다.

– 교육은 인간관계이므로 교사의 인간적인 영향이 중요하다(교사 유형).

〈표 6-4〉 인간중심 교육과정의 장단점

장 점	단 점
• 전인교육을 통하여 인간의 성장 가능성을 조화롭게 발전시킬 수 있다. • 학습자의 개별적인 자기성장을 조장할 수 있다. • 학습자의 자아개념을 긍정적으로 형성하는 데 도움이 된다. • 학습과정을 통해 터득된 의미가 내면화될 수 있다.	• 자유로운 환경조성과 역동적인 인간관계가 유지되지 않으면 교육성과의 보장이 어렵다. • 교사들의 투철한 교육관이 확립되지 않으면 그 실현이 어렵다. • 과대규모의 학교와 과밀학급의 규모, 밀도를 줄이는 개선책과 학교교육에서 지나친 경쟁과 비교를 지양하는 학교 행정적 조건 정비가 선행되지 않으면 그 실현이 어렵다. • 교육의 인간화가 보장되지 않으면 그 실현이 어렵다.

〈표 6-5〉 교육과정의 종합 · 비교

	교과중심	경험중심	학문중심	인간중심
기 원	7자유과	자연주의 (Rousseau)	Bruner	자연주의 (Rousseau)
심리학	형식도야설	반성적 사고, 성장	인지주의 학습이론	인본주의 심리학
인식론	관념론	실용주의	인지론	실존주의
목 적	지적 능력의 계발	전인적 인간 형성 (사회적 유능인)	과학자 (이성의 계발)	자아실현인
방 법	반복적 학습을 통한 지식의 주입	문제해결법	발견법	성장
교육내용	문화유산의 전달	생활경험 (광의의 경험)	구조화된 지식	실존적 경험 (자아실현 경험)
교육철학	본질주의	진보주의	항존주의	실존주의

5) 잠재적 교육과정

학생들이 학교생활을 하는 동안에 가지게 되는 경험은 둘로 나눌 수 있다. 하나는 학교의 의도적인 지도에 의하여 갖게 되는 경험(표면적 교육과정, 表面的 教育課程)이며, 다른 하나는 학교의 의도적인 지도가 없었음에도 가지게 되는 경험(잠재적 교육과정, 潛在的 教育課程)이다.

종래의 교육과정의 표시 용어	잠재된 교육과정의 표시 용어
표면적, 계획된, 구조화된, 공식적, 외현적, 가시적, 외적, 조직화된, 기대된, 형식적	잠재적, 숨은, 비구조적, 비공식적, 내현적, 비가시적, 내적, 비조직적, 기대되지 않은, 비형식적

잠재적 교육과정은 학교의 물리적 조건, 제도 및 행정적 조직, 사회 및 심리적 상황을 통하여 학교에서는 의도하지 않았으나 학교생활을 하는 동안에 학생들이 은연중에 가지게 되는 경험을 의미한다.

표면적 교육과정이 주로 지적인 것이라면, 잠재적 교육과정은 주로 비지적(非知的)인 것이다. 표면적 교육과정은 주로 이론 지식에 관련되는 반면, 잠재적 교육과정은 주로 생활기능에 관련된다. 표면적 교육과정은 일시적 · 단기적으로 배우는 데 반하여, 잠재적 교육과정은 장기적 · 반복적으로 배우게 된다. 표면적 교육과정은 주로 바람직한 내용인 데 반하여, 잠재적 교육과정은 바람직한 것뿐만 아니라 그렇지 않은 것도 포함한다.

잠재적 교육과정은 학교교육의 모든 사태와 관련된다. 이는 교육과정을 학생 경험의 총체로 규정한 인간중심 교육과정의 한 측면이며, 학교교육을 통하여 학생이 가지는 경험 중에서 종래 표면적 교육과정의 개념으로부터 통상적으로 간과되어 온 경험을 가리키는 것이다.

학교가 공식적인 교육과정의 목표 이상의 것을 은밀하게 그리고 효과적으로 가르치는 장소라는 관점은 교과목 또는 수업 수준에서가 아니라 학교생활과 학교문화라는 보다 큰 관점에서 학생의 발달을 분석할 필요가 있다고 본다.

잠재적 교육과정의 장(場)은 다음과 같다.

- 물리적 조건: 학교의 규모, 교실의 공간, 책상과 의자의 치수, 기타의 시설, 설비
- 제도 및 행정조직: 학년제도, 담임제도, 직원조직, 교내장학을 위한 여러 가지 행정절차
- 사회 및 심리적 상황: 교사와 학생이 모여 상호작용하는 상황으로서의 학교

실제로 잠재적 교육과정이 나타나는 장은 위에서와 같이 세 가지가 서로 관련되어 7개의 장이 있을 수 있다. 즉, 물리적 조건과 사회 및 심리적 상황과 제도 및 행정조직, 사회 및 심리적 상황, 물리적 조건과 제도 및 행정조직, 혹은 세 가지 상태가 서로 중첩되는 경우도 빈번히 일어난다.

학교생활에는 개인의 성장·발달에 도움이 되는 좋은 경험도 있겠지만, 개인 발달이나 사회발전에 저해되는 내용의 경험도 있을 수 있기 때문에 잠재적 교육과정은 이러한 학교의 순기능을 확대하고 역기능을 최소화하려는 교육적 노력이라고 볼 수 있다.

Bloom은 표면적 교육과정과 잠재적 교육과정의 관계를 〈표 6-6〉과 같이 정리하고 있다.

잠재적 교육과정의 원천은 크게 세 가지로 설명할 수 있다. 첫째는 학교의 생태 자체에서 나타나는 원천이며, 둘째는 학교를 구성하고 있는 인적 요소에서 나타나는 원천이고, 셋째는 사회환경을 들 수 있다.

〈표 6-6〉 표면적 교육과정과 잠재적 교육과정의 관계(Bloom)

표면적 교육과정	잠재적 교육과정
학교에서 의도적으로 조직하고 가르친다.	학교에서 의도하지 않았지만 학교생활을 하는 동안 은연중에 배우게 된다.
지적인 것(교과를 통하여 배우는 것)과 관련된다.	비지적·정의적인 영역(흥미, 태도, 가치관, 신념 등)과 관련된다.
교과와 관련된다.	학교의 문화풍토와 관련된다.
단기적으로 배우며 어느 정도 일시적인 경향이 있다.	장기적·반복적으로 배우며 보다 항구성을 지니고 있다.
교사의 지적·기능적인 영향을 받는다.	주로 교사의 인격적인 감화를 받는다.
바람직한 내용이 주가 된다.	바람직하지 못한 것도 포함한다.
표면적 교육과정과 잠재적 교육과정이 서로 조화되고 상보적(相補的)인 관계에 있을 때 학생 행동에 강력한 영향을 미칠 수 있다.	
잠재적 교육과정을 찾아내어 이를 계획한다 하여도 표면적 교육과정과 잠재적 교육과정의 구조는 변하지 않는다.	
표면적 교육과정 자체의 잠재적 기능이 있다.	

3. 교육과정 개발

1) 개념

국가나 지역사회 수준에서 공식적인 교육계획을 수립하기 위해서는 우선 교육목표를 설정하고, 교육내용을 선정, 조직하며, 이를 가르치기 위한 교수-학습 방법을 제시해야 한다. 그리고 이것을 학교에서 활용하기 위한 전반적인 교육과정 운영원리를 제시하고, 최종적으로는 평가의 지침을 마련해야 한다. 교육과정 개발이란 이와 같이 교육 목표와 내용, 교수-학습 방법뿐 아니라 개발한 교육과정을 학교가 어떻게 운영하고 평가해야 하는지에 관한 운영과 평가의 지침을 제시하는 등 교육에 관련된 종합적인 계획을 담은 문서를 만드는 활동이라고 할 수 있다.

2) 교육과정 개발의 수준

교육과정 개발은 여러 수준에서 이루어지는데, 각각의 수준에서 개발되는 교육과정의 기능은 그 나라의 교육체제가 어떠한가에 따라 달라진다. 즉, 국가에서 교육과정을 개발·평가하고 지역이나 학교에서 교육과정 운영의 역할을 담당하는 중앙집권적인 교육과정 체제와 교육과정의 개발·운영, 평가의 모든 활동이 지역이나 학교를 중심으로 전개되는 지방분권적인 교육과정 체제에 따라 국가·지역·학교 수준의 교육과정이 갖는 기능과 역할에 차이가 있다.

전체적인 수준에서의 학교 교육과정은 일반적으로 정부나 지역사회와 같은 학교 이상의 수준에서 교육과정 전문가들과 교육 관계자들에 의해서 개발된다. 그러나 최근에는 교육과정 개발에서 최종적인 실천자인 교사와 학생의 참여를 주장하고 있어 보다 다양한 수준에서의 교육과정 개발이 이루어져야 함을 강조하고 있다.

교육과정 개발은 우선 크게 중앙집중형과 지방분권형으로 구분할 수 있다. 중앙집중형의 교육과정 개발에서는 교육과정을 제정 또는 개정하고, 통제·관리하는 권한이 중앙정부에 속해 있다. 교육과정을 중앙집중형으로 개발하면 국가적 수준의 체계적이고도 전문적인 질 높은 교육과정을 설계할 수 있으며, 국가의 일관된 노력에 따라 교육목표의 실현이 보다 쉽고, 학교교육의 질 관리가 용이하며, 통일된 학교교육의 평가기준을 제시하여 전국의 학교수준을 균등하게 유지할 수 있다. 그뿐 아니라 지방교육청과 학교, 교사들의 교육과정 개발 업무에 대한 부담을 줄여 줄 수 있다는 장점이 있다. 반면에 학교와 교사를 수동적인 지식의 전달자로 전락시킬 수 있으며, 교육과정의 실행이 획일화·경직화되기 쉽고, 정부·지방교육청·학교·교사의 관계가 수직적이고 권위주의적인 경향으로 흐르기 쉬우며, 지역사회의 특수성에 부합할 수 있는 다양한 교육과정의 개발이 어렵다는 단점이 있다. 중앙집권적인 교육체제를 유지하고 있는 우리나라, 일본, 프랑스 등이 국가가 주도하는 중앙집중형 교육과정 개발을 하고 있다.

반면 지방분권형 교육과정 개발에서는 그 권한이 각 지역사회나 학교 또는 교사에게로 분산된다. 따라서 지역사회의 특수성을 고려하여 다양하고 탄력적인 교육과정을 계획할 수 있다. 또한 지역단위의 교육청이나 학교 또는 교사의 교육문제 해결능력과 교육적 전문성을 폭넓게 활용할 수 있고, 학생이나 학부모의 필요, 지역사회의 특수성에 따라서 선택적인 교육과정을 제공할 수 있다는 장점이 있다. 그러나 전국적으로 합의할 수 있는 교육 목표와 내용을 갖기 어렵고, 보다 전문적이고 체계적인 교육과정 개발이 어려워 질적 수준이 낮은 교육과정을 개발할 수 있으며, 각 지역이나 학교, 교사 중심으로 이루어지기 때문에 새로운 교육적 시도나 개혁을 전파하기 어렵다. 또한 국가수준의 정책실행에서도 한계를 초래할 수 있으며, 교육수준의 지역 간 격차가 심화될 가능성이 있다는 단점이 있다. 미국의 경우가 가장 대표적인 지방분권형 교육과정 개발 체제를 채택하고 있어서 교육과정 개발의 권한이 각 주로 이양되어 주 당국이 교육과정 의사결정권을 갖고 교육과정을 개발한다.

오늘날에는 이 두 가지 체제가 갖는 단점을 보완하기 위해서 중앙집중형 개발체제를 택하고 있는 나라들은 지방분권형 개발체제가 갖는 특징의 일부를 도입하고자 하며, 반대로 중앙집중형 개발체제를 택하고 있는 국가들은 지방분권형 개발체제의 장점을 도입하고자 한다. 예를 들어, 중앙정부에서 국가적인 차원의 교육과정 구성의 기본 방향과 지침을 마련하고 그러한 방향과 지침에 따라 지방 교육청 단위에서 구체적인 교육과정을 구성하기도 한다. 중앙집중형 개발체제를 택하고 있는 우리나라도 오늘날에는 지방분권형을 지향하고 있다.

3) 교육과정 개발 기관 및 참여집단

교육과정 개발에 참여하거나 영향을 미치는 기관과 사람들은 교육과정 개발체제(중앙집권적 교육과정 체제와 지방분권적인 교육과정 체제)와 교육과정 개발수준(국가, 지역, 학교 수준)에 따라 달리 선정되며, 그 역할도 달라진다. 교육과정 체제가 중앙집권적인가 지방분권적인가, 그리고 어느 지역을 배경으로 하는가에 따라 교육과정 개발에 참여하는 기관과 인사들의 활동에는 차이가 있다.

또한 교육과정의 개발은 중요한 정책결정 사항이다. 따라서 교육과정 개발을 위해서는 의사결정의 과정이 반드시 필요하다. 교육과정 개발을 위한 의사결정은 주로 국가적 수준에서 이루어지지만 다양한 수준에서 의사결정이 이루어질 수 있다. 의사결정의 과정에는 교육과정 전문가와 교과 전문가뿐 아니라 여러 인사들이 참여한다. 장학 담당자, 학자, 교장, 학부모, 시민 등 다양한 인사들이 교육과정 개발을 위한 의사결정에 참여한다. 이들은 교육인적자원부의 교육과정 편성운영위원회의 위원으로 활동하면서 교육과정 개발에 참여한다.

교육과정 개발의 주요기관은 교육과정 개발의 수준에 따라 차이가 있다. 국가수준의 교육과정 개발에는 교육행정 기관의 주무부서, 대통령 및 정부 자문 기관으로서의 위원회, 국가지원 교육과정 정책연구 기관 등이 참여하고 있다.

시 · 도 수준의 교육과정 개발에는 교육청의 교육과정 담당부서 및 요원과 교육과정위원회 등이 참여하며, 학교수준 교육과정 개발에는 학교장, 교육과정 부장, 학교 교육과정 편성운영위원회가 주도하지만 이상적으로는 모든 교사가 참여한다고 볼 수 있다. 한편 교육과정의 참여집단을 크게 세 가지로 구분해 보면 다음과 같다(김석우, 김대현, 2005).

- 교육과정 개발의 주체 집단은 교육 전문가, 교과 전문가, 교사, 학문영역 대표자, 교육관료 집단, 학교행정가, 학부모 및 시민, 학생 등으로 구성된다.
- 교육과정 개발의 시발 집단으로 정치가와 언론매체를 들 수 있다.
- 실제적인 교육과정에 영향을 미치는 관련 집단으로 교과서 출판사와 저자를 들 수 있다.

4) 교육과정 개발모형

교육과정 개발이란 학습자의 바람직한 변화를 목적으로 학습기회를 계획, 이행, 평가하는 과정이다. 교육과정 개발은 현 상황을 설명하기 위한 이론적인 연구가 아니라 교육이 목적을 달성하기 위한 전문적, 실천적인 과업이기 때문에, 다양한 선택 가능성 속에서 최선의 것을 선택해야 하는 일련의 끊임없는 선택 과정이다. 그리고 교육과정 개발의 초점은 언제나 학습자의 학습에 두어야 한다. 그러므로 오늘날의 교육과정 개발은 학습내용을 수정하거나 새로운 교과목을 개발하는 과정일 뿐 아니라 교육의 발전을 통해 사회의 변화를 바람직한 방향으로 이끌 수 있어야 한다. 특히 변화하는 지식의 본질, 학습자에 대한 개념, 사회의 요구에 적합하도록 개발해야 한다. 그러므로 교육과정 개발모형은 일정한 원리들을 요구하며, 각급 학교와 교사들이 어떤 교육목적을 실현할 수 있도록 안내해 주는 여러 가지 과정으로 이루어져 있다.

따라서 교육과정 개발자들은 보다 나은 교육과정을 산출하기 위해 효율적인 개발모형들을 모색해 왔다. 개발모형들은 합리적 모형에서부터 역동적 상호작용 모형에 이르기까지 하나의 연속선상에 분류되고 있으며, 이들 개발모형을 바탕으로 절충적 개발모형, 학교 수준 교육과정 개발모형, 창의적 재량활동을 위한 개발모형, 지역 교육과정 개발모형, 체제적 접근에 입각한 교육과정 개발모형, ICT와 정보교육과정 개발모형들도 나타나게 되었다.

전통적인 교육과정 개발모형은 Tyler와 Taba, Walker와 Skilbeck, Wheeler와 Nicholls 등의 학자들을 중심으로 합리적 개발모형, 순환적 개발모형, 역동적 상호작용 모형, 그리고 이들을 절충한 절충적 모형이 있다. 이 절에서는 현재 보편적으로 사용되는 Tyler와 Taba, Walker와 Skilbeck 그리고 구성주의 모형에 대해서 알아보고자 한다.

(1) 합리적 개발모형

종종 과학적 모형, 기술적 모형, 수단-목적 모형 등으로 불리는 이 모형은 목표로부터 시작해서 내용, 방법, 평가에 이르기까지 하나의 계열적 형태를 띠고 있다. 다시 말하면, 명확한 목표 규정과 학습자의 접근방법을 주장한다. 그리고 체제접근적/탈역사적인 성격을 가지며 가치중립적 성격을 가지고 있다.

이 모형의 대표 학자로는 Tyler와 Taba를 들 수 있다.

[그림 6-1] Tyler의 교육과정 개발모형

① Tyler의 교육과정 모형

Tyler는 『교육과정과 수업의 기본 원리』라는 저서에서 교육과정과 수업을 계획할 때 수행해야 할 네 가지 과제를 다음과 같이 표현하였다(김대현, 2006 재인용).

• 학교가 달성해야 할 교육목표는 무엇인가? (목적)
• 목표를 달성하기 위하여 어떤 학습경험을 제공해야 하는가? (학습경험의 선정)
• 학습경험을 효과적으로 조직하는 방법은 무엇인가? (학습경험의 조직)
• 목표가 달성되었는지를 어떻게 알 수 있는가? (평가)

이러한 질문들은 교육목표의 설정, 학습경험의 선정, 학습경험의 조직, 학습성과의 평가로 요약할 수 있는데, 이는 Tyler가 말하는 교육과정의 네 가지 기본 과제를 가리킨다. Tyler는 교육과정 개발을 교육목표의 규명, 학습경험의 선정과 조직, 교육 프로그램의 평가 등으로 구성되는 교육 프로그램에 대한 체계적인 계획을 세우는 활동으로 보았다.

일반적으로 Tyler의 교육과정 개발모형은 교육목표가 설정되면 이를 토대로 학습경험을 선정·조직하고, 마지막으로 학습성과에 대한 평가를 실시하는 것으로 알려져 있다. 따라서 Tyler의 모형은 교육과정 개발자들이 따라야 할 절차를 제시한다는 점에서 처방적 모형이고, 교과에서 단원으로 진행한다는 점에서 연역적 모형이며, 목표에서 평가로 진행하는 일정 방향을 가진다는 점에서 직선적 모형으로 간주된다.

　Tyler의 교육과정 모형은 국가수준의 교육과정에서 학교수준의 교육과정 개발에 이르기까지 폭넓게 적용되고 있다. 원래 Tyler는 교육과정 개발의 무대를 학교에 두고 교사를 개방의 주체로 보고 있다. 이런 이유로 그의 교육과정 개발 모형을 탈맥락적이라고 하는 것은 지나친 감이 없지 않다. 교사가 학습자, 교사, 학교, 교육환경의 특성에 대한 연구를 하고 이를 바탕으로 목표를 설정해야 한다고 한 것과 교육내용 대신에 학습경험이라는 용어를 의도적으로 사용한 것은 교육과정 개발이 학교와 교실의 특수한 맥락을 고려하면서 이루어져야 함을 강조한 것이기 때문이다.

　한편, Tyler의 교육과정 개발모형의 장단점을 살펴보면 다음과 같다.

〈Tyler 개발모형의 장점〉
- 어떤 교과, 어떤 수업수준에서도 활용, 적용할 수 있는 폭넓은 유용성이 있다.
- 논리적이고 합리적인 일련의 절차를 제시하고 있어 교육과정 개발자나 수업계획자가 이를 따라 하기가 쉽다.
- 학생의 행동과 학습경험을 강조함으로써 평가에 매우 광범위한 지침을 제공해 주었다. 특히 교육목표를 명세적으로 강조함으로써 교육목표를 둘러싼 교육과정 관련자들 사이의 의사소통을 원활하고 정확하게 하는 데 기여하였다.
- 교육과정과 수업을 구분하지 않고 통합적으로 목표-경험 선정-경험조직-평가를 포괄하는 광범위한 종합성을 띠고 있다.
- 경험적 · 실증적으로 교육성과를 연구하는 경향을 촉발하였다.

〈Tyler 개발모형의 단점〉
- 목표의 원천은 제시하고 있으나 무엇이 교육목표이고, 그것이 왜 다른 목

표를 제치고 선정되어야 하는지 그 이유를 분명하게 밝혀 주지 못한다.

- 목표를 분명히 미리 설정한다는 것은 수업 진행과정 중에 새롭게 생겨나는 부수적·확산적 목표의 중요성을 간과한 것이다.
- 목표를 내용보다 우위에 두고, 내용을 목표 달성을 위한 수단으로 전락시킨 면이 있다.
- 무엇을 가르쳐야 할 것인가에 대한 대답을 회피하고, 교육과정의 실질적 내용이 어떤 것인가를 가르쳐 주지 않고, 그것을 확인하는 절차를 제시하고 있다.
- 겉으로 평가할 수 있는 행동만을 지나치게 강조함으로써 잠재적 교육과정이나 내면적인 인지구조의 변화, 가치와 태도 및 감정의 변화를 확인하는 데 약하다.
- 교육과정 개발 절차를 절차적, 체계적, 합리적, 규범적으로 처방하여 제시함으로써 교육과정 개발활동 과정의 연속성과 실제 교육과정 개발과정에서 일어나는 많은 복잡한 것들에 대한 기술을 경시하였다.
- 가치와 규범적 의미를 내포하지 않은 기술적 용어로 교육목표를 규정하고 있다.
- 교육목표가 교육내용의 가치보다는 학습자와 사회의 필요 등의 수단적인 것으로 주어져 있다.
- 교육목표 진술 시 행동적 차원의 강조는 본말전도의 위험을 내포하고 있다.

② Taba의 교육과정 모형

Hilda Taba는 Tyler의 기본 모형을 보완한 학자라 할 수 있다. 그는 자신의 저서 『교육과정 개발: 이론과 실제(*Curriculum Development: Theory and Practice*)』를 통해 보다 현실적이고, 이론과 실제가 연계될 수 있는 교육과정 개발체제가 있어야 함을 피력하였다(김아영, 김대현, 2006 재인용).

Tyler의 기본 모형을 수정하여 개발된 이 개발모형은 Tyler의 기본 모형과 접근방법은 비슷하지만 교육과정 개발의 각 단계에서 보다 많은 정보들이 필요하

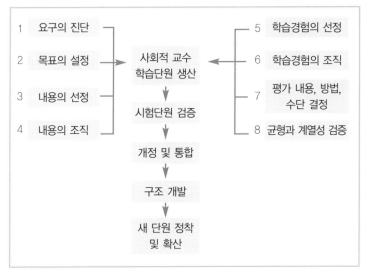

[그림 6-2] Taba의 교육과정 개발모형

다. 경험적인 절차보다는 합리적이고 계열적인 접근방법을 중요하게 보고 있다. 교육과정이 유용한 학습경험이 되어야 한다면, 교육과정 설계자는 이 과정을 통해서 학생의 욕구를 먼저 확인해야 한다. Tyler에 비추어 본다면 Taba는 교육과정의 목적이 사실상 성취되고 있는지를 알고 싶어 했던 것이다.

Tyler의 모형과 비교해 보면 다음과 같다.

- Taba의 교육과정 개발모형은 Tyler의 모형에 비해 단계를 세분화하고, 특히 수업수준에서 교수-학습 활동을 어떻게 전개할 것인가를 염두에 두고 만들어진 것이다.
- Tyler는 전체적인 학습자, 사회, 교과의 요구나 의견을 분석하였으나, Taba는 보다 좁은 범위에서 학습자에게 무엇이 요구되는가를 분석한다.
- Taba의 모형은 귀납적 모형이고, Tyler의 모형은 연역적 모형이다.
- 접근방법에 있어 Taba는 Tyler와 마찬가지로 단선형인 반면, Taba는 교육과정 개발과정의 각 단계에서 보다 많은 정보들이 투입되어야 한다고 본

다. 특히 내용에 관한 것, 개별 학습자에 대한 것 등을 이원적으로 고려할 것이 제안되고 있다.

(2) 역동적 상호작용 모형

이 모형은 교육과정 개발과정에 대하여 새로운 관점을 제시하고 있다. 교육과정 개발과정에서 자유로운 이동을 허용하고 있어서 개발자들이 순서에 구애받지 않고 필요한 경우 어느 단계에서나 진행을 할 수 있고 창의적으로 개발할 수 있다고 했다. 즉, 이 모형은 미리 결정된 정보보다는 학습자의 욕구가 더 중요하다고 본다. 대표적인 학자는 Walker와 Skilbeck이다.

[그림 6-3] Walker의 교육과정 개발모형

① Walker의 교육과정 개발모형

Walker는 교육과정 개발과정에 대한 관찰과 평가를 통해서 교육과정 개발을 위한 주요 구성요소를 추출하였고 이 구성요소를 근거로 하여 자연주의적 모형을 개발하였다. Walker의 모형에 따르면 어떤 교육과정을 만들어 낼 것인가에 대해 생각해 보는 숙의와 실지로 그것을 만들어 내는 설계가 상호작용한다는 것이다.

모든 참여자의 신중한 숙의적, 실제적 추론의 역동적 과정에 따른 경험의 공유를 통해 합의된 결정에 도달하는 모형이다. 교육과정 개발자가 처방적인 모형을 따르지 않는다고 하며, 실제로 이루어지는 개발과정을 다음 3단계로 묘사하였다.

첫 번째는 출발점 단계로, 개발자가 교육과정에 관하여 품고 있는 신념과 가치체계에서 시작된다. 이 단계는 개념, 이론, 목적, 이미지, 절차 등으로 구성된다. 교육과정 개발자는 교육과정에 대한 타당한 결정을 내리기 위하여 출발점 단계와 더불어 새로운 정보를 탐색하게 되며, 이러한 바탕 위에서 숙의단계로 들어선다. 물론 출발점 단계와 숙의단계를 구분 짓는 명확한 시점은 없다.

두 번째는 숙의 단계로, 교육과정에 대한 공통적인 그림을 찾기 위하여 개발자들이 상호작용을 한다. 개발자들은 서로 아이디어를 제시하고 협의한다. 그러나 협의의 과정이 합리적으로 전개된다고 볼 수는 없다. 그리고 숙의과정과 더불어 교육과정 개발자들이 이미 알고 있는 기존의 교육과정 정책이 설계과정에 영향을 미친다.

세 번째는 설계단계로, 개발자들이 논의를 통하여 교육 프로그램의 상세한 계획을 수립한다. 이 단계는 명시적 설계와 함축적 설계로 구성되며, 구체적인 교과, 수업, 교수자료, 믿을 만한 집단활동 등을 포함하는 교육과정을 창조하게 된다.

Walker의 교육과정 개발모형은 교육과정이 개발되는 동안 실제 일어나는 일을 정확하게 묘사하는 이점이 있으며, 이 과정이 숙의과정(대화와 갈등의 장)이라는 점을 보여 준다. 올바른 의미에서 숙의는 주어진 교육과정 문제를 가장 설득력 있고 타당한 방법으로 논의하며, 가장 유망한 교육과정 실천대안을 검토하는 일이다. 그러나 이 과정은 종종 특정 집단의 견해만 반영되거나(파당적 숙의), 몇몇 요인만 과도하게 부각되거나(제한적 숙의), 숙의의 대상에 대한 근본적인 재검토 및 재규정이 불가능하게 되기도 한다(한정적 숙의). 그리고 구체적인 실천계획은 사라지고 목적, 이상, 기본 원칙, 철학 등만 늘어놓는 결과를 낳거나(유사적 숙의), 숙의와 결정에 앞서 의사결정자를 위한 거친 수준의 정보와 의견을 다양하게 제공하는 수준(공청회)으로 전락하기도 한다(홍후조, 2003).

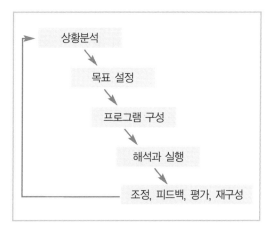

[그림 6-4] Skilbeck의 교육과정 개발모형

② Skilbeck의 교육과정 개발모형

Tyler의 초기 모형은 그의 의도와 달리

직선적 개발모형으로 알려져 있으며, 목표 설정에서 학습자와 사회의 특성 및 요구분석 과정을 하나의 주요한 단계로 인정하지 않았다.

Skilbeck은 Tyler가 소홀히 하였던 학습자와 사회의 특성 및 요구분석 과정을 중요시한다. 그는 교육과정 개발의 출발점을 추상적 상황에서 목표를 설정하는 것이 아니라 학교에서 일어나는 학습 상황을 비판적으로 평가하는 데 두고 있다. 그가 주장하는 교육과정 개발모형은 다음 두 가지 측면에서 Tyler 모형과 차이가 있다.

이 모형은 학생, 교사, 지역사회, 학부모들의 요구와 필요에 따라 발전적으로 수정할 수 있기 때문에 융통적이고 상호작용적인 교육과정 개발방식이다. 또한 다른 모형에 비하여 학교현장을 가장 잘 반영하고 현실적이고 실행 가능성이 높은 교육과정 개발절차다.

(3) 구성주의 모형

교육 분야에서 구성주의 이론은 Piaget와 Vygosky 등의 인식론적 발달이론과 실용주의(pragmatism) 철학, 지식사회학(the sociology of knowledge), 해석학(hermeneutics), 포스트모더니즘(postmodernism) 등의 다양한 철학적 이론들을 배경으로 전개되고 있다. 이들 철학적 이론과 인식론적 발달이론의 공통점은 심리학 분야의 행동주의(behaviorism)와 철학 분야의 논리실증주의(logical positivism)의 인간관과 지식관을 거부하는 점이다.

이러한 구성주의의 기본 가정에 바탕을 두고 교육의 일반 원리들이 다양하게 제시되고 있다. 이에 대해 신옥순(1998)은 다음과 같이 요약·설명하고 있다.

첫째, 학습자의 적극적 참여를 권유하고 보장한다. 학습자의 적극적 참여는 지식 구성의 일차적인 조건이므로 교육내용을 선정하고 교육방법을 구안함에 있어 학습자 개개인의 관심과 선택이 최대한으로 보장될 수 있도록 한다.

둘째, 학습자의 인지 갈등을 조장한다. 학습자의 내부에서 야기된 갈등은 자연스러운 자극제가 되어 학습 의욕을 높이므로 교사는 예민한 관찰력과 주의 깊은 관심을 통하여 학습자의 인지 갈등이 적절한 수준에서 일어날 수 있도록 학습 내용이나 자료 등을 준비할 필요가 있다.

셋째, 학습자에게 자기성찰의 기회를 충분히 제공한다. 이러한 성찰의 시간은 학습자가 주체적으로 자신의 지식을 구성하는 데 매우 의미 있는 발판이 될 수 있으므로 하나의 관심사라도 다양한 시각에서 폭넓게 접근할 수 있도록 해 줄 필요가 있다.

넷째, 다양한 사회적 경험이 가능하도록 여건을 마련해 준다. 비슷한 연령끼리의 집단 구성뿐만 아니라 연령차가 어느 정도 있는 학습자들 간의 집단 구성을 통하여 그들과 협상하고, 주장하고, 인정하고, 설득하는 등의 경험을 통하여 학습자들의 지평을 확장시킨다.

다섯째, 독창적이고 참신한 아이디어를 격려하고 지지해 준다. 실험정신과 모험심은 의미 있는 지식 구성의 출발이며 시행착오는 도약을 위한 자연스러운 과정임을 학습자에게 주지시켜 학습자가 실수에 대한 두려움에서 벗어날 수 있도록 돕는다.

교육과정에 대한 구성주의적 접근법은 지식과 학습에 있어 전통적 접근법과는 다른 접근법을 가진다. 전통주의자들은 지식을 외부에서 오는 것으로 인식하는 반면, 구성주의자들은 지식이 학습자의 사회적·물리적 환경과의 상호작용을 통해 창조된다고 본다. 따라서 구성주의적 접근법을 취하는 교사들은 전통적 교육과정 개발자와는 달리 교육과정을 학급 내에서 전개·실천하는 것으로 본다. McNeil(1995)은 교육과정 개발에서 전통적인 접근법과 구성주의적 접근법을 〈표 6-7〉과 같이 비교하였다(김석우, 김대현, 2005 재인용).

구성주의 관점에서 교육과정 개발은 국가나 지역 수준의 교육과정 개발과 더 관련이 높다고 하겠다. 학교나 교실 수준의 교육과정 개발은 학습자의 능동적이고 주체적인 학습을 통하여 지식의 교육적 구성이 가능하도록 교육내용을 학습자의 삶과 관련시킬 필요가 있으며, 이미 선정된 내용은 재구성하여야 한다.

그리고 학교에서 이와 같은 교육내용의 선정과 재구성이 가능하도록 하기 위

⟨표 6-7⟩ 교육과정 개발의 전통적 · 구성주의적 접근법의 비교

전통적 접근법	구성주의적 접근법
• 결과를 획득하고 예견되는 것으로 생각한다.	• 예견할 수 없는 결과도 가치 있는 것으로 여긴다.
• 목표가 사전에 제시되어 있다.	• 주제에 대한 학생의 현재 이해가 교육과정 개발의 출발점이 된다.
• 기대되는 교과 혹은 기능의 계속성, 교수 계열이 정해져 있다.	• 각각의 학생은 주제에 대한 이해를 개발하고자 하기 때문에 서로 다른 수준의 계열을 갖게 된다는 것을 인정한다.
• 특정한 활동이 사전에 계획된다.	• 활동은 개인 학습자에 따라 다양하며, 교사는 단지 환경을 제공할 뿐이다.
• 교육과정은 학생에 관한 정보에 기초하여 개발된다.	• 교육과정은 학습자에 대한 자료를 구체화한다.
• 자료는 주어진 개념적 수준에 따라 학습자에게 주어진다.	• 동일한 자료가 서로 다른 개념적 수준의 학습자에게 사용될 수 있다.
• 교사와 교재에 따라 문제가 주어진다.	• 문제는 목적을 달성하기 위한 학습자가 발견하도록 한다.
• 학생은 개별적으로 과제를 수행한다.	• 학생은 문제해결 과정에서 다른 학생과 상호작용하도록 격려를 받는다.
• 학생은 교육과정에서 제시되는 지식을 수용하도록 기대된다.	• 학생은 현실세계에 기여할 수 있는 지식을 구성하도록 기대된다.
• 평가는 교육과정에서 제시되는 지식에 대한 학생의 결과물에 기초한다.	• 평가는 지식을 재구성할 때 학생의 개인적 성장에 기초한다.

해서는 국가수준의 교육과정이 교과별 내용 제시에서 벗어나 교과별 목표 제시 방식으로 전환되어야 한다. 또한 학습자의 관심과 능력 수준에 알맞은 학습 자료를 교사가 자유롭게 사용할 수 있도록 교과서 중심 수업을 완화하는 제도적 · 문화적 여건을 조성해야 한다. 다시 말하면, 구성주의 관점에서 교육과정 개발은 개발을 위한 특정한 절차나 기법을 의미하는 것이 아니다. 이는 국가, 지역, 학교 등의 기관들이 행사해 온 교육에 대한 통제를 교사와 학습자에게 되돌려 줌으로써 그들이 스스로의 삶을 변화시키는 데 필요한 방식으로 교육내용(교과서 내용 포함)을 선정하고 재구성하며, 수업과 평가체제를 계획하는 활동을 의미한다.

4. 우리나라 교육과정 변천사

1945년 일본이 패망하면서 한민족은 꿈에도 그리던 광복을 맞이하게 된다. 일본 제국주의로부터의 해방은 국가의 주권이 회복되어 정치적으로 큰 전환이 이루어진 것과 아울러 한국의 교육이 전체주의적인 식민지 교육에서 민주주의적 자주교육으로 전환하는 계기가 되었다. 미 군정청은 한국의 교육제도를 정비하는 것을 가장 중요한 임무로 보았으며, 한국에서의 최초의 교육임무 중 하나는 학제를 재조직하는 것이라고 생각했다. 그러나 1949년 12월 교육법을 공포되었음에도 불구하고, 뒤이어 일어난 6·25전쟁으로 인하여 시간배당 기준표와 교과과정은 5년이나 지나서 나오게 된다. 이 시기(1954년 제1차 교육과정이 시행되기 이전의 시기)를 '교육에 대한 긴급조치기'와 '교수요목기'라고 한다. 교육과정은 교과별로 가르칠 주제를 열거하는 정도에 불과했으며 교수의 목표나 지도 시의 유의사항 등에 관한 언급은 없었다.

1) 제1차 교육과정(1954~1963)

1차 교육과정은 최초로 국가수준으로 정립된 교육과정이다. 이때의 교육과정은 '각 학교의 교과목 및 기타 교육활동의 편제'로 정의되었고, 기존의 교과를 기반으로 하여 국가수준에서 교육과정 체제가 확립되었다. 이 시기는 교과중심 교육과정 시기이지만 학생의 경험과 생활을 강조하는 생활중심 교육과정 사조가 나타났고 지적 체계 중심의 교과과정과 생활중심의 교과서를 지향했다. 교과와 특별활동을 기본 골격으로 반공·도덕과 실업 교육이 강조되었고, 특별활동에 시간을 배당하여 전인교육을 지향하고자 했다.

비판점은 연구조건이 제대로 구비되지 못하였고, 교육과정 구성의 기술 및 기초자료의 부족과 함께 급격한 사회변화로 인하여 현실과의 유리가 심하다는 반성과 여론이 제기되었다는 점이다.

2) 제2차 교육과정(1963~1973)

2차 교육과정은 본격적으로 생활중심 교육과정 개념을 채택했다. 그래서 교육과정을 '학생들이 학교의 지도하에 경험하는 모든 학습활동의 총화'로 정의하면서 '학생들의 경험 여하에 따라 그들이 어떤 인간으로 성장하게 되느냐가 결정되는 것'이라고 말하고 있다. 교육과정의 내용으로는 자주성·생산성·유용성을 강조했다. 교육과정 조직 면에서는 학생의 성장과 발달에 초점을 두는 학교급 간의 연계성, 교과 간의 통합성, 교육과정의 계열화를 통한 계통학습을 강조했다. 운영 면에서는 지역성을 강조하여 지역사회의 자원을 학습경험에 활용하도록 했다. 초등학교·중학교의 교육과정은 교과와 반공·도덕생활 및 특별활동의 3개 영역으로, 고등학교는 교과활동과 특별활동의 2개 영역으로 이루어진 구조를 갖추었다. 1972년에는 한문과목을 신설했고 1969년에는 교련과목을 신설했다.

3) 제3차 교육과정(1973~1981)

3차 교육과정은 생활중심 교육과정을 지양하고 학문중심 교육과정을 강조했다. 또한 학문적 지식의 효과적 습득을 위해 지식의 구조를 학생들에게 가르치되 학생 스스로 발견하고 탐구할 수 있도록 해야 한다는 점을 강조했다. 학생경험의 중요성을 염두에 두면서 지식체계 중심의 교과내용 조직을 시도했다고 볼 수 있다. 그리고 각 학년과 각급 학교 사이의 계통학습이 강조됨으로써 일원화된 지식구조의 체계화에 노력하였다.

편제 및 운영도 교과와 특별활동으로 이루어졌고 반공·도덕이 삭제되었다. 도덕과가 신설되고 국사가 분리되면서 초등학교·중학교에서는 한자교육을 폐지하고 국사를 강화했다. 중학교·고등학교에서는 실과교육을 필수로 편제하였다. 한편 특별활동을 통해 국민교육헌장 이념을 실천하기 위해 주력했다.

비판점은 교과를 교과답게 가르쳐야 한다는 취지에도 불구하고 학생의 경험을 고려하지 않고 학문적 지식을 과다하게 부과하였다는 점이다.

4) 제4차 교육과정(1981~1987)

4차 교육과정은 국민정신교육의 체계화, 전인교육의 강화, 진로교육의 강화, 과학·기술교육의 심화, 교육내용의 양과 수준의 적정화에 두고 건전한 심신의 육성, 지력과 기술의 배양, 도덕적인 인격의 형성, 민족 공동체 의식의 고양을 강조하였다. 이는 전인으로서의 인간교육에 초점을 맞춘 것으로 인간중심 교육과정으로 볼 수 있다. 국민정신교육을 강조하면서 전인교육을 위해 학습의 양과 수준을 축소 조정했다. 초등학교 1, 2학년 교과는 통합 운영되었다.

편제 및 운영도 교과와 특별활동으로 이루어졌다. 다만 초등학교 특별활동은 학급활동, 학생회활동, 클럽활동, 학교행사의 4개 영역에서 학급활동을 학생회활동에 통합하여 3개 영역으로 축소하였다. 고등학교에서는 공통필수과목을 두어 일반계 고등학교와 실업계 고등학교 및 기타 계열의 고등학교에 필수로 부과하였다.

5) 제5차 교육과정(1987~1992)

5차 교육과정에서는 바람직한 인간상을 '건강한 사람, 자주적인 사람, 창조적인 사람, 도덕적인 사람'으로 정했다. 이런 인간상 육성을 위해 기초교육의 강화, 정보화 사회에 대응하는 교육의 강화, 특별활동의 강조, 특수학급 운영지침 명시 등을 중점으로 삼았다. 5차 교육과정은 통합형 교육과정으로 교과중심, 경험중심, 학문중심, 인간중심 교육과정의 조화를 중심으로 개발되었으며, 4차 교육과정과 마찬가지로 초등학교 1, 2학년은 통합교육과정을 취했다.

이때도 기본적으로 교과와 특별활동을 편제 및 운영했다. 특별활동은 종전과 달리 1학년부터 시간배정을 하였는데, 이는 인간적 육성에 의해 특별활동을 충실하게 운영하려는 시도로 볼 수 있다. 고등학교에서는 정보산업을 신설했고 중학교에서는 남녀 공통 필수로 기술 · 가정을 신설했다. 그리고 반공교육을 통일안보교육으로 개칭하였다.

6) 제6차 교육과정(1992~1997)

6차 교육과정은 5차 교육과정과 같이 21세기를 대비하여 국제 경쟁력 강화를 위한 교육의 질 향상에 기하였다. 개정의 중점은 교육과정 결정의 분권화, 교육과정 구조의 다양화, 교육과정 내용의 적정화, 교육과정 운영의 효율화 등이었다. 그리하여 6차 교육과정은 우리나라 교육과정 사상 처음으로 '중앙집권형 교육과정'을 '지방분권형 교육과정'으로 전화하여 각 시 · 도교육청과 학교의 자율(재량)권을 확대하였다.

편제 및 운영은 교과, 특별활동 그리고 재량시간으로 이루어졌다. 초등학교는 3~6학년 대상으로 영어회화 등 학교재량시간이 설정되었고, 사회과와 자연과를 통합교과로 운영하여 교과통합이 확대되었다. 중학교도 학교재량시간이 확대되었는데, 기술과 가정 교과를 폐지하고 기술 · 가정 교과를 신설했다. 그리고 선택 교과제를 도입하여 한문, 컴퓨터, 환경의 세 교과나 그 외의 교과를 학교의 재량에 맞게 설정하여 운영하도록 했다. 고등학교도 마찬가지로 학교재량시간을 확대 및 강화하고 공통필수과목을 축소하여 선택과목을 확대하였다.

또한 교육과정의 진술체계가 변화되었는데, 기존에 비해 6차 교육과정에서는 교과목별 성격을 분명히 밝히면서 내용체계를 새롭게 제시하였다. 그리고 학년목표를 폐지하고 지도방법과 평가기준을 상세화하여 제시했다.

7) 제7차 교육과정(1997~2007)

7차 교육과정은 21세기 지식정보화 · 세계화 사회를 준비하기 위한 과정이다. 이는 변화하는 미래를 주도할 경쟁력을 가진 효과적 인간 양성을 위한 것으로 다품종 소량생산 교육체제를 지향한다. 수요자 중심으로 변환하기 위해 기존의 필수교과들을 축소하고 초등학교 1학년에서 고등학교 1학년까지 10년간을 국민공통기본교육 기간으로 설정했다. 국민공통기본교육은 초등 · 중등 · 고등학교 간의 상호 연계적인 교육과정을 수립하기 위한 것이다. 학생들은 10개의 국민공통과목(도덕, 국어, 사회, 수학, 과학, 실과, 체육, 음악, 미술, 외국어)을 이수하고, 고등학교 2~3학년에서는 선택과목을 통해 교육과정의 다양화, 심층화를 이루었다. 국민공통기본교육 도입과 함께 수준별 교육과정도 도입되었다. 수준별 교육과정은 학생의 흥미, 관심, 적성, 학습능력과 학습의 요구에 상응하는 교육의 내용, 방법, 기회를 제공하며, 학생에게 자기주도적 학습기회를 제공하고 학습 부진과 결손을 줄이고자 도입되었다. 수준별 교육과정은 국민공통기본교육 기간 10년과 고등학교 선택중심교육 기간 2년 동안에 걸쳐 편성 및 운영한다. 그리고 재량활동을 신설하거나 확대하였다. 재량활동은 교과 재량활동과 창의적 재량활동으로 구분된다. 교과 재량활동은 국민공통기본 10개 교과와 특별활동의 보충 및 심화 학습을 위한 것이고, 창의적 재량활동은 학교와 교사, 학생의 자율적이고 창의적인 교육과정을 위한 것이다. 또한 질관리 중심 교육과정 개념을 도입하고 교사, 학교, 지역 중심 교육과정을 편성 · 운영했다.

편제 및 운영은 교과, 특별활동 그리고 재량활동으로 이루어졌다. 고등학교에서는 아랍어 과목을 신설하여 7개 과목으로 제2외국어를 확대했고, 중학교에서는 중국어 등 생활외국어 7개 과목을 신설했다. 그리고 정보통신기술 교육을 강조하여 정보과목을 신설했다.

8) 2007 개정 교육과정

종전의 교육과정이 전면수정이었다면 2007 개정 교육과정은 수시개정 체제에 따라 개정이 이루어졌다. 기본적으로 7차 교육과정의 기본 철학 및 체제를 유지하였다. 그리고 단위 학교별로 교육과정 편성 · 운영 자율권을 확대하고 국가·사회적 요구사항을 반영하여 과학교육 및 역사교육을 강화했다. 또한 고등학교 선택중심 교육과정을 개선하였고 교과별 교육내용의 적정화를 추진하며 주5일 수업제 실시에 따른 수업시수 일부를 조정하였다.

편제 및 운영은 교과, 특별활동 그리고 재량활동으로 이루어졌다. 초등학교는 초등 통합교과 '우리들은 1학년'을 분리 독립하였다. 중학교는 역사교육 강화 차원에서 '사회'와 '역사'로 구분하며 각기 연간 수업 시수를 제시했다. 한편 역사 과목에서 '국사'와 '세계사'는 통합되었다. 고등학교는 선택과목의 단위 수를 6단위로 조정하였다. 매체 언어, 동아시아사를 신설하고 국어생활, 인간사회와 환경, 생활과 과학을 폐지하였다. 생물은 생명과학으로 명칭이 변경되었고 교련은 안전과 건강 등으로 변경되었다.

9) 2009 개정 교육과정

2009 개정 교육과정은 글로벌화된 세계 속에서 창의력을 발휘하고 미래를 개척하면서 살아가는 글로벌 창의 인재 육성을 목적으로 한다. 2009 개정 교육과정의 구조는 공통교육과정과 선택교육과정으로 이원화되어 있다. 공통교육과정은 초등학교 1학년부터 중학교 3학년까지 적용되고, 선택교육과정은 고등학교 1학년부터 3학년까지 적용된다. 그리고 발달단계가 비슷한 2~3개 학년을 하나의 학년군으로 설정하고 초등·중등·고등학교 교육과정에 교과군제를 도입하였다. 또 창의적 체험활동 교육과정 영역을 도입하고 학교 교육과정의 자율적 운영을 강화하며 진로교육을 강화하였다.

편제 및 운영을 살펴보면 초등학교는 '우리들은 1학년'을 폐지하고 창의적 체험활동 내용으로 반영하였다. 지역사회 및 학교의 여건에 따라 저학년 돌봄 활동 지원을 강화했다. 중학교는 집중이수를 통한 학기당 이수과목을 8개 이하로 편성했다. 선택과목으로 진로와 직업을 신설했다. 고등학교도 학기당 이수과목을 8개 이하로 편성했다. 핵심기초과목(국어, 수학, 영어) 이수는 더욱 강화되었고, 전문교육이 강화되었다.

참고문헌

강봉규, 이종성(1991). 교육평가신강. 서울: 형설출판사.

강현석, 주동범(2004). 현대 교육과정과 교육평가. 서울: 학지사.

길현석, 손충기(2000). 교육과정과 교육평가. 서울: 동문사.

김경배, 김재건, 이홍숙(2005). 교육과정과 교육평가. 서울: 학지사.

김경자(2000). 학교교육과정론. 파주: 교육과학사.

김대현(1994). Hirst의 지식과 교육과정. 파주: 교육과학사.

김대현(2006). Schwab의 교육과정의 실제적 탐구 원리와 그에 대한 비판의 타당성
　　　검토. 중등교육연구, 54(2), 307-330.

김대현(2012). 교육과정의 이해. 서울: 학지사.

김두정(2002). 한국학교교육과정의 탐구. 서울: 학지사.

김범준, 구병두(2007). 교육학 개론. 고양: 공동체.

김석우, 김대현(2005). 교육과정 및 교육평가. 서울: 학지사.

김아영, 김대현(2006). Schwab의 숙의 이론의 쟁점에 관한 연구. 교육사상연구, 20,
　　　43-60.

김종서(1994). 잠재적 교육과정의 이론과 실제. 파주: 교육과학사.

김호권, 이돈희, 이홍우(1997). 현대교육과정론. 서울: 교육출판사.

성태제 외(2007). 최신 교육학개론. 서울: 학지사.

송인섭 외(2005). 교육과정 및 교육평가. 파주: 양서원.

유봉호(1998). 현대교육과정. 파주: 교육과학사.

이성호(1982). 교육과정: 개발전략과 절차. 서울: 문음사.

이성호(2004a). 교육과정 개발과 평가. 파주: 양서원.

이성호(2004b). 교육과정 및 교육평가. 파주: 양서원.

이홍우, 유한구, 장성모(2003). 교육과정이론. 파주: 교육과학사.

진영은, 조인진, 김봉석(2002). 교육과정과 교육평가의 탐구. 서울: 학지사.

함수곤(2000). 교육과정과 교과서. 서울: 대한교과서 주식회사.

홍후조(2001). 제7차 교육과정에 따른 일반계 고등학교 선택과정의 편성과 운영상의

이해와 오해. 교육과정연구, 19(1), 197-229.

홍후조(2003). 교육과정의 이해와 개발. 서울: 문음사.

Brady, L. (1992). *Curriculum Development*. NY: Prentice Hall.

Eisner, E. W. (1994). *Cognition and Curriculum Reconsidered*. NY: Teachers College Press. [박승배 역(2003). 인지와 교육과정. 파주: 교육과학사].

Good, C. V. (1973). *Dictionary of Education*. New York: McGraw Hill.

Hutchins, F. P. (1936). *Curriculum Development Program Improvement* (pp. 271-280). Columbus.

Johnston, D. K. (1996). Cheating: Limits of integrity. *Journal of Moral Education, 25*, 159-171.

Kibler, W. L. (1993). Academic dishonesty: A Student development dilemma. *NASPAN Journal, 30*, 252-267.

Kilpatrick, W. H. (1918). The Project Method. *Teachers College Record, 19*, 319-335.

Marsh, C. J. (1992). *Key Concepts for Understanding Curriculum*. London: The Farmer Press. [박현주 역(1998). 교육과정 이해를 위한 주요 개념. 파주: 교육과학사].

McNeil, J. D. (1996). *Curriculum*. [전성연, 이혼정 공역(2001). 교육과정의 이해. 서울: 학지사].

Phenix, P. H. (1962). The Disciplines as Curriculum Content. In A. Harry Passow (Ed.), *Curriculum Crossroads* (pp. 57-71). New York: Teachers College Press.

Pinar, W. (2004). *What is Curriculum Theory?* NJ: Lawrence Erlbaum Associates.

Posner, G. J. (1992). *Analyzing the Curriculum*. [김인식 공역(1994). 교육과정 비평. 파주: 교육과학사].

제 7 장

교육공학

1. 교육공학의 개념

1) 정의

대부분의 사람은 '공학'이라는 말을 건물을 짓고 기계를 만드는 것과 연관 지어 인식하고 있다. 그러나 공학의 영어식 어원인 'technology'는 라틴어의 기예 또는 기술을 뜻하는 'techne'와 학문에 대한 탐구를 뜻하는 'logos'가 합성된 말이다. 이렇게 보면 공학, 즉 technology의 개념이 기계류만을 지칭하는 것이 아님을 알 수 있다. Gallbraith(1967)은 공학이란 과학적 또는 조직적 지식을 실제적인 과제의 해결에 체계적으로 적용하는 것이라고 정의하고 있으며 (나일주, 정인성, 2007), Finn(1964)은 "공학은 기계적 생산품 또는 발명품 이상으로서 체계적 사고의 과정이며 방식이다."라고 정의하였다(백영균 외, 2006).

이것은 공학의 개념에 기계류가 필수적으로 포함되는 것은 아니며 과학적 방법에 의해서 체계화된 지식을 전문화된 기법으로 적용하고 있느냐의 여부가 공학의 주요 관건이 됨을 의미한다. 즉, 공학은 과학기술 발전의 결과로 이루어진 어떤 장치나 기계를 의미하기도 하지만 때로는 과학기술 그 자체를 의미하기도 한다.

한편 이러한 개념의 공학은 이제 교육의 실제와 관련된 문제를 해결하기 위하여 매우 필요시되고 있으며, 다방면에서 접근이 이루어지고 있다. Finn(1964)은 교육과 공학의 관계를 세 가지 측면에서 제시하고 있는데 그것을 요약하면 다음과 같다(백영균 외, 2006).

첫째, 학교교육의 개혁을 통한 우수한 과학 인력의 배출이라는 사회적인 요구이며, 둘째, 교육과정의 개발을 통한 공학적 교양교육의 강화이며, 셋째, 수업과정에서 공학적인 접근의 필연성이라고 할 수 있다.

교육공학의 개념적 정의는 1963년에 미국 교육통신공학회(Association for Educational Communications and Technology: AECT)에 의해 첫 번째 공식적 정의가 발표된 이래 여러 차례 수정되어 왔다. 1963년에 Ely(1963) 등은 현재의 교육공학의 기틀을 잡는 데 중요한 공식적인 정의를 제시하였다. 1972년에는 다시 AECT에 의해 교육공학의 영역을 확정 짓는 정의가 제시되었다. 1994년에는 AECT의 요청에 의해 Seels와 Richey(1994)가 교육공학이 학문의 한 분야로 인정받을 수 있을 만큼 가장 포괄적인 정의를 제시하였는데, "학습을 위한 과정과 자원의 설계, 개발, 활용, 관리 및 평가에 관한 이론과 실제"로 정의하였다. 정확하게 말하면, 이 정의에서 저자들은 교육공학(educational technology) 대신에 교수공학(instructional technology)을 사용하였다. 이에 대해 저자들은 교육공학보다 교수공학이 보다 적절하다고 언급하고 있으나, 기본적으로 두 용어를 동의어로 간주하여도 좋다고 부연하였다(이칭찬, 이의길, 2007).

한편 1994년 AECT의 교육공학에 대한 정의는 ① 학습을 위한, ② 과정과 자원의, ③ 설계, 개발, 활용, 관리, 평가에 관한, ④ 이론과 실제라는 네 가지 주된 요소를 기술하고 있으며, 교육공학의 활동영역은 학습을 위한 설계, 개발, 활용, 관리, 평가의 다섯 영역임을 알 수 있다(윤광보, 김용욱, 최병옥, 2006).

〈표 7-1〉 교육공학과 교수공학의 정의

교육공학의 정의 (AECT, 1977)	교수공학의 정의 (Seels & Richey, 1994)	교육공학의 정의 연구위원회 (AECT, 2004)
교육공학이란 모든 인간 학습에 포함된 문제를 분석하고 그 해결책을 고안·실행하고 평가·관리하기 위하여 사람, 절차, 아이디어, 기계 및 조직을 포함하는 복합적이며 통합적인 과정이다. →	교수공학이란 학습을 위한 과정과 자원의 설계, 개발, 활용, 관리 및 평가에 관한 이론과 실제다. →	적절한 공학적 과정 및 자원을 창출, 활용, 관리함으로써 학습을 촉진하고 수행을 개선하는 연구와 윤리적 실천이다.

출처: 윤광보, 김용욱, 최병옥(2011).

2) 교육공학의 발달사

교육공학의 역사적 기원을 따지자면 교수방법이 교육공학의 주요한 탐구내용이므로 체계적인 교수방법의 시초라 할 수 있는 그리스 시대의 소크라테스와 소피스트까지 거슬러 올라가기도 하며, 그 이전인 선사시대의 크로마뇽인의 동굴벽화로 보기도 한다. 커뮤니케이션 과정이 교육의 과정이라고 보기 때문에, 커뮤니케이션을 하고자 하는 인간의 욕구를 보여 주는 동굴벽화야말로 교육공학의 시초로 여길 수 있다는 것이다. 또한 교육공학이 속해 있는 교육학의 학문적 설립 시기인 17~18세기를 기준으로 교육공학의 시초를 가늠해 볼 수도 있다.

초창기 교육공학의 사상적 배경은 코메니우스(1592~1670)의 경험주의에서 찾을 수 있다. 그는 『대교수학(*Didactica Magna*)』(1632)을 통해 처음으로 그림을 삽입한 최초의 교과서인 『세계도회(*Orbis Pictures*)』를 발표하여 감각론에 입각한 획기적인 교수방법을 사용함으로써 교육제도와 교육과정의 개혁을 시도하였다. 감각적 실학주의자였던 그는 '언어중심 교육'과는 반대로 '감각적 직관'을 중요시하여, 학습의 단서가 되는 것은 '감각'이라고 하였다. "학습은 사물과 여러 감각을 통해 이루어지므로 능력을 향상하기 위해서는 실물과 도해를 사용해야 한다."고 하며 사물에 대한 감각적 경험을 중시하였다. 그리고 Pestalozzi(1746~1827) 역시 직관에 의한 교육을 중시하였다. 자연이나 사회사상에 대한 지식을 가르치는 데 문자나 문장 또는 구술보다는 실제의 현상을 관찰시키고 그것이 불가능할 때에는 표본이나 그림을 이용하여 관찰을 통해 직접적, 실증적 경험을 주는 것이 중요하다는 것이다.

이러한 노력은 Fröbel(1782~1852)과 Montessori(1870~1952)를 거쳐 교구를 활용하는 감각교육의 발전을 가져왔으며, 이후 실용주의 철학자로 진보주의 교육사상을 이론적으로 정립한 Dewey(1856~1952)가 경험을 통한 교육으로서 경험주의 교육을 제시하였다. 경험주의 교육은 현대 교육공학의 기본 이론을 형성하는 데 많은 기여를 하였다. 이후 Thorndike(1887~1949)와 Skinner 등에 의하여 행동주의 학습이론을 기반으로 하는 다양한 교수공학적 접근이 이루어졌다. 특히 Thorndike는 동물 학습에 관한 실험실 연구를 기초로 연합주의 (connectionism) 학습이론을 정립하였다. 그는 학습에서의 법칙을 정립하여 교수공학의 기본 원리인 교수의 과학화를 꾀하고자 하였다. 교수공학의 기본 원리에는 자발적 학습활동, 흥미ㆍ동기유발ㆍ준비성ㆍ정신적 자세, 개별화, 사회화 등이 있으며 이를 실행하기 위해서는 개별 학습자의 흥미와 개별성을 고려하고 학습자의 학습활동을 바람직한 방향으로 통제하며 다양한 교수매체를 활용함으로써 학습효과를 증대시킬 수 있다고 주장하였다(조성일 외, 2002).

초기 교육공학은 언어중심의 교육방법에서 탈피하여 구체적 경험을 제공하는 시각교육을 중심으로 이루어졌다. 1900년대를 전후하여 다양한 시각적 매체를 공교육에 시도하려는 교육적 모색이 활발해졌다. 예를 들면, 공공도서관을 중심으로 성인교육 프로그램들이 개발되거나, 박물관의 시설물을 학교교육에 적극적으로 활용하려고 노력하였다. 이때 슬라이드, 필름, 표본, 수집품 등 다양한 시각적 매체를 활용하였다. 본격적인 시각교육 운동이 전개된 것은 20세기 초 미국 펜실베이니아 주와 오하이오 주의 학교들을 중심으로 학교박물관이 생겨나기 시작하면서부터다. 1905년 뉴욕 주는 최초로 시각수업과(visual instruction department)를 설치하여 각종 슬라이드 자료를 학교에 보급하기 시작함으로써 시각교육을 본격화하는 계기를 마련하였다.

1920년대에 이르러서 시각교육은 새로운 전기를 맞았다. 라디오와 음향, 녹음기술이 발달하고 바야흐로 유성영화 시대가 개막되면서 교수매체에 대한 관심도 높아지게 되었다. '시각' 교육 운동도 이러한 공학적 발전을 반영하여 자연히 '시청각' 교육 운동으로 바뀌어 불리게 되었다. 시각 수업에 관한 정기간행물 네 가지가 발간되기 시작하면서 시각교육에 관한 체계적인 연구가 이루어졌다. 사진과 무성영화 필름 등을 중심으로 각종 시각적 매체의 교육적 가치에 관한 관심이 증대되기 시작했고, 1932년 전국교육연합회(National Educational Association) 산하의 공식적인 후원기관으로서 시각교육국(Division of Visual Instruction: DVI)이 설치되었다.

제2차 세계대전은 교수매체의 급격한 발전을 가져온 계기가 되었다. 군대와 방위산업에 소집된 많은 수의 민간인에게 각종 전쟁무기의 사용, 아군과 적군의 판별, 전투기의 조종, 암호의 전송과 해독, 외국어 구사능력 등 많은 기능을 가능한 한 빠른 시간 안에 그리고 효과적으로 가르쳐야 할 필요성이 그 어느 때보다 절실하게 대두되었기 때문이다. 미국 정부의 이러한 구체성-추상성 수준에 따른 시각자료와 교수방법의 위계적 분류 개념은 1946년 Dale에 의해 보다 발전되었다.

시청각교육은 1950년대 초에 들어서면서 시청각 통신으로 발전된다. 교수-학습 보조물로서 매체를 활용하려는 접근방식에서 벗어나 통신 혹은 의사소통 과정에서 매체를 효과적으로 활용하려는 접근은 기존의 이론적 틀의 한계를 극복할 수 있을 것으로 기대되었다. 이때 가장 각광받기 시작한 교수매체로는 단연 텔레비전을 꼽을 수 있다. 1952년 미국 연방통신위원회(Federal Communications Commission)는 242개 텔레비전 채널을 교육용 목적을 위해 사용하도록 따로 지정할 정도였으며, 포드 재단은 교육용 프로그램 방영을 위해 필요한 학교 내 폐쇄회로(closed-circuit) 텔레비전 시스템 설치에 막대한 자금을 지원하였다. 1960년대에 이르러 시청각통신 교육은 교수공학 차원으로 발전하게 된다. 이러한 변화에 영향을 끼친 것으로 두 가지를 생각할 수 있다. 하나는 Skinner의 행동주의에 기반을 둔 교수기계(teaching machine)와 프로그램 수업(programmed instruction)이다. 다른 하나는 체제이론에 기반을 둔 교수개발의 모형이다.

한편 1950년대부터 미국 공립학교를 중심으로 부분적으로 적용되어 왔던 컴퓨터 보조학습(Computer Assisted Instruction: CAI)은 1970년대에도 점진적으로 지속되어 왔으며, 1980년대에 이르러 대형 메인프레임 컴퓨터가 아닌 소형 개인용 컴퓨터의 보급이 확산됨에 따라 본격적으로 활성화되었다. 학습자와의 상호작용과 학습자에 의한 프로그래밍이 가능하며, 역동적인 속성을 지닌 컴퓨터는 효과적인 교수매체로서의 가능성을 아직 인정받고 있다. 그리고 1990년을 지나면서 각종 통신기술과 컴퓨터 공학이 빠르게 발전하고 보급되면서, 교육공학 분야에서는 인터넷과 웹을 활용한 수업에 대한 관심이 나날이 증가하고 있는 추세다. 특히 CAI의 연장선으로 볼 수 있는 웹 기반수업(Web-Based Instruction: WBI) 또는 웹 기반학습(Web-Based Learning: WBL)에서는 가장 보편적인 인터넷 접속방법인 월드와이드웹을 이용한 하이퍼미디어 형태의 문서로 학습내용이 전달되며 글자와 함께 디지털 테크놀로지를 활용한 그림, 소리, 동영상 등의 멀티미디어적 요소들이 함께 제공됨으로써 흥미롭고 다채로운 교육

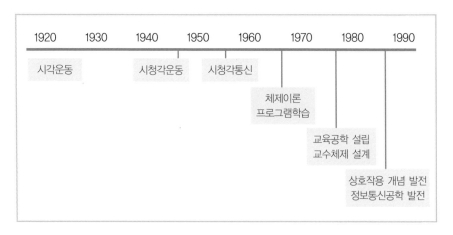

[그림 7-1] 교육공학의 발달사

적 경험을 제공하는 것이 가능해졌다.

2. 교육공학의 구성요소

Seels와 Richey(1994)의 정의를 바탕으로 보면 교육공학의 영역은 크게 설계, 개발, 활용, 관리, 평가의 다섯 가지로 나누어 볼 수 있다. 각 영역은 상호 보완적이며, 서로 영향을 주고받지만 반드시 연속적인 관계는 아니다.

1) 설계

설계란 학습에 관한 조건을 구체화하는 과정으로 교수심리학을 그 모체로 한다고 할 수 있다. 즉, 수업목적의 달성을 위해 필요한 학습목표, 방법 및 전략을 기획하는 것이다. 설계의 본질은 현재의 상황을 가장 바람직한 것으로 변화시키려는 의도로 일련의 행위를 고안하는 것이다. 따라서 교육공학에서 설계는 특정 교육문제를 해결하기 위해 다양한 처방적 활동을 고안하는 것이 된다. 일반적으로 설계영역은 학습의 여러 조건들을 분석하면서 어떻게 전체 교육 및 수업 과정을 기획할 것인가, 그리고 어떠한 학습경험을 학습자에게 안내함으로써 본래의 교수목적을 달성할 것인가에 대해 다양한 방법과 전략을 기획하는 것을 말한다. 설계영역은 하위 구성요소로서 교수체제 설계, 메시지 설계, 교수전략 그리고 학습자 특성의 네 가지로 나누어 볼 수 있다.

먼저 교수체제 설계는 체제접근에 의한 조직적인 설계과정을 의미하며, 이 체제를 체계적으로 설계하는 과정을 의미한다. 대체적으로 체제의 설계과정은 분석, 설계, 개발, 실행, 평가 등의 단계에 따라 진행되며, 개개의 과정이 하나라도 잘못되면 그 결과의 질이 크게 달라질 수 있으므로 개개의 절차는 매우 중요하다. 둘째로, 메시지 설계는 수업과정에서 학습효과를 높이기 위해서 어떠한 메시지를 사용해야 하는가, 즉 인지와 파지 이론을 이용하여 학습자로 하

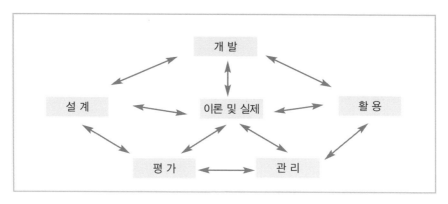

[그림 7-2] 교육공학 영역 간의 관계

여금 학습효과를 높이는 것과 관련된 설계의 하위영역이다. 다시 말해, 주의집중, 지각 그리고 기억력 등과 관련된 인지과학적 원리에 기초하여 송신자와 수신자 사이의 의사소통에 직접 관여하는 메시지 내용을 매체로 설계하는 것이다. 셋째로, 교수전략은 단위 수업 내에서 수업활동을 선택하고 계열화하는 방법이다. 즉, 수업내용과 관련하여 어떠한 교수활동을 선정해야 학습효과를 높일 수 있으며 선정된 교수활동을 언제, 어떤 순서로 제공할 것인가와 관련된 설계의 하위영역이다. 마지막으로, 학습자 특성이란 학습효과에 영향을 미치는 학습자의 배경을 의미하며, 연령, 선수학습, 지적 능력, 동기, 사회문화적 배경과 사회경제적 배경을 포함한다.

2) 개발

개발이란 수업매체의 제작 분야로서 설계과정을 통해 나온 명세서에 근거하여 실질적인 자료를 만들어 내는 과정이다. 즉, 교수매체를 제작하고 전달하는 방법이다. 개발영역은 인쇄매체, 시청각매체, 컴퓨터 기반공학, 통합공학 등으로 구분된다. 먼저 인쇄매체는 기계나 책, 사진, 그림 등을 통하여 책이나 동영상 자료를 제작하고 전달하는 방법을 일컫는다. 사진과 그림 등은 시청각매체로도 분류가 되지만, 인쇄물 형태로도 구현된다는 점에서 이 분류에 포함된다. 둘째, 시청각매체는 기계와 전기 기자재를 사용하여 제작된 음성 및 시각 메시지를 제시하는 자료를 말한다. 시청각매체로는 필름, 슬라이드, OHP 자료, 텔레비전, 비디오 등이 있다. 이러한 매체들은 모두 메시지를 순차적으로 제시하기 때문에 학습자의 참여나 상호작용이 컴퓨터 기반공학에 비해 적게 허용된다. 셋째, 컴퓨터 기반공학은 컴퓨터를 사용하여 메시지를 제작하고 전달하는 방법을 일컫는다. 이 영역에 속하는 것으로는 컴퓨터 기반학습(CBI), 컴퓨터 보조학습(CAI), 또 컴퓨터 관리학습(CMI) 등이 있으며, 학습자의 높은 상호작용성을 보장하기 때문에 학습자 중심적이라고 말할 수 있다. 넷째, 통합공학은 컴퓨터의 제어하에 다른 유형의 매체를 통합하여 자료를 개발하는 방법이다. 통합공학은 컴퓨터 또는 멀티미디어에 한정되지 않고, 컴퓨터와 더불어 여러 외부 매체를 활용하는 것을 의미한다.

3) 활용

활용영역은 효과적인 학습을 위해 과정이나 자원을 사용하는 것이다. 이는 곧 학습자와 학습 자료 및 활동을 연결하고, 학습자를 이에 맞게 준비시키며, 수업활동 시에 학습자를 이끌고, 결과에 대한 평가 및 조직 내에서 제반 지원이 원만히 이루어질 수 있도록 체계화하는 일을 포함한다. 활용영역은 매체 활용, 혁신과 보급, 실행과 제도화, 그리고 정책과 규제의 네 가지 하위요소로 구성되어 있다. 먼저 매체활용은 보다 효과적인 학습을 위해 매체를 체계적이고 다양하게 사용하는 것을 말한다. 사실 교육현장에서 매체는 효과적인 수업을 위해 활발히 활용되고 있다. 둘째, 혁신과 보급은 새로운 변화나 매체가 전파되는 과정을 의미한다. 즉, 새로운 개념이나 정보를 보급하여 인식하게 하여 수용자가 채택하게 하고자 하는 목적을 가지고 계획적인 전략을 사용하여 실시하는 의사소통 과정을 의미한다. 셋째, 실행은 교수 자료나 전략을 실제 환

경에서 사용하는 것이고, 제도화는 한 조직의 문화와 구조 안에서 수업의 혁신
을 일상적이고 지속적인 활동으로 통합하는 것을 의미한다. 넷째, 정책과 규제
는 교수공학을 보급하고 확산하여 활용하는 데 영향을 미치는 사회의 규칙과
법칙 행위를 말한다.

4) 관리

관리는 기획과 조정을 통해서 교육공학의 과정과 결과를 운영하고 조절하는
것이다. 즉, 관리영역은 공학 분야와 관련된 실제 현장에서 교육공학 전문가들
이 수행하는 역할을 의미한다. 전통적으로 교육행정학의 영역으로 분류되는
관리는 교육공학에서도 매우 중요한 영역이다. 교육공학자들은 비록 학교 운
영 전체를 담당하는 경우는 없지만, 교수-학습을 지원하는 기관, 예컨대 학습
자료 센터 또는 미디어 센터 등을 담당하게 된다. 관리영역의 하위 범주로는
프로젝트 관리, 자원 관리, 전달체제 관리 그리고 정보관리가 있다.

먼저 프로젝트 관리란 교수설계·개발 프로젝트를 계획, 점검 그리고 조정
하는 등의 일련의 업무를 말한다. 프로젝트의 목적을 명백히 하고 프로젝트 수
행의 세부활동을 결정하며 예산을 집행 및 관리하는 것 등이 여기에 속한다.
둘째, 자원관리란 각종 자원의 체제와 서비스를 기획, 조직, 조정, 감독하는 일
련의 행위를 말한다. 여기서 자원이란 요원, 예산, 재료, 시간, 시설 그리고 교
수 자원을 포함한다. 자원관리에서 주요 요인은 비용 대비 효과와 학습효과가
얼마나 있느냐다. 셋째, 전달체제 관리는 수업자료의 전달 및 보급이 이루어지
는 절차나 방법을 기획, 점검, 통제하는 일련의 활동을 의미한다. 이를테면 인
터넷을 전달체제로 하였다면 하드웨어와 소프트웨어의 사양과 요구조건은 무
엇인지, 어떠한 기술적 자원을 제고해야 하는지 등을 다룬다. 넷째, 정보관리
는 학습자원을 공급하기 위해 정보를 기획하고 조정하여 적절히 저장하고, 이
를 전달하고 처리하는 것을 말한다. 정보관리는 정보를 획득하고 원활하게 사
용하도록 지원한다는 측면에서 매우 중요하다.

5) 평가

평가는 수업 산출물의 가치를 규명하여 필요한 의사결정을 하는 데 사용될 정보를 제공하는 영역이다. 교육공학은 무엇보다도 효과적 및 효율적 프로그램의 개발 또는 교수-학습 과정의 설계에 관심을 두고 있기 때문에 평가는 교수-학습 프로그램의 가치를 규명하는 데 초점을 맞추고 있다. 교육공학의 평가영역에는 문제분석, 준거지향평가, 형성평가, 총괄평가의 네 가지 요소가 포함된다. 먼저 문제분석은 문제의 성질과 문제 발생에 영향을 미치는 요인을 규명하는 것이다. 이 문제분석은 일반적으로 잘 알려져 있는 요구분석과 목표설정까지 포함하는 개념이다. 둘째, 준거지향평가란 평가이론에서 말하는 것처럼 사전에 선정된 내용 또는 목표에 비춰 학습자의 성취도를 측정하는 것을 의미한다. 셋째, 형성평가는 산출물이 개발되는 과정에 실시되는 것으로 자료 및 프로그램의 적절성에 대한 정보를 수집하여 문제점을 파악하는 것이다. 마지막으로, 총괄평가는 한 단위의 교수 프로그램의 실행 후에 실시되고, 프로그램의 유용성을 결정하기 위해서 적절성에 대한 정보를 수집하고 이를 이용하는 것을 말한다. 교육공학은 보다 효과적인 프로그램을 개발하고자 하기 때문에 총괄평가보다는 형성평가에 더 관심을 기울이고 있으며 이와 관련된 연구를 수행하고 있다.

3. 교수매체

1) 개념

일반적으로 교수매체란 모든 수업에 사용되는 것을 말하는데, 이런 것이 예전부터 사용되던 교수방법은 아니었다. 예전의 우린 선조들은 서당에서 훈장님의 설명으로 모든 공부를 하였으며, 1980년대 이전에까지만 하더라도 선생님의 판서, 학생의 필기 그리고 선생님의 설명으로 하는 수업이 일반적이었다. 그러나 요즘에 들어오면서 학습의 능률을 향상하는 교수매체의 사용이 부각되고 있다. 어원적으로 보면 교수매체는 '사이(between)'를 의미하는 'medius'라는 말에서 유래하였다. 메시지를 전달하고 받는 과정에서 사용되는 수단이 곧 매체라고 볼 수 있다. 따라서 교수매체란 교육목표가 효과적이고 매력적인 방법으로 안전하게 달성될 수 있도록 하기 위해 교수자와 학습자 사이 또는 학습자와 학습자 사이에 필요한 커뮤니케이션이 발생하도록 도와주는 다양한 형태의 매개수단 또는 제반 체제다.

2) 교수매체의 기능

매체의 종류에 관계없이 모든 매체가 보편적으로 갖고 있는 교육적 기능은 크게 매개적 보조기능, 정보전달 기능, 학습경험 구성기능 그리고 교수기능의 네 가지로 볼 수 있다.

(1) 매개적 보조기능

교수매체의 가장 보편적이면서도 잘 알려진 기능이라 할 수 있다. 교사가 학습자를 가르칠 때 보조수단으로 매체를 사용하는 것이 매체를 사용하지 않을 때보다 학습의 효과를 높일 수 있다는 것이다. 교수매체를 사용하면 교사와 학습자가 의사소통을 보다 원활히 할 수 있고, 가르치는 데 소요되는 시간을 줄일 수 있어서 수업을 좀 더 능률적으로 수행하게 된다. 그리고 명료한 메시지, 변화 있는 영상의 전개, 컬러, 특수효과 등에 의해 학습자의 주의력을 끌기 때문에 학습을 즐겁게 할 수 있게 하여 동기유발을 시켜 주고 적극적인 학습태도를 갖게 한다. 교수매체의 매개적 보조기능은 매체를 사용하는 사람의 기술이나 상황에 따라 크게 좌우될 수 있기 때문에 매체의 활용방법에 따라 학습효과가 다르게 나타날 수 있다.

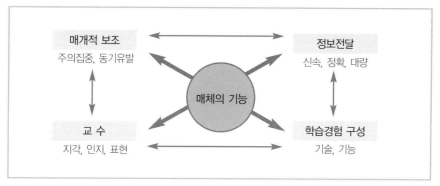

[그림 7-3] 교수매체의 기능

(2) 정보전달 기능

교육의 가장 기본적인 형태는 가르치는 사람과 배우는 사람이 일대일의 직접적인 관계에서 주로 언어 및 표정을 통하여 정보를 전달하고 전달받는 것이다. 그러나 한 사람의 교사가 동시에 많은 학습자를 대상으로 가르쳐야 하는 상황일 때에는 교사와 학습자 모두 어려움을 겪게 된다. 이러한 문제를 해결하여 교육을 보편화하는 데 크게 공헌했던 것이 인쇄매체였다. 그리고 과학기술의 발달과 더불어 TV, 비디오, 컴퓨터, 멀티미디어와 같은 정보통신매체가 보급된 후에 한 교사가 많은 학습자를 가르칠 수 있고 더 많은 정보를 신속하게 전달할 수 있는 가능성이 커지게 되었다. 이러한 매체들에 사물, 사상, 개념, 사고과정 등을 기록하여 시간과 공간을 초월해서 지식이나 정보를 전달할 수 있는 것이다.

(3) 학습경험 구성기능

매체 그 자체가 학습경험을 구성하는 기능을 하기도 한다. 매체가 이러한 기능을 하는 예는 기능교육을 위해 타자기, 피아노, 사진기 혹은 기기 등을 사용하는 것을 말한다. 이때 매체는 그 자체가 학습내용을 포함하고 있으며, 또한 기능을 획득하기 위한 대상물이 된다. 학습자는 매체를 통해서 학습할 수도 있지만, 매체 자체를 학습대상으로 삼아 기능적인 경험을 습득할 수도 있다. 즉, 매체는 학습할 내용인 동시에 경험을 구성하는 기능을 갖고 있다.

(4) 교수기능

교수기능이란 매체를 효과적으로 구성, 활용하여 학습자의 지적 능력을 개발시키는 것이다. 이러한 교수기능을 위한 매체에는 컴퓨터, 교육 TV, 교육영화, 상호작용 CD, 멀티미디어를 활용한 교수 프로그램 등을 들 수 있다.

3) 교수매체의 분류

1920년대에 등장한 교수매체에 대한 체계적인 시각은 1937년 Hoban과 1947년 Dale에 의해 제시되었다(백영균 외, 2006). 먼저 Hoban은 시청각자료의 가치를 구체성에 따라 판단되는 것으로 가장하고 다양한 매체들을 구체와 추상의 축을 사용하여 분류하였다. 가장 추상적인 교육형태는 언어에 의존하는 경우다. 사실에 가까운 구체적인 매체일수록 메시지가 정확하게 전달되고 학습자의 지식 획득에 효과적이지만 추상성이 높아질수록 이해도는 그만큼 낮아진다.

Hoban의 제자인 Dale은 '경험의 원추(Cone of Experience)'로 알려진 시청각 매체의 분류방법을 제시하였다. 경험의 원추모형에서는 시청각 교재가 제공하는 구체적 경험의 정도에 따라 교재를 분류한다. 이에 따라 원추의 상부로 올라갈수록 추상성이 높아지고 하부로 내려올수록 구체성이 높아진다. 그는 학습자들이 구체적인 경험을 먼저 학습한 후에 추상적인 경험을 하는 것이 보다 효과적이라고 주장을 하였다.

Dale의 이론은 Bruner의 교수이론과 일맥상통한다. Bruner는 지식의 표현양식을 세 가지로 나누어 제시하고 있다. '행동적' 표상양식(학령 전기의 아동들은

〈표 7-2〉 Dale의 경험의 원추

행동적 단계 (learning by doing)	• 실제로 경험 • 직접 행동을 통한 구체성이 높은 상징을 포함하는 단계
관찰적 단계 (learning by observation)	• 매체를 통해 전달되는 실제적 상태의 관찰자 • 간접 경험을 통한 어느 정도의 구체성을 지닌 매체들이 속하며, 보고 듣는 매체를 통하여 관찰단계의 학습이 이루어진다.
상징적 단계 (learning through abstract)	• 상태를 표현하는 상징체계의 관찰자 • 추상성이 가장 높은 상징들을 포함

이전의 사건을 적절한 행동이나 동작을 통해서 재현할수 있다. 예컨대, 아이는 자신의 집에서 가게까지 가는 길을 친구에게 말로 설명할 수 없지만 이전에 갔던 방식으로 직접 친구를 데려다 줄 수 있다) → '영상적' 표상양식(초등학교 입학 전후의 정보의 재현 형태로서, 아이들은 사태를 지각과 영상의 선택된 조직에 의해서 요약하게 된다. 예컨대, 아이는 집에서 가게까지 가는 길을 친구에게 그림으로 그려서 가르쳐 줄 수 있다) → '상징적' 표상양식(초등학교 상급반의 10세에서 14세 전후의 아이가 지니는 정보처리 체계로서, 자신의 경험을 언어 등의 기호로 표현할 수 있는 것을 말한다. 예컨대, 아이가 친구에게 길을 말로 설명해 주거나 산수문제를 산술 기호를 이용해서 풀 수 있게 되는 것이다)이다. 이것은 Dale의 원추개념을 보완해 주고 있다.

즉, Bruner가 말한 행동적 표상양식, 즉 학습자가 자신의 행위를 통해 주어진 학습개념을 습득하는 것은 Dale의 행위에 의한 학습과 일치하고, 영상적 표상

〈표 7-3〉 Bruner의 지식의 표상양식

행동적 표상양식	직접적인 체험에 의하여 행동적으로 지식이 경험되고 표상되는 경우
영상적 표상양식	그림에 의하여 표현되는 것을 관찰함으로써 영상적으로 지식이 경험되고 표상되는 경우
상징적 표상양식	문자와 같은 상징체계에 의한 이해과정이 이루어지는 것으로 상징적으로 지식을 학습하는 것

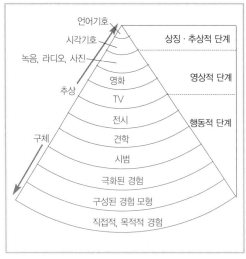

[그림 7-4] Dale의 경험의 원추와 Bruner의
세 가지 표상양식

양식, 즉 영상이나 도표를 통해 주어진 학습 개념을 개괄적으로 이해하는 것은 Dale의 관찰에 의한 학습과 일치하고, 상징적 표상 양식, 즉 언어적 표현에 의하여 도출되는 상 징적 또는 논리적 명제를 조직함으로써 주 어진 학습경험을 습득하는 것은 Dale의 추 상을 통한 학습과 일치한다.

그러나 Bruner가 말한 행동적, 영상적, 상 징적 학습의 개념은 학습자에게 제시되는 자극의 특성보다는 학습자의 정신적 조작의 특성을 강조한 것이었다는 점에서 Dale의 개념과 구별된다. 또한 Dale은 학습자에게 제시되는 시청각 교구 및 교재가 창출할 수 있는 학습경험의 변별을 강조하는 반면, Bruner는 학습자의 인지발달 단계에 따른 교수방식의 선별적 처방을 강조하고 있다. 한편, Dale과 Bruner의 견해를 하나의 모형으로 통합하여 제시하면 [그림 7-4]와 같다.

4) 교수매체의 필요성

현대를 매체시대라고 할 만큼 대중매체는 오락과 정보화의 형태로 우리 생 활에 파고들었다. 필름, 텔레비전, 도표, 인쇄자료, 컴퓨터, 교수자 등 통신을 원활히 하기 위해 사용되는 매체가 형식적 · 비형식적인 다양한 상황에서 교수 목적으로 어떤 내용을 학습자들에게 전달할 때 이것을 교수매체라고 한다. 그 러므로 이러한 교수 상황에는 반드시 교수자와 학습자, 교수내용, 교수매체로 구성되는 통신과정이 있게 된다.

(1) 통신채널로서의 교수매체

정보원으로부터 목적지까지 정보를 전달하는 것을 통신이라고 할 때, 새로운 학습은 보통 새로운 정보에 의존하기 때문에 통신이 일어나지 않으면 효과적인 교수도 일어날 수 없다. 그러므로 교수매체를 효과적으로 활용하기 위해서는 통신과정을 이해하는 것이 도움이 되는데, 이는 [그림 7-5]와 같이 나타낼 수 있다.

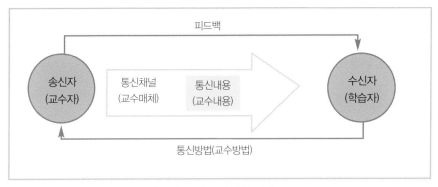

[그림 7-5] 교수통신 관계도

교수내용은 보통 주제와 관련된 것이지만 학습자에 대한 지시사항, 내용에 대한 질문, 반응의 적절성에 대한 피드백, 그 외에 다른 정보일 수도 있다.

교수방법은 학습자가 목표를 성취하거나 내용을 내면화하도록 돕기 위해서 선택된 교수의 과정으로서 제시, 시범, 반복연습, 개인지도, 게임, 시뮬레이션, 발견, 문제해결 등의 방법이 적용된다.

피드백은 학습자가 교수를 어떻게 받아들였는지 교사에게 나타내는 기술로 얼굴 표정, 몸동작, 토론, 학생회의, 숙제, 퀴즈에 대한 반응 등 다양하다. 피드백은 교수가 성공적인지 아닌지 확인할 수 있게 해 줄 뿐 아니라 어디에서 어떤 문제를 더 보완하고 수정해야 될지를 알려 준다.

이처럼 교수–학습 과정은 하나의 통신과정이며 교수매체는 통신 채널로서 교수자와 학습자 간의 통신이 보다 원활히 이루어질 수 있도록 기여한다.

(2) 학습경험으로서의 교수매체

매체활용에 대한 이론적 개념 확립 없이 결국은 유용하게 될 것이라는 기대 만을 갖고서 학습자들에게 매체를 사용하는 것은 단순히 매체를 기계적으로 활용하는 데 그칠 수 있다. 그러므로 교사는 매체, 학습, 교수 간의 관계설정에 기초하여 특정한 자료와 방법을 선택할 수 있어야 한다. 이때 Piaget의 이론(도식, 동화, 조절)과 Bruner의 표상양식(행동적, 영상적, 상징적 표상양식)이 이론적 기초로 활용될 수 있다.

① Piaget의 인지발달론

Piaget는 개체가 환경과 상호작용하면서 자신의 인지구조를 발달시킨다고 보는데, 이때 '경험을 범주화하고 구조화'하는 간단한 틀 자체를 도식(schema)이라고 했다. 그리고 개인이 환경 내의 새로운 사물을 인지할 경우, 자신의 인지체제에 견주어 적절성 여부를 따져서 현존하는 체제에 위치시키는 것을 동화(assimilation)라고 하였다. 반대로 개인이 지니고 있는 기존의 인지구조를 새로운 형태(종류)로 변경·수정·재조직하는 것을 조절(accommodation)이라고 하면서 개인의 지적 발달은 이러한 동화와 조절을 통해서만 가능하다고 했다.

② Bruner의 지식의 표상양식

학문으로서 지식을 가르칠 때 지식의 구조를 가르쳐야 한다고 주장한 Bruner는 어떤 영역에 놓여 있는 지식의 구조도 지식의 표상양식, 즉 어떤 결과를 얻어 내는 데 필요한 일련의 행동(행동적 표상), 어떤 개념을 대표하는 일련의 개괄적인 도표나 영상(영상적 표상), 명제들을 형성시키거나 변형시키는 데 쓰이는 규칙 또는 상징적으로 논리적인 명제(상징적 표상)의 세 가지 방법으로 표현될 수 있다고 했다.

　교사는 우연히 자연스럽게 학습자들이 경험을 하도록 기다리기보다는 새로운 도식을 창조하고 현존하는 도식을 수정할 수 있는 경험을 학습자에게 주어야 할 책임이 있는데, 이때 교수매체는 많은 경험을 제공하는 역할을 할 수 있다. 또한 어떤 관련된 경험도 갖지 못한 학습과제일 경우, 실제 경험으로부터 영상적 표상을 거쳐 상징적 표상의 순서를 따른다면 학습이 촉진된다. 물론 이 단계에서 학습자의 현재 경험수준의 성격에 따라 적절한 표상약식이 선택되어야 하는데, 교수매체는 경험의 구체-추상 연속체가 잘 이루어지도록 구체적인 경험을 제공할 뿐 아니라 이전의 경험과 새로운 경험을 통합하도록 돕는다.

　물론 교사는 특정 경험과 그것을 학습하기 위해서 필요한 시간의 관계를 고려하여 어떤 교수매체가 더 가치가 있는지, 또 학습자의 경험적 배경에 더 적절한지 등 교수의 기본 원칙에 기초하여 적절한 학습경험을 제공할 수 있는 교수매체를 활용해야 한다. 예를 들어, 견학과 영화는 비교적 동일한 경험을 주지만 시간 면에서는 영화가 더 절약적이다.

　이와 같이 교수매체는 교수-학습 과정에서 교수자와 학습자 간의 의사소통이 원활히 일어날 수 있게 하는 통신채널로서 학습자의 학습경험을 범주화·구조화하고 구체성과 추상성의 연속체상으로 확대할 수 있게 한다.

　또한 매체의 속성은 표준화된 교수매체의 활용에 따른 교수활동의 표준화, 학습자들의 다양한 감각기관의 자극, 구체적이고 다양한 정보제시에 따른 동기유발 및 교수-학습 과정의 효율성, 필요한 시간과 장소에서 교수-학습 활동을 가능하게 하고 반복·재생이 가능함으로써 오는 편리성 및 학습내용의 파지 효과성, 교수매체 활용에 따른 교수자의 강의부담 경감과 그로 인해서 파생되는 시간을 연구활동이나 소집단·개별학습에 활용함으로써 긍정적인 역할증대 등의 결과를 가져올 수 있기 때문에 교수매체의 필요성이 증대된다.

5) 교수매체의 선택모형

어떤 교수매체를 선택할 것인가 하는 문제는 교수-학습 과정의 실행을 위해 매우 중요한 문제다. 흔히 교수개발 모형에서 어떤 교수매체를 사용할 것인가는 대체적으로 설계가 종료된 후에 개발단계에서 결정된다. 교육공학에서 교수매체 선정과 관련하여 가장 널리 알려져 있는 모형으로는 Heinich 등(1999)이 제시한 ASSURE 모형이다. ASSURE 모형은 수업 매체와 자료를 효과적이고 체계적으로 활용하기 위한 지침으로 절차적 모형의 일종이다. ASSURE는 6개의 앞 글자를 모아서 만든 것으로 여섯 단계를 명세화한 요인과 절차에 의하여 수행하면 학습이 보장된다는 의미로 해석되기도 한다. 여섯 단계는 학습자의 특성 분석(analyze learner characteristics), 목표 진술(state-objectives), 매체의 선정, 개조 및 설계(select, modify or design materials), 매체와 자료의 활용(utilize materials), 학습자 참여 요구 반응(required learner response), 평가와 수정(evaluation)이다.

(1) 학습자 특성 분석

교수매체를 활용하고자 할 때 교사는 우선 학습자의 특성을 분석하여 파악해야 한다. 이를 위해서는 다음의 세 가지 측면을 분석해야 한다.

- 학습자의 연령, 학년, 직업 또는 지위, 지적 특성, 사회 · 경제 · 문화적 요인 등과 같은 일반적 특성이다. 이것들은 생활기록부, 조사표, 학습자와의 대화, 동료 교사들의 의견으로부터 자료를 얻을 수 있다.
- 학습자의 선행학습 수준으로서 교사의 질문, 면접, 검사지 등으로부터 자료를 얻을 수 있다.
- 새로운 개념이나 원리를 학습하는 과정에서 학습자 나름대로 정보를 처리하는 학습양식을 분석한다.

(2) 목표 진술

교수매체의 체제적 활용을 위한 두 번째 단계는 명확한 목표를 진술하는 것이다. 목표는 교수매체와 교수방법의 선택에 도움이 될 뿐 아니라 학습이 끝난 후 평가를 위한 기준과 방법을 제공한다. 따라서 목표는 교사의 입장에서가 아니라 학습자 입장에서 그들이 도달해야 할 목표지점과 획득해야 할 능력을 진술해야 한다.

목표는 가능한 한 자세하게 진술하는 것이 좋으며, 목표 진술 시 다음을 고려해야 한다.

- 목표에는 대상학습자, 수행용어의 사용, 수행 상황(조건), 목표달성 기준 (등급) 등이 명시되어야 한다.
- 목표의 유형을 밝힌다. 보통 인지영역, 정의적 영역, 운동기능적 영역, 인간 상호관계 학습영역으로 분류할 수 있다.
- 목표 진술 시 개인차를 고려한다. 목표에는 기대되는 성취수준의 처리기준을 설정함으로써 개인차에 따른 융통성 있는 기준을 적용할 수 있다.

(3) 매체의 선정, 개조 및 제작

매체의 선정, 개조 및 제작 과정은 주어진 학습과제에 적합한 방법을 선택하고, 적절한 매체의 유형이 무엇인지 선택하는 단계, 예를 들면 매체선정 체크리스트와 같은 표를 이용하여 슬라이드, 차트, OHP 등을 적합한 매체로 선정하는 것, 선정된 매체유형 내에서 구체적인 자료를 선택하거나 수정하거나 설계하는 세 단계를 거치게 된다.

- 학습자와 학습형태에 적합한 방법에는 한 가지 혹은 몇 가지 방법이 결합될 수도 있다.
- 적합한 매체유형을 선정하기 위해서 다양한 매체선택 모형들을 참고할 수

있다. Romizowski(1988)는 집단의 크기를 고려한 교수방법, 학습과제의 유형, 학습자 특성, 행정적·경제적인 실제적 제약, 교사의 태도와 매체활용 기술, 교수환경의 여섯 가지가 매체선정에 영향을 준다고 했다. [그림 7-6] 처럼 각각의 변인에 어느 정도의 비중을 두고 매체를 선정할 것인가는 교사 자신이 결정해야 한다.

• 매체유형을 선정한 후에는 그 매체에 적합한 자료를 선택해야 한다. 자료는 즉시 이용 가능한 것, 약간의 수정으로 활용 가능한 것이 있는지를 먼저 검토해 보아서 적합한 것이 없다면 새로운 자료를 개발한다. 그러므로 자료 제공원(각 시·도교육청의 교육연구원, 공공도서관, 방송사의 영상사업단 등)과 인터넷을 통한 검색, 교사들 간의 정보교환에 민감해야 하며, 교사 개인별 자료 파일을 작성해 두면 도움이 된다. 또한 새로운 자료를 개발할 경우에는 학습목표, 학습대상, 비용, 기술적 숙련도, 교구확보, 시설확보, 시간적 여유 등을 고려하여야 한다.

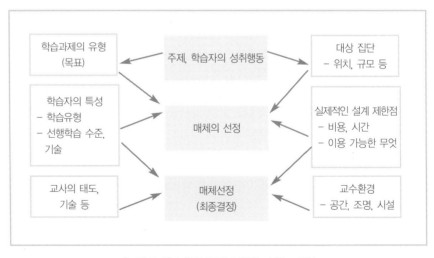

[그림 7-6] 매체선정에 영향을 미치는 요인

(4) 매체와 자료의 활용

ASSURE 모델의 네 번째 단계는 교사와 학생들이 매체와 자료를 활용하는 것이다. 자료활용 시 최대의 효과를 내기 위해서는 자료를 사전에 점검하고 준비하며 적합한 환경을 구축하고, 학습자들을 준비시킨 뒤 학습경험을 제공해야한다.

- 자료의 점검은 대상 학습자와 교수목표에 사용하고자 하는 자료가 적합한지를 판단하는 것으로서, 교사 스스로의 사전점검이 중요하다.
- 자료를 준비하기 위해서는 먼저 교사와 학생이 필요로 하는 모든 교재와 교구를 모아야 한다.
- 자료제시에 적합한 환경은 편한 의자와 적절한 환기장치, 온도조절 장치, 조명이 설비된 곳이다.
- 자료제시 전 학습자들에게 내용의 개관, 주제와의 관련성, 동기부여, 암시, 특수용어 설명 등을 한다.
- 자료제시 시 교사는 적극적이어야 하며 학습자들이 주의집중을 할 수 있도록 한다.

(5) 학습자 참여 요구

1900년대 초 학습자들의 참여가 수업의 핵심과정이 되어야 한다고 역설한 Dewey와 이후 Skinner를 비롯한 행동주의 심리학자들이 주장한 바람직한 행동을 위한 끊임없는 강화제공의 필요성, 심리학의 인지이론에서 효과적 학습을 위한 학습자의 적극적인 정보처리 활동의 중요성 강조 등은 모두 학습과정에 학습자들의 적극적인 참여가 학습효과를 향상하는 데 도움이 된다는 사실을 뒷받침하고 있다. Gagné 역시 학습목표를 위한 조건 중 가장 기본적인 조건은 바람직한 기술습득을 위한 '연습'이라고 했다. 이처럼 학습과정에 학습자들이 적극적으로 참여하도록 하는 것은 학습목표 달성을 위해서 중요하다.

학습자들의 참여를 이끄는 방법으로는 새로운 어휘의 반복적 사용, 연습장에 수학문제를 풀어 보게 하는 것, 농구연습을 시키는 것, 학기말 숙제로 실제물을 구성하도록 하는 것 등 다양하다. 이때 학습능력이 하위집단인 학습자들에게는 올바른 반응에 대해서 즉각적인 확인을 해 주어야 하는데, 이것은 차후학습에의 동기유발을 가져오기도 한다. 토론이나 퀴즈, 적용연습 등은 학습의진행 중에도 강화를 제공하고, 추후활동 역시 학습자 참여를 위한 좋은 기회를제공한다. 또한 교사 지침서나 교재 지침서 등에도 학습자 반응을 이끌어 내고강화하기 위한 기술과 활동들을 제시하는 경우가 있으므로 참고할 수 있다.

(6) 평가와 수정

ASSURE 모델의 마지막 단계인 평가는 학습자 성취도 평가, 매체와 방법에 대한 평가, 교수과정 평가 등 여러 목적을 갖는다.

- 학습자 성취도를 평가하는 방법은 학습목표의 특성에 달려 있다. 비교적 단순한 지적 기능을 요구하는 목표들은 필답검사나 구두시험으로 평가할 수 있으나, 행동과정을 요구하거나 창조적 활동의 산물을 요구하는 목표들은 실제 행동을 관찰함으로써 보다 정확한 평가를 할 수 있다. 태도학습을 평가하기 위해서는 장기간의 관찰과 각기 다른 상황에서의 관찰이 요구되기도 한다.
- 매체와 교수방법에 대한 평가가 이루어져야 한다. 이를 위해서 교수자료의 효과성, 발전 가능성, 비용의 경제성, 제시시간의 적절성 등을 평가한다. 평가결과는 개별 자료마다 파일 형태로 보관해 두면 차후 활용에 도움이 된다. 평가방법으로 학습토론, 개별면담, 학생 행동의 관찰이 활용되며 이때 교사는 자신이 만든 평가표나 '평가형 모듈'을 활용할 수 있다([그림 7-7] 참조).
- 평가는 계속적인 과정이므로 교수 전, 교수 중, 교수 후에 모두 일어날 수

```
┌─────────────────────────────────────────────────────────────────────┐
│                                                                       │
│   평/ 가/ 형/ 모/ 듈                                                    │
│                                                                       │
│   사용자 _____          날 짜 _____              │
│                                                                       │
│   1. 이 모듈의 목표는:                                                  │
│                  분명하다                              불분명하다        │
│                  7        6        5        4        3        2        1 │
│                                                                       │
│   2. 학습활동은:                                                        │
│                  대단히 재미있다                          지루하다       │
│                  7        6        5        4        3        2        1 │
│                                                                       │
│   3. 포함영역은:                                                        │
│                  적절하다                              부적절하다        │
│                  7        6        5        4        3        2        1 │
│                                                                       │
│   4. 모듈은:                                                            │
│                  어렵다                                   쉽다          │
│                  7        6        5        4        3        2        1 │
│                                                                       │
│   5. 전체적으로 이 모듈은:                                              │
│                  우수하다                              형편없다          │
│                  7        6        5        4        3        2        1 │
│                                                                       │
└─────────────────────────────────────────────────────────────────────┘
```

[그림 7-7] 평가형 모듈

있다. 학습과정에 대한 평가인 교수 도중의 평가는 교수-학습의 문제와 어려움을 발견해서 교정하고자 하는 진단의 성격이 강하다.

• 모아진 평가자료를 점검해 보아서 그 결과가 만족스럽지 않다면 계획의 잘못된 부분으로 되돌아가 수정이 이루어져야 한다. 교사 스스로 교수의 질을 향상하려고 노력하는 것이 무엇보다도 중요하다.

4. 수업방법의 유형

교수방법의 형태는 무엇을 기준으로 하느냐에 따라 달리 분류된다. 학습자의 의지 면에서 보면 자율학습, 지도학습, 타율학습으로 구분될 수 있고, 학습집단의 조직 면에서 보면 대집단학습, 소집단학습, 개별학습으로, 학습목적 면에서 보면 문제해결학습, 구인학습, 연습학습, 감상학습으로 구분될 수 있다. 또한 학습활동 면에서 보면 독서학습, 토의학습, 관찰학습, 창작학습 등으로 분류할 수 있다.

1) 강의법

강의법은 가장 오래된 교수방법이다. 이는 교과서를 바탕으로 주로 교사의 언어를 통한 설명과 해설에 의하여 학생을 이해시켜 나가는 방법이다. 즉, 강의법은 교수자의 주도하에 일방적으로 학습자에게 학습정보를 전달하고 이해시키는 형태를 말한다.

보편적으로 강의법은 새로운 인지기술을 학습할 때 효과적으로 적용할 수 있고, 다른 방법에 비해 정해진 시간 안에 많은 내용을 전달할 수 있다. 즉, 짧은 시간 안에 방대한 자료를 전달할 수 있는 것이다. 또한 교수자의 의도에 따라 학습내용의 보충, 첨가, 삭제가 가능하며, 학습의 분량, 시간, 학습환경을 융통성 있게 조절할 수 있다. 이러한 강의법은 다른 교수방법과 달리 교수자 중심으로 학습을 진행하는데, 교수자가 상황에 따라 학습과정을 적절하게 조절할 수 있다. 그리고 비교적 학습자의 특성에 국한하지 않고 광범위하게 활용할 수 있으며, 많은 사람들이 친근하게 느낀다.

반면에 강의법은 교사중심의 수업이므로 학생들이 수동적으로 지식을 전달받기 때문에 지식의 단순 암기나 이해에 그치게 되어 표현력, 비판력, 문제해결력과 같은 고등정신 능력을 기르기 어려우며, 획일적인 일제학습으로 인하여 학습자의 개인차를 고려한 교수가 곤란하다. 학습자는 각기 다른 다양한 특성을 가지고 있지만 교수자 주도의 교수-학습 상황하에서 한 교수자가 다수학습자의 특성을 모두 고려하여 수업을 진행한다는 것은 어려운 일이므로 일반적으로 중간수준 학습자의 이해 정도 및 학습속도에 맞춘다. 따라서 상위수준의 학습자는 지루함을 느끼고, 하위수준의 학습자는 학습내용을 제대로 이해하지 못해 의욕 상실감을 경험할 수 있다.

〈표 7-4〉 강의식 수업의 절차

단 계	구체적 활동내용
1단계 학습문제 파악	• 학습자와 우호적인 관계형성 • 학습목표 제시 • 학습동기의 유발 • 선행학습의 확인 및 처치 • 선행조직자의 이용
2단계 학습문제 해결	• 학습할 개념, 원리, 법칙 등 학습내용의 제시 및 설명 • 필요한 학습 자료와 매체의 체계적인 제시 • 학습문제 해결 • 지속적으로 주의 집중시키기
3단계 일반화	• 문제해결의 연습 및 다양한 예제의 적용 • 통합조정의 원리 이용 • 학습내용의 강조 및 요점 정리 • 심화 및 확충 설명 • 차시 예고 및 과제의 제시

2) 토론법

토론법은 어떤 주제, 이유, 논쟁점 등을 분석, 탐색, 토론하기 위하여 학생과 교사들이 다같이 언어로 상호작용하는 방법이다. 토론의 목적은 학습자의 참여를 유도하고 학습문제를 비판적으로 분석하여 창의적인 능력과 협동적인 기술을 개발하는 한편, 특정 문제 상황에 대한 해결책을 탐색하거나 태도변화를 유도하는 것이다. 즉, 토론법은 학습의 목적을 달성하기 위하여 학습자가 자신의 의견을 제시하고 다른 사람의 의견을 받아들이는 상호작용 속에서 합의점을 찾고 문제를 해결하는 방법이다. 이 방법은 민주주의 원칙에 기반을 둔 학습활동으로 교수자와 학습자 모두의 의사소통 기술과 대인관계 기능의 함양을 토대로 이루어진다.

이러한 토론법의 장점은 타인의 의견을 듣고 정보를 습득함으로써 자신의 생각을 심화·보충·확대시킬 수 있는 연구적인 태도를 배울 수 있다는 것이다. 또한 개방적인 의사소통과 협조적인 분위기 속에서 학습자가 적극 참여하게 되므로 학습동기와 흥미를 유발할 수 있다는 점과 학습자가 집단활동의 기술을 개발하고 민주적인 태도를 배울 수 있다는 것이다. 이 외에도 학생 자신의 생각을 일관성 있게 나타내고 의미 있게 표현할 수 있는 의사소통 기술을 연습할 기회를 제공한다는 것과 대화를 통해 상호 의견을 교환하고 집단적으로 문제를 해결하는 협력의 과정을 전제로 하기 때문에 사회적 기능 및 태도를 형성할 수 있다는 것이다. 반면 토론법의 단점으로는 발표내용보다 발표자에 중점을 두기 쉽고 감정에 좌우되기 쉬우며 방관적인 태도를 취하는 학습자가 많을 수 있다는 것이다. 또한 집단의 크기가 크면 원활한 토론이 이루어질 수 없으므로 집단 구성원의 수에 한계가 있다는 것과 리더가 미숙하면 효과적인 토론이 이루어질 수 없으므로 리더의 영향력이 크다는 것이다.

토론법의 유형으로는 성숙한 학생들에게 유리한 소집단토론, 3~10명 정도의 소규모 집단에 유리한 원탁토론, 1~3명 정도의 전문가가 공개연설을 한 후 그 내용을 중심으로 참가자와 질의하는 방식의 공개토론 등이 있다. 이 밖에도 4, 5명의 학습자가 연사로 선출되어 정해진 주제의 상이한 측면에 대해 5분간의 시간이 할당되어 서로의 입장을 비판적으로 발언하는 배심토론, 토론주제에 대하여 권위 있는 전문가 몇 명이 각기 다른 의견을 공식 발표한 후에 이를 중심으로 하여 교수자(사회자)가 토론을 진행하는 단상토론, 3~6명으로 편성된 집단이 주어진 주제에 대해 6분가량 토론을 하는 형태로서 토론과정이 소집단 간의 활발한 토론활동으로 이루어져 마치 벌떼가 윙윙거리는 상태와 같다

〈표 7-5〉 **토론식 수업의 절차**

절 차	내 용
절차 1 (토의문제 확인과 동기유발)	토의가 시작될 때 토의 진행자는 토의의 목적과 주제 및 방식을 분명하게 설명해야 하며, 학습자 전원이 이를 이해하고 자신의 역할을 파악하여 적극적으로 반응할 수 있도록 동기유발을 시켜야 한다.
절차 2 (토의문제 분석)	토의문제의 다양한 측면을 검토하고 평가해야 한다. 이때 진행자는 토의가 목적지향적이 되도록 유의하되 학습자가 자연스럽게 참여할 수 있도록 유도한다. 또한 원만하고 개방적인 분위기를 조성해야 한다.
절차 3 (가설 설정)	아이디어 창출과정으로 문제해결의 핵심부분이다. 이때 잠시 브레인스토밍을 할 수도 있고 제안된 대안에 대한 장단점을 간단히 토의할 수도 있다.
절차 4 (가설 검증)	최적의 가능성을 가진 대안을 찾기 위한 기준이나 준거를 개발한다.
절차 5 (일반화)	토의결과가 생활에 응용되거나 행동으로 실천될 수 있도록 일반화한다.
절차 6 (마무리 · 평가)	이제까지 토의한 내용을 요약 · 정리하고 결론을 도출한다. 토의식 목적을 달성했는지를 확인한 후 학습자에게 피드백을 제공한다. 때로는 토의의 흐름을 플로차트로 정리해 주는 것도 바람직하다.

고 해서 붙여진 버즈(buzz) 토론이 있다.

3) 협동학습

협동학습은 집단을 조직하고, 공동의 목표를 설정하며, 설정된 목표를 달성하기 위하여 공동으로 노력하고, 구성원끼리 도움을 주고받는 학습방법이다. 전통적인 소집단학습과 비교할 때 협동학습은 긍정적인 상호 의존, 개별 책무성 그리고 동등한 성공기회 등의 요소가 포함된다. 즉, 협동학습은 학습능력이 각기 다른 학습자가 동일한 학습목표를 향하여 소집단 내에서 함께 활동하는

〈표 7-6〉 협동학습을 성공적으로 달성하기 위하여 갖추어야 할 다섯 가지 기본 요소

기본 요소	내 용
긍정적인 상호 의존성	집단 구성원 모두가 서로 협력하여 같은 목표를 향해 나아간다는 긍정적인 상호 의존성이 필요하다.
면대면을 통한 상호작용	집단 구성원이 서로 얼굴을 마주 대하여 관심을 가지고 서로 개방적이며 허용적인 태도를 보여 주어 심리적으로도 일체감을 가지는 것이 필요하다.
개별 책무성	집단 구성원 각자의 수행이 집단 전체의 수행결과에 영향을 주며, 또 집단 전체의 수행은 구성원 각자의 수행에 다시 영향을 준다는 서로 간의 책무성이 필요하다.
사회적 기술	집단 구성원 간에 원만한 인간관계를 가지므로 지적인 측면뿐만 아니라 정의적인 측면에서도 긍정적이다.
집단의 과정화	집단 구성원 모두가 적극적으로 학습활동에 참여하는 과정을 통해 협동학습에서 요구되는 원칙과 기술을 익혀야 한다.

학습방법이다. 여기서 '전체는 개인을 위하여, 개인은 전체를 위하여'라는 태도를 갖게 되고, 집단 구성원의 성공적 학습을 위하여 서로 격려하고 도움으로써 학습부진을 개선할 수 있다고 생각한다. Johnson과 Johnson은 협동학습을 성공적으로 달성하기 위하여 갖추어야 할 다섯 가지 기본 요소를 긍정적인 상호 의존성, 면대면을 통한 상호작용, 개별 책무성, 사회적 기술, 집단의 과정화로 제시하였다(박숙희, 염명숙, 2007).

한편, 이러한 협동학습의 장단점을 살펴보면 다음과 같다(변영계, 김영환, 손미, 2005).

먼저 장점을 살펴보면, 첫째, 학교에서 협동학습을 행하는 과제가 사회에서 요청되는 과제와 성격이 흡사하여 협동학습을 많이 한 경우 사회에 적응하거나 문제를 해결하는 데 많은 도움을 받을 수 있다. 둘째, 혼자서 학습하는 경우보다 더 많은 것을 학습할 수 있다. 셋째, 혼자서는 시도하기 어렵다 싶은 일도 여럿이 해내다 보면 자신감이 생기게 되어 주어진 과제에 대한 도전을 하는 데 필요한 적절한 기질, 성향, 태도 등이 개발된다. 넷째, 다른 학습자가 가지고 있

는 학습방법을 관찰하고 배울 기회가 주어진다. 다섯째, 학습자는 동료에게서 도움을 받는 과정에서 다른 사람의 힘을 빌릴 수 있는 능력을 갖추게 된다. 여섯째, 무슨 일이든 서로 나누어 함께 해결하고 그 결과에 대해 보람을 갖는 협력적 태도를 형성할 수 있다. 다음으로 협동학습의 단점을 살펴보면, 첫째, 어떤 일을 수행할 때 과정보다는 결과를 중시하는 버릇이 생길 수 있다. 둘째, 소집단 내에서 특정 학습자나 리더가 어떤 것을 잘못 이해하고 있을 때 다른 사람이 그것을 그대로 따라갈 우려가 있으며 이럴 경우 잘못된 이해가 더욱 강화되는 경향이 있다. 셋째, 학습과정이나 학습목표보다는 그저 집단과정만을 더 소중히 생각하는 경향을 초래할 수 있다. 넷째, 학습자가 교사에게 의존하는 경향이 감소하는 대신 또래에게 의존하는 경향이 커질 우려가 있다.

마지막으로 협동학습의 유형을 살펴보면, Slavin에 의해 개발된 팀 학습 형태인 팀 성취 분배 보상 기법(STAD)과 주어진 과제에 대한 지식의 정도를 게임을 통해 알아보는 팀 토너먼트식 게임법(TGT), 동료 간에 높은 수준의 상호 의존

〈표 7-7〉 협동학습의 절차

절 차	내 용
수업목표의 명세화	학습과제를 분석하여 수업목표를 명세화한다.
협동학습 모형의 선택	협동학습의 다양한 모형 중 교사는 학습자의 특성과 수업목표를 고려하여 최적의 협동학습 모형을 선택해야 한다.
소집단의 구성	협동학습의 소집단 크기는 학습과제에 따라 다양할 수 있으나 보통 2~6명이 가장 적당하다.
협동학습의 방법 및 절차에 대한 지도	적합한 협동학습의 모형이 결정되면 교사는 이를 실행에 옮길 수 있도록 학습지도안을 작성하고 협동학습의 절차와 방법에 대해 학습자에게 충분히 주지시킨다.
협동기술 지도	협동학습의 효과를 극대화하기 위해서는 협동의지와 협동기술을 높여 주기 위한 전략이 필요하다.
협동학습 실시	협동학습이 진행되는 동안 교사는 학습의 전반적인 운영을 도와주며 안내자의 역할을 한다.
협동학습의 결과 평가	협동학습의 결과에 대해서는 평가가 이루어져야 하는데, 전통적인 평가방법이나 수행평가를 실시할 수 있다.

체제를 요구하는 직소(Jigsaw) 학습법 I과 학생들을 전문가 집단과 학습팀으로 나누어 전문가 집단에 속한 학생들이 복잡한 영역을 연구하고 정보를 수집하여 그 전문성을 학습팀에 나누는 직소 학습법 II가 있다. 이 외에도 인문사회계열의 문제해결에 용이하며 정의적 학습에 효과적인 집단조사, 수학과목에의 적용을 위한 협동학습과 개별학습의 혼합모형인 팀 보조 개별학습(TAI) 등이 있다.

4) 인지적 도제학습

인지적 도제학습은 기존 교수설계에서 경시되었던 현실과 유사한 상황에서의 학습, 실제적 과제수행 경험, 교사와 학생의 밀접한 상호작용, 토론을 통한 역동적 학습 등을 중시한다. 이는 교수설계 방법의 새로운 방향을 제시하며, 차세대 교수설계의 실체를 반영하고자 하는 최근의 연구동향과도 그 맥을 같이한다. 즉, 인지적 도제학습은 학습자가 실제 과제를 수행하는 과정에서 전문가의 인지적 도구를 습득, 개발, 활용할 수 있도록 함으로써 학습이 일어나는 것을 의미한다. 인지적 도제학습은 전문가가 이미 습득한 검증된 지식을 학습자가 전문가와 일상적인 생활에서 사회적인 상호작용을 통해 습득하도록 하는 데 목적이 있다. 일반적인 도제와의 차이점은 인지적 도제학습은 도제의 내용이 물리적인 것이 아닌 학교교육을 통해 습득되는 인지적인 활동에 초점을 두고 있다는 것이다(변영계, 김영환, 손미, 2007). 인지적 도제학습의 종류로는 학생이 일을 수행하는 데 필요한 과정을 관찰하거나 개념적 모델을 세울 수 있도록 전문가가 수행하는 일을 포함하는 모델링, 과제에 대해 이전에 알지 못했던 측면을 학생에게 직접 주의시켜 주거나 알고 있었지만 일시적으로 빠뜨린 과제의 어떤 측면을 학생들에게 회상시켜 주는 코칭, 아동이 처음 접해 보는 문제를 근처의 어른이나 아니면 그 문제를 접해 본 적 있는 사람이 도와주는 비계설정, 학생이 그들의 지식, 생각 또는 문제해결 과정을 정확히 표현하도록 하는 명확한 표현과 학생이 자신의 문제 해결 과정과 전문가, 다른 학생, 궁극적으로 전문가의 내적 인지 모델을 비교할 수 있도록 해 주는 반성적 사고 등이 있다.

참고문헌

교육공학용어사전 편찬위원회(2005). 교육공학 용어사전. 파주: 교육과학사.

교육인적자원부(2002). 원격대학 학사행정 및 조직모형 개발연구. 교육정책연구 특-33.

권낙원(1991). 교사의 지시적 수업. 교육월보, 2월호.

권성호(1998). 교육공학의 탐구. 파주: 양서원.

김범준, 구병두(2007). 교육학개론. 고양: 공동체.

김용식(1983). 발견식 수업과 설명식 수업의 전이효과. 서울대학교 대학원 석사학위논문.

나일주, 정인성(2007). 교육공학의 이해. 서울: 학지사.

박미숙(1991). LOGO를 이용한 문제해결력 신장을 위한 수업모형 설계. 동국대학교 교육대학원 석사학위논문.

박숙희, 염명숙(2007). 교수-학습과 교육공학. 서울: 학지사.

백영균(1992). LOGO프로그래밍. 파주: 양서원.

백영균 외(2006). 교육방법 및 교육공학. 서울: 학지사.

변영계, 김영환, 손미(2007). 교육방법 및 교육공학. 서울: 학지사.

봉미미(1998). 자기효능감과 자기규제적 학습: 교육공학 관련 연구에의 시사점. 교육공학연구, 1, 4(1), 97-118.

봉미미(2003). 교육공학 연구에 관한 이론적 고찰. 교육과학 연구, 34(3), 41-70.

봉미미, 송정근(2004). ICT활용 수학수업에 대한 중학교 수학교사와 학생들의 인식 및 태도조사. 교과교육학연구, 8(2), 25-43.

성태제 외(2007). 최신 교육학개론. 서울: 학지사.

윤광보, 김용욱, 최병옥(2011). 교육방법과 교육공학의 이해. 파주: 양서원.

윤정일 외(2005). 신교육의 이해. 서울: 학지사.

이옥화(1993). LOGO프로그래밍의 교육적 의의와 실천 방안 모색. 교육공학 연구, 8(1), 81-102.

이칭찬, 이의길(2007). 교육방법 및 교육공학. 서울: 태영출판사.

이홍우(1973). 인지학습이론. 서울: 교육출판사.

이화여자대학교 교육공학과(2004). 교육공학. 파주: 교육과학사.

임철일(2002). 웹기반 자기조절학습을 위한 설계 전략. 김영수, 강명희, 정재삼 편저, 교육공학의 최근 동향(pp. 337-357). 파주: 교육과학사.

장혜원(1991). LOGO언어의 수학 교육적 고찰. 서울대학교 대학원 석사학위논문.

전성연, 백영균(1992). 교육과 컴퓨터. 파주: 양서원.

조미옥(1991). LOGO프로그래밍의 안내적 교수법을 통한 인지 모니터링 전략의 발달. 교육공학, 5(7), 161-180.

조미헌(1992). 프로그래밍의 학습 효과 및 교수 방법. 교육개발, 14(1), 84-92.

조성일, 최혜영, 신재흡(2006). 지식기반사회에서의 교육방법 및 교육공학의 이론과 실제. 서울: 동문사.

최동근, 양용칠, 박인우(1997). 교육방법의 공학적 접근. 파주: 교육과학사.

최성희(2002). 인터넷을 이용한 학교교육. 김영수, 강명희, 정재삼 편저, 교육공학의 최근 동향(pp. 243-270). 파주: 교육과학사.

한국교육개발원(1992). 문제 해결 학습을 위한 CIA프로그램 전형(Prototypes) 개발. 서울: 한국교육개발원.

한국교육학술정보원(2001). ICT활용교육 장학지원 요원 연수교재(교육자료 TM 2001-4). 서울: 저자.

한상길 외(2007). 교육학개론. 고양: 공동체.

허영주(1991). 컴퓨터 프로그래밍 학습이 수학적 문제해결력에 미치는 효과에 대한 연구. 동국대학교 대학원 석사학위논문.

허희옥(1992). 컴퓨터 화면에 제시되는 문제의 유형, 제시 형태와 학습자의 문제해결 능력이 문제해결에 미치는 영향. 이화여자대학교 대학원 석사학위논문.

Andrews, D. H., & Goodson, L. A. (1995). A comparative analysis of models of instructional design. In G. J. Anglin (Ed.), *Instructional Technology: Past, Present, and future* (2nd ed., pp. 161-182). Englewood, CO: Libraries Unlimited.

Bamberger, H. J. (1984). The effect of Logo (Turtle Graphics) on the problem solving strategies used by forth grade children. Unpublished doctoral dissertation. ML: The University of Maryland.

Blackwelder, C. K. (1986). LOGO: A Possible Aid in the Development of Piagetian Formal Reasoning. Unpublished Doctoral Dissertation. Gogia State University.

Bloom, B. S. (1956). *Taxonomy of Educational Objectives* (Hand Book I: Cognitive Domain). NY: David Mackay.

Cathcart, W. G. (1990). Effects of Logo Instruction on cognitive Style. *Journal of Educational Computing Research, 6*(2), 231-242.

Cho, M. O. (1991). Guided instruction With Logo programming and the development of cognitive monitoring strategies among college students. Unpublished doctoral dissertation. Ames, IA: Iowa State University.

Clark, R. E. (1994). Media will never influence learning. *Educational Technology Research and Development, 42*(2), 21-29.

Clements, D. H. (1987). Longitudinal study of the effects of Logo Programming on congnitive abilities and achievement. *Journal of Educational Computing Research, 3*(1), 73-94.

Clements, D. H. (1991). Enhancement of Creativity in Computer Environments. *American Educational Research Journal Spring, 28*(1), 173-187.

Delclos, V. R., Littlefield, J., & Bransford, J. D. (1985). Teaching thinking through Logo: The importance of method. Technical Report, No. 84, 1, 2. Nashville, TN: George Peabody College for Teachers.

Dewey, J. (1933). *How We Think*. Boston: D.C. Health and Co.

Dick, W., & Carey, L. (1996). *The systemic design of instruction* (4th ed.). New York:

Longman.

Gentry, C. G. (1995). Education Technology: A Question of meaning. In G. J. Anglin (Ed.), *Instructional Technology: past, present, and future* (2nd ed., pp. 1-10). Englewood, CO: Libraries Unlimited.

Grandgenett, N. F. (1989). An investigation of the potential of guided Logo programming instruction for use in the development and transfer of analogical reasoning. Unpublished doctoral dissertation. Ames, IA: Iowa State University.

Green, C., & Jeager, C. (1983). Teacher, Kids, and Logo. California: Educomp, publ.

Heinich, R., Molenda, M., Russell, J. D., & Smaldino, S. E. (1999). *Instructional media and Technologies for learning* (6th ed.). Upper Saddle River, NJ: Merrill Prentice Hall.

Many, W. A., Lockard, J., & Abrams, P. D. (1988). The effect of learning to program in LOGO on reasoning skills of Junior High school students. *Journal of Computing Research, 4*(2), 203-210.

Mayer, R. E. (1975). Information Processing Variables in Learning to Solve Problem. *Review of Educational Research, 45*(4), 525-541.

Mayer, R. E. (1988). Introduction to research on teaching and learning computer programming. In R. E. Mayer (Ed.), *Teaching and learning computer programming: Multiple research perspectives* (pp. 1-12). Hillsdale, NJ: Lawrence Erlbaum Associates.

Reiser, R. A. (2002). What field did you say were in? Defining and naming our field. In P. A. Reiser & J. V. Dempsey (Eds.), *Trends and issue in instructional design and Technology* (pp. 5-15). Upper saddle River, NJ: Merrill Prentice Hall

Seels, B. B., & Richey, R. C. (1994). *Instructional Technology: The definition and domains of the field.* Bloomington, IN: AECT.

Shrock, S. A. (1994). A brief history of Instructional Development. In G. J. Anglin (Ed.), *Instructional Technology: Past, present, and future* (2nd ed., pp. 11-19). Englewood, CO: Libraries Unlimited

교육의 측정과 평가

1. 교육평가

1) 정의

교육의 목적이 인간의 행동을 변화시키는 것이라면 교육평가의 목적은 교육이 행동변화를 가져왔느냐를 판단하는 행위라고 간단히 정의할 수 있다. Tyler는 교육평가(educational evaluation)란 용어를 1930년부터 사용하였으며, 교육목표의 달성 여부를 판단하는 행위를 교육평가라고 정의하였다.

Tyler는 교육평가란 교육과정과 수업활동을 통해 교육목표가 실제로 도달된 정도를 결정하는 과정으로 정의하였다. Cronbach는 교육평가란 교육 프로그램에 관한 의사결정을 내리는 데 필요한 정보를 수집하고 사용하는 과정으로 정의하였으며, Stufflebeam은 평가란 의사결정 과정에 필요한 정보를 기술, 수집, 제공하는 과정으로 정의하였다. 한편 Nevo는 의사결정 과정에서 가치판단을 배제한다는 것은 현실적으로 있을 수 없는 일이라고 반박하면서 교육평가를 교육의 과정 또는 성과에 관해 어떤 결정을 내릴 목적으로 교육의 과정과 성과에 대한 가치와 장점을 체계적으로 조사·활용하는 과정과 활동이라고 정의하였다. 이러한 정의를 종합하면, 교육평가란 교육과 관련된 모든 것의 양, 정도, 질, 가치, 장단점 등을 체계적으로 측정하여 판단하는 주관적 행위라고 할 수 있다.

2) 교육평가의 명제

교육평가가 본질적으로 인간을 이해하기 위해 존재하는 것이지 인간을 규정하고 심판하며 범주화하기 위해 존재하는 것이 아니라는 명제는 다음과 같은 세 가지 측면에서 중요한 시사점을 지닌다.

첫째, 인간은 현실성보다 가능성이 크고, 주어진 조건보다 개발될 수 있는 잠재 가능성이 무한하다는 신념이다. 현재의 그의 능력, 현재의 그의 성적보다 그것을 극복할 수 있다는 사실에 보다 더 의미를 부여할 때 거기에는 인간이해의 평가 개념이 발생한다. 그러나 이 같은 가능성을 부인하고 현실성에 집착할 때 거기에는 인간을 심판, 판단, 범주화하는 인간규정의 의식이 대두된다.

둘째, 교육평가의 자료와 대상 및 시간은 무한하다는 신념이다. 학생이 남겨 놓은 낙서 한 줄, 그림 한 장, 일기장 한 토막, 대화 한마디가 모두 인간이해의 자료가 될 수 있다는 가능성을 음미해야 한다. 그러나 이러한 흩어진 자료가 교육평가의 자료로 여과되기 위해서 선행되어야 할 것은 그것을 찾고 보는 교사의 눈이다. 교사가 교과 전문가로만 머물고 있을 때 이러한 숱한 자료는 교육평가의 자료로 활용되지 않는다. 교사는 교과 전문가이기에 앞서 인간 이해자여야 한다.

셋째, 교육평가는 계속적이고 종합적인 과정이어야 한다. 계속성이라는 것은 특수한 장면이나 특수한 사건에서만 평가하지 않고 언제나 모든 장면에서 평가해야 한다는 뜻이다. 교육평가는 시험을 볼 때만 존재하는 것도 아니며, 오늘 끝나면 내일은 없는 것도 아니다. 수업을 할 때마다, 숙제를 낼 때마다, 대화를 나눌 때마다 평가의 기능은 발휘되어야 하며, 이렇게 누적된 기록 혹은 자료가 학생을 평가하기 위한 전후 통일성, 관련성을 밝혀 준다. 종합성이란 평가의 과정이 한 학생의 특성 전체에 걸쳐 넓은 면에서 이루어져야 한다는 뜻이다. 학생의 학업성적만 평가하는 것이 교육평가의 전부는 아니며, 그 외에 태도, 인성, 사회성, 자아개념, 도덕성, 신체발달 등 여러 면이 동시에 평가의 과정에서 고려되어야 한다.

3) 교육평가의 기능

교육평가의 기능을 보는 시각은 다양하다. 특히 교육활동과 연관 지어 교육평가가 지니고 있는 기능을 살펴보면 다음과 같다.

첫째, 학습자의 학업성취도를 평가하는 일이다. 즉, 교육이 목표지향적 행위의 활동이라면, 목표가 어느 정도 달성되었는가는 학습자의 학업성취도를 확인함으로써 가능하다. 다시 말해, 교육평가는 교육목표의 달성도에 관한 증거와 정보를 수집하는 것을 주요 기능으로 삼는다.

둘째, 개별 학습자 또는 한 학급 전체가 직면하고 있는 학습곤란을 진단하고 치료하는 일이다. 교육평가란 기본적으로 교육을 보다 효과적이고 효율적으로 하기 위한 수단이라고 볼 수 있다. 따라서 교육평가는 교육활동이 전개되는 과정에서 개별 학습자나 학급이 느끼는 제반 문제점들을 적시에 발견하여 그에 따른 조치를 마련해 줌으로써 교육과정이 부드럽고 원활하게 될 수 있도록 돕는 역할을 해야 한다.

셋째, 교육 프로그램의 교육적 효과를 평가하는 일이다. 교육 프로그램이란 매우 복합적인 개념이다. 여기에는 교육과정, 수업 계열과 절차, 수업자료, 학급조직 등이 포함된다. 이러한 교육 프로그램을 통해 결과가 발생하고, 그 결과는 교육 프로그램의 질을 나타내는 것이 된다. 따라서 교육평가의 중요한 영역 중 하나는 교육활동의 결과를 분석하고 그 결과를 확인하여 프로그램의 질적 개선을 위해 시사해 줄 수 있다는 것이다.

넷째, 개별 학습자의 진로지도를 위한 자료를 수집하는 일이다. 교육평가의 또 다른 기능은 학습자의 장래 진로지도를 위한 자료를 얻을 수 있다는 점이다. 예를 들어, 학교현장에서 진학지도나 취업지도를 하기 위해서는 학습자의 학업 능력, 정서, 흥미, 성격은 물론이고 학습자를 둘러싸고 있는 가정, 학급, 사회환경에 대한 광범위하고 정확한 이해가 필수적이다.

다섯째, 교육의 제반 문제를 이해하고 올바른 교육정책 및 일반정책을 수립하는 데 도움을 주는 일이다. 전국적 평가 연구나 국제 간 학력 비교 연구 등을 통해 전체 학습자 또는 국민이 꼭 습득해야 할 기본적 능력이 어느 정도인가를 확인할 수 있는데, 이는 교육정책의 방향을 수립하는 데 도움을 줄 수 있다. 다시 말해, 전국 단위의 초·중·고등교육은 물론 일반 사회교육을 평가하는 것도 교육평가의 기능 중 하나다.

4) 평가와 관련된 용어

(1) 측정

Thorndike는 어떠한 것이 존재한다면 그것은 양으로 존재하기 때문에 측정(measurement)할 수 있다고 주장하였다. 날씨가 덥다든지, 길이가 길다든지, 시간이 많이 걸린다든지, 능력이 높다든지 하는 말은 측정하고자 하는 속성이 존재하기 때문에 이와 같은 속성은 얼마든지 측정할 수 있다는 것이다. 따라서 측정이란 사물의 성질을 구체화하기 위하여 수를 부여하는 절차라고 정의한다. Stevens는 측정이란 일정한 법칙에 의거하여 어떤 사물이나 그 속성에 수치를 부여하는 것이라 정의하였고, Hopkins, Stanley와 Hopkins는 사물을 구별하는 과정이라 정의하였다.

(2) 검사

검사(test)란 용어는 지능검사, 적성검사, 성격검사, 흥미검사 등의 표준화된 각종 심리검사 또는 검사 절차와 과정 그 자체를 의미할 때도 있고 임시시험,

중간시험, 기말시험 등과 같이 학교현장에서 실시하는 시험을 뜻할 때도 있다. 심리검사의 측면에서 검사라는 용어를 정의하면, 개인차를 밝힐 목적으로 표준화된 조건하에서 개인의 심리적 특성을 측정하기 위한 객관적이고 조직적인 절차 혹은 그 도구라고 할 수 있다.

Findley는 검사의 기능으로서 교수적 기능, 행정적 기능, 상담적 기능을 열거하였다. 검사의 교수적 기능은 교사들에게 교과목표를 확인시켜 주며, 학생과 교사들에게 송환효과를 제공하고, 학습동기를 유발하며, 시험의 예고는 복습을 위한 수단이 된다. 행정적 기능은 교육 프로그램, 학교 혹은 교사를 평가하고 학생들을 분류하고 배치하는 데 사용된다. 선발기능으로서 대학입학, 입사, 자격증 부여 등을 들 수 있다. 상담적 기능은 피험자의 정의적 행동특성을 진단·치료하는 데 사용된다. 즉, 적성검사, 흥미검사, 성격검사 등을 통하여 피험자가 지니고 있는 문제점을 발견할 수 있다.

2. 교육평가의 유형

1) 참조준거에 따른 평가

교육평가는 대상의 특성에 대한 가치를 판단하는 것이므로 판단을 위한 기준이 필요하다. 어떤 평가기준을 사용하느냐에 따라 규준참조평가와 준거참조평가로 구분되며, 규준참조평가는 상대적 서열에 따라서 판단한 것이고, 준거참조평가는 준거를 기준으로 하여 판단한 것이다.

(1) 규준참조평가

규준참조평가(norm-referenced evaluation)란 개인이 얻은 점수나 측정치를 비교집단의 규준에 비추어 상대적인 서열에 따라서 판단하는 평가를 말하며, 상대평가라고도 한다. 대학수학능력시험에서 제공되는 백분위(percentile), T점수, 9등급점수(stanine) 등은 모두 상대적인 서열에 따른 규준참조평가에 해당된다. 규준(norm)이란 원점수의 상대적인 위치를 설명하기 위해 쓰이는 자(scale)로서, 평가대상의 모집단을 잘 대표하도록 표집된 규준집단에서 얻은 점수를 기초로 만들어진다.

규준참조평가는 진화론에 입각하여 학생들 간에 현저한 개인차가 있고, 그것은 교육의 힘으로도 도저히 극복 불가능하다고 믿는다. 바꾸어 말하면, 학생들의 학습능력에는 교육을 통해서도 좁힐 수 없는 상당한 분산(分散)이 있다는 것이다. 그러므로 규준참조평가는 개개 학생들의 성취도를 최대한 정밀하게 변별하여 특정 교육 프로그램을 이수할 수 있는 학생을 선정한 다음 각자의 능력에 맞는 내용 또는 수준의 교육을 해야 한다는 선발적 교육관(selective mode of education)에 기초를 두고 있다. 선발적 교육관이라 함은 교육을 통해서 달성하고자 하는 어떤 교육목적이나 일정한 교육수준에 도달할 수 있는 사람은 어떤 교육방법을 동원하든 간에 다수 중의 일부이거나 소수에 지나지 않는다는 신념을 가진 교육관이다. 이러한 선발적 교육관에서는 교육평가가 주로 일정한 교육수준이나 교육목표에 도달할 가능성이 있는 소수의 우수자를 선발하기 위한 것과 일정한 학습 후에 어느 학생이 보다 많은 학업성취를 이루었는가의 개인차 변별에 보다 더 많은 관심을 둔다.

규준참조평가의 장점으로는 첫째, 개인차의 변별이 가능하다. 여러 개인의 상대적인 비교를 기초로 하는 객관성을 강조하고 엄밀한 성적 표시방법을 채택함으로써 개인차를 변별할 수 있다. 둘째, 객관적인 검사의 제작기술을 통해 성적을 표시하고 있기 때문에 교사의 편견을 배제할 수 있다. 셋째, 학습자들의 경쟁을 통하여 동기를 유발하는 데 유리하다. 특히 등급이나 당락을 결정할 경우의 평가는 보다 강력한 동기유발을 촉진할 수 있다. 한편 단점으로는 첫째, 교수–학습 이론에 부적절하다. 즉, 무엇을 얼마만큼 알고 있는지에 관심을 두지 않기 때문에 교육목표·교육과정·교수방법·학습효과 등을 경시하는 경향이 있다. 둘째, 규준참조평가에서는 참다운 의미의 학력평가가 불가능하다. 예컨대, 학습자의 성취도가 집단 내에서는 상대적 비교로 판정되기 때문에, 학습내용을 완전히 이해한 학습자라도 집단 전체가 우수하다면 학업성취도가 낮은 것으로 분석될 수 있다. 셋째, 학습자 간에 학력의 상대적 위치나 순위를 결정하기 때문에 과다한 경쟁심리가 조장되며, 이에 따라 인성교육을 방해할 우려가 있다.

(2) 준거참조평가

의사나 간호사 자격시험에서 상대적 서열에 따라서 자격증을 부여한다면 매년 일정 수준 이상의 높은 의료인의 수준을 유지하기 어려울 것이다. 그러므로 자격증을 부여하는 검사에서는 일정 점수 이상을 획득한 대상에게 자격증을 부여하는데, 이와 같은 평가를 준거참조평가(criterion-referenced evaluation) 또는 절대평가라고 한다. 준거참조평가는 학습자가 학습해야 할 학습과제의 영역에 대해 얼마만큼 알고 있는지를 준거에 비추어 판단하는 평가다. 준거참조평가에서 가장 중요한 요소는 과제의 영역(domain)과 준거(criterion, standard, cut-off, cut score)다. 영역은 측정하고자 하는 교육내용이며, 준거는 피험자가 어떤 일을 수행할 수 있다고 대중이 확신하는 지식이나 기술 수준을 말한다. 그러므로 준거는 교육목표를 달성하기 위해 도달해야 하는 최저성취기준(minimum competency level)이며, 준거점수는 성패나 당락을 구분하기 위해 기준이 되는 점수라고 할 수 있다. 예를 들어, 간호사 자격시험에서 준거점수가 70점이라면 그 이상을 받은 응시자에게는 간호사 자격증을 부여한다. 이러한 준거점수를 타당하게 설정하기 위한 다양한 방법들이 소개되었다.

준거참조평가는 충분한 학습시간과 학습조건만 제공하면 거의 모든 학생이 주어진 학습목표에 도달할 수 있고, 그것이 바로 교육의 목적이라는 발달적 교육관(development mode of education)에 기초를 두고 있고 완전학습(mastery learning)이론과 맥락을 같이한다. 발달적 교육관이라 함은 모든 학생에게 각각 적절한 교육방법만 활용될 수 있다면 누구나 의도하는 대로 주어진 교육목표를 달성할 수 있다는 가정과 신념을 가진 교육관이다. 이러한 발달적 교육관에서의 교육평가는 학생의 선발이나 개인차를 밝히기 위한 평가에 관심을 갖는 것이 아니라 모든 학생이 가능한 한 의도한 목표에 도달할 수 있도록 교수방법의 평가와 목표달성의 평가에 그 관심이 집중된다. 발달적 교육관을 바탕으로 한 교육평가관은 규준참조평가가 아닌 목표지향평가를, 등위중심 평가가 아닌 능력중심 평가를, 그리고 암기 위주의 평가가 아닌 사고력 중심의 평가 상황을 취한다.

준거참조평가의 장점으로는 첫째, 교수-학습 이론에 적합하다. 즉, 무엇을 알고 무엇을 모르는지를 직접적으로 제공하므로 무엇을 어떻게 가르쳐야 할 것인지에 대한 시사점을 제시해 준다. 둘째, 교육목표 · 교육과정 · 교수방법 등의 개선에 용이하다. 셋째, 상대평가에 치중하지 않으므로 이해 · 비교 · 분석 · 종합 등의 고등정신 능력을 배양할 수 있다. 한편 단점으로는 첫째, 개인차의 변별이 쉽지 않다. 즉, 준거참조평가는 학습자 개인 간의 비교 및 우열을 판정하기 어렵다. 둘째, 준거의 설정기준이 문제가 될 수 있다. 다시 말해, 교육에서의 절대기준은 교수목표이지만 이러한 교수목표를 누가 정하느냐 혹은 어떻게 정하느냐는 고도의 전문성이 요구되는 문제다. 셋째, 검사점수의 통계적 활용이 불가능하다. 준거지향평가에서는 검사점수의 정상분포를 부정하기 때문에 점수를 통계적으로 활용하기 어렵다.

2) 교수-학습 진행에 따른 평가

수업이 진행되는 단계에 따라 평가는 수업이 시작되기 전에 실시되는 진단평가(diagnostic evaluation), 수업이 진행되는 과정에서 실시되는 형성평가(formative evaluation), 그리고 수업이 끝난 시점에서 실시되는 총합평가(summative evaluation, 총괄평가라고도 함)로 구분된다.

(1) 진단평가

　의사가 처방을 위하여 환자에게 질문하고 진찰을 하는 것과 마찬가지로 교사도 교수-학습을 시작하기 전에 학생의 학습에 대한 심리상태와 무엇을 얼마만큼 알고 있는가를 파악해야 할 필요가 있다. 이와 같이 진단평가란 교수-학습이 시작되기 전에 학생이 소유하고 있는 특성을 체계적으로 관찰·측정하여 진단하는 평가로서 사전학습 정도, 적성, 흥미, 동기, 지능 등을 측정한다. 진단평가는 학습자에게 적절한 수업전략을 투입하기 위한 목적으로 시행된다.

　진단평가의 기능은 예진적 기능과 학습 실패의 교육 외적인 원인을 알아보는 기능으로 구분할 수 있다. 첫째, 학습의 예진적 기능은 학습자들의 기본적인 학습능력, 학습동기 그리고 선수학습의 정도를 확인하는 것을 말한다. 다시 말해, 학교교육 현장에서 새로운 단원에 대한 수업을 진행할 때 학급 내 개개 학습자의 선수학습과 사전학습 정도를 정확하게 파악하여 이를 학습지도에 활용할 수 있다. 둘째, 학습 실패의 교육 외적 원인의 파악이란 수업과 직접적인 관련성이 없으면서도 학습 실패의 원인이 되고 있는 여러 가지 학습장애 요인을 밝히는 것이다. 즉, 학습자가 학습에서 나타내는 지속적인 학습장애의 원인과 학습자의 학습환경에 관한 정보를 수집하여 적절한 의사결정을 할 수 있다.

(2) 형성평가

　우리가 시험이나 퀴즈를 내는 목적이 점수를 부여하는 데 있다고 생각하지만, 더 중요한 기능은 학습의 진척이 얼마나 일어났는지 교사와 학생에게 송환을 제공하는 것이다. 어떤 경우는 퀴즈나 시험을 보고 채점하고 토의할 뿐, 성적을 매기는 목적으로 사용되지 않는다. 이런 방식으로 평가를 사용하는 것을 형성평가라고 하는데, 이는 가르치는 동안 평가가 일어나고, 학생들에게 송환을 제공하고, 그들의 성장을 지켜보기 위해 평가를 사용하기 때문이다. 이러한 송환은 학생들의 수행을 증진시키고 이것은 결국 배우고자 하는 동기를 증가시키기 때문에 중요하다.

형성평가의 기능은 첫째, 정보의 송환(feedback)과 교정이다. 학교학습이 성공하기 위한 길은 학생과 교사에게 어떤 오류나 곤란이 발생했을 때 즉시 알려 주는 송환 작용과, 필요한 때 적절한 교정을 제공해 줌으로써 학급의 수업체제를 자기수정체제(self-corrective system)로 만드는 일이다. 둘째, 형성평가는 교수와 학습이 유동적인 시기에 교과내용, 교수-학습의 개선을 위해 실시하는 평가다. 셋째, 형성평가는 교수-학습 과정을 일차적으로 이끌어 가고 개선해 가야 할 교사가 제작하는 것이 원칙이다. 넷째, 수업목표에 기초한 평가, 즉 목표지향평가를 한다는 것이 형성평가의 중요한 특징의 하나로 지적될 수 있다. 따라서 형성평가의 목표 진술에서는 각 목표에 대해 수락할 수 있는 최저성취기준을 설정해야 한다.

(3) 총합평가

총합평가는 교수-학습이 완료된 시점에서 교육목표의 달성 여부나 정도를 종합적으로 판정하는 평가로서 총괄평가라고도 한다. Scriven은 이를 교수-학습을 통해서 성장이 이루어졌는가를 확인하고 교육목표를 성취했는가를 판정하는 평가라고 정의하였다.

총합평가의 구체적인 기능으로는 첫째, 학습자들의 성적을 결정한다. 즉, 전체 과목이나 중요한 학습내용에 대한 교수효과가 어느 정도인지를 판단하고, 그 결과에 따라 성적을 내고 평점을 주어 서열을 결정하는 일을 한다. 둘째, 학습자의 미래의 학업성적을 예측하는 데 도움을 준다. 셋째, 집단 간의 성적을 비교할 수 있는 정보를 제공해 준다. 넷째, 학습자의 자격을 인정하고 판단의 역할을 한다.

3) 수행평가

수행평가(performance assessment)란 수행사정이라고도 하며, 학생이 해답을 찾거나 무엇을 만들어 냄으로써 능력이나 지식을 나타내 보일 것을 요구하는 여러 종류의 검사방법을 말한다. 이것은 좁은 의미로는 비언어적인 검사방법만을 의미하기도 하지만, 넓은 의미로는 논문형 문항에 답하는 것부터 구어적 담화, 실험을 하거나 시범을 보이는 것, 장기간에 걸친 학생의 노력과 발전 정도를 보여 주는 포트폴리오(portfolio)에 이르기까지 다양하다.

포트폴리오 평가는 작업결과나 작품 혹은 어떤 수행의 결과를 모아 놓은 자료집이나 서류철을 보고 평가하는 방법으로, 하나 이상의 분야에서 학습자의 관심, 능력, 노력, 진보, 성취, 성장을 보여 주는 학생들의 작품을 의도적으로 모아 둔 작품집 혹은 모음집을 의미하는 수행평가 전략의 하나다.

최근에는 학생들의 수행과제 평가의 공정성과 정확성을 위해 루브릭을 이용한다. 루브릭(rubric)은 채점의 기준을 기술하는 채점 척도다. 루브릭은 평가단계에서 유용하게 사용될 수 있다. 루브릭은 교사들에게 구체적인 채점 틀을 제공하고 채점의 일관성과 신뢰도를 증가시킬 수 있다.

3. 검사도구의 양호도

측정대상의 속성을 제대로 측정하기 위해서는 측정하고자 하는 목적에 맞는 도구가 필요하고, 이때 사용되는 도구는 정확한 측정결과를 제시해 줄 수 있어야 한다. 인간의 잠재적 특성을 측정하는 검사도 이와 같은 조건이 충족되어야 좋은 검사도구라고 할 수 있는데, 이를 타당도와 신뢰도라고 한다.

1) 타당도

타당도(validity)는 원래 측정하기로 되어 있는 것을 실제로 얼마나 측정하고 있는지를 나타내는 지표다. 또한 타당도는 측정점수를 토대로 해서 내리는 해석과 그 결과를 사용하는 것이 얼마나 적절한가에 관한 평가다.

(1) 내용타당도

내용타당도(content validity)는 논리적 사고에 입각한 분석과정으로 판단하는 주관적인 타당도로, 객관적 자료에 근거하지 않는다. 이는 검사내용 전문가가 검사가 측정하고자 하는 속성을 제대로 측정하였는지를 주관적으로 판단한다. 그러므로 내용타당도에 따른 검사도구의 타당성 입증은 논란이 따르게 마련이다. 내용타당도 절차는 본래 그 검사가 측정해야 할 행동영역의 어떤 대표적 표본을 포괄하는지의 여부를 결정하기 위해 그 검사내용을 체계적으로 조사하는 작업이다. 이런 식의 타당화 절차는 흔히 성취도 검사를 평가하는 데 쓰이고 있다. 내용타당도는 검사의 목적에 부합함의 여부를 검증할 수 있다는 장점이 있는 반면, 계량화되지 않기 때문에 타당성의 정도를 표기할 수 없다는 단점이 있다.

(2) 준거관련 타당도

준거관련 타당도(criterion-related validity)는 한 검사의 점수와 어떤 준거의 상관계수로 검사도구의 타당도를 나타내는 방법이다. 준거관련 타당도는 예언타당도와 공인타당도로 구분된다. 예언타당도가 검사자료가 얼마나 정확하게 차후의 준거 점수를 예측하는가를 확인하는 것이라면, 공인타당도는 같은 시간에 다른 검사로부터 예측치와 준거 정보를 획득하는 것이다.

① 예언타당도

예언타당도(predictive validity)란 제작된 검사에서 얻은 점수와 미래의 어떤 행위의 관계로 추정되는 타당도다. 즉, 예언타당도는 검사점수가 미래의 행위를 얼마나 잘 예측하느냐의 문제다. 예컨대, 비행사 적성검사를 실시하였을 때 그 적성검사에서 높은 점수를 받은 비행사의 안전 운행 거리가 길다면 그 검사는 예언타당도가 높다고 할 수 있다. 또한 대학수학능력시험에서 높은 점수를 얻은 학습자가 대학에서 성공적으로 학업을 수행했을 때, 대학수학능력시험의 예언타당도는 높다고 할 수 있다. 예언타당도는 검사도구가 미래의 행위를 예언하여 주기 때문에 예언타당도가 높으면 선발, 채용, 배치 등의 목적을 위하여 검사를 사용할 수 있다는 장점이 있는 반면, 동시 측정이 불가능하므로 검사의 타당성을 검증하기 위하여 시간적 여유가 필요하다는 단점이 있다.

② 공인타당도

공인타당도(concurrent validity)란 검사점수와 기존에 타당성을 입증받고 있는 검사로부터 얻은 점수의 관계에 따라서 검증되는 타당도다. 주로 공인타당도는 검사 X를 검사 Y로 대체할 수 있는지를 살펴보고자 할 때 사용된다. 공인타당도는 계량화되어 타당도에 대한 객관적인 정보를 제공할 수 있으며 타당도의 정도를 나타낼 수 있다는 장점을 가지는 반면, 기존에 타당성을 입증받은 검사가 없을 경우 타당도를 추정할 수 없다는 단점이 있다.

(3) 구인타당도

구인타당도(construct validity)란 인간의 특정한 행동을 반영하는 가상적 속성(분석력 · 종합력 · 지도성 등)의 개념 구성에 이론적 가설을 세우고 이를 경험적 · 논리적으로 검증하는 경우다. 구인(構因)이란 심리적 특성이나 행동 양상을 설명하기 위하여 존재를 가정하는 심리적 요인을 말한다. 예를 들어, 창의력 검사에서 창의력 구인을 측정할 때 창의력이 민감성, 유창성, 독창성으로 구성되어 있다면, 검사도구가 이 구인들을 제대로 측정하고 있는지를 밝히는 것이 구인타당도를 검증하는 것이다. 구인타당도를 추정하는 대표적인 방법은 요인분석이다. 요인분석(factor analysis)이란 복잡하고 정의되지 않은 많은 변수들 간의 상호관계를 분석하여, 상관이 높은 변수들을 모아 요인으로 규명하고 그 요인의 의미를 부여하는 통계적 방법이다.

2) 신뢰도

신뢰도(reliability)란 동일한 사람에게 서로 다른 시기에 동일한 검사나 다른 검사를 실시할 때, 아니면 다른 검사조건에서 검사할 때 관찰된 점수들의 일관성(consistency)을 말한다. 신뢰도 개념은 단일 점수의 측정오차(error of measurement)를 계산하는 데 기초가 되므로 이를 통해 한 개인의 점수에서 서로 관련이 없는 우연한 요인들의 작용으로 생길 수 있는 변동의 폭을 예언할 수 있다.

검사의 신뢰도를 추정하기 위하여 처음 사용된 공식은 Pearson이 제안한 단순적률 상관계수 공식이다. 단순적률 상관계수는 신뢰도 추정뿐 아니라 사회 현상의 수많은 변수들 간의 관계를 규명하는 데 널리 이용되고 있는 통계다. 신뢰도의 개념은 Spearman이 소개하였으며, 각기 독립적으로 얻어진 두 검사를 구성하는 문항 간 상관들의 평균으로 정의하였다. 이 정의에 따라서 여러 용어로 표현하여 오다 Spearman이 신뢰도 계수(reliability coefficient)란 단어를 처음 사용하면서 어떤 사물에 대한 여러 측정치들을 두 부분으로 나누어 계산된 반분점수 간의 상관계수라 정의하였다. 이 같은 정의로 Spearman과 그의 추종자들은 신뢰도를 추정할 수 있는 수학적 모형을 제안하는 검사이론을 발전시켰다.

(1) 재검사 신뢰도

동일한 검사를 동일한 피험자 집단에 일정 간격을 두고 반복 실시한 결과를 통하여 검사의 일관성을 알아볼 수 있다. 이때 두 점수 간 일관성의 정도는 상관계수로 추정될 수 있으며, 이를 재검사 신뢰도(test-retest reliability)라고 한다. 재검사 신뢰도는 측정도구가 얼마나 안정성 있게 측정하는가를 나타내기 때문에 안정성 계수(coefficient of stability)라고도 한다. 재검사 신뢰도를 추정하기 위해서는 두 번 검사를 실시해야 하는 번거로움이 있을 뿐 아니라 검사의 시행 간격에 따라 신뢰도가 달리 추정된다는 문제점이 있다. 또한 같은 사람이 같은 검사를 두 번 보기 때문에 연습이나 기억효과가 작용하여 신뢰도 지수가 과대 추정된다.

(2) 동형검사 신뢰도

시험 간격과 연습효과와 같은 재검사 신뢰도의 문제로 같은 검사를 두 번 실시하지 않고, 검사의 모든 특성이 거의 같은 두 개의 검사를 제작하여 두 검사 간의 유사성을 통해 신뢰도를 추정하려는 동형검사 신뢰도(parallel-form reliability)가 제안되었으며, 흔히 동형성 계수(coefficient of equivalence)라고도 한다. 한 집단이 두 개의 동형검사를 치르고 점수 간 상관계수를 통해 검사의 신뢰도를 추정하는 방법이다. 이와 같은 방법을 사용하면 재검사 신뢰도의 문제점을 일부 해결할 수는 있지만, 여전히 검사를 두 번 실시해야 하며 동형검사를 제작하기 어렵다는 문제점이 있다. 또한 두 검사 간 동형성 정도에 따라서 신뢰도가 다르게 추정된다.

(3) 반분검사 신뢰도

검사를 두 번 실시하지 않고 신뢰도를 추정하기 위하여 검사를 두 부분으로 나누거나 각 문항 단위로 나누어 각 부분이 측정한 결과가 얼마나 유사한가를 추정하는 내적 일관성 신뢰도(internal consistency reliability)가 제안되었다. 내적 일관성 신뢰도는 두 부분검사 간의 유사성으로 추정되는 반분검사 신뢰도(split-half reliability)와 각각의 문항을 하나의 검사로 간주하여 문항 간 측정의 일치성을 추정하는 문항내적 일관성 신뢰도(inter-item consistency reliability)로 분류할 수 있다.

반분검사 신뢰도는 한 가지 검사형을 한 번 실시하고 같은 문항 수로 반분해 두 개의 반분된 검사점수 간의 상관을 산출하여 얻는 신뢰도이며, 흔히 동질성 계수(coefficient of homogeneity)라고도 한다. 반분검사 신뢰도를 찾을 때의 첫 번째 문제는 서로 동등한 반쪽 검사를 얻기 위해 검사를 어떻게 양분하느냐 하는 것이다. 일반적으로 앞뒤로 구분하는 전후법, 홀수와 짝수 문항으로 구분하는 기우법, 난수표를 이용하는 방법으로 구분할 수 있다. 그러나 검사의 초반부에서 후반부로 가면서 점차 달라지는 워밍업(warming up), 연습, 피로, 권태 등 다른 요인들의 누가적 효과뿐 아니라 문항의 본성 및 곤란도 수준의 차이들 때문에 대부분의 검사에서 처음의 반과 나중의 빈은 서로 동등하지 않을 것이다.

일단 두 개의 반분점수를 구했으면, 흔히 그것들의 상관크기를 계산한다. 그러나 이때 상관크기는 사실 하나의 반분검사의 신뢰도를 계산한 것이다. 만약 한 검사가 100문항으로 구성된 것이라면, 상관크기는 50문항을 기초로 한 두 세트의 점수들 사이에서 계산된 것이다. 따라서 반분된 부분검사의 신뢰도가 아니라 반분된 부분을 합쳤을 때 검사 전체의 신뢰도를 구하기 위해 Spearman-Brown 공식을 사용한다.

$$\gamma_{nn} = \frac{n\gamma_{tt}}{1+(n-1)\,\gamma_{tt}}$$

여기서 γ_{nn}은 추정계수이고, γ_{tt}는 관찰계수이며, n은 검사가 늘거나 준 길이의 배수다. 만약에 검사문항의 수가 25개에서 100개로 늘어났다면 n은 4가 될 것이며, 반면에 60개에서 30개로 줄어들었다면 n은 .5가 될 것이다. Spearman-Brown 공식은 반분법으로 신뢰도를 결정할 때 널리 쓰이고 있다. 반분신뢰도를 적용할 때는 이 공식에서 항상 검사의 길이를 2배로 해서 쓴다. 이때의 공식을 다음과 같이 간단히 표시할 수 있으며, 여기서 γ_{hh}는 반분검사의 상관크기가 된다.

$$\gamma_{tt} = \frac{2\gamma_{hh}}{1+\gamma_{hh}}$$

(4) 문항내적 일관성 신뢰도

반분검사 신뢰도는 검사를 두 번 시행할 필요는 없지만 검사를 양분하는 방법에 따라 신뢰도가 다르게 추정된다는 단점이 있다. 그러나 문항을 단위로 하면 검사를 나누는 방법에 따른 영향을 받지 않고 항상 일정한 신뢰도 지수를 얻을 수 있다. 이와 같은 이유로 검사의 신뢰도를 추정하는 방법으로 문항내적 일관성 신뢰도를 사용하고 있다.

문항내적 일관성 신뢰도란 검사의 문항 하나하나를 모두 독립된 한 개의 검사 단위로 생각하고 그 합치도, 동질성, 일치성을 종합하는 신뢰도로, Kuder-Richardson이 개발한 K-R 20과 K-R 21, Hoyt의 신뢰도 추정법, Cronbach의 α 계수 등이 있다. K-R 20은 문항형식에서 문항의 반응이 맞으면 1, 틀리면 0으로 채점되는 양분문항(dichotomous item)의 경우에 사용하고, K-R 21은 문항점수가 1, 2, 3, 4, 5점 등의 연속점수일 때 사용한다.

K-R 20은 양분문항에서만 적용되고 Hoyt 신뢰도는 양분문항뿐 아니라 부분점수가 부여되는 문항의 신뢰도도 추정한다. 그러나 추정방법이 복잡하게 여겨져 보편화되지 않았으며, Cronbach α가 흔히 사용되고 있다. Cronbach는 문항내적 일관성을 추정하기 위하여 검사를 두 부분으로 나누지 않고 문항점수의 분산을 고려하여 Cronbach α를 제안하였다. Cronbach α가 신뢰도 추정을 위하여 흔히 사용되는 이유는 양분문항뿐 아니라 연속적으로 점수가 부여되는 문항들의 신뢰도 추정이 가능하며, 신뢰도 계산공식의 유도과정과 개념이 보다 간단하기 때문이다. Cronbach α 산출공식은 다음과 같다.

$$\alpha = \frac{n}{n-1} \left[1 - \frac{\sum S_i^2}{S_x^2} \right]$$

n : 검사의 문항 수
S_i^2: 각 단일 문항의 변량
S_x^2: 전체 검사점수의 변량

3) 객관도

객관도(objectivity)란 평정자의 주관적인 편견을 얼마나 배제하였느냐의 문제다. 객관도란 한 채점자가 다른 채점자와 얼마나 유사하게 평가하였느냐의 문제와 한 채점자가 많은 측정대상에 대하여 계속적으로 일관성 있게 측정하였느냐의 문제로 구분할 수 있다. 한 채점자가 다른 채점자와 얼마나 유사하게 평가하였느냐의 문제를 채점자 간 신뢰도(inter-rater reliability) 혹은 평정자 간 신뢰도라고 하며, 한 채점자가 일관성 있게 측정하였느냐의 문제를 채점자 내 신뢰도(intra-rater reliability) 혹은 평정자 내 신뢰도라고 한다. 객관도를 높이기 위해서는 평가도구 및 평가기준을 객관화하여야 하고, 채점자의 평가에 대한 소양을 높여야 한다.

4) 실용도

실용도(usability)란 검사도구의 사용에서 시간과 비용, 노력을 적게 들이고도 목적을 달성할 수 있는 정도, 즉 실용성의 정도를 뜻한다. 어떤 검사가 타당도, 신뢰도, 객관도가 높아 필요한 결정을 내리는 데 아무리 좋은 정보를 제공해 준다고 해도 실제로 그 검사를 이용하는 데 비용이나 노력이 많이 든다면 활용하기 어렵다.

4. 문항의 유형과 분석

문항의 유형은 크게 선택형(選擇刑)과 서답형(書쏨型)으로 나눌 수 있다. 선택형은 검사문항에 실려 있는 여러 가지 답지 중에서 맞거나 가장 맞는 답을 고르게 하는 것으로, 흔히 객관식 또는 객관형으로 부르고 있다. 서답형은 주어진 검사문항에 대하여 수험자가 어떠한 단서도 받지 아니하고 정답을 재생해

서 답지에 기입하는 형태의 것을 말하며, 흔히 주관식 또는 주관형으로 부르고
있다.

1) 선택형 문항

선택형 문항(selection type)은 지시문 및 문두(問頭)와 함께 여러 개의 선택지
(選擇肢)를 제시해 놓고 그중에서 적합한 답지를 선택하도록 한 문항형식으로,
진위형, 선다형, 배합형 문항이 있다.

(1) 진위형

진위형(true-false type) 문항은 응답자에게 진술문을 제시한 다음, 그것의 진위
(眞僞), 정오(正誤), 또는 긍정-부정에 대한 이분적인 판단을 요구하는 문항형식
이기 때문에 흔히 양자택일형(alternative-response type)이라고 부르기도 한다. 진
위형 문항은 첫째, 문항 제작이 용이하기 때문에 짧은 시간 내에 많은 양의 문
항을 출제할 수 있어 한 검사에 많은 학습목표를 포함시킬 수 있다. 둘째, 채점
의 객관성을 높일 수 있다는 장점이 있다. 한편 진위형 문항의 단점으로는 첫
째, 추측으로 문항의 답을 맞힐 수 있는 확률은 1/2에 해당한다. 둘째, 고등정신
능력보다는 단순정신 능력을 측정할 가능성이 높다. 셋째, 학습동기가 감소된
다. 넷째, 문항의 변별력이 감소할 수 있다는 단점이 있다.

(2) 선다형

선다형(multiple-choice type) 문항은 문두와 몇 개의 답지 또는 선택지를 같이
제시하여 놓고 응답자로 하여금 정답지를 고르도록 하는 형식이다. 문두는 보
통 의문문이나 불완전문으로 진술되며, 답지는 정답지(正答肢)와 오답지(誤答
肢)로 구성된다. 일반적으로 선다형 문항은 여러 개의 답지 중에서 하나의 옳은
답을 선택하는 정답형(correct-answer type) 문항과 답지 중에서 가장 맞는 답을

선택하는 최선답형(best-answer type) 문항으로 분류된다.

선다형 문항은 첫째, 모든 문항 유형 중에서 학습영역의 많은 내용을 측정할 수 있다. 둘째, 다른 문항 유형보다 넓은 교육내용을 대표하는 내용을 추출하여 측정하기가 용이하다. 셋째, 채점 시 주관성을 배제할 수 있다는 장점이 있다. 한편 단점으로는 첫째, 선다형 문항은 그럴듯하고 매력적인 틀린 답지를 제작하기가 용이하지 않으며, 좋은 문항 제작에 많은 시간이 소요된다. 둘째, 주어진 답지에서 정답을 선택하므로 문항의 답을 모를 때 추측으로 답을 맞힐 확률이 있다.

(3) 배합형

배합형(matching type) 문항은 일련의 용어, 명칭, 구, 개념, 정의, 또는 불완전 문장으로 구성된 자극군인 전제와 내용 또는 항목으로 이루어진 반응군인 답지에서 서로 관계되는 것을 찾아 연결하도록 하는 문항형식이다. 배합형 문항은 흔히 결합형 또는 연결형이라 부르기도 한다. 배합형 문항은 채점을 신뢰할 수 있고 객관적으로 하는 것이 용이하기 때문에 검사의 객관도 및 신뢰도를 높일 수 있으며, 유사한 사실을 비교하여 구분하고 판단하는 능력을 측정하기에 좋은 장점을 지닌 반면, 문제군과 답지군이 동질성을 상실하였을 경우 피험자가 쉽게 해답을 인지하는 단점이 있다.

2) 서답형 문항

서답형 문항(supply type)은 답이 문항 내에 주어진 것이 아니라 써 넣는 형태의 문항을 말한다. 서답형 문항에는 단답형, 완성형, 논술형이 있다.

(1) 단답형

단답형(short-answer type) 문항은 간단한 단어, 구, 절 혹은 수나 기호로 응답하는 문항형식으로 용어의 정의나 의미를 물을 때나 계산문제에 자주 사용된다. 단답형 문항은 문항 제작이 용이하고, 정의, 개념, 사실 등을 질문하므로 넓은 범위의 내용을 측정할 수 있으며, 추측으로 정답을 맞힐 수 있는 요인을 배제할 수 있다는 장점이 있는 반면, 짧은 답을 요구하는 문항의 유형특성상 단순 지식, 개념, 사실을 평가할 가능성이 높다는 단점을 지닌다.

(2) 완성형

완성형(completion type)은 진술문의 일부분을 비워 놓고 거기에 적합한 단어, 구, 기호 등을 써 넣게 하는 방법이다. 완성형 문항은 선택형 문항에서와 같은 단서가 없으므로 추측요인을 배제할 수 있으며, 문항 제작이 선택형 문항에 비하여 비교적 수월하다는 장점이 있는 반면, 단순 지식, 개념, 사실 등을 평가할 가능성이 높다는 단점을 지닌다.

(3) 논술형

논술형(essay type) 문항은 한 개 또는 여러 개의 문장으로 구성된 문제 상황을 제시해 놓고 수험자에게 몇 개의 문장 또는 여러 페이지에 걸쳐 논술식으로 답을 작성케 하는 문항형식이다. 논술형은 피험자가 문제를 접근하는 방법, 정보를 이용하는 부분, 응답을 구성하는 모든 부분에서 제한을 받지 않으므로 피험자의 분석력, 비판력, 조직력, 종합력, 문제해결력, 창의력을 측정할 수 있다. 응답의 범위를 제한하는 제한된 논술형 문항과 응답의 범위를 제한하지 않는 확장된 논술형 문항이 있다. 제한된 논술형 문항은 논술의 범위를 지시문에서 축소시키든가 글자 수를 제한하는 문항을 말하며, 확장된 논술형 문항은 시간 제한이나 글자 수에 제한이 없음은 물론 지시문으로 서술 범위를 제한하지 않는다. 논술형 문항은 피험자가 지니고 있는 모든 정신능력을 발휘할 수 있다는 장점이 있는 반면, 학업성취도 검사 시 넓은 교과영역을 측정하기가 쉽지 않으며 채점에 일관성이 없다는 단점을 지닌다.

3) 문항분석

어떤 검사의 좋고 나쁨은 결국 그 검사를 구성하고 있는 문항의 질에 달려 있다. 따라서 각 문항의 좋고 나쁨을 알아보는 절차를 문항분석(item analysis)이라고 하며, 이는 대체로 피험자의 응답결과를 검사이론에 입각하여 문항난이도, 문항변별도, 문항추측도를 분석하는 것이다.

(1) 고전검사이론

고전검사이론은 문항과 검사를 검사 총점으로 분석하는 것으로 1920년대 이후 개발되어 많은 이론적 발전과 더불어 응용되어 왔다.

① 문항난이도

문항난이도(item difficulty)는 문항의 쉽고 어려운 정도를 나타내는 지수로서, 총 피험자 중 답을 맞힌 피험자의 비율, 즉 확률이 된다. 문항난이도 지수는 정답의 백분율이기 때문에 난이도 지수가 높을수록 그 문항은 쉽다는 의미가 된다. 문항난이도를 구하는 공식은 다음과 같다.

$$P = \frac{R}{N}$$

N: 총 피험자 수
R: 문항의 답을 맞힌 피험자 수

② 문항변별도

문항변별도(item discrimination)란 문항이 피험자를 변별하는 정도를 나타내는 지수를 말한다. 능력이 높은 피험자가 문항의 답을 맞히고 능력이 낮은 피험자가 문항의 답을 틀렸다면, 이 문항은 피험자들을 제대로 변별하는 문항으로 분석된다. 반대로 그 문항에 능력이 높은 피험자의 답이 틀리고 능력이 낮은 피험자의 답이 맞았다면, 이 문항은 검사에 절대로 포함되어서는 안 될 부적 변별력을 가진 문항이라 할 수 있다. 또한 답을 맞힌 피험자나 답이 틀린 피험자 모두 같은 점수를 받는 문항이 있다면, 이 문항은 변별력이 없는 문항이 될 것이다.

　문항변별도의 추정방법 중 하나는 피험자 집단을 상위능력 집단과 하위능력 집단으로 구분하여 상위능력 집단의 정답비율과 하위능력 집단의 정답비율의 차이로 추정하는 것이다. 문항변별도를 구하는 방법은 〈표 8-1〉과 같다.

〈표 8-1〉 문항변별도 지수

문 항	통과율		변별지수(D)
	상위집단	하위집단	
1	75	35	40
2	100	80	20
3	50	80	−30
4	55	55	0

③ 문항추측도

　진위형 문항이나 선다형 문항에서 문항의 답을 맞힌 피험자 중에는 추측으로 문항의 답을 맞힌 피험자도 있다. 문항추측도를 추정하기 위해서는 총 피험자 중 문항의 답을 알지 못하여 추측하여 응답한 피험자의 수와 추측하여 문항의 답을 맞힌 피험자 수를 파악하여야 한다. 그러나 검사가 미치는 영향이 클수록 추측하여 문항의 답을 맞혔다고 대답하는 피험자는 없을 것이므로 확률이론에 따라 추측을 한 피험자 수와 추측하여 문항의 답을 맞힌 피험자 수를 추정한다. 추측하여 응답한 피험자 수를 G라 할 때 추측하여 문항의 답을 맞힌 피험자 수는 다음과 같다.

$$G_R = G \times \frac{1}{Q}$$

G_R: 추측하여 문항의 답을 맞힌 피험자 수

G : 추측한 피험자 수

Q : 답지 수

(2) 문항반응이론

고전검사이론이 관찰점수는 진점수와 오차점수로 합성되었음을 가정하고 총점에 따라 문항을 분석하고 피험자 능력을 추정하는 검사이론이라면, 문항반응이론(item response theory)은 총점에 따라서 문항을 분석하고 피험자 능력을 추정하는 것이 아니라 문항은 각각 불변하는 고유한 속성을 지니고 있으므로 그 속성을 나타내는 문항특성곡선(Item Characteristic Curve: ICC)으로 문항을 분석하는 검사이론이다.

① 문항난이도

문항난이도는 문항의 어려운 정도를 나타내는 지수로서 문항반응이론에서는 문항특성곡선이 어디에 위치하여 기능하는가와 연관된다. 어떤 문항은 높은 능력수준의 피험자들에게 기능하고, 어떤 문항은 능력수준이 낮은 피험자들에게 기능할 수 있다. 문항의 기능이 각기 다른 네 문항의 문항특성곡선이 [그림 8-1]과 같다고 가정하자.

이 그림에 따르면 네 문항에서 기능하는 위치는 전체 능력 범위에 걸치나, 1번 문항은 주로 능력수준이 낮은 피험자들에게 기능하고 4번 문항은 보다 높은 능력수준의 피험자 집단에서 기능함을 알 수 있다. 그러므로 1번 문항이 가장 쉬우며 4번 문항이 가장 어렵다는 사실을 알 수 있다.

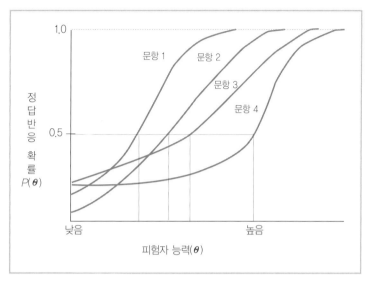

[그림 8-1] 네 문항의 문항특성곡선

② 문항변별도

문항변별도는 문항난이도를 나타내는 피험자 능력수준보다 낮은 능력의 피험자와 높은 능력의 피험자를 변별하는 정도를 나타낸다. 문항의 기능이 각기 다른 세 문항의 문항특성곡선이 [그림 8-2]와 같다고 가정하자.

문항변별도는 정답반응 확률이 .5인 지점을 기준으로 문항특성곡선의 기울기가 가장 큰 문항이 문항변별도가 가장 높은 문항이다. 이 그림에 따르면 문항 2가 가장 문항변별력이 낮다는 사실을 알 수 있다.

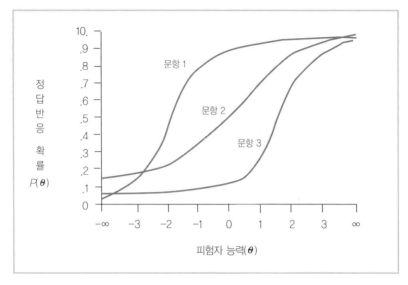

[그림 8-2] 세 문항의 문항특성곡선

③ 문항추측도

능력이 전혀 없는 피험자는 문항의 답을 전혀 맞히지 못한다. 그러나 실제 시험에서 능력이 전혀 없는 학생도 추측으로 문항의 답을 맞힐 수 있다. 이를 문항추측도라 하고 문항특성곡선에서 능력이 전혀 없는(−∞) 피험자가 문항의 답을 맞힐 수 있는 확률을 말한다. [그림 8-2]에 따르면 문항 2가 추측도가 가장 높으며 문항 1이 추측도가 가장 낮다는 사실을 알 수 있다.

연구문제

1. 교육평가의 기능을 설명해 보자.
2. 선발적 교육관과 발달적 교육관의 차이점을 설명해 보자.
3. 신뢰도의 종류를 제시하고, Cronbach α가 주로 사용되는 이유를 설명해 보자.
4. 문항특성곡선에서 문항변별도, 문항난이도, 문항추측도의 위치를 설명해 보자.

참고문헌

김대현, 김석우(2005). 교육과정 및 교육평가(개정2판). 서울: 학지사.

김완석, 전진수 역(2003). 심리검사. 서울: 율곡출판사.

변창진, 최진승, 문수백, 김진규, 권대훈(1996). 교육평가. 서울: 학지사.

성태제(2002). 타당도와 신뢰도(개정판). 서울: 학지사.

성태제(2005). 현대교육평가(개정판). 서울: 학지사.

성태제, 강이철, 곽덕주, 김계현, 김천기, 김혜숙, 봉미미, 유재봉, 이윤미, 이윤식, 임
　　웅, 한숭희, 홍후조(2007). 최신 교육학개론. 서울: 학지사.

이형행(1988). 교육학개론. 파주: 양서원.

정종진(1996). 교육평가의 최근 동향. 초등교육연구논총, 8, 93-120.

정종진(2005). 교육평가의 원리. 서울: 교육출판사.

황정규(1998). 학교학습과 교육평가. 파주: 교육과학사.

AERA, APA, & NCME (1985). *Standard for educational and psychological testing.*
　　Washington, DC: American Psychological Association.

Anastasi, A. (1988). *Psychological testing.* New York: Macmillan.

Angoff, W. H. (1971). Scale, norms and equivalent scores. In R. L. Thorndike (Ed.),
　　Educational measurement. Washington, DC: American Council on Education.

Cronbach, L. J. (1984). *Essentials of psychological testing.* New York: Harper & Row.

Findley, W. G. (1963). Purpose of school testing programs and their efficient develop-
　　ment. In W. G. Findley (Ed.), *Sixty second yearbook of the national society for*
　　the study of education. Chicago: University of Chicago Press.

Hopkins, K. D., Stanley, J. C., & Hopkins, B. R. (1990). *Educational and psychological*
　　measurement and evaluation. Boston: Allyn & Bacon.

Jaeger, R. M. (1978). A proposal for setting a standard on the North Carolina High
　　School Competency test. Paper presented at the spring meeting of the North
　　Carolina Association for Research in Education, Chapel Hill.

Jongsma, K. S. (1989). Portfolio assessment. *The Reading Teacher, 3*(73), 264-265.

Linn, R. L., & Gronlund, N. E. (2000). *Measurement and assessment in teaching.* Upper Saddle River, NJ: Prentice Hall.

Meyer, C., Schuman, S., & Angello, N. (1990). *NWEA white paper on aggregating portfolio data.* Lake Oswego, OR: Northwest Evaluation Association.

Nevo, J. (1986). *The conceptualization of educational evaluation: An analytic review of the literature.* The Tel-Aviv University.

Paulson, F. L., Paulson, P. R., & Meyer, C. A. (1991). What makes a portfolio? *Educational Leadership, 90,* 231-241.

Scriven, M. (1967). The methodology of educational evaluation. In R. Stake (Ed.), *Perspectives of curriculum evaluation.* Chicago: Rand McNally.

Shackelford, R. L. (1996). Student portfolio: A process/product learning and assessment strategy. *The Technology Teacher, 55*(8), 31-36.

Stevens, S. S. (1951). Mathematic, measurement and psychoanalysis. In S. S. Stevens (Ed.), *Handbook of experimental psychology.* New York: John Wiley.

Stiggins, R. (2001). *Student-centered classroom assessment.* New York: Macmillan.

Stufflebeam, D. L. (1971). *Educational evaluation and decision making.* Ithaca, Illinois: Peacock.

Thorndike, E. L. (1918). The nature, purposes and general methods of measurements of educational products. In G. M. Whipple (Ed.), *The measurement of educational products, seventeenth yearbook of the national society for the study of education.* Bloomington, IL: Public School Co.

Tyler, R. W. (1942). General statement on evaluation. *Journal of Educational Researcher, 35,* 492-501.

Tyler, R. W. (1951). The functions of measurement in improving instruction. In E. F. Lindquist (Ed.), *Educational measurement.* Washington, DC: America Council Education.

생활지도와 상담

1. 생활지도

1) 생활지도의 개념에 대한 반성적 견해

오늘날 학교교육에서 생활지도가 차지하는 비중은 점점 커지고 있다. 현장에서 교사들은 학생들의 생활을 적절히 지도하지 못할 때 교육과정의 다른 영역의 지도 또한 어려워질 거라는 것을 안다. 만약 학생들이 학교에서 자신의 행동에 대한 책임감, 스스로 옳고 그름을 판단할 수 있는 능력, 남에 대한 배려 등을 배우지 않는다면 그 밖의 어떤 가치 있는 것을 배우든 별 소용이 없다는 것을 알기 때문이다. 사회문제로 대두되고 있는 또래 괴롭힘나 폭력으로 점철된 청소년문제는 학교 밖이 아닌 바로 학교 울타리 안에서 이루어지고 있는 것이다. 학교는 자신뿐 아니라 이웃의 안전을 위한 배려, 협상능력, 의사소통 능력뿐 아니라 타인의 생명을 존중하고 폭력을 예방하는 차원에서의 지도가 시급하다.

생활지도의 영어 'guidance'는 동사 'guide'의 명사형인데, 그 뜻에는 방향을 가리키다(direct), 조종하다(pilot), 안내하다, 이끌다(lead), 감독하다(direct) 등이 있다. 사전적 정의대로라면 생활지도란 학생들을 올바르고 바람직한 방향으로 이끌어 주고 지도해 주는 것을 의미하는 것이라 할 수 있다. 이때 교사의 지도 시 규칙과 상벌이 외부에 존재한다는 뉘앙스를 풍긴다. 한편, 생활지도의 개념은 전통적으로 훈육(discipline)이라는 개념과 혼용되어 왔다. 훈육이란 'disciple'이라는 단어에서 유래된 것으로 '인도하고 가르치다.' '본보기가 되는 대상을 관찰하고 그의 행동을 배우도록 한다.'는 뜻이 내포되어 있다. 이러한 개념대로라면 생활지도의 개념은 외적 통제에 따른 지도라는 의미보다는 자기통제에 따라 스스로 결정하고 책임질 수 있도록 지도한다는 뉘앙스가 강하다고 볼 수 있다.

아직까지 학교현장에서의 생활지도는 문제지향적이고 사후처방 중심으로 다루어지고 있다. 또한 학생중심의 장기적인 생활지도 목표에 초점을 맞추기보다는 교사중심의 단발적인 생활지도가 이루어지고 있음도 부정할 수 없다. 이러한 방식은 다분히 생활지도의 주체가 교사이고, 외적 통제나 행동수정에 의존한 구태의연한 방식이라 할 수 있다. 학생들을 둘러싼 사회환경이 급속도로 변화되고 과거와는 다른 생활양식과 사고방식을 가지고 있는 오늘날의 학생들을 과거의 방식대로 지도할 수는 없다.

따라서 학생중심의 장기적이고도 의미 있는 방식의 생활지도 개념과 원리들을 논해야만 한다. 외부에서 주어지는 가치와 규칙은 학생들의 마음에 내면화될 수 없으며, 어떤 행동을 왜 해야 하고 하지 말아야 하는지에 대한 이유 또한 학생들의 생각에서부터 비롯되어야 하기 때문이다. 따라서 생활지도는 학교현장에서 중요하게 다루어져야 할 숭고한 '가르침'이 되어야 하고, 이러한 가르침은 학생들의 마음을 움직이고 활발한 사고를 촉진하여 보다 높은 도덕적 자율성을 가질 수 있는 방향으로 진행되어야 할 것이다.

이 책에서는 생활지도에서 교사의 외적 통제에 따른 지도보다는 학생 자신의 자기통제를 통한 지도를 강조하며, 학생 스스로 행동의 옳고 그름을 판단하고 책임질 수 있는 도덕적 자율성을 육성하고자 하는 학생중심의 생활지도를 의미한다.

2) 생활지도의 목표

생활지도를 '가르침'으로 본다면 지금 여기에서나 미래에서나 유용한 장기 교육목표가 수립되어야 한다. 교사는 자신이 가르치는 학생들이 어떤 사람으로 성장하기를 원하는지 생각해 볼 필요가 있다. 대부분의 교사들은 학생들이 단순히 학교의 규칙을 잘 지키고 교사의 지시를 잘 따르는 사람이 되기를 원하기보다는, 규칙은 왜 지켜야 하고 교사의 지시를 따르는 것이 어떠한 효용적 가치가 있는지를 사고하여 자신의 행동을 결정하고 실천할 수 있는 사람이 되기를 바랄 것이다. 따라서 생활지도의 목표는 학생 내부에서부터 필요로 하는 내용으로 수립될 필요가 있다.

(1) 자아개념과 자아존중감

자아개념(self-concept)은 자신의 신체적, 사회적, 지적 능력에 대한 인지적 평가를 의미한다. 자신이 운동을 잘한다고 생각하는 학생은 긍정적인 신체적 자아개념을 가졌다고 말할 수 있고, 자신이 다른 사람들과 잘 어울린다고 생각하는 학생은 긍정적인 사회적 자아개념을 가졌다고 말할 수 있다. 또한 자신이 지적으로 뛰어나다고 생각하는 학생은 긍정적인 지적 자아개념을 가졌다고 할 수 있다. 자아개념과 자아존중감을 흔히 혼동해 사용하여 왔는데, 자아개념은 인지적 자기이해인 데 반해 자아존중감(self-esteem) 또는 자기가치(self-worth)는 자신에 대한 정서적 반응이나 평가다. 높은 자아존중감을 가지고 있는 사람은 자신이 본래 가치 있는 사람이라고 생각한다. 현실적인 자아개념은 정신건강에 필수적이며, 높은 자아존중감을 발달시키기 위한 기초를 제공해 준다.

교사는 학생들이 자신에 대해서 좋게 생각하면서 생활하고 성장하기를 원한다. 거의 모든 사람들이 긍정적 자아개념과 높은 자아존중감을 갖는 것의 중요성을 이야기하지만, 실제 생활지도 국면에서는 여전히 학생들의 자아상에 상처를 주는 지도방식을 사용하고 있다. 대체로 교사는 학생들을 대할 때 다른 사람을 대할 때보다 덜 존중하게 되고, 대화를 나누기보다는 설교나 충고를 하게 되고, 폭언뿐 아니라 폭력을 사용하기도 하고, 상벌로 회유하여 행동이 수정되기를 기대하기도 한다. 학생들의 말에 진심으로 귀 기울이지 않고, 그들에게 해야할 말들을 쏟아붓기도 한다. 교사가 생활지도의 목표를 긍정적 자아개념과 높은 자아존중감을 갖는 것에 두었다면 생활지도도 이와 일치되는 방향으로 실행하여야 한다. 따라서 교사는 학생을 하나의 인격체로 존중하는 것에서부터 지도의 출발점을 삼아 이를 통해 긍정적인 자아개념 및 자아존중감을 가질 수 있도록 도와야 한다.

긍정적 자아개념의 발달을 돕는 교실의 예

학생들이 교사에게 인정받고 존중받고 있음을 느끼게 한다.

1. 초등학교: 4학년 담임교사는 학년을 시작하는 첫날 학생들에게 현재까지 자신이 살아온 이야기를 자서전식으로 짧게 쓰고, 자신의 유치원 때 사진을 가져오게 한다. 그리고 학생들에게 자신의 장점과 취미를 적게 하고, 커서 무엇이 되길 원하는지를 적게 한다.

2. 중학교: 1학년 담임교사는 학생들이 교실을 편안하고 안심할 수 있는 장소로 느낄 수 있도록 노력하고 있다. 매 학년 첫날 교사는 학급회의 시간을 가지며, 그때 학생들이 서로를 소개하고 학급규칙을 정하게 한다. 학기가 시작됨에 따라 학급회의 시간을 시기별 안건이나 학생들에게 중요한 문제에 대해 토론하는 시간으로 활용한다.

3. 고등학교: 1학년 담임교사는 매 학년을 시작할 때 자신의 수업에서는 모든 학생이 중요하고 모든 학생이 배울 수 있다는 자신의 생각을 학생들에게 말한다. 또한 경쟁보

다는 성공을 경험할 수 있도록 교실 분위기를 조성하려고 노력한다. 방과 후에도 교실에 남아 있으면서 도움이 필요한 학생들이 찾아오도록 하고 있다.

〈신종호 외 공역(2011), p. 148〉

(2) 자기통제

자기통제(self-control)란 타인이 강요하여 따르기보다는 개인적 가치와 사회적 기대에 맞게 자신의 행동을 내적·자발적으로 조절할 수 있는 능력이다. 학생들은 태어날 때부터 자신의 충동을 조절하고 다른 사람의 입장과 권리를 이해할 수는 없다. 그렇다고 하여 부모나 교사가 주도적이고 권위주의적인 지도를 한다면 자신의 삶을 스스로 조절하고 통제하는 데 필요한 정보를 내면화하고 학습할 기회를 갖지 못할 것이다. 미래사회는 예측 불가능한 변화와 새로운 문제 상황이 끊임없이 펼쳐질 것이고, 학생들은 그 속에서 스스로 통제할 수 있는 능력을 발휘해야만 한다. 이러한 맥락에서 자기통제 능력의 발달을 위한 적극적인 생활지도가 요구된다. 자기통제가 발달되는 단계와 주요 발달과업은 〈표 9-1〉과 〈표 9-2〉와 같다(지성애, 홍혜경, 2004, pp. 176-177).

〈표 9-1〉 **자기통제의 4단계**

단 계	정 의	행동통제의 근원
무도덕	옳고 그른 것에 대한 개념이 없다.	외부
집착	보상과 처벌에 반응한다.	내부와 외부의 공유
동일시	자신이 좋아하는 타인의 행동을 채택한다.	내부와 외부의 공유
내면화	자신의 판단과 가치로부터 만들어진 윤리의 내적 준거를 이용하여 자신의 행동을 다스린다.	내부

〈표 9-2〉 자기통제의 발달과업

사회 · 정서적 과업	학습해야 할 행동
자기통제를 학습하기	• 다른 사람의 이야기 듣기 • 행동의 제한을 받아들이기 • 다른 사람의 감정 다루기 • 언어로 감정을 표현하기 • 기다리고, 차례 지키고, 공유하기 • 규칙 지키기 • 충동적 · 공격적 행동을 억제하기

(3) 도덕적 자율성

자율성이란 자신의 행동이 자신의 신념과 이해에 따라 좌우된다는 것을 의미한다. 도덕적으로 자율적인 사람은 다른 사람을 존중하는 마음에서 타인에게 친절하다. 자율성의 반대는 타율성인데, 이것은 타인을 통해 자신의 행동이 좌우된다는 것을 의미한다. 타율적인 사람은 어떤 행동이 보상을 받거나 그러한 행동을 하지 않을 경우 자신에게 좋지 않은 일이 일어나거나 처벌을 받을 것이라고 판단되는 경우에만 타인에게 친절하다. 따라서 도덕적 자율성은 벌이나 보상체계와는 상관없이 다른 사람의 관점을 고려하여 스스로 도덕적 판단과 결정을 내리는 능력을 의미한다.

다시 말해서, 도덕적 자율성이란 어떠한 결정을 내려야 할 때 자기에게만 도움이 되고 타인에게는 해가 되도록 하는 것이 아니라 자신은 물론 다른 사람의 욕구 또한 고려하여 결정함을 의미하며, 다수가 동의하는 일이라 하더라도 그 일이 부적절한 일이라면 영향받지 않고 거부할 수 있는 능력을 의미하기도 한다. 만약 교사가 학생의 도덕적 자율성을 발달시키기를 원한다면 벌이나 보상을 사용하여 행동을 제재하는 방법을 통한 외부의 힘을 줄여야 하고 스스로 자신의 도덕적 가치를 구성할 수 있도록 격려해야 한다.

3) 생활지도 대 상담

생활지도가 생활에 대한 지도를 하는 것이라면 생활지도라는 용어 안에 이미 특정 목적을 포함하고 있다. 영유아 생활지도라고 한다면 영유아를 대상으로 생활을 지도한다는 것이고, 청소년 생활지도라고 한다면 청소년을 대상으로 생활을 지도한다는 것이므로 이미 용어 안에 대상과 목적이 내포되어 있는 것이다. 반면 상담이라고 하면 특정 문제에만 적용되는 제한된 개념이 아니라 대상과 목적이 무한히 열려 있는 개방된 개념이라 할 수 있다. 상담을 통하여 생활지도를 하고, 진로를 지도하고, 자아실현의 교육을 한다. 상담하는 과정이 결여된 상태에서 생활지도란 있을 수 없다. 어떤 방식으로든 대화를 통한 만남의 과정을 거쳐야만 생활을 지도할 수 있는 것이다. 상담은 일종의 조력과정으로서 생활지도를 포함한 인간의 모든 변화와 성장과정에 개입하고 도움을 주는 활동이다(박성희, 2001).

[그림 9-1]은 상담을 중심에 놓고 생활지도를 주변에 배치하고 있다. 이 배치는 생활지도와 상담의 상대적 중요성을 표시하는 것이 아니라 개념상의 관계를 나타낸다. 이 그림에는 상담이 매개과정으로 생활지도에 개입하는 활동이라는 의미가 담겨져 있다. 이 모형은 상담의 고유 전문영역이 생활지도처럼 특정 영역의 문제를 중심으로 구축되는 것이 아님을 전제하고 있다. 사람의 변화를 돕는 활동은 생활지도 외에도 수없이 많다. 즉, 생활지도뿐 아니라 인성교육, 심리치료, 진로지도, 교육, 인간관계 등 다양한 영역의 활동을 상담 주변에 배치할 수 있다.

[그림 9-1] 상담, 생활지도의 관계모형

2. 생활지도의 방법

1) 상담의 의미

상담이란 인격적 만남을 통해 사람들의 바람직한 변화를 돕는 과정이고, 상담관계란 상담을 통해 사람의 성장과 발전을 돕는 관계라고 할 수 있다(박성희, 2001). 학교현장에서 교사가 상담에 대해 갖는 편견이 있다면 상담을 통해 자신이 학생들의 문제를 해결해 주어야 한다고 생각하는 것이다. 그런데 상담의 과정에서 만나게 되는 많은 사람들은 대개 자신이 어떠한 문제를 가지고 있는지 누구보다도 잘 알고 있으며, 그 문제를 어떻게 해결해야 하는지도 알고 있는 경우가 대부분이다. 하지만 왜 상담을 필요로 하는가? 본인이 자신의 문제와 해결방법까지 알면서도 노력과 의지의 부족으로 문제라는 걸림돌에 넘어지거나, 머리로는 어떻게 해야 하는지 알고 있다 하더라도 가슴으로 이해되지 않아 전전긍긍하는 순간 누군가 자신의 마음을 이해해 주고 알아주는 한 사람을 필요로 하는 것이다.

이렇게 볼 때 상담이란 대화와 만남을 통해 도움을 필요로 하는 사람에게 효율적으로 도움을 주는 일련의 과정이라 할 수 있으며, 상담이 형성되기 위한 전제로는 상담자와 내담자 간의 깊은 신뢰와 친밀감 형성을 들 수 있을 것이다. 진정으로 상대방을 존중하는 마음, 상대방을 있는 그대로 바라볼 수 있는 마음, 진정으로 상대방을 위하는 마음, 진정으로 상대방을 이해하고자 하는 긍정적 관심에서 비롯되는 공감적 이해와 수용은 상담의 필수조건이다. 비지시적 상담 이론가인 Rogers는 상담자와 내담자 간의 '마음의 접촉'을 강조하였다. 상담은 관계를 맺는 일에서부터 시작되는 것이다. 특히 교사가 학생의 인성발달 전반에 영향력을 주기 위해서는 반드시 마음을 나누는 관계가 필요하다. 따라서 상담의 시작은 '관계'이고, '만남'이라고도 할 수 있겠다. 이러한 만남을 토대로 하는 공감적 이해는 일상에서 관계를 안정되게 발전시켜 나가는 데 중요한 역할을 담당한다.

누군가를 지도하거나 상담하고자 할 때 가져야 할 자질은 여러 가지가 있겠지만, 인간을 무한한 가능성을 가진 존재로 인식하는 인간관, 인간에 대한 사랑과 봉사정신, 상담의 결과가 금방 가시적으로 나타나지 않을 수 있기 때문에 요구되는 인내, 인간을 도울 수 있는 방법에 대해 끊임없이 공부하고 경험하고 가설을 세워 보고 검증하는 일련의 연구과정, 자신에 대한 끊임없는 수양이 있어야 한다(권창길, 김흔숙, 이기영, 2000, pp. 262-264). 이와 같은 특성은 만남을 소중히 여기고 준비하는 자세라고 할 수 있으며, 관계의 형성을 통해 누군가를 돕기를 원하는 마음의 특성이라고 할 수 있겠다.

지구에 막 도착한 어린 왕자에게 여우가 인사를 건넸다. "안녕." "안녕, 넌 누구니?" "나는 여우야." "이리 와서 나하고 놀자. 난 아주 쓸쓸하단다." "난 너하고 놀 수 없어. 길이 안 들었으니까." "난 친구를 찾고 있어. 그런데 길들인다는 게 무슨 말이니?" "모두들 잊고 있는 건데, 관계를 맺는다는 뜻이란다." 여우가 대답했다. "관계를 맺는다구…." "응. 지금 너는 다른 수만 명의 애들과 다름없는 사내아이에 지나지 않아. 그리고 나는 네가 필요 없구. 너는 내가 아쉽지도 않을 거야. 네가 보기엔 나도 다른 수만 마리 여우와 똑같잖아? 그렇지만 네가 나를 길들이면 우리는 서로 아쉬워질 거야. 내게는 네가 세상에서 하나밖에 없는 존재가 될 것이구, 네게도 내가 이 세상에 하나밖에 없는 여우가 될 거야."

〈생텍쥐페리의 『어린 왕자』에서〉

그대를 늘 바라볼 수 있는 곳에서 살고 싶습니다/ 우리들의 삶이란 무대도 언제 어느 때에 막이 내릴지도 모르기 때문입니다/ 그대가 내 눈앞에 있을 때 나의 삶은 희망입니다/ 어느 날 혹여나 무슨 일들이 일어날지라도 그대가 곁에 있다면 아무런 두려움이 없이 이겨 낼 수 있습니다/ 사랑하는 힘으로 나는 날마다 살아가고 있기 때문입니다/ 내 심장이 그대로 인해 숨 쉬고 있기에 나는 행복할 수 있습니다.

〈용혜원의 '그대를 바라볼 수 있는 곳'에서〉

2) 상담을 통한 생활지도

(1) 상담의 기본 원리

교육현장에서 상담을 통해 교사—학생의 관계 개선 및 환경에 대한 효과적 적응을 통해 바람직한 변화를 이끌어 내기 위해서는 먼저 학생에 대한 이해가 선행되어야 한다. Biestek은 인간에게는 감정이나 태도의 기본으로서 일곱 가지의 기본적 욕구가 있다고 했다(김흥규, 원애경, 2007). 첫째, 사례나 유형으로보다는 하나의 개인으로서 대접받고 싶은 욕구, 둘째, 긍정적 정서뿐 아니라 부정적 정서도 자유롭게 표현하고 싶은 욕구, 셋째, 지금 자신의 생활이 다소 의존적이고 강점뿐 아니라 실수와 실패가 있다 하더라도 존엄성을 지닌 인간으로 수용되기를 바라는 욕구, 넷째, 표현된 자기 정서에 대해 공감적 이해와 반응을 얻고 싶은 욕구, 다섯째, 자신이 직면한 문제에 대해 힐책이나 비판을 받고 싶지 않은 욕구, 여섯째, 자기 생활을 스스로 결정하고 싶기 때문에 타인의 강요나 권고 혹은 지배를 받고 싶지 않은 욕구, 일곱째, 자신에 관한 비밀이 아무에게도 노출되지 않고 보호받기를 원하는 욕구다.

이러한 일곱 가지 욕구를 그대로 채택하여 상담의 기본 원리로 전개해 보면 다음과 같다.

① 개별화의 원리

'개별화'라는 것은 상담받는 학생의 독특한 성질을 이해하는 일이며, 그 학생에 맞는 독특한 상담의 원리나 방법을 활용하여 보다 나은 적응을 돕는 것이다. 상담받는 학생을 개별적 차이를 지닌 독특한 인간으로 존중하기 위해서는 편견이나 선입관을 버려야 하고, 인간행동에 대한 전문적 이해가 있어야 한다. 상담과정에서는 학생의 말을 잘 경청하고 세밀히 관찰하여 미묘한 감정의 변화와 숨겨진 생각을 읽을 수 있어야 하고, 학생의 생각을 앞서가기보다는 뒤따라가면서 이해할 수 있어야 한다.

② 의도적 감정표현의 원리

의도적 감정표현은 상담과정에서 학생이 자신의 정서, 특히 부정적 정서를 자유롭게 표현하고자 하는 욕구에 대한 인식이다. 학생이 자신의 정서를 표현하는 것은 상담자로부터 수용받고 싶고, 도움받고 싶고, 문제를 해결하고 싶은 욕구에서 비롯되는 것이므로, 상담자는 학생의 정서표현을 비난하거나 낙심시켜서는 안 되며 끝까지 경청하여야 한다.

③ 통제된 정서 관여의 원리

상담이 주로 정서적인 측면에 관련되어 있으므로 상담자는 학생에게 정서를 말로 표현하도록 안내하여야 한다. 상담자는 학생의 정서에 호응하기 위하여 정서적으로 관여하는데, 이때 학생의 정서에 대한 민감성(sensitivity), 학생의 정서가 의미하는 것에 대한 이해(understanding), 학생의 정서에 대한 의도적이고 적절한 반응(response)이 필요한 것이다.

④ 수용의 원리

수용이란 학생의 장단점, 긍정적 정서와 부정적 정서, 건설적 태도와 파괴적 태도나 행동 등을 있는 그대로 이해하여 그의 존엄성과 인격의 가치에 대한 관념을 유지해 가는 원칙을 말한다. 따라서 수용의 대상은 선한 것(the good)만이 아닌 진정한 것(the real), 있는 그대로의 현실이어야 한다. 만약 상담자가 인간의 행동양식에 대해 충분치 못한 소양을 가지고 있고 자신의 생활 속에 현실적으로 처리할 수 없는 갈등이 있을 때, 즉 자기 속에 있는 어떤 요소를 수용할 수 없을 때 수용의 원리에 부정적 요인으로 작용한다.

⑤ 비심판적 태도의 원리

상담자는 학생의 문제에 대해 '내가 잘못이다.' '네가 책임져야 한다.' 등과 같은 말이나 행동은 삼가야 한다. 상담의 관계에서 학생은 교사로부터 혹시 '실패자' '부도덕한 자' '무능한 자'라는 낙인이나 심판을 받게 될까 봐 두려움을 가지고 있는데, 상담과정에서 학생의 죄책감, 열등감, 고독감을 부추긴다면 학생의 긍정적 변화는 기대하기 어려워지기 때문이다. 타인의 언행을 판단한다는 것과 이해한다는 것은 전혀 별개의 문제다. 판단은 비판과 처벌이 뒤따르지만, 이해는 선악과 진위만을 평가하는 활동이다. 상담자는 학생의 행동과 태도, 가치관을 객관적으로 평가해야 한다. 그리고 그것은 어디까지나 이해하기 위해서일 뿐 비판하기 위해서가 아님을 명심해야 한다.

⑥ 자기결정의 원리

상담과정에서 상담자는 '자기 스스로 자기가 나아갈 방향을 결정하고 선택하려는 학생의 결정'을 존중하며, 그와 같은 욕구나 잠재적 힘을 자극하여 활동할 수 있도록 지도하여야 한다. 다만 자기결정의 권리와 욕구는 자신의 능력, 도덕적 규범, 사회적 맥락에서 이루어질 수 있다는 한계를 벗어나서는 안 된다. 상담자는 학생이 자기수용을 할 수 있도록 도와주고, 학생의 장점과 능력을 발견하고 활용함으로써 인격적 발전을 도모할 수 있도록 자극해 주어야 한다. 또한 학생이 자기결정을 할 수 있도록 수용적 태도나 심리적 지지를 보내며 분위기 조성을 해 주는 것이 좋다. 만약 상담자가 학생을 직간접으로 조종하려고 한다면, 이것은 학생을 무시하고 상담자 자신의 판단에 따라서 행동의 방법을 선택하게 하려는 것이므로 삼가야 한다. 학생의 선택의 자유, 권리, 욕구 등을 무시하는 것은 이와 같은 능력의 함양을 약화시키는 것이기 때문이다.

거짓말과 아이덴티티

이솝 우화 가운데 거짓으로 자기 모습을 과시하려다 부끄러움을 당한 까마귀 이야기가 있다. 숲 속에서 가장 아름다운 새가 임금님으로 뽑힐 거라는 말을 들은 까마귀는 알록달록 화려한 다른 새들의 깃털에 비해 까맣고 보잘것없는 자신의 깃털을 한탄하며 우울해진다. 까마귀는 새들이 떨어뜨리고 간 각양각색의 깃털을 한 장씩 주워서 몸에 꽂고 화려한 모습을 뽐내며 임금님을 뽑는 자리에 나아간다. "넌 무슨 새니?" "어디에서 왔니?" "너같이 아름다운 새를 한 번도 본 적이 없어." 새들은 까마귀의 독특한 아름다움에 놀라며 저마다 까마귀에게 관심을 보인다. 살아오면서 단 한 번도 다른 존재의 관심과 존경을 받아 보지 못했던 까마귀는 순간 우쭐해져서 더욱 날개를 활짝 펴며 아름다운 깃털을 자랑한다. 바로 그때 새들은 까마귀의 화려한 치장 속에서 낯익은 자신들의 깃털을 발견하게 되고, 까마귀의 아름다움이 가짜였음을 알게 된다. 다시 까만 몸으로 홀로 남겨진 까마귀는 남의 것으로 자신을 뽐내려 했던 자신의 행위를 후회하며 눈물을 흘린다.

　Erikson은 아이덴티티(identity)란 자신이 타인과 구별되는 독특한 존재임을 아는 것, 시공을 초월하여 자신이 누구인지를 아는 것, 자신의 과거와 현재와 미래를 꿰뚫는 통찰이라고 설명하며, 아이덴티티를 확립하는 일이야말로 가장 중요한 인생의 발달과제임을 강조하였다. Erikson의 일화 가운데 얼굴을 씻고 또 씻는 강박적 증세를 보이던 한 흑인 소녀가 있었다. 흑인 소녀가 다니던 초등학교에는 대부분이 백인 아이들이었고, 자신의 피부색이 친구들과 다르다는 사실이 부끄러웠던 소녀는 얼굴이 문드러질 정도로 비누로 씻고 또 씻었던 것이다. 소녀는 자신의 검은 피부를 혐오하며, 씻기만 하면 하얀 피부로 변화될 거라는 잘못된 믿음을 행동으로 표출했던 것이다. 이 사례는 남과 다른 자신의 고유한 특성을 긍정적으로 받아들이지 못할 때, 혹은 자신에게 없는 것을 비관하며 남과 같아지려는 헛된 욕망을 갖게 될 때 아이덴티티의 혼란이 올 수 있음을 보여 주고 있다. 이솝 우화 〈멋 부리는 까마귀〉에서도 이와 비슷한 아이덴티티의 혼란을 엿볼 수 있다. 만약 까마귀에게 'Black is Beauty!'라는 신념이 있었더라면 자신의 까만 깃털을 초라하게 느끼거나 거짓으로 자기 모습을 현란하게 위장할 필요도 없었을 것이고, 어쩌면 남과 다른 자신만의 매력을 발산하며 숲 속에서 돋보이는 존재가 되었을지도 모른다.

　우리가 만약 '진짜 자기'가 되려 하지 않고 남의 것으로 포장된 '거짓 자기'를 내보이려 한다면 영원히 자신이 누구인지 모른 채 살아갈 수도 있다. 자신이 누구인지 모르고 사는 삶, 처한 상황과 때에 따라 각기 다른 모습으로 자아가 분절되어 원래 자기의 모습에서 멀어져만 가는 삶이란 초라하기 이를 데 없다. 나무는 모두 제 키만큼의 뿌리를 땅속에 감추고 있다고 한다. 나무의 키로 뿌리의 길이를 가늠할 수 있는 것이다. 보이는 것과 보이지 않는 것이 정확하게 비례를 이루고 있는 자연 앞에서 있는 것을 있다 하고 없는 것을 없다 할 수 있는 정직만이 아이덴티티를 확립해 가는 지름길임을 배운다. 살아가면서 자신의 존재를 누군가에게 과시하고 싶은 유혹의 순간이 찾아올 때, '진짜 자기'와 마주하며 내 안의 뿌리가 얼마나 자랐는지 돌아볼 수 있는 우리가 되길 기도한다.

(2) 상담기법

① 공감적 이해

타인을 공감적으로 이해한다는 것은 타인의 마음으로, 타인의 시각에서, 타인의 느낌을 함께하는 고도의 심리적 능력이라 할 수 있다. 내가 여름을 좋아하고 타인이 겨울을 좋아한다고 할 때, 왜 하필 추운 겨울을 좋아하느냐고 반박하는 것이 아니라, 누군가 여름을 좋아하는 나의 생각을 반박한다 하더라도 여름을 좋아하는 나의 마음은 변하지 않듯 그 사람 고유의 생각과 느낌을 존중하는 데서부터 시작한다. 일상에서 아이와 성인의 상호작용을 관찰할 수 있는 기회가 종종 있는데, 가슴이 답답해지는 순간은 아이의 느낌을 성인이 부정하며 그 아이가 그 순간 느꼈던 생각과 감정을 스스로 불신하게 만드는 대화를 접할 때다.

다른 사람의 마음을 읽어 주는 한 가지 최선의 방법이 있다면 그 사람의 입장에 서서 한번 생각해 볼 줄 아는 태도라 할 수 있다. 왜 그 상대방이 그러한 말을 했는지, 왜 그러한 행동을 했는지, 왜 그러한 표정을 지었는지 그 사람의 마음으로 생각해 보면 정말 마음을 알아주는 말을 할 수 있다. 다른 사람의 마음을 내 마음처럼 알아주는 일이 힘들게 느껴진다면 여전히 다른 사람의 마음을 자신의 마음처럼 읽는 자기중심적인 생각의 틀을 벗어 버리지 못한 까닭이다. 내가 아닌 다른 사람들의 마음으로 바라보는 세상은 분명 내가 바라보는 세상과는 다를 것이다.

우린 "뭐 그런 것 갖고 화내고 그래?" 하면서 쉽게 다른 사람의 감정을 평가하지만, 그 사람의 마음으로 생각해 보면 '그런 것 가지고 화낼 수 있다'는 생각이 든다. 오늘 내 친구가 만나는 세상은 어떤 빛깔일까? 오늘 나의 아이들이 만나는 세상은 어떤 빛깔일까? 혓바늘이 하나만 돋아도 크게 아픈 사람이 있는가 하면, 입 안이 다 헐어도 고통을 견디는 능력이 뛰어난 사람이 있다. 통통해 보인다는 주변 사람들의 말에 며칠씩 굶어 가며 더 날씬하지 못한 자신의 상태를 슬퍼하는 사람이 있는가 하면, 뚱뚱하다는 말에도 아랑곳하지 않고 씩씩하게 잘 생활하는 사람이 있다. 상담자는 아무리 우스꽝스럽고 이상하게 들리는 이야기라도 내담자 나름의 의미를 갖고 있음을 인정하고 진지하게 들어 주는 이해의 과정을 통해 문제를 호소하는 과정에 담겨 있는 해결의 실마리를 내담자 스스로 발견할 수 있도록 도울 수 있다.

남을 생각할 줄 아는 아이

작가이며 유명한 연사인 레오 버스카글리아가 한번은 자신이 심사를 맡았던 어떤 대회에 대해 말한 적이 있다. 그 대회의 목적은 남을 가장 잘 생각할 줄 아는 아이를 뽑는 일이었다. 레오 버스카글리아가 뽑은 우승자는 일곱 살의 아이였다. 그 아이의 옆집에는 최근에 아내를 잃은 나이 먹은 노인이 살고 있었다. 그 노인이 우는 것을 보고 어린 소년은 노인이 사는 집 마당으로 걸어갔다. 그리고는 노인의 무릎에 앉았다. 엄마가 나중에 아이에게 이웃집 노인께 무슨 위로의 말을 했느냐고 묻자 어린 소년은 말했다. "아무것도 전혀 하지 않았어요. 다만 그 할아버지가 우는 걸 도와드렸어요."

〈류시화 역(1997)〉

〈남을 생각할 줄 아는 아이〉라는 이야기를 분석해 보면, 나의 논리로 상대방을 설득하는 것이 아니라 다른 존재가 갖는 총체적 경험 그 자체를 인정해 주는 것에서부터 공감적 이해는 시작된다는 것을 알 수 있다. 아내를 잃은 남편의 슬퍼하는 모습을 두고, 죽은 자는 죽은 자고 살아 있는 사람은 살아야 하는 거니까 마음 독하게 먹어라, 더 좋은 세상에 갔으니까 그렇게 슬퍼하지 마라, 혹은 운다고 죽은 사람이 살아 돌아오느냐라는 객관적인 논리로 접근한다면 슬퍼하고 있는 사람에게 도움이 되지 않는다. 그 사람의 슬픔을 함께 슬퍼하며, 충분히 슬퍼할 수 있는 조용한 시간을 함께하는 것이 약이 되기 때문이다.

공감을 사용하기 위한 원칙

1. 공감은 이상적으로 말하면 전문적인 역할이나 커뮤니케이션 기술이라기보다는 일종의 존재양식이라는 점을 명심하라.
2. 신체적으로나 심리적으로 내담자가 가진 관점에 관심을 기울이고 경청하라.
3. 자기 자신의 판단과 편견은 일단 접어 두고 내담자의 입장에서 생각해 보라.
4. 내담자가 이야기할 때 특히 핵심 메시지에 귀를 기울이라.
5. 언어적 및 비언어적 메시지뿐 아니라 그 상황도 고려하라.
6. 내담자의 핵심 메시지에 자주 반응하되 간결하게 하라.
7. 내담자가 얽매여 있다고 느끼지 않도록 어떤 가정에 묶이지 말고 유연하게 대하라.
8. 공감을 사용하여 내담자로 하여금 중요한 문제에 초점을 맞추게 하라.
9. 민감한 주제나 감정에 대해서는 서서히 탐색하게 하라.
10. 공감적으로 반응을 한 뒤에는 당신의 반응의 정확성을 확인시켜 주거나, 부정하는 단서에 주의를 기울이라.
11. 당신의 공감적인 반응이 내담자가 자신의 중요한 문제를 찾아 명료화하는 데 주의집중을 하게 했는지 생각해 보라.
12. 내담자가 스트레스를 받거나 저항할 때 나타내는 단서에 주목하라. 당신의 반응이 부정확했거나 아니면 너무 정확해서 이런 반응이 나온 것은 아닌지 생각해 보라.
13. 공감의 전달 기술이 아무리 중요하다고 하더라도 이는 어디까지나 내담자로 하여금 자기 자신과 자기의 문제 상황을 보다 분명하게 보고, 보다 효율적으로 대처해 나가게 하기 위한 도구에 지나지 않는다는 사실을 명심하라.

〈제석봉 외 공역(1999), p. 151〉

② 수용

사람이 사람을 성장시키고 관계를 발전시키는 핵심적인 전제 중 하나가 수용이다. Rogers의 이론에서 수용이란 '무조건적인 긍정적 관심과 존중' 이라는 말로 알려져 있는데, '무조건적' '긍정적'이라는 말에 수용의 의미와 특성이 함축되어 있다고 볼 수 있다. 사람은 누구나 타인에게 자신의 있는 그대로의 모습을 인정받고, 수용받고, 지지받고, 이해받고 싶어 하는 욕구가 있다. 부모나 교사가 아이의 존재 자체를 기뻐하고 하나의 독립체로 인정할 뿐아니라 아이의 생각과 느낌을 존중해 주면, 아이는 자신이 아닌 누군가가 되려고 애쓰기보다 자신의 본질적인 모습에 충실하게 된다. 즉, 타인으로부터 있는 그대로 조건 없이 수용받은 경험이 자신을 수용할 수 있게 하고, 자신을 수용할 수 있게 된 사람은 또다시 타인을 그와 같은 방식으로 수용할 수 있는 것이다.

만약 조건적인 수용을 받게 된다면 자신의 본질에 충실하려 하기보다는 다른 사람을 기쁘게 하는 데 과다한 에너지를 쏟거나, 타인의 칭찬과 인정에 민감한 사람으로 길들여져서 자아를 탐색하고 목적적인 존재가 되고자 하는 노력을 할 수 없게 된다. 자유로운 삶을 살지 못하게 억압하는 걸림돌 또한 자신이 삶의 주인이 되지 못하고, 타인의 평가에 연연하여 가면을 쓰고 살 수밖에 없는 상황에 놓일 때 인생의 가치가 혼란스러워진다. 힘없고 연약한 존재가 살아남는 방법은 외부의 조건을 충족하기 위해 점점 자신으로부터 멀어지는 삶을 살아가는 길밖에 없을 것이다. 어떠한 약점에도 불구하고 존재의 가치가 존중되는 상황에서 희망을 기대할 수 있다.

잔인하게 범죄를 저지르는 사람이 경험하지 못한 것 가운데 하나가 수용의 경험일 것이다. 아무리 잘못된 길로 가더라도, 끝까지 자신의 가치와 존재의 의미를 믿어 주고 존중해 주는 수용의 경험으로 잘못을 되돌릴 수 있는 경우는 소설이나 영화 속에서 흔히 볼 수 있다. 무조건적으로 수용해 주는 단 한 사람의 조건 없는 관심과 사랑이 없었기에 잔인한 성품을 갖게 되는 사람들을 주변에서 흔히 볼 수 있다. 무조건적 수용은 상대방의 느낌, 행동, 생각들을 하나의 전체로서 인정하고 받아들이는 것을 의미한다.

…흘러간 명화의 한 장면이 떠오른다. 청소년기부터 소년원과 감옥을 자기 집 안방 드나들 듯 드나들며 범죄의 소굴에서 헤어나지 못하는 아들에게 어머니는 감옥의 쇠 창살 사이로 말한다. "나는 너를 사랑한다. 다른 사람이 뭐라고 해도 나는 네가 착하고 정직한 아이라는 걸 알고 있다. 나는 날마다 하나님께 기도하고 있단다. 다른 사람들이 네가 착하고 정직한 사람이라는 것을 알게 해 달라고…." 아들은 어머니와 면회할 때 면 괴로웠다. 어머니의 얼굴을 대하고 그 깊은 사랑을 느낄 때 증오와 분노로 굳게 닫 힌 양심이 살아 꿈틀댔다. 그는 범죄로 얼룩진 자신을 구하려고 발버둥 쳤다. 강철 같 은 마음과 주먹으로 드디어 세계 챔피언이 된 아들은 어머니의 부드러운 이해의 마음 앞에 엎드려 흐느낀다. 사랑을 지닌 언어의 마력으로 그는 암흑의 늪을 헤쳐 나올 수 있었던 것이다.

〈이민정(1993)〉

수용에는 따뜻함이 배어 있다. 어떤 사람을 만나면 왠지 마음이 편안해지고 모든 것을 털어놓고 싶고 내 마음을 이해해 줄 거라는 믿음이 생기기도 하고, 어떤 사람을 만나면 왠지 잘못한 것 없어도 마음이 불편하고, 혼나지 않으려고 마음에서가 아닌 머리에서 나오는 말을 준비해야 하고, 그렇기 때문에 가식적 인 모습을 가지고 대할 수밖에 없는 경우가 있다. 누군가를 만났을 때 고향에 온 듯, 안식처에 온 듯 따뜻하고 편안해지는 기분을 느낀다면 봄과 같은 따뜻함 속에서 자신을 성장시켜 나갈 수 있을 것이다. 따뜻하고 온정적인 분위기는 관 계의 질을 높이고, 서로를 개방하고 싶게끔 만들며, 가려졌던 자신의 모습을 탐 색하고 싶은 욕구가 생겨나게 한다.

"나는 상담자가 내담자 안에 있는 것에 대해 따뜻하고, 긍정적이고, 수용적인 태도를 경험할수록 성장과 변화가 더 많이 일어날 것이라고 예상한다. 이것은 마치 부모가 자식 이 어떤 순간 행한 특정 행동에 상관없이 하나의 인격체로 그를 소중하게 여기면서 자식 에 대해 느끼는 것과 동일한 질의 느낌으로, 상담자가 내담자를 하나의 인격체로 대하는 것을 뜻한다. 이것은 상담자가 내담자를 잠재 가능성을 지닌 하나의 인격체로 대우하고, 비소유적인 방식으로 배려함을 의미한다. 이는 있는 그대로의 내담자에 대한 사랑을 의미한다."

〈박성희(1999), p. 94〉

…봄과 같은 사람이란 어떤 사람일까 생각해 본다/ 그는 아마도 희망하는 사람/ 기뻐하는 사람/ 따뜻한 사람/ 친절한 사람/ 명랑한 사람/ 온유한 사람/ 생명을 소중히 여기는 사람/ 고마워할 줄 아는 사람/ 창조적인 사람/ 긍정적인 사람일 게다/ 자신의 처지를 원망하고 불평하기 전에 우선 그 안에 해야 할 바를 최선의 성실로 수행하는 사람/ 어려움 속에서도 희망과 용기를 새롭히며 나아가는 사람이다….

〈이해인의 '봄과 같은 사람'에서〉

③ 진실성

Thomas Gordon의 PET 프로그램의 시작에서 '부모(교사)는 신이 아닌 인간이다.'라는 관점을 취하는 일은 신선한 사고의 전환이다. 누군가를 가르치고 양육하는 자리에 있는 사람에게는 실수해서는 안 되고, 어느 정도는 도덕적이나 개인적인 능력, 인격 면에서 유능해야 한다는 암묵적인 기대가 주어진다. 그러한 기대를 지각하면 타인에게 가능한 한 좋은 점을 보이려 노력하고, 실수를 감추려 전전긍긍하기 때문에 혹 인간적이지 못하다는 평가를 받기도 하고, 그러한 사람 앞에서는 마찬가지로 본래의 모습을 개방하기가 쉽지 않으므로 서로가 가면을 쓰고 만나게 되는 경우가 생길 수 있다.

'어떻게 하면 관계를 발전시켜 나갈 수 있는가?' '어떠한 대화법이 좋은가?'라는 욕구들에 상응하는 21세기의 화두인 '협상' '타협'의 기술을 배워야 성공할 수 있다는 말을 종종 접할 때마다 기술 이전에 생각해 보아야 할 문제가 빠져 있다는 공허함을 느낀다. 어떠한 기술보다 앞서야 할 전제가 있다면 '진실성'이라 할 수 있다. 다른 사람을 이해하고 수용하는 일보다 앞서야 할 일 또한 자신에게 진실하고 타인에게 진실할 수 있는 용기다. 상담의 과정은 내담자의 필요와 욕구에서부터 출발한다. 누군가에게 자신의 문제를 드러내고 논의하고 싶은 마음이 들려면 그 누군가가 신뢰할 수 있는 사람이어야 하고, 건성으로 문제를 다루지 않는 사람이어야 하고, 상담자도 솔직하게 자신을 드러내며 함께 서로의 느낌과 생각을 공유할 수 있는 사람이어야 한다.

> "우선 상담자가 진정한 자신일 때, 내담자와의 관계에서 순수하고 아무런 '겉치레' 나 가면 없이 순간순간 자신의 안에서 흐르는 느낌과 태도에 열려 있을 때 개인의 성장이 촉진된다고 나는 생각한다. … 나는 피상적인 것이 아니라 깊고 진실된, 상담자 속에서의 진실성에 대해 말하고 있다는 것을 분명히 하고 싶다. 나는 이따금 이 인격의 일치성 요소를 묘사할 때 투명성이라는 낱말이 도움이 된다고 생각한다. 만일 그가 '나를 투명하게 꿰뚫어' 볼 수 있다면 그리고 관계 속에서 내가 기꺼이 이 진실성을 내보일 수 있다면, 그 속에서 우리 두 사람 모두 배우고 발전하는 의미 있는 만남이 될 것이라고 나는 거의 확신할 수 있다."
>
> 〈박성희(1999), pp. 177-179〉

④ 격려

말에는 위력이 있음을 우리는 어느 정도 경험으로 알고 있다. 말은 다른 사람의 마음을 무너뜨릴 수도 있고, 넘어져 있는 마음을 일으켜 세워 줄 수도 있다. 말은 외과의사의 손에 들리면 병자를 고칠 수도 있지만 부주의한 아이의 손에 주어지면 사람을 죽일 수도 있는 날카로운 칼과도 같다. 말은 상처를 줄 수 있을 뿐 아니라 상처를 치료해 줄 수도 있다. 즉, 말은 나쁜 방향으로 흘러가는 사고의 방향, 삶의 방향을 다시 선하고 향상할 수 있는 방향으로 전환할 수 있다는 사실이다. 이것이 바로 생명력 있는 '격려'의 말이다.

시기적절한 말 한마디는 달리는 사람에게 힘을 불어넣어 주어 경기를 마치게 하고, 절망하는 사람에게 소망을 불어넣어 주어 새로운 인생의 페이지를 넘기게 하고, 불씨가 꺼져 가는 차가운 마음에 새로운 불꽃을 붙여 주며, 벽에 부딪혀 아파하는 마음에 새로운 대안을 갖게 하며, 열등감으로 얼룩져 괴로워하는 사람에게 자신을 새롭게 평가해 보는 계기를 부여하는 능력이 있다. 피상적인 말은 영향력이나 생명력이 없다. 진정으로 마음을 담아 상대를 격려하는 말 한마디는 다른 사람의 영혼을 따뜻하게 돌보는 기적을 불러일으킨다. 따라서 다른 사람을 가르치는 사람은 진실되고 투명한 마음으로 다른 사람을 이해하고 수용하고 있다는 것을 격려의 말에 담아 아낌없이 표현할 수 있어야 하겠다.

진정한 격려는 사랑에서 출발하며, 그 사랑하는 마음에서 우러나온 말은 상대방이 지각하고 있는 두려움에 닿아 두려움이 완화되고 상처가 치유되는 과정이라 할 수 있다. 두려움이 동기가 되어 나온 말은 격려의 힘을 갖지 못한다. 이러한 말들은 상처를 덮어 줄 수 있을지는 몰라도 상처를 치료할 수 있을 만큼의 위력을 갖지는 못한다. 진정한 격려는 사랑이라는 동기뿐만 아니라 다른 사람의 필요를 면밀하게 분별할 수 있는 지혜에 달려 있다. 격려하기란 어떠한 기술이 아니다. 그것은 타인에 대한 민감성, 사랑에 대한 확신이다. 격려하는 사람은 타인을 격려할 때 사람들의 내면에서 일어나는 일을 어느 정도 의식해야 하고, 그 사람을 소중히 생각하고 있다는 순수한 마음을 반영하는 말을 해야 한다. 그 말 속에 모든 문제에는 반드시 해결책이 있다는 희망, 당신의 인생이 의미 있는 것이라는 희망을 일깨우는 것이 격려의 효과다.

Michael Popkin이 개발한 APT 프로그램에서는 생각은 느낌을 낳고 그것은 행동으로 연결된다고 가정하여 생각하기-느끼기-행동하기 회로로 설명하였다. 이 회로에는 두 가지 종류로 성공회로와 실패회로가 있다. 성공회로란 어떤 사건이 발생했을 때 그것을 극복하리라는 긍정적인 생각이 들고, 두려움이 느껴지더라도 그것을 극복하려는 용기가 생겨 결국은 사건을 극복할 수 있는 것을 의미한다. 반면 실패회로는 동일한 사건에 대해 부정적이고, 두려운 생각이 들어 낙심하게 되어 결국은 사건을 극복하지 못하고 회피하는 것을 뜻한다(이숙, 우희정, 최진아, 이춘아, 2002, pp. 211-212).

다른 사람에게 성공회로가 돌도록 도와주는 것이 바로 격려하기다. APT에서는 격려하기를 기 꺾기와 대비하여 설명한다. 우리는 살아가면서 약이 되는 말도 들어 보고 독이 되는 말도 들어 봤기 때문에 기 꺾기가 무엇을 의미하는지 알고 있다. 기를 꺾는 말을 하는 사람들의 공통점을 보면 다른 사람에게 부정적인 기대를 가지고 있으며, 성공이나 강점보다는 실수나 약점을 지적하고 책망한다. 혹은 상대방에게 완벽할 것을 요구하며, 그 기대에 미치지 못했을 때 실망했음을 나타낸다. 혹은 아예 상대방의 가치를 과소평가하여 무력감을 느끼게도 한다. 이와 같이 상대방의 기를 꺾는 밑바탕에 깔려 있는 문제는 무엇일까? 사랑의 부족이다. 다른 사람이 자신의 두려움에서 벗어날 수 없도록 얽매게 하는 사슬과 같다. 기 꺾기는 결국 타인의 두려움을 없애 주어 생산적인 데 에너지를 쓰게 하기보다 오히려 두려움을 강화하며, 두려움 속에서 헤어 나오지 못하게 하는 결과를 초래한다.

격려하기는 우리가 흔히 알고 있는 칭찬의 개념과도 구별된다. 칭찬은 주로 어떤 일이 끝난 후에 주어지는 반면, 격려는 어떤 일을 하기 전과 후에 모두 주어질 수 있다. 칭찬은 성공한 행동에 주어지는 반면, 격려는 실패한 행동에도 주어질 수 있다. 격려를 통해 타인과의 비교가 아니라 자신이 노력한 것과 발전한 것에 관심을 갖도록 한다. 격려하기란 칭찬보다는 다른 사람의 삶에 대한 깊은 존중과 수용을 깔고 있는 개념이며, 다른 사람에 대한 깊은 관심과 사랑에서 우러나오는 사랑의 행위라 할 수 있다.

사람은 말보다 눈빛으로 더 많은 말을 할 때가 있다. 아무리 아름다운 말로 좋은 말을 하는 사람이 있어도 그 사람의 눈빛이 다른 진실을 말하고 있는 듯하면 그 말들 때문에 오히려 소화되지 않고 괴로울 때가 있다. 다른 사람의 말을 믿어야 하는데 잘 믿어지지 않을 때 그보다 더 괴로운 일은 없을 것이다. 따라서 다른 사람에 대해 진정한 관심을 가지고 격려할 수 있는 기회를 포착하는 일도 중요하고, 진심으로 남을 위하는 마음을 가다듬는 일도 중요하며, 있는 그대로 자신의 마음을 표현하되 상대방에게 힘과 용기를 줄 수 있게 말하는 일도 모두 중요한 것이다.

상담이란 마음을 나누는 관계에서 출발되며, 서로의 진실성을 신뢰할 수 있는 '관계' 의 기초 위에서 나누는 공감적 이해와 수용, 그리고 이해와 수용을 나타낼 수 있는 격려하기다. 이 모든 일련의 과정은 한 인간이 다른 한 인간에게 갖는 깊은 사랑과 관심에서 비롯되며, 궁극적 목적은 '변화' 다. 다른 사람의 약점과 실수 속에서 자신의 본래 모습을 발견할 수 있으며, 다른 사람의 강점과 성공 속에서 희망의 줄을 잡을 수 있도록 마음을 변화시키는 것이다. 상담기법이란 기술이기 이전에 인간에 대한 존엄과 수용, 이해와 사랑의 마음을 배우는 것을 기초로 하며, 이러한 기초 위에 기술적인 부분이 더하여진다면 관계 속에서 서로 배우고 발전하는 놀라운 경험을 통해 자율적 인간의 모습을 갖추어 나갈 수 있을 것이다.

"죽고 사는 것이 혀의 권세에 달렸나니" 〈잠언 18:21〉
"무릇 더러운 말은 너희 입 밖에도 내지 말고 오직 덕을 세우는 데 소용되는 대로 선한 말을 하여 듣는 자들에게 은혜를 끼치게 하라" 〈에베소서 4:29〉

연구문제

1. 다음과 같이 동일한 상황에서 다른 방식으로 문제를 해결하는 교사의 모습을 비교하여 '공감적 이해' 의 중요성을 생각해 보자. 자신의 어린 시절 타인에게 공감적으로 이해받았던 경험 혹은 그 반대의 경험을 회상하여 친구와 대화를 나눠 보자.

어린이집의 만 2세 영아반의 아침시간이다. 언제나 그렇듯이 갓 돌을 넘긴 영아들이 엄마나 아빠 혹은 언니, 오빠들과 헤어지느라 잠시 정서적 어려움을 겪고 있다. 어떤 영아는 잠시 망설이곤 씩씩하게 놀이할 것을 찾아 교실로 들어가는 반면, 어떤 영아는 5세반 오빠를 잡고 놓지 않는데 눈에는 눈물이 그렁그렁하여 곧 눈물이 터질 것만 같다. 잠시 실랑이 끝에 오빠가 위층의 교실로 올라가 버리자 드디어 울음을 터뜨린다. 교사는 옆에서 애써 외면하는 듯이 보이고, 아이는 얼굴이 빨갛게 되면서 계속해서 울고 있다. 울음은 점점 더 강도가 강해지고 아이는 흐느끼듯이 숨을 몰아쉬며 울고 있다. 그러나 교사는 어떤 이유에서인지 일부러 아는 척도 하지 않는 것 같다.

교사의 무관심과 냉담함에 지친 듯이 울고 있던 아이가 다른 선생님이 들어오자 뛰어가 안긴다. 선생님은 아이를 반갑게 안아 주며 왜 울고 있는지 묻는다. 오빠가 보고 싶다는 아이의 말을 듣고 함께 손을 잡고 오빠의 방으로 가서 오빠가 어린이집에 있다는 것을 확인시켜 안심하게 하고 화장실에 데려가 눈물로 얼룩진 얼굴을 깨끗이 씻어 준다. 다시 손을 잡고 교실로 데려다 주는 선생님의 따사로운 눈길과 포근한 품이 이 아이에게 편안하고 안정된 기분을 갖게 한 듯 기분 좋게 교실로 들어가며 다시 한 번 안아 달라고 하더니 씩씩하게 교실로 들어간다.

2. '나의 감정을 나타내는 말'과 '타인의 감정을 읽어 주는 말'을 읽고, 문장을 만들어 토론해 보자.

〈나의 감정을 나타내는 말〉

(나는) ....할 때 ....하기 때문에 실망스러워요.

....화가 나요.

....싫어요.

....마음이 아파요.

....슬퍼요.

....괴로워요.

....염려스러워요.

(나는) ....을 사랑해요.

....에 대해 고마움을 느껴요.

....를 용서해요.

....하고 싶어요.

....을 믿어요.

〈타인의 감정을 읽어 주는 말〉

당신의 ....을 보니 요즘 당신이 ....때문에 힘들어하는 것 같아요.

....기뻐하는 것 같아요.

....마음 아파하는 것 같아요.

....걱정하고 있는 것 같아요.

....두려워하고 있는 것 같아요.

....속상해하는 것 같아요.

....피곤해하는 것 같아요.

....실망하고 있는 것 같아요.

....행복해하는 것 같아요.

....기뻐하는 것 같아요.

....재미있어 하는 것 같아요.

3. 다음의 이야기를 읽고 수용의 의미를 생각하며 '조건 없는 사랑'에 대한 느낌을 그림 으로 표현해 보자.

옛날 옛날에 울창한 숲 속에는 훌쩍 기린 왕자님이, 넓은 호수에는 잉잉 하마 공주님이 살고 있었어요. "나는 목이 너무 길어. 훌쩍." 훌쩍 왕자님은 나무 뒤에 숨어 목을 가립니 다. "나는 목이 너무 짧아. 잉잉." 잉잉 공주님은 물속에 숨어 목을 감춥니다. "나는 다리 가 너무 길고 가늘어. 훌쩍." 훌쩍 왕자님은 나뭇가지 같은 다리를 미워합니다. "나는 다 리가 너무 짧고 굵어. 잉잉." 잉잉 공주님은 통나무 같은 다리를 원망합니다. "내 몸은 너 무 길고 홀쭉해. 훌쩍." 훌쩍 왕자님은 작고 뚱뚱하게 보이는 옷을 걸쳐 봅니다. "내 몸은 너무 뚱뚱해. 잉잉." 잉잉 공주님은 키 크고 날씬하게 보이는 옷을 입어 봅니다. "아무리 내 몸을 가려도, 이상한 내 모습을 숨길 수가 없어. 훌쩍." 훌쩍 왕자님은 날마다 훌쩍거 립니다. "아무리 옷을 바꿔 입어도, 괴상한 내 모습은 그대로인 걸. 잉잉." 잉잉 공주님은 낮이나 밤이나 잉잉 웁니다.

어느 날, 잉잉 공주님은 운동을 해 보려고 호숫가에서 나무 그네를 타고 있었어요. "영 차, 영차." 그런데 잉잉 공주님이 너무 무거워 그네줄이 그만 끊어져 버렸어요. "똑! 우지 끈!" 그 바람에 잉잉 공주님은 엉덩방아를 '꽝' 찧고 말았어요. "아이구 아파라. 난 역시 안 돼. 잉잉잉." 그때 멀리서 이 광경을 본 훌쩍 왕자님이 긴 다리로 재빨리 달려왔어요.

"아니? 공주님이! 공주님, 제가 도와드릴게요. 하마터면 큰일 날 뻔하셨군요." 훌쩍 왕자님은 잉잉 공주님을 일으켜 주었어요. "오, 세상에! 짧은 목, 굵은 다리! 뚱뚱한 몸! 하마 공주님은 정말 아름다우시군요." 훌쩍 왕자님은 잉잉 공주님을 가까이에서 보고는 금방 반해 버렸어요. "아니에요. 긴 목, 가는 다리! 홀쭉한 몸! 기린 왕자님이야말로 너무나 멋지세요." 잉잉 공주님도 훌쩍 왕자님을 첫눈에 보고 마음에 쏙 들었어요. "제 있는 그대로의 모습을 멋지게 봐 주시니 정말 고마워요." 훌쩍 왕자님은 너무나 기뻤어요. "저도 이제야 알았어요. 제 모습이 아름답다는 것을." 잉잉 공주님도 활짝 웃었어요. 그 후에 훌쩍 기린 왕자님과 잉잉 공주님은 훌쩍, 잉잉 울지 않고 언제나 하하, 호호 살았답니다.

〈조문현(1998)〉

4. 다음 글을 읽고 파리드가 어떻게 소년의 마음을 움직였는가를 발견하고, 관계에 있어서 진실했기 때문에 성공한 경험과 진실하지 못했기 때문에 실패한 경험에 대해 토론해 보자.

한 여인이 어린 자식을 데리고 수피 성자 파리드를 찾아가서 말했다. "성자님, 당신이 아니면 아무도 제 아이의 버릇을 고칠 수가 없습니다. 이 애는 단것을 너무 많이 먹어 이렇게 살이 쪘습니다. 게다가 설탕은 무척 몸에 해롭지 않습니까? 그런데 이 애는 도무지 말을 듣지 않아요." 성자 파리드가 말했다. "보름 후에 이 애를 데리고 오시오." 여인이 말했다. "지금 당장 이 애한테 뭐라고 말씀 좀 해 주시면 안 됩니까?" 파리드가 말했다. "아닙니다. 전체적인 상황을 판단하려면 최소한 보름 동안의 기간이 필요합니다." 여인은 당황했다. 그녀는 파리드가 인생의 여러 문제들에 대해 좋은 말씀을 들려준다는 소문을 들었다. 그런데 어린애에게 단것을 너무 많이 먹지 말라고 충고를 해 주는 데 보름 동안의 기간이 필요하다니 이해할 수가 없었다.

어쨌든 보름 뒤에 여인은 다시 아이를 데리고 왔다. 그러자 파리드가 아이에게 말했다. "꼬마야, 지난 보름 동안 나는 내 자신을 너의 위치에 놓아 보았다. 그래서 나는 지난 보름 동안 일체 단것을 먹지 않았다. 그랬더니 살이 빠지고 몸이 훨씬 가볍고 건강해진 것을 느꼈다. 너는 아직 어리고 아직 인생이 많이 남아 있다. 그러니 단것을 너무 많이 먹지 않도록 해라. 완전히 끊으라고 말하지는 않겠다. 가끔은 좋다. 하지만 너무 많이 먹지는 말아라." 그러자 아이가 파리드의 발 아래 엎드렸다. 여인은 깜짝 놀랐다. 그 애는 지금까지 누구 앞에서도 엎드린 적이 없었다. 여인이 말했다. "정말 이해가 안 가는 일이군요. 당신은 오늘과 같은 말씀을 해 주는 데 보름이나 필요했습니다. 나도 이 아이도 당신이 단것을 좋아한다는 사실을 전혀 몰랐지 않습니까?" 파리드가 말했다. "그대나 아이가 그 사실을 아느냐, 모르느냐는 중요하지 않습니다. 내가 거짓말을 할 수도 있습니다. 그러나 거짓말로는 사람을 변화시킬 수 없습니다. 먼저 나는 내 자신을 이 아이의 위치에 놓아 두어야 했습니다. 지난 보름 동안 무척 힘들었습니다. 하지만 어쨌든 나는 이 아이 때문에 많은 것을 배우게 되었습니다. 아이에게 감사합니다." 여인은 아이에게 물었다. "너는 어째서 파리드 성자의 발 아래 엎드렸지?" 아이는 말했다. "다른 말은 할 수 없어요. 다만 나에게 대답을 해 주기 위해서 보름 동안 단것을 먹지 않은 사람은 존경받을 필요가 있어요. 이 분은 내가 어린아이인데도 불구하고 나를 존중해 주고 또 나 때문에 그 스스로 보름 동안 고통을 겪었어요.

〈송현(1995)〉

5. 다음 글을 읽고 미리엘 주교가 장발장을 어떻게 수용하고 있는가를 발견하고, 누군가가 믿어 주었기 때문에 힘이 났던 경험, 혹은 누군가를 격려해 주어서 그 사람이 힘을 냈던 경험을 토론하고, 자신에게 혹은 서로에게 짤막한 격려의 편지를 써 보자.

… 다음날 아침, 미리엘 주교는 여느 때처럼 일찍 일어나 정원을 거닐고 있었습니다. 그때 마글구아르가 숨을 헐떡이며 달려왔습니다. "주교님! 은식기와 은촛대가 보이질 않아요! 주교님께서 어디 다른 곳에 두셨어요?" "아니, 난 모르는 일이오." "그럼 역시 도둑맞은 것이 분명하군요. 그 남자예요. 바로 그 남자가 훔쳐 갔다구요!" 정원의 화초가 누군가의 발에 의해 무참하게 짓밟혀 있었습니다. 주교가 그것을 애처로운 눈길로 쳐다보고 있는데 그 자리를 떠났던 마글루아르가 다시 돌아와 말했습니다. "그 남자는 없어요. 도망가 버렸어요. 저길 보세요. 저기에서 담을 넘어간 것이라니까요." 담에는 누군가가 넘어간 자국이 선명하게 나 있었습니다. 주교는 한동안 잠자코 있다가 이윽고 부드러운 목소리로 이야기했습니다. "도대체 그 은식기가 원래 우리들의 것이었다고 할 수 있을까요? 아무래도 내가 잘못 생각하고 있었던 것 같군요. 그것은 우리들과 같은 사람들의 것이 아니라 더욱더 가난한 사람들이 가져야 할 것이었다는 생각이 드는군요. 어젯밤의 그 남자도 그렇게 가난한 사람들 중의 한 사람이었으니까요." 마글루아르는 놀란 얼굴로 주교를 향해 말했습니다. "어떻게 그런 말씀을 하실 수가 있어요, 주교님! 앞으로 식사를 하실 때는 어떻게 하지요?" "아니, 난 나무 그릇만 있으면 그것으로 충분해요."

세 사람이 식탁에 앉았을 때, 누가 현관문을 두드리는 소리가 들렸습니다. "예, 들어오세요." 하고 주교가 대답하자 문이 거칠게 열리며 헌병처럼 보이는 세 남자가 한 남자의 목덜미를 잡고 들어왔습니다. 붙잡혀 온 사람은 바로 장발장이었습니다. 그중에 계급이 높은 헌병이 무엇인가 이야기를 시작하려 했을 때, 주교는 벌떡 일어나 장발장 곁으로 다가가 말했습니다. "아, 난 또 누구신가 했군요. 은촛대 한 짝을 잊고 가셨더군요. 그것도 당신에게 드리려고 했는데." 장발장은 깜짝 놀라 무엇인가 이야기하고 싶은 듯한 표정을 지었으나 주교는 모르는 척했습니다. "그러면 이 남자가 이야기한 것이 사실이란 말입니까? 이상한 차림새가 눈에 띄어 붙잡아 조사해 보니 은식기와 은촛대를 가지고 있길래." "예, 그 말씀대로입니다." "그럼 이대로 놓아주어도 되겠습니까?" "물론입니다." 장발장은 꿈을 꾸고 있는 것이 아닌가 하는 생각이 들었습니다. 주교가 내미는 은촛대를 받아들면서 그는 부들부들 몸이 떨렸습니다.

주교는 속삭이듯이 그러나 엄숙한 목소리로 말했습니다. "내 말을 잘 들으십시오. 이것들은 당신이 참된 인간이 되기 위해 쓰는 것입니다. 당신은 이미 악의 세계가 아니라 선의 세계에 속한 사람입니다. 이 사실을 결코 잊어서는 안 됩니다." 장발장은 주교의 집을 나서자 도망치듯이 디뉴 마을을 빠져나갔습니다. 그리고 앞뒤 생각할 것도 없이 무작정 들길을 걷기 시작했습니다. 아침부터 아무것도 먹지 않았는데 조금도 시장기를 느낄 수 없었습니다. 그의 머릿속은 몹시 어지러웠습니다. 그때까지 가지고 있었던 인간을 믿지 못하는 그의 생각이 흔들리기 시작하는 것을 그는 느끼고 있었습니다. 이러한 흔들림이 그를 괴롭게 만들었습니다. 차라리 헌병에게 끌려가는 편이 낫지 않을까 하는 생각도 들었습니다. 그러면 이렇게 마음이 흔들리는 일도 없었을 텐데. 멀리 저편에는 알프스 산들이 이어져 있는 모습이 보였습니다. 태양은 서쪽으로 기울고 있었습니다. 장발장은 어찌할 바를 모르고 혼자 들판에 웅크리고 앉아 있었습니다.

〈강명희 역(1996), pp. 22-25〉

참고문헌

강명희 역(1996). 장발장. 빅토르 위고 저. 서울: 지경사.

권창길, 김흔숙, 이기영(2000). 교육학개론. 서울: 학지사.

김흥규, 원애경(2007). 상담심리학. 파주: 양서원.

류시화 역(1997). 마음을 열어주는 101가지 이야기 3(잭 캔필드, 마크 빅터 한센 공저). 파주: 도서출판 이레.

박성희(1999). 상담실 밖 상담 이야기. 서울: 학지사.

박성희(2001). 상담의 새로운 패러다임. 서울: 학지사.

박성희(2007). 동화로 열어가는 상담이야기. 서울: 이너북스.

송현(1995). 흔들리는 자녀를 바르게 키우기. 서울: 집문당.

신종호, 김동민, 김정섭, 김종백, 도승이, 김지현, 서영석 공역(2011). 교육심리학: 교육실
      제를 보는 창(P. D., Eggen & D. Kauchak 저). 서울: 학지사.

이민정(1993). 이 시대를 사는 따뜻한 부모들의 이야기. 서울: 생활성서사.

이숙, 우희정, 최진아, 이춘아(2002). 훈련중심 부모교육. 서울: 학지사.

이숙, 우희정, 최진아, 이춘아(2009). 훈련중심 부모교육(2판). 서울: 학지사.

제석봉, 유계식, 박은영 역(1999). 유능한 상담자(제라드 이건 저). 서울: 학지사.

조문현(1998). 훌쩍 왕자님 잉잉 공주님. 서울: 두산 동아.

지성애, 홍혜경(2004). 영·유아 생활지도. 파주: 양서원.

최·신·교·육·의·이·해

제 10 장

교육행정

인간을 성장·발달시키는 학문인 교육학은 여러 분야로 구성되어 있다. 교육철학이나 교육사에서는 교육의 방향과 인간상을 교육목표를 통해 제시하고 있으며, 제시된 교육목표를 달성하기 위한 구체적 활동에 초점을 두는 것이 교수-학습 활동분야다. 교육행정은 이러한 교수-학습 활동이 교육목표의 달성을 향해 원활하게 진행될 수 있도록 지원하고 조건을 마련하는 서비스 활동이다.

교육행정에서 실제적인 부분은 교육조직이며, 교육은 학교에서 이루어지는 다양한 형태와 수준의 모든 활동을 포함한다. 그러나 아직은 일정한 교육조직에서 공식적인 방식의 운영에 따라 이루어진다. 또한 체계적인 교육을 위하여 교육제도가 필요하고 교육을 지원하는 행정이 있어야 한다.

일반적인 행정은 근본적으로 지원활동, 봉사활동이다. 이와 마찬가지로 교육행정은 교수-학습을 위한 수단적, 지원적 봉사활동이지 행정을 위한 교육이 아님을 명백히 인식해야 한다. 그런데 학교현장에서는 행정우위 현상으로 목적과 수단이 뒤바뀐 경우가 나타나기도 한다.

최근에는 교육행정을 학교경영이라는 말로 고쳐 부르는 경향이 보편화되고 있는데, 이는 교육행정의 자율성을 강조하기 위한 것이다. 예컨대, 학교행정이라는 말 대신에 학교경영이라는 말을 쓰는 까닭은 학교를 운영하는 데 있어서 학교장과 학급경영을 하고 있는 교사 중심의 자율권을 확대하려는 경향을 반영하려는 것이다.

1. 교육행정의 의의와 개념

1) 교육행정의 개념

교육행정(educational administration)에서 행정(administration)이란 단어의 어원은 'ad(to)+mimister(serve)'로 봉사라는 말에서 나왔다. 일반적으로 교육행정이란 교육목표를 설정하고 목표를 달성하기 위한 다양한 개념을 포함하고 있지만 교수-학습 활동이 제대로 이루어지도록 지원하여 '교육목표를 달성하기 위한 국가나 지방자치단체의 조직과 작용'으로 정의되고 있다. 즉, 교육목적 달성을 위한 효율성의 측면에서 인적 · 물적 조건의 확보와 정비, 교육활동 지원작용으로서의 교육행정 행위까지 포괄하는 것을 의미한다.

교육행정의 개념은 1950년대 이후 독자적인 응용학문 분야로서 행정학, 정치학, 경제학, 사회학, 심리학 등의 기초학문에 토대를 두고 형성된 것이다. 이러한 교육행정의 개념은 교육행정의 본질과 중점을 어떻게 파악하느냐에 따라 다양한 관점이 있을 수 있다. 교육행정에 대한 기존의 정의는 대체적으로 조건정비적 정의, 법규해석적 정의, 정책실현설, 행정행위설, 교육행정 과정론의 다섯 가지로 나누어 볼 수 있다(성태제 외, 2007).

(1) 조건정비적 정의

조건정비적 정의는 교육행정을 '교육을 위한 행정'이라고 보는 입장이다. 교육을 위한 행정은 교육목표를 효율적으로 달성할 수 있도록 아래에서 위로 조성해 주고 지원해 주는 교육의 자주성을 강조하는 행정이라고 할 수 있다. 이를 위해 필요한 인적·물적 조건을 정비하고 확립시켜 주는 자원활동이 교육행정이라고 보는 정의다. 따라서 교육행정은 교육활동의 핵심이 되는 교수-학습 활동이나 학생지도 활동 등을 지원한다. 이 관점에서 교육행정은 우월성과 효율성 및 외적 생산성 등을 보장하는 수단적 활동이며 봉사활동임을 특징으로 한다. 따라서 교육행정은 교사와 학생을 돕기 위해 있는 것이다. 학교행정의 효능은 그것이 교수-학습 활동에 얼마나 기여했는가를 측정하여야 한다. 따라서 학교행정가는 교수-학습 활동을 돕는 봉사자로서의 역할을 할 뿐이다.

(2) 법규해석적 정의

법규해석적 정의는 교육행정을 '교육에 관한 행정'이라고 보는 입장이다. 즉, 국가의 통치작용을 입법, 사법, 행정으로 나눌 때 법의 규제를 받으면서 국가목적 또는 공익을 실현하기 위한 행정작용 중에서 외무, 내무, 국방, 교육 등과 같은 한정된 분야 가운데 교육분야에 관한 행정이 교육행정이라는 것이다. 이 관점에서는 교육행정을 일반행정의 한 부분으로 보며 교육행정이 교육에 관한 법규를 해석하고 집행하는 것이기 때문에 교육행정의 전문성이나 독자성, 특수성은 중요하게 생각하지 않는다. 따라서 자율적이고 독창적인 교육실천은 이단시되고 법령 위반이 되어 교육은 통제적인 틀 속에서 획일적으로 이루어진다. 법규해석적 정의는 현재 교육부, 시·도교육청, 단위학교의 행정실 등에서 일반직 공무원이 교육행정을 담당할 수 있도록 하는 것에서 그 예를 찾을 수 있다.

(3) 정책실현설

정책실현설은 교육행정을 국가의 권력기관이 교육정책을 수립하고 실현하는 과정으로 보는 입장이다. 따라서 교육목표가 국가권력에 의해 지지되는 이념이기 때문에 교육행정이 권한의 행사 없이 교육목표를 달성한다는 것은 현실적으로 불가능하다. 실제로 교육정책의 결정과 교육행정의 집행은 상호 간에 밀접한 관련이 있다. 이를 달성하기 위해 공권력을 사용하는 것은 불가피하다고 본다. 정책실현설은 행정의 본질을 정치와 밀접히 관련시켜 파악함으로써 정책결정의 기능까지도 행정으로 보려는 정치-행정 일원론의 입장이다. 교육행정에 대한 이러한 관점은 교육의 사회성과 공공성을 강조하며, 국가도 교육에 대한 책임이 있음을 전제로 하는 것으로 교육행정의 실제 작용과 가장 잘 부합된다고 볼 수 있다.

(4) 행정행위설

행정행위설은 교육행정을 교육조직의 공동목표를 달성하기 위해 합리성을 바탕으로 이루어지는 집단적인 협동행위로 보는 견해로서 주로 행정행위에 초점을 두는 관점이다. A. W. Halpin(1970)은 교육행정이 타 분야의 행정과 마찬가지로 행정이라는 단어 앞의 '교육'을 강조한 나머지 정작 강조되어야 할 단어인 '행정'은 간과되어 왔다고 지적하고, 교육행정을 이해하려면 행정학에 대한 이해가 반드시 필요하다고 역설하였다.

교육활동이나 그 일부로서의 교육행정 활동이란 결국 인간이 조직체 내에서 환경과의 상호작용을 거치면서 공동의 목표를 추구하고 그것을 달성하고자 하는 협동의 과정이다. 따라서 이러한 관점에서는 반드시 집단과 조직을 전제로 하며 인간의 노력, 시간, 비용을 가능한 한 최소로 들이면서 최대의 효과를 달성하기 위하여 두 사람 이상의 힘을 합하고 조정하는 합리적 협동행위가 행정행위라는 것이다.

(5) 교육행정 과정론

교육행정 과정론은 교육행정을 계획수립에서 실천·평가에 이르는 교육의 단계별 과정으로 보는 입장으로 행정가가 하는 일, 즉 행정이 진행되는 과정과 경로에 초점을 두고 정의하는 것이다. 이 관점에서 교육행정은 교육활동을 지원함에 있어서 기준의 설정과 유지, 인적·물적, 기타 여러 측면에서의 지원과 조성을 하는 동시에 계획과 정책결정, 집행과 지도, 통제와 평가 등 일련의 복합적이며 연속적인 과정을 거쳐 추진된다.

행정과정은 1916년 Fayol이 계획(to plan), 조직(to organize), 명령(to command), 조정(to coordinate), 통제(to control)라는 과정을 주장한 이래 많은 이론들이 나왔다. Gulick은 최고행정책임자가 해야 할 일에 대한 분석 결과, 기획(planning), 조직(organizing), 인사(staffing), 지휘(directing), 조정(coordinating), 보고(reporting), 예산편성(budgeting)의 일곱 가지 요소로 정리하였다. 행정과정론의 교육행정에의 적용은 1950년에 이르러 본격적으로 시작되었다. Sears가 Fayoul의 행정과정론을 바탕으로 교육행정 과정을 기획, 조직, 지휘, 조정, 통제의 다섯 가지 요소로 분석, 제시한 것이 그 대표적인 예다(윤정일 외, 2012 재인용).

행정과정의 요소로 볼 때 초기의 행정학자들은 명령·지시·통제 등을 주요 요소로 본 반면, 후기의 교육행정학자는 의사결정·자극·영향·평가 등을 주요 요소로 파악하였다. 이는 행정의 민주화와 자율화 방향으로 행정사항이 변화, 발전한 것을 나타낸 것이다. 교육행정에서도 Gregg가 교육행정 과정을 의사결정-계획-조직-전달-영향-조정-평가의 일곱 가지 요소로, Campbell 등이 의사결정-계획-자극-조정-평가의 다섯 가지 요소로 분석, 제시한 것을 통해 알 수 있다.

교육행정에 관한 다양한 관점들이 있지만 실제 교육행정에서는 다양한 정의들이 복합적으로 나타나고 있다. 어느 유형의 행정에서나 교육행정 과정론의 속성인 교육행정가가 계획, 조직, 명령, 통제 등 행정의 과정을 수행해 나가고 있으며, 교육부나 시·도 교육청 수준에서의 교육행정은 정책실현설에 가깝다고 볼 수 있다. 교육기관 운영의 최일선에 있는 단위학교 행정실 수준에서 이루어지는 교육행정일수록 법규해석적 정의의 면이 강하게 나타난다. 조건정비설과 행정행위설의 관점에서 교육행정은 교육의 전달체계인 교육부에서 단위학교까지 교육의 전문성과 특수성을 고려하여 교수–학습 활동이 효율적이며 능률성을 극대화할 수 있도록 강화되어야 한다.

교육행정에 대한 정의를 종합해 보면, 넓은 의미에서 교육행정은 사회적, 공공적, 조직적 활동으로서 교육목표를 설정하고 이를 달성하기 위하여 제반의 인적, 물적, 기타 자원 조건을 정비하고, 목표달성을 위한 계획과 집행, 지도, 통제, 평가를 포함하는 일련의 봉사활동으로 정리할 수 있다. 그리고 보다 좁은 의미에서 교육행정은 국가나 지방공공단체가 교육활동에 관한 계획이나 정책을 수립하고 이를 달성하는 데 필요한 인적, 물적 조건을 정비하고 평가하는 일련의 봉사활동으로 정의해 볼 수 있다.

2) 교육행정의 역사

교육행정의 역사는 20세기 이후 교육행정의 연구와 중요한 영향을 끼쳤던 교육영역 이외의 행정사상의 흐름에 따라 전개되어 왔다. 교육과 일반행정이라는 서로 다른 분야가 결합되어 교육행정이라는 응용분야를 만들어 온 만큼 교육행정의 역사는 일종의 사회과학 형태를 나타내고 있다.

교육행정의 대두는 산업혁명 이후 도래한 산업사회, 시민사회의 발달 및 도시화와 밀접한 관련이 있다. 행정학의 본격적인 발달이 미국에서 가능하였듯이 교육행정학의 발전도 20세기 초 미국에서 이루어졌다. 미국의 예를 보면, 18세기까지는 학교가 많지 않았을 뿐만 아니라 대부분의 학교는 사립, 특히 종교계통으로 사적인 영역에 있었다. 19세기에 들어서면서 산업화가 확대되는 가운데 개인과 사회의 발전을 위한 교육의 중요성을 깊이 인식하기 시작하면서 공교육에 대한 요구가 증대되기 시작하였다. 이에 따라 매사추세츠

주의 Mann, 코네티컷 주의 Barnard 등의 노력의 결과로 공교육제도의 확립을 추진하였다(성태제 외, 2007). 공교육제도의 확립과 함께 교육행정이 하나의 실제적 현상으로 자리 잡기 시작하였고 20세기에 이르러서 틀이 잡힌 교육행정 활동이 전개되기에 이른다. 예컨대, 교육은 19세기까지 개인의 품성과 가치관의 도야라는 사적 차원에서 머물러 있었고, 20세기에 들어서면서 사회의 변화와 함께 교육이 사회적, 공공적, 조직적 성격을 강하게 가지게 됨으로써 교육행정이 필요하게 되었다고 볼 수 있다. 산업사회 이후 현대교육도 그러한 속성을 가지게 되면서 교육행정의 대상이 되는 것은 사회적, 공공적, 조직적 성격의 활동이다. 현대교육이 가지는 이러한 속성은 교육행정의 필요성을 대변하고 있다.

결과적으로 교육행정의 역사는 20세기 이후 지금까지 진행되어 온 행정과 사회사상의 커다란 흐름에 따라 고전이론, 인간관계론, 행동과학론, 체제이론, 해석론, 새로운 대안이론 등 교육행정학의 이론으로 구성되어 발전해 왔다.

3) 교육행정의 성격

교육행정의 성격도 교육행정을 어떻게 정의하고 있는가에 따라 다양한 차이가 있다. 하지만 '교육의 공동목표를 달성하기 위한 합리적인 협동행위'라는 점에서 일반적 성격을 가지며 동시에 교육행정만의 특수한 성격을 가진다. 따라서 교육행정의 성격을 크게 구분하면, 크게 봉사적 성격, 정치적 성격, 민주적 성격, 전문적 성격이 있다.

(1) 봉사적 성격

교육행정은 일반자치행정과는 달리 교육목적을 달성하기 위한 교수-학습 활동을 지원하는 봉사적 성격을 가지고 있다. 이러한 봉사적 성격에서 교육행정은 '행정을 위한 교육'이 아닌 '교육을 위한 행정'으로서 그 자체가 목적이 아닌 수단으로 파악된다. 수단으로서의 교육행정은 합리성과 능률성을 강조한다. 따라서 교육행정은 어디까지나 교육활동의 능률화를 위한 행정이기 때문에 실제 교육행정 수행과정에서 직면하는 많은 기술적인 문제와 어려움에 효율적으로 대처하기 위해서 적절한 행정적 수단과 기술이 필요하다. 이와 같은 교육행정의 성격을 학자에 따라서 조장적 성격, 수단적 성격 또는 수단적·기술적 성격이라고도 한다.

(2) 정치적 성격

일반적으로 행정은 정치로부터 분리, 독립되어야 한다는 중립 입장을 취한다. 이와 달리 교육행정은 교육정책의 결정과 집행, 교육문제의 해결에 있어 다양한 집단의 이해관계를 조정하고 협력을 이끌어 내는 등 역동적 성격을 가지고 있다. 따라서 교육행정가는 교육과 정치의 관계성을 인식하고 정책의 수립과 집행에서 탁월한 행정적 수완과 정치적 예견, 지성이 필요하기 때문에 정치적 성격을 띠고 있다. 또한 교육이 정치적 성격을 갖는다는 의미는 교육을 통한 정치 사회화나 정치체제의 안정과 변화로 확대될 수도 있다. 교육은 사회체제의 유지와 발전을 위한 중요한 제도적 장치이기 때문이다.

(3) 민주적 성격

모든 조직이 그런 것처럼 교육조직의 행정에서도 민주적 성격이 매우 중요하기 때문에 교육행정의 과정에서 학부모나 지역 주민의 의사를 적극적으로 반영하여야 한다. 그리고 의사결정의 과정에서 전문성과 관심, 이해관계를 갖고 있는 사람들을 적절한 방식으로 참여시키는 것이 중요하다.

교육행정에 있어 민주화되어야 할 대상으로는 교육행정조직, 학생행정, 교육과정에 대한 행정, 교육시설 및 교직원 관리에 관한 행정, 교육재정 등이 있으며, 특히 조직, 인사, 내용, 운영 등에서의 자율성, 민주성이 매우 중요시된다.

교육과 교육행정이 민주적으로 운영되려면 중앙 교육행정기관에 집중되어 있는 권한을 지방 교육행정기관으로 위임해 주는 등 교육행정의 구조적 변화와 자율적이고 창의적인 학교 교육활동이 이루어지도록 해야 한다.

(4) 전문적 성격

오늘날 사회적 복합성으로 각 부문의 행정에는 고도의 전문성과 특수성이 요구되고 있다. 특히 교육행정에도 교육 그 자체가 전문성을 가진 활동이며, 교육행정조직과 기능도 점차 세분화·전문화되어 가고 있다. 따라서 교육행정은 전문적 교육과 특수한 훈련을 받은 전문가에 의해 직무 수행이 요청되고, 그들에겐 교육행정에 대한 전문적 이론, 원리, 지침의 이해가 필요하다.

4) 교육행정의 기본 원리

교육행정의 실제에서 따라야 할 규범과 원리가 무엇인가에 대해서는 학자마다 견해가 다르지만, 행정가의 행위에 일관성을 유지시켜 주고 교육행정의 여러 영역에서 나타나는 문제를 해결하는 데 도움이 되는 지침과 준거가 필요하다. 이러한 지침과 준거는 교육행정이 지향해야 할 당위적인 개념이나 가치로서 교육행정의 기본 이념 또는 원리로 규정될 수 있다. 따라서 교육행정의 원리는 과학적 방법을 이용해서 도출한 법칙이라기보다 실제의 경험과 상식에서 도출된 규범적 원리라고 이해하는 것이 타당하다. 이러한 교육행정 운영의 원리는 법규적인 측면과 실천적인 측면에서 제시할 수 있다(김종철, 1982).

(1) 법규적 측면에서 본 기본 원리

교육행정의 기본 원리를 법규적인 측면에서 보면 합법성의 원리, 기회균등의 원리, 지방분권의 원리, 자주성의 원리 등을 들 수 있다.

① 합법성의 원리

합법성의 원리는 교육행정의 모든 활동이 합법적으로 제정된 법령·규칙·조례 등에 따라야 하는 법률적합성을 가져야 한다는 것을 의미한다. 우리나라 헌법 제31조 제6항은 "학교교육 및 평생교육을 포함하는 교육제도와 그 운영, 교육재정 및 교원의 지위에 관한 기본적인 사항은 법률로 정한다."고 규정되어 있다. 또한 이는 교육에 관한 각종 법규에 맞게 운영되어야 한다는 원리다.

합법성의 원리에 따라 교육행정이 이루어질 때 국민의 교육권이 보장되고, 국가 예산이 효율적으로 집행되며, 공무원의 부당한 직무수행과 행정재량권의 남용을 방지하고, 공무원이 소신 있게 일할 수 있다. 그렇지만 법규에만 얽매이면 교육의 본질을 중시하는 창의적·융통적인 사고를 하지 못해 교육이 관료적으로 변하는 경우가 있다.

② 기회균등의 원리

기회균등의 원리는 민주주의의 기본 원리로 특히 교육행정에서 가장 강조되고 있는 원리다. 헌법 제31조 제1항에 "모든 국민은 능력에 따라 균등하게 교육받을 권리를 갖는다."고 규정하여 교육권을 기본권의 하나로 규정하고 있고, 교육기본법 제3조에서는 "모든 국민은 성별, 종교, 신념, 사회적 신분, 경제적 지위 또는 신체적 조건 등을 이유로 교육에 있어서 차별을 받지 않는다."고 규정하고 있다. 이러한 교육에서의 기회균등은 구체적으로 경제적 차원, 지리적 차원, 시간적 차원에서 해결될 필요성이 있다(김달효, 2011). 첫째, 경제적 차원에서는 무상의무교육제도의 확대 또는 장학금제도의 확대를 통해 경제적 어려움을 겪는 사람도 교육에 대한 기회가 보장될 수 있도록 하는 것이다. 둘째, 지리적 차원에서는 교육을 받고자 하는 사람의 거주지와 가까운 곳에 학교를 설치함으로써 지리적 원인으로 인해 교육에 대한 기회가 손실되지 않도록 보장하는 것이다. 셋째, 시간적 차원에서는 개인의 여건상 정해진 시간에 교육을 받기가 여의치 않을 경우 시간제, 계절제, 야간제 등 보다 자유로운 시간에 교육을 받을 수 있는 기회가 보장될 수 있도록 하는 것이다.

③ 지방분권의 원리

지방분권의 원리는 중앙집권과 지방분권 사이에서 적절한 균형점을 발견하려는 원리로서 교육행정에서 중앙집권주의와 지방분권주의는 각기 모두 장단점을 가지고 있다. 중앙정부가 강력한 지도력을 가지고 단시간 내에 교육을 개혁하기로 하는 것과 같은 경우에는 중앙집권적인 행정이 효과적일 수 있다. 그러나 지역 주민의 특성을 살리고 장기적으로 교육이 사회발전의 기초가 되게 하기 위해서는 지방분권주의가 더 많은 장점을 가지고 있다. 이 원리에서 교육은 외부의 부당한 지배를 받지 않으며, 주민의 적극적인 참여와 지역 실정에 따라 지역 주민들의 공정한 통제에 따르는 것이 특징이다. 따라서 교육에 관한 모든 궁극적인 책임이 학자나 정부의 관리에게 있는 것이 아니라 주민에게 있고, 지역사회와 주민의 민의에 따라 운영해야 하는 것이다.

④ 자주성의 원리

교육의 자주성이란 교육이 그 본래의 속성에 따라 운영되는 것으로, 개인의 인간적 권리를 실현해 주는 사회적 장치로서 보편타당한 진리를 가르치고 합리적인 사고와 질서 속에서 교육이 운영되는 것을 말한다. 이를 위해서 일반행정으로부터 분리ㆍ독립되어야 하고 특정 정당이나 종교로부터 중립성을 유지하며 자주적으로 운영되어야 한다는 것이다. 교육행정에서 자주성이 존중되어야 하는 이유는 교육은 장기적이며 범국민적인 사업으로서 개인의 능력을 계발하고 국가사회의 이상을 구현하기 때문이다. 따라서 교육의 목표, 내용, 방법, 체제 등이 정치적, 종교적 영향을 벗어나서 교육의 기본적인 목표달성을 위한 방향으로 정해져야 한다.

(2) 실천적인 측면에서 본 기본 원리

교육행정의 기본 원리를 실천적인 측면에서 보면 타당성의 원리, 민주성의 원리, 능률성의 원리(효율성의 원리), 안정성의 원리, 적응성의 원리, 균형성의 원리의 여섯 가지를 들 수 있다(윤정일 외, 2012).

① 티당성의 원리

타당성의 원리는 교육행정 활동의 바람직한 교육목표를 세우고 목표달성을 위하여 교육행정 활동은 충분하고 적절한 관련성을 가져야 한다는 것이다. 본래 교육행정은 그 자체의 목적을 가지고 있다기보다는 교육활동을 위하여 봉사하는 수단적 활동이며, 바람직한 교수-학습 활동이 이루어지게 하고, 교수-학습 지도의 성과를 효과적으로 높이는 데 그 목적이 있다. 따라서 교육행정은 관료화 현상에서 초래되는 여러 가지 병리현상에서 벗어나 교육목적에 맞고 그 목적에 비추어 타당한 행정이 되어야 한다.

② 민주성의 원리

민주성의 원리는 교육정책의 수립이나 교육행정의 실천과정에서 전제와 독단을 버리고 관련 집단의 광범위한 참여를 통한 의견을 존중해 가면서 민주적으로 운용해야 한다는 것이다. 교육행정에서 민주성의 원리를 구현하는 것은 매우 중요하다. 교육은 학부모나 학생, 지역 주민의 요구로부터 성립되는 것이기 때문이다. 지방교육자치제를 실시하고 학교운영위원회를 제도화하여 실시하여야 하는 것도 교육이 직접적으로 실시되는 학교와 가까운 곳에서 주민이나 학부모들의 요구나 의사를 반영하고 중요한 의사결정 과정에 참여하도록 하기 위함이다. 이처럼 이 원리에 따라 교육행정의 수행과정에서 각종 위원회, 심의회를 두고 있다.

③ 능률성의 원리(효율성의 원리)

효과성과 능률성을 동시에 부합하는 원리로 최소의 투입으로 최대의 효과를 거두어야 한다는 것이다. 따라서 능률성의 원리(효율성의 원리)는 교육행정이 효율적이고도 효과적으로 집행되어야 한다는 것을 말한다. 최근 교육의 규모와 기능이 복잡해지고 교육의 책무성에 대한 일반 사회인의 관심이 고조됨에 따라 효율성의 문제가 중요한 관심사가 되고 있다. 그러나 교육에서 단기적 평가를 지양하고 유형의 성과보다 무형의 성과가 더 중요하기 때문에 교육행정에서 능률성(효율성)을 지나치게 강조할 때는 교육의 본질이 손상될수 있다는 것을 인식해야 한다.

④ 안정성의 원리

안정성의 원리는 교육활동의 지속성, 안정성을 확보하기 위한 원리다. 교육정책이나 제도가 일관성 없이 자주 바뀌어 안정성이 없으면 행정의 낭비와 비효율성을 초래하거나 교육현장에 혼란을 가져온다. 따라서 국민적 합의과정을 거쳐 입안된 교육정책들이 일정 기간 동안 시행됨으로써 교육행정의 일관성을 유지해야 할 필요가 있다. 안정성의 원리는 적응성의 원리와 모순되는 것처럼 보이지만, 교육행정의 실제에서는 두 가지 원리가 조화와 균형을 유지하면서 공존할 수 있어야 한다.

⑤ 적응성의 원리

교육행정의 안정성이 중요하다고 해서 빠르게 변화하는 환경에 교육이 너무 느리게 반응하는 것은 문제일 수 있으므로 교육행정을 담당하는 사람들은 사회적 상황의 변화에 대응하여 교육행정을 신축성 있게 실시하여 조화적 관계와 능률적 성과를 계속 확보해 나가야 한다. 그래서 교육행정의 안정성의 원리와 함께 강조되는 것이 적응성의 원리다. 교육행정가들은 사회변화에 빠르게 적응하고, 선도하는 마인드를 가져야 한다.

⑥ 균형성의 원리

균형성의 원리는 균형적인 판단의 원리다. 교육행정이 교육정책의 수립과 집행 과정에서 교육목표 달성을 위한 협동적이고 공통적인 노력인 만큼 전체의 조화를 위하여 부분적인 것들이 잘 통합되고 노력과 경비의 측면에서 공정한 분배를 해야 한다는 것이다. 실제 교육행정에서 동일한 상황에 대하여 양립하기 어려운 원리들이 동시에 적용되는 경우 여러 원리 간의 상충되는 것을 조절하여 극단을 배제함으로써 조화와 균형의 적정선을 유지해야 한다. 예를 들면, 행정의 능률성이나 적응성을 지나치게 강조하다 보면 민주성과 안정성을 위태롭게 할 수 있기에 행정가의 건전한 상식과 경험에 따른 판단으로 조화와 균형을 도모해야 한다.

2. 교육행정학의 이론

현대 교육행정학은 1900년대부터 일반 행정이론을 원용하여 그 기반을 형성하고 1950년대 이후에야 독자적인 학문으로서의 위상을 확립하였다. 즉, 교육행정이론은 일반 행정이론과 경영학 분야와 더불어 정치학, 사회학, 심리학과 같은 기초학문의 개념과 이론의 발달과 맥을 같이하면서 체계화되어 왔다고 볼 수 있다.

교육행정학이 하나의 학문으로 성립된 것은 20세기 중반으로 교육행정 활동이 사회적 현상으로서 오랜 역사와 전통을 가진 것에 비하면 그리 길지 않은 역사를 가지고 있다.

교육행정학은 주로 미국을 중심으로 발달하였는데, 미국에서 교육행정이 하나의 독립된 기능으로 인정되기 시작한 것은 18세기 초의 교육위원회 조직, 19세기 초의 교육감제도 탄생 등에서 비롯되었다(성태제, 2007). 학문적으로 볼 때 교육행정학은 크게 조직의 구조와 과업을 중시하는 고전이론, 조직의 구성원을 강조하는 인간관계론, 개념을 조직하고 실증적 자료로 이론적 가설을 검증하여 일반화하려는 행동과학론, 이론 및 조직 구성원과 환경의 상호작용을 강조하는 체제이론, 조직의 구조와 역동성을 예측하지 않고 질적 연구방법을 통해 특수한 상황을 해석하고 이해하려는 해석이론, 교육현상에 대한 새로운 패러다임인 대안적 이론 등으로 발전되었다(박세훈 외, 2008).

1) 고전이론

고전이론은 1900년대부터 1930년대까지 발달한 교육행정학의 초기 단계이론으로 성악설적인 인간관리 철학에 기초하여 조직되었으며, 조직 및 인간관리의 과학화, 합리화, 능률화를 추구하였다. 대표적인 이론으로는 과학적 관리론, 행정관리론, 관료제론 등이 있다(윤정일 외, 2012).

(1) 과학적 관리론

과학적 관리론은 Taylor에 의해 주창된 과학적 관리의 원칙으로서 조직의 생산성을 극대화할 수 있는 최선의 방식을 찾아내려 하였던 이론이다. 즉, 조직관리에 과학적 관리의 이론을 도입한 것으로 공정관리론, 시간과 동작의 연구, 과학적 관리법의 원리 등이 포함된다. Taylor(1911)는 생산 공정에 있어서 개개의 작업을 요소동작으로 분리하고, 각 요소동작의 형태 · 순서 · 소요 시간을 시간연구와 동작연구에 의하여 표준화함으로써 1일의 작업량을 설정하고 그 과업을 기준으로 관리의 과학화를 시도하였다. Taylor의 과학적 관리의 기본 원리는 과학적 직무분석, 과학적인 인사제도, 협동관리, 기능적 감독 등이다.

과학적 관리론은 비능률적인 인간 유기체를 가능한 한 최선의 방법으로 생산과정에 활용하는 기술과 지식을 체계화하는 기초를 확립한 것이며, 특히 시간과 동작의 연구를 통해서 인간의 생산활동을 정확히 측정하고 분석하여 그에 입각한 관리가 가능하다는 것을 입증했다는 점에서 교육행정학에 큰 공헌을 했다. 그러나 과학적 관리론은 인간을 단순히 기계적 · 합리적 · 비인간적 도구로 취급했다는 점에서 비판을 받고 있다.

과학적 관리론은 20세기 초에 모든 분야와 영역에서 경영관리를 위한 가장 효율적인 기술과 원리로 수용되어 급속히 확산되었다. 이에 따라 교육의 영역에서도 학교의 비효율과 낭비를 제거하고 관리의 효율을 극대화하기 위해

Taylor의 과학적 관리를 도입하게 되었다(윤정일 외, 2012). 미국에서는 대도시 학교들의 비능률이 비난의 표적이 되었고, 이에 교육행정에서도 경비 절감을 위하여 Taylor의 주요 원리의 적용을 시도했다. Spaulding 등(1910)은 교육의 큰 취약점은 교육행정의 비능률이라고 보고, 기업운영의 원리에 입각한 교육행정을 주장하면서 학교행정에 대한 민중통제와 능률의 원칙을 제시하였다. 그는 또한 1913년 미국교육연합회에서 '과학적 관리를 통한 학교체제의 개선'이라는 강연을 통하여 교육행정에 과학적 관리를 적용할 것을 거듭 강조하였다(박성식, 2011).

그리고 Bobbit(1913)은 학교관리는 물론 장학에도 과학적 관리론을 적용할 것을 주장하였다. 그는 의사결정, 과업 및 급여 결정, 교수방법 결정, 교사 선발 및 훈련, 시설 선정 등에 있어서도 과학적 관리의 원칙을 따라야 한다고 하였다. 그러나 Gruenberg 등(1912)은 교육에 과학적 관리론을 적용하는 것이 교육의 특성을 무시한 것이라면서 비판하기도 하였다(박세훈 외, 2008 재인용).

교육행정가들은 과학적 관리론을 교육에 도입하면서 학급편성 방법, 시험제도, 교수방법, 학교조직 등이 목적달성을 제대로 하고 있는가에 대한 반성과 함께 가능한 한 효율적인 방법으로 개편하고자 하였다. 이러한 과학적 관리론은 교육행정가들에 대해 기업 관리인과 같은 관점에서 접근하는 것에 대한 교육계 내부의 비판이 제기되는 가운데에서도 학교제도와 운영방식, 교육방법의 기틀을 다지게 하였다(성태제 외, 2007).

(2) 행정관리론

행정관리론은 전체 조직에 대한 거시적 행정원리에 대한 접근이론으로 노동의 과정과 순서에 초점을 두고 효과적인 관리를 추구하는 관리이론이다. 일반적으로 과학적 조직관리의 원리가 업무의 분화와 그에 따른 노동의 부서와 조정의 문제에 집중되었던 데 비해, 행정관리론은 공식조직에서 최고 집행자로서 '관리자의 관리형태'에 초점을 집중하고 동시에 각각의 수준에서의 역할 수행과 기능에 관하여 연구하였다.

대표적 학자로는 Fayol, Gulick, Urwick, Gregg, Campbell 등이 있다. Fayol은 관리자의 기능을 기획, 조직, 명령, 조정, 통제의 다섯 가지로 나누어 설명하였다. 또한 분업, 위계, 권한과 책임, 명령통일, 적정 통솔 범위 등 열네 가지의 원리를 제시하면서 명령계통, 권한배분, 질서, 능률, 공정성, 안정성 등을 강조하였다. 이 중에 통솔 범위 적정화 원리의 경우 업무의 난이도, 구성원의 전문성 등에 따라 5~10명을 통솔의 효과적인 범위로 제시하고 있는데, 이는 오늘날에도 조직구성의 단위로 유용하게 활용되고 있다(Hoy & Miskel, 2003). Gulick(1937)은 이를 확대 발전시켜 행정관리 과정으로 기획-조직-인사-지휘-조정-보고-예산편성의 일곱 가지 관리기능을 제안하는 과학적 관리의 원리를 공공행정에 도입하는 데 노력하였다(주삼환 외, 2013 재인용).

행정관리론을 교육행정에 처음 적용한 학자는 Sears(1950)였다. 그는 Fayol의 행정과정 요소를 거의 그대로 받아들여 교육행정의 과정을 기획, 조직, 지휘, 조정, 통제의 5단계로 보았다. 그리고 행정과정을 교육행정에 보다 혁신적으로 적용시킨 Gregg(1957)는 교육행정 과정을 의사결정, 계획, 조직, 전달, 영향, 조정, 평가의 7단계로 구분하였다(박세훈 외, 2008 재인용).

행정관리론의 초기 학자들이 행정의 주요 과정으로 지시, 통제 등과 같은 강제성을 띤 용어를 사용한 데 비하여, 후기 학자들은 영향, 자극 등의 자발성을 요구하는 용어를 사용하고 의사결정을 중요한 요소로 포함시키는 경향이 있다. 이것은 행정의 민주화, 자율화 추세와 맥을 같이하는 변화라고 볼 수 있다.

(3) 관료제론

Max Weber가 주장하는 관료제론은 학교는 물론 기업조직, 정부조직을 막론하고 현대의 거의 모든 조직의 구조설정에 기초가 되는 이론이다(성태제 외, 2007). 관료제의 특징은 조직의 규모가 확대되고 이해관계가 복잡화되는 사회구조에서 분업화된 직무구조, 몰인정 지향적이고 업무중심적, 확실한 권위의 계층, 규칙과 규정을 우선시하는 구성원 관계, 경력지향적 승진구조 등이다. 이러한 관료제의 특징은 합리적 의사결정과 행정적 효율성을 극대화한다.

관료제의 순기능은 전문적 지식과 기술의 향상에 대한 적절성, 합리적인 업무추진, 정선된 규범의 적절한 적용, 계속성과 통일성, 유인체제로서의 효과성 등이다. 반면, 역기능은 단순한 직무수행이 계속됨으로써 생기는 업무에 대한 싫증, 권한의 한계로 인한 사기의 저하, 사사로운 의사소통이 봉쇄되어 감정전달이 어려움, 조직의 분위기가 경직적이고 목표의 전환이 불가함, 업적주의와 연공제의 갈등 등이 있다.

학교도 일종의 관료적 조직이라고 볼 수 있는데, Abbot(1969)는 학교가 고도로 발달된 관료조직이라 주장하며, 학교의 관료적 특징을 다음과 같이 지적하였다(박세훈 외, 2008 재인용).

- 학교는 전문화와 과업의 세분화의 필요에 영향을 받고 있다. 즉, 초·중등학교의 분리, 교과목 및 지원활동의 구분, 수업과 행정의 분리 등은 학교의 전문화 요구에 따른 것이다.
- 학교조직도 조직 기구표 내지 직제표상 명확하고도 엄격하게 규정되어 있는 권위의 계층을 가지고 있다.
- 학교조직은 조직 구성원들의 행동을 통제하고, 과업수행의 통일성을 보장하는 기준설정을 위해서 규칙에 크게 의존한다.
- 학교는 인화와 단결을 내세우지만 몰인정성의 원리가 폭넓게 적용되고 있다.
- 교사들은 전문적 능력에 기초해서 채용되며, 대부분 전문적 경력으로 이어진다.

그러나 Bidwell(1965)은 학교를 순수한 관료조직으로 간주하기에는 많은 한계가 있다고 주장하며, 학교를 관료제와 구조적 느슨함이 결합된 특수조직으로 규정하고, 학교는 관료적 특성과 전문적 특성을 모두 가지고 있는 것으로 이해되어야 한다고 보았다(윤정일 외, 2012 재인용).

2) 인간관계론

과학적 관리론을 비롯한 고전이론은 조직관리와 행정의 과학화, 합리화, 능률화는 가져다주었지만, 1930년대 경제공황이 심화되면서 과학적 관리론의 기계적 인간관에 대한 비판이 일어나게 되고 사회가 민주적으로 변화되면서 비공식적 조직의 존재와 중요성을 인식하는 인간관계론이 나타나게 되었다. 인간관계론은 조직이 설정한 목적을 달성하기 위하여 관리자가 구성원들의 성취지향적 행동을 유발시켜야 하며 이러한 행동은 곧 인격적인 대우에서 비롯된다고 생각한다. 교육조직에서의 인간관계론은 각각 독자적이면서 집단을 이루는 상호 간의 관계에서 자연스러운 인간관계가 필요하고 이러한 관계는 곧 학습효과를 향상한다는 차원에서 관심을 가지고 있다.

행정에서 인간관계 운동의 시초는 호손(Hawthorne) 공장에서 1924년부터 1932년까지 8년간에 걸쳐 수행된 일련의 실험연구인 호손 실험이라는 것이다. 이 연구는 당초 작업장의 조명수준, 휴식시간, 노동시간 같은 물리적 요인과 작업성 간의 관계를 규명하려는 목적에서 수행되었으나 실험한 결과, 실험을 받는 사람의 태도와 동기에 따라 생산량이 좌우된다는 것을 발견하였다(박세훈 외, 2008).

호손 실험의 결과, 지금까지 단순히 공식구조로만 인식되던 조직이 구성원, 비공식 조직, 집단 상호 간의 관계로 이루어지는 다원적인 사회체제로 인식되게 되었고, 특히 인간적 요인이 조직의 주요 관심사로 등장하게 되었다. 그러나 호손 연구를 중심으로 한 인간관계론은 조직의 구조적 측면과 생산성 제고에 대한 무시, 조직환경에 대한 관계 등 조직 운영의 문제를 보다 근본적으로 다루는 데 실패하였다는 지적도 많다.

인간관계론은 교육행정학에 민주적 교육행정의 원리를 제시해 주는 계기를 마련하면서 교육행정의 민주화와 발전에 공헌하였다. 이 시기에 인간관계론적 관점을 통하여 교육행정학의 발달에 크게 기여한 학자는 Daniel E. Griffiths, Robert G. Koopman, Wilber A. Yauch, Arthur B. Moehlman 등이다(윤정일 외, 2008).

Koopman(1943)은 교육행정의 민주화를 위한 이론적 기초를 제공하였다. 특히 교육행정의 과제로서 교육의 사회적 책임 규정, 민주적 지도성의 개념 규정, 조직 형태의 민주화, 모든 사람의 적극적 참여, 교사의 역할 규정 등을 제시하였다.

Yauch(1949)는 교육행정에 있어서 인간관계의 중요성을 강조하면서 민주적인 교육행정의 원리를 제시하였다. 특히 교장과 교사는 수평적 관계에서 만나야 하며, 학교행정의 모든 영역에 걸쳐서 교사가 참여해야 한다고 주장하였다.

한편 Moehlman(1951)은 교육행정이 교수의 필요에 의해 발생하는 것이므로 교육의 목적을 달성하기 위한 수단이라고 강조하였다. 또 행정은 본질적으로 교육과정이 기본 목적들을 충실하게 실현하기 위한 봉사활동이라고 하였다. 이는 행정과정에 있어서 전제적 · 권력적 · 강압적 요소를 배제하고 민주적 · 기술적 · 봉사적 요소를 중시한 것으로 볼 수 있다.

Griffiths(1956)는 '교육행정에서의 인간관계'에 관한 연구에서 교육행정에서 인간관계에 관한 여러 연구를 종합하여 교육행정에서의 인간관계론을 크게 발전시켰다. 그는 학교장과 상호작용하는 교사들은 인간적 욕구에 민감한 사회적 인간이라고 주장하고 좋은 인간관계가 상호 존중, 호의, 인간의 권위와 가치에 대한 굳은 신념을 바탕으로 성립한다고 보았다.

인간관계론에 따른 교육행정의 주요 내용으로 학교조직에서는 인간관계가 매우 중요한데, 이는 소속감, 안정감, 인간의 존엄성을 인식하는 계기가 되기 때문이다. 학교조직 내에서 다양한 통로를 이용한 의사소통은 교장과 교사, 교사와 교사는 물론 교사와 학생들이 상호 인격적 존재자로서 자연스러우면서 전문가로서의 인간관계를 맺도록 한다. 따라서 구성원들의 자율성과 창의성, 진취적인 사고가 학교조직의 바탕을 이룬다.

3) 행동과학론

1950년대 이후 시작된 행동과학론은 보다 광범위한 학문과 이론과 경험을 바탕으로 하는 조직의 관리방법으로서, 과학적 관리기법과 인간관계론에서 야기되는 조직관리이론의 비판점을 적극적으로 수렴하고, 생산성 향상과 인간존중의 사상을 동시에 충족하려는 이론이다. 그러므로 행동과학론은 지금까지의 고전이론에서의 과학적 관리기법과 행정과정론 그리고 관료제론은 물론 인간관계론을 포함하여 심리학, 인류, 정치, 경제, 교육, 사회학 등 전반적인 이론을 바탕으로 조직을 관리·운영해야 한다는 입장이다.

행정현상에 대해 행동과학적 접근을 시도한 대표적인 학자로는 Barnard, Simon을 들 수 있다. Barnard(1938)는 조직 내에서 개인은 협력적 관계가 되어야 하며, 조직의 행동과학적 관리란 보다 효과적이며 능률적인 관리체제의 확립으로 보았다. 행동과학적 관리의 내용요소로서 인간관계의 효율성을 높이기 위해서는 의사소통의 이론을 중시해야 한다는 것이다. 따라서 지휘계층상 권한의 근원으로 지도자의 명령권보다 추종자에 의한 명령수락 여부에 더욱 큰 관심을 모아야 한다고 보았다. Simon(1947)은 경제학, 심리학, 사회학적 관점을 통합하여 종업원은 그가 조직에 기여한 것보다 더 큰 유인을 지각하는 동안에만 조직에 남는 것 등 조직 내에서의 인간행동을 규명하고자 시도하였다(성태제 외, 2007 재인용).

행정학에 있어 행동과학적 접근은 심리학, 사회학, 인류학, 정치학, 경제학 등 다양한 학문적 영역을 포함하며, 조직과 조직 구성원이 상호 공존하는, 즉 생산성을 가지면서 조직 구성원들의 심리적 만족감을 얻는 이론적 바탕을 마련한 것이다. 이러한 행동과학적 접근은 조직관리의 연구에 있어서 체제의 변동문제를 포함한 개념, 원리, 모형, 연구설계 등을 이용한 행동과학적 연구에 의한 변화의 중요한 역할을 규명하고, 기계적이고 단순한 인간 존재로부터 탈피하여 인간관계에 의한 인간행동의 변화를 분석한다. 특히 각각 인간의 성격연구를 통하여 사기, 감수성, 심리적 안정 등 성장의 욕구와 자기실현에 대한 효율적 인간관계를 바탕으로 한 조직의 변화를 추구하는 이론이다. 이러한 행동과학적 접근을 조직의 관리기법으로 활용하기 위해서는 보다 다양한 입장에서 인간행동과 동기부여에 대한 연구가 필요하다(윤정일 외, 2012).

결론적으로 행동과학론에 따른 교육행정의 주요 내용은 학교교육 조직을 하나의 체제로 인식하고 체제의 기본 구조는 투입과 산출, 그리고 중간에 과정이 있다고 보면서 과정은 교육조직, 학교로 취급하였다. 이러한 학교교육 체제는 투입요소의 내용과 질적 수준에 따라 절대적 가변성이 있다고 보았다. 그리고 학교교육 과정요소에는 조직의 풍토와 지도성이 중시되었으며, 문제의 규명은 최초의 과정이며 문제해결 단계에 이르기까지 종합적이고 구조적인 통제가 주어진다고 보았다.

4) 체제이론

1960년대부터 기존의 교육행정학 이론들이 조직의 복잡 미묘한 동태를 설명하는 데 한계가 나타나자 종합적 접근방법으로 체제이론이 대두되었다. 체제란 '여러 부분들로 이루어진 전체 혹은 여러 요소들의 총체'를 말한다. 즉, 체제란 상호 관련되고 상호작용하는 각 부분 또는 하위체제로 구성되는 하나의 통합체를 총칭하며 어떠한 유기체나 조직체를 막론하고 그것은 하나의 체제를 이루고 있다고 볼 수 있다.

체제이론은 교육행정학의 기초 이론 중 교육조직의 이해와 교육경영의 개선에 필수적인 것으로 인정받고 있는 이론이다. 유기체를 이해하려면 유기체를 구성하고 있는 부분들과 그들 간의 관계를 파악해야 하듯이, 교육현상을 이해하기 위해서는 학교 사회를 구성하고 있는 요소들의 기능과 구조를 파악해야 한다. 예컨대, 학교 사회를 하나의 체제로 보고 이를 구성하고 있는 요소들과 그 구조와 기능을 밝힘으로써 학교를 체계적으로 이해하기 위한 대표적 이론이 체제이론이다.

체제이론의 기본 모형은 투입-과정-산출-환경과의 피드백이다. 이것을 교육행정 체제에 적용하면 다음과 같다(박세훈 외, 2008).

- 투입(input): 상호작용하는 요소들이 체제의 목적을 달성할 수 있도록 체제의 밖에서 안으로 들어가는 모든 요소를 말한다(과업, 교육행정 업무).
- 과정(process): 체제가 목적달성을 위해 여러 자원과 정보를 활용하여 산출로 전환시키고 가치를 창조하는 과정을 말한다(교육행정 과업, 교육행정 과정, 교육행정조직 등).
- 산출(output): 체제가 환경이나 인접한 체제로 내보내는 자원과 정보로서 체제가 의도적이나 무의도적으로 생산해 내는 모든 것을 말한다(교육성과).
- 환경(environment): 체제와 일정한 접촉을 유지하고 그것에 일정한 영향을 주는 경계 밖의 주변 조건이나 상태를 말한다(교육체제, 교육풍토, 사회체제, 사회풍토).

체제이론은 단절된 사고를 지양하고 체계적이고 총체적인 사고를 특징으로 한다는 점에서 교육의 계획이나 정책의 수립, 교육적 의사결정 등 다양한 영역에서 유용성을 인정받고 있다. 그러나 인간에 대한 기계론적 견해에 입각하고 있고, 인간이나 사회현상을 자연현상과 동일시함으로써 인간적 요인에 의한 변화과정을 포착할 수 없다는 점에서 한계를 가지고 있다. 따라서 교육행정에서 체제이론을 그대로 적용하는 경우 인간적 차원이 무시될 위험성을 내포하고 있으며 사고의 융통성과 탄력성을 잃을 가능성이 있다. 그리고 변화의 중요성이 간과될 가능성과 변화의 중요성과 함께 체제 내적 요인의 자율성이 무시될 가능성이 있다.

5) 해석이론

해석이론(interpretive theory)은 현상학과 해석학을 철학적 배경으로 하여 성립된 것으로 사회과학의 학문 연구에 널리 통용되고 있는 접근법이다. 오늘날에는 구조기능적 관점에 대응하는 하나의 연구 패러다임으로 자리 잡고 있다(박세훈 외, 2008).

교육행정학에서의 해석학적 논의는 1974년 Greenfield가 학교조직이론에 있어 「논리실증주의 연구의 비판」이라는 논문을 발표하면서 비롯되었다. 그는 논리 실증주의적 연구경향은 인위적으로 조작·정의된 구성변인들 간의 관계를 토대로 교육현상의 외형적 측면만을 설명하고 예측한다고 보았고, 반면에 해석학적 접근방법은 교육현상을 인위적 체계 혹은 의미현상으로 보고 자연과학의 대상과는 달리 개별성과 특수성에 의해서 이해되고 파악되어야 한다고 주장하였다(성태제 외, 2007).

해석론적 관점은 질적 연구방법을 통해 특수한 상황을 해석하고 이해하는 것이다. 또한 과학적이고 실증적인 방법을 비판하면서 간주관적 해석을 통해 특수한 상황을 해석하고 이해하는 것이다. 해석적 탐구는 객관성과 일반화가 항상 비판을 받는다. 반면 새로운 학문 탐구의 방식을 제시했다는 데 그 의의가 있다.

해석론적 관점은 조직 구성원들의 주관적인 의미 파악에 주력하기 때문에 발견된 이론의 일관성과 객관성을 유지하기가 어려우며, 사회현상에 대한 기술의 측면에서는 유용하지만 비판의식이 결여되어 있는 한계점이 있다(윤정일 외, 2012).

Greenfield-Willower 논쟁은 그간 교육행정학 분야에서 무비판적으로 수용되어 왔던 유사 객관화의 논리를 정면으로 반박하고 그 철학적 배경에 대한 회의와 개선 가능성을 제시하였으며, 연구영역의 확대와 교육현상의 실제에 대해서 보완적으로 접근할 수 있는 계기를 마련해 주었다.

6) 대안적 이론(비판이론, 포스트모더니즘, 페미니즘)

교육행정에서 고전이론과 그에 대립되는 해석론적 접근 외에 사회과학의 다른 시각들과 궤를 같이하여 또 다른 유형의 대안적 관점들이 1980년대 이후 나타나고 있다. 이러한 대안적 관점은 실증주의적 관점에 대한 비판을 통해 제기된 다양한 관심을 통칭한다. 대표적 이론으로는 비판이론, 포스트모더니즘, 페미니즘 등을 들 수 있다.

(1) 비판이론

비판이론은 비판을 통해 신비화된 허위의식을 파헤치고 새로운 변화를 모색하려는 경향이다. 조직론에 있어 이 이론은 현대 조직들이 지배계급의 이익을 위해 어떠한 기능을 수행하는지 드러냄으로써 사회적 실재를 해체하려는 관점을 표방하고 있다. 이 이론은 해체주의적 방법을 통해 현대의 조직이론을 신랄하게 비판한다는 점에서 포스트모더니즘과 맥을 같이하지만, 그 지식기반에 대한 비판을 넘어 인간의 소외와 억압, 불평등을 야기하는 사회구조 및 조직을 변혁하려 한다는 점에서 서로 다르다(Hoy & Miskel, 1996). 이들의 비판은 노동자들의 소외된 상태를 부각시킬 뿐만 아니라 '잘못된 의식'을 조명함으로써 이를 변화시키고자 한다.

포스트모더니스트들과 마찬가지로 비판 이론가들은 현대 조직사상을 공격하기 위해 해체의 방법을 사용하지만 그들은 현재의 지식과 실제에 내재하고 있는 비일관성과 모순을 드러내는 데 만족하지 않는다. 더 나아가 소외, 억압과 불평등의 책임을 지고 있는 기본적인 사회구조를 변화시키고자 한다.

1970년대 말에 이르러 비판이론이 소개되면서 교육행정 현상에 대한 비판적 접근에 관심을 갖기 시작하였다. 이러한 비판이론의 관점은 과거와 현재의 실제가 사회적 정의와 권력현상을 어떻게 포함하고 있는지, 인간의 속박

과 해방에 어떻게 관여하는지 등에 관심이 있다. 교육행정가들은 과거 당연
시되어 왔던 학교교육의 상황과 기본 가정에 대해 비판적으로 검토하고 행정
실제가 진리, 자유 혹은 정의로 표현되는 조직 구성원의 삶의 질을 얼마나 개
선할 수 있고 이를 위해 어떤 변화를 기할 수 있는지에 초점을 맞추어야 한다
(박세훈 외, 2008).

(2) 포스트모더니즘

인간생활 양식들의 변화에 바탕을 두고 이러한 변화들의 정당성을 설명하
려는 일련의 사회운동을 전개하는 포스트모더니즘은 모더니즘 사상의 바탕
이 되는 이성, 진리, 합리성, 절대성을 비판하고 기존의 것들의 해체와 상대
성, 다양성, 탈정당성을 표방한다. 문화비평으로 시작된 이 관점은 자아가 이
성적 주체라는 생각을 부인하며, 삶의 다양성과 우연성을 그대로 받아들이고
탈정당화를 추구함으로써 부정과 변화를 위한 새로운 사상으로 확산되고 있
다. 조직론의 측면에서 이 관점은 해체주의적 방법을 통해 현재의 조직이론
과 그 근거를 공격하는 입장을 대표하고 있다(Hoy & Miskel, 1996).

교육행정학에서 포스트모더니즘이 논의된 것은 1980년대 후반으로 주로
학교행정과 지도성 분야에서 중심적으로 논의되고 있으며 교육행정 연구자
들 사이에서 그 인식의 폭이 점차 확대되어 가는 시점에 있다. 그러나 현재 포
스트모더니즘의 문화적, 철학적 논리가 얼마나 교육 및 교육행정에 적용될
수 있는지, 포스트모더니즘의 시대적 상황 속에서 교육 및 교육행정의 방향
과 역할은 무엇인지에 대해서는 아직까지 합일점을 찾지 못하고 있다(박세훈
외, 2008).

(3) 페미니즘

페미니즘은 현대의 조직이 순응, 권위에 대한 복종, 경쟁, 공격성 등을 강조
하는 남성문화의 산물이며 그에 편향되어 있다는 점을 비판한다(윤정일 외,

2012). 페미니즘은 자유주의 페미니스트와 급진적 페미니스트의 두 가지 다른 입장으로 나눌 수 있다. 자유주의 페미니스트들은 기존의 조직사회를 주어진 것으로 보고 여성들은 이 사회를 통합시키려고 하는 데 비해, 급진적 페미니스트들은 관료적인 구조를 대체함으로써 사회를 변화시키고자 한다 (Ferguson, 1984). 두 입장 모두 여성들이 조직에 의해 억압되어 있다고 보지만, 자유주의 페미니스트들은 관료적인 구조 안에서 작용하는 전략을 채택하기를 주장하는 반면에 급진적인 페미니스트들은 관료적인 구조를 개선하는 대신 새로운 형태의 조직을 창출하기를 바란다.

이러한 페미니즘 운동은 최근 교육행정 부분뿐만 아니라 사회의 모든 분야에 걸쳐서 확산되고 있다. 교육행정에 대한 페미니스트 비판은 행정 이론과 연구에서 성문제를 소홀히 했음을 보여 주고 있다(박세훈 외, 2008). 최근 교직에서도 성차별 문제를 제기하며 관심을 끌고 있으며 교육기관에서 여성의 수가 많아짐에 따라 많은 논의가 이루어지고 있다.

3. 교육제도와 학교제도

1) 교육제도의 개념

교육제도(educational system)는 가족제도, 정치제도, 경제제도, 종교제도와 같은 사회제도의 일부로서 교육을 실천하기 위한 가장 기본적인 틀을 형성하고 있다. 이것은 교육이 국가의 장기적인 발전을 위하여 그 바탕을 형성하고 있는 틀이기 때문이다(고벽진 외, 2005).

또한 교육제도는 국가의 교육이념과 교육목적을 달성하기 위한 국가 차원의 인위적 장치로서, 교육목적, 교육내용, 교육방법, 교육평가 등의 교육활동, 학생, 교원, 교육기관, 교재, 조직·기구 등에 관한 표준을 총괄하는 개념이다(서울대 교육문제연구소, 1998).

일반적으로 교육제도는 국가기관의 핵심을 이루며, 교육발전과 사회발전의 기반을 이루고 있다. 한 국가의 교육제도는 공식적·의도적 교육활동이 거의 전면에 걸쳐서 형식화, 조직화, 표준화되어 있는 것이 특징이다.

(1) 교육제도의 개념적 범주

교육제도는 개념적으로 볼 때 제도의 형성주체와 관련된 국가 범주, 제도의 대상과 관련되는 내용 범주, 그리고 제도의 형식과 관련된 표준 또는 기준 범주의 세 가지의 범주로 구성되어 있다(주삼환 외, 2013).

첫째, 교육제도에는 기본적으로 국가의 의지가 담겨 있으며, 특히 현대의 교육제도는 국가 공교육제도의 특징을 갖는다. 따라서 교육제도를 이해하기 위해서는 국가의 성격에 대한 이해가 전제되어야 하며, 이를 위해 특정 국가의 역사적·사회적·문화적 맥락에 대한 이해가 선행되어야 한다.

둘째, 교육제도는 국가가 그 제도를 통하여 교육의 구체적인 모습을 규정하는가에 따라 다양한 내용의 범주를 갖는다. 예컨대, 학교단계에 대한 제도, 교육행정조직의 기능 및 구성에 관한 제도, 학생 선발, 진급 등에 관한 제도, 교육행정 및 내용에 대한 제도를 보통 교육제도라고 할 때 학제만으로 좁혀서 이해된다고 볼 수 있다.

셋째, 교육제도는 하나의 기준 또는 표준으로 존재한다. 이것은 교육제도가 경직된 법규나 제도적 기준의 틀의 모습을 가지기보다 국가의 교육이념을 설정하고 구체적인 정책의 밑거름으로서의 기준으로 존재한다는 의미다.

(2) 교육제도의 기능

- 사회문화의 보존적 기능: 사회제도로서의 교육은 그 사회가 추구하고 있는 가치체계와 생활양식을 한 세대에서 다음 세대로 넘겨 주는 기능을 갖는다.
- 개조적 기능: 교육에 의한 사회개조는 교육이 사회의 현실적 문제에 관

여함으로써 가능하기도 하지만 보다 궁극적으로는 새로운 세대로의 교체를 통해서 이루어진다.

- 중립적, 통합적 기능: 미국의 교육제도가 다양한 이민사회를 새로운 인간형으로 만드는 용광로 역할을 하고 있다는 분석은 이러한 견해를 의미한다.
- 보편적, 항구적 기능: 교육제도는 보편적이고 항구적인 가치를 포함하면서 초연한 자세로 사회적 기능을 담당한다.

2) 학교제도

학교제도(school system)는 흔히 학제 또는 학교교육제도와 동의어로 사용되며 교육제도의 핵심을 이룬다. 즉, 교육제도는 어떤 국가나 사회가 그 구성원의 교육을 공적 제도를 통해서 실현시키려고 하는 제도로, 결국 그것은 교육기관의 형태가 어떠해야 하며 교육기관 간의 관계가 어떠한가에 대한 규칙이라고 할 수 있다.

(1) 학교제도의 개념

학교제도의 개념은 각각의 학교를 개별적으로 보는 것이 아니라 각 학교 간에 존재하는 일종의 관련성과 전체 구조를 파악하려는 것이다. 따라서 단위학교는 학교제도를 구성하는 하나의 단위다(김영식 외, 1982). 그러므로 학교제도는 교육제도의 하위체제 중의 하나라고 볼 수 있고 교원양성제도, 교육행정·재정제도 및 사회교육제도들과의 상호작용 속에서 유지·발전될 수 있으므로 교육제도와는 불가분의 관계에 있다.

학교제도는 학교계통(school steam)과 학교단계(school level)에 따른 교육목표, 교육내용, 수업연한, 취학연령, 학교 간의 수직적 연결(접속 내지 분화 관계)과 계열 간 및 학교 간의 수평적 연결(연결관계) 등에 관한 제도와 운영 등을 의미한다. 학교계통은 계열별로 구성된 종적 또는 수직적 학교 종별, 각종 학교 계열별로 어떤 계층의 취학대상자에게 어떠한 교육을 하고 있는가에 따른 여러 유형의 학교를 의미한다. 반면, 학교단계는 어떠한 연령층을 대상으로 혹은 어느 단계의 교육인가에 따라 여러 유형의 학교를 횡적 또는 수평으로 구분하는 것을 의미한다. 우리나라의 학제는 기본적으로 6-3-3-4제의 단선형이고, 횡적으로는 초등학교, 중학교, 고등학교, 대학교의 네 개의 단계가 하나의 계통을 이루고 있다.

(2) 학교제도의 유형

학교제도의 유형에는 일반적으로 계통성을 중심으로 형성된 복선형(dual system)과 단계성을 중심으로 구성된 단선형(single ladder system)과 이들의 중간 형태인 분기형(gabelungs system)이 있다(윤정일 외, 2012). 역사적으로 학교제도는 복선형 → 분기형 → 단선형의 방향으로 발달하고 있는데, 이러한 현상은 교육의 기회균등 원칙을 실현하고자 하는 개혁운동으로 나타나고 있다고 볼 수 있다.

① 복선형 학제
복선형 학제는 상호 관련을 가지지 않은 두 가지 이상의 학교계통이 존재하며 학교계통 간의 이행(transfer)을 인정하지 않는 것을 그 특징으로 한다. 역사적으로 유럽 여러 나라에서 발달해 왔으므로 '유럽형'이라고도 한다. 수학과정이나 입학ㆍ진학의 기회를 균등히 주지 않는 비민주적 학교제도로서 단선형과 대조되는 개념으로, 20세기에 들어와 통일학교 운동이 전개되고 있지만 유럽 지역에는 아직도 복선형이 지배적이라 할 수 있다.

② 단선형 학제
학교계통이 하나뿐인 단선형은 초등학교에 입학하여 중등학교를 졸업할 때까지 모든 국민이 원칙적으로 같은 종류의 학교 수업연한, 수료자격, 교육내용 등을 학습하는 민주적인 학교제도 체계를 말한다. 여기서 각 계통이 동등하다는 것은 계급이나 계층적 의미가 아닌 개인의 능력과 적성에 기초를 둔 계통성을 의미한다. 현실적으로는 순수한 단선형은 존재하지 않으며, 공통의 기초 위에 수업연한이나 수료자격에 있어서 동등한 복수의 학교나 과정으로 분화되는 형태를 취하는 경우가 많다. 단선형은 일반적으로 미국, 일본, 한국 등이 채택하고 있는 학제다.

③ 분기형 학제

복선형과 단선형 학제의 중간 형태로서 분기형이 있다. 이는 독일의 비교교육학자 Hilker가 분류한 학제의 한 유형으로서 공통의 기초학교 위에 동격이 아닌 특수의 학교계통이 분기 구축된 학교제도다. 분기형은 복선형에서 단선형으로 변형할 것을 목적으로 하며 제2차 세계대전 후 유럽 여러 나라에서 나타났다. 영국과 독일을 비롯한 서구 여러 나라의 학교제도는 통일된 기초부분이 연장되면서 분기형이 많아지기 시작했다.

3) 우리나라의 교육제도

우리나라의 학교교육제도는 정부수립 후 교육법이 제정·공포되면서 새로운 교육제도를 가지게 되었다. 일제하의 교육제도가 있기는 하였으나, 정부수립 후 새로운 교육법에 의하여 일제하의 잔재를 청산하고 민주적인 교육제도를 국가가 관여하여 설정하였다는 점에서 본격적인 학교교육제도는 정부수립 후에 출발되었다고 할 수 있다(한용진 외, 2006).

(1) 교육행정조직

대부분의 나라에서 교육행정의 체계는 중앙 교육행정조직과 지방 교육행정조직으로 구성되어 있다. 이 중에서 중앙 교육행정은 지방교육행정과 대조되는 개념으로 지방 교육행정의 상위체제라고 할 수 있다. 우리나라의 교육행정조직도 중앙 교육행정기관과 지방 교육행정기관으로 구성되어 있다. 중앙 교육행정조직은 대통령, 국무총리, 국무회의, 교육부 등이 관련되어 있다. 행정권은 대통령을 수반으로 하는 정부에 소속되어 있으며 교육행정에 관한 행정권은 대통령, 국무총리, 교육부의 체제를 통하여 행사되고 있다.

중앙 교육행정기관 중에서 가장 중요한 것은 교육부다. 교육부는 정부조직법 제28조에 의하여 학교교육, 평생교육, 학술에 관한 사무를 관장한다. 교육부는 정권이 바뀜에 따라 그 정권이 지향하는 교육시책과 그것을 가장 효과적으로 구현할 수 있는 방향으로 조직편제가 조금씩 변하여 왔다. 해방 이후 우리나라 교육부 직제의 개정은 40여 차례가 넘는다. 그러나 기본 성격이나 기능은 거의 변함이 없이 중앙집권형을 고수해 왔다.

중앙 교육행정조직인 대통령, 국무회의, 교육부에 대하여 자세히 살펴보면, 대통령의 교육행정에 관한 권한의 주요 기능은 대통령의 발포권, 비상조치권, 주요 공무원의 임명권, 국무회의 의장권, 중앙행정기관의 지휘 · 감독권이다. 국무회의는 정부의 권한에 속하는 중요한 정책을 심의하는 기관으로 행정에 관한 최고심의기관이며 각 부처 간 기능과 사무를 배분하는 수평적 조정기관으로서의 역할을 통해 교육정책에 관한 다른 부서와의 이해와 협조를 촉진시키고 있다. 교육부는 국가의 교육에 관한 정책을 수립하고 조정하는 중앙행정기관으로서 학교교육, 평생교육 및 학술에 관한 사무와 기초과학정책 · 연구개발, 원자력, 과학기술 인력 양성, 그 밖에 과학기술 진흥에 관한 사무를 관장한다.

지방 교육행정조직은 서울특별시, 각 광역시, 각 도의 교육행정조직과 구조를 말한다. 우리나라 지방 교육행정조직은 교육자치를 기본으로 하고 있다. 현행 교육자치제는 서울특별시와 광역시, 각 도 단위로 일반행정조직에서 독립된 심의 · 의결기관이었던 교육위원회를 시 · 도의회 교육상임위원회로 전환하여 기관 통합형의 조직을 취하고 있다.

교육의 자주성 및 전문성과 지방교육의 특수성을 살리기 위하여 지방자치단체의 교육, 과학, 기술, 체육, 기타 학예에 관한 사무를 관장하는 기관으로서 각 특별시, 광역시·도에 상임위원회로서의 집행기관인 교육감을 두고 있다(윤정일 외, 2012).

교육위원회는 시·도의회 의원과 교육의원으로 구성하되, 교육의원이 과반수가 되도록 구성한다. 교육의원은 주민의 보통·평등·직접·비밀 선거에 따라 선출하며 임기는 4년이다. 선출된 교육의원들은 시·도 상임위원회로서 교육·학예에 관한 의안과 청원 등을 심사·의결한다.

한편 교육감도 주민의 보통·평등·직접·비밀 선거에 따라 선출한다. 임기는 4년이며, 계속 재임은 3기에 한한다. 선출된 각 시·도의 교육감은 교육·학예에 관한 소관사무 국가행정사무 중 시·도에 위임하여 시행하는 사무로서 의결된 사항을 처리한다.

(2) 우리나라의 학제

우리나라의 현행 학제는 1949년 12월에 공포된 교육법과 1951년 3월에 공포된 교육법 개정 법률에 의하여 확정되었으며 기간학제가 6-3-3-4제의 단선형이며, 총 교육연한은 16년이다. 그동안 실업전문학교 또는 전문대학이 생기는 등 다소의 변화가 있기는 하였으나 기간학제에는 큰 변동이 없었다.

현행 학제는 3-6-3-3-4의 기간학년을 중심으로 공민학교와 기술학교 계통이 병립되어 있는 것이며, 부분적으로는 복선형의 요소를 내포하고 있다. 인문계와 전문계 고등학교의 병립도 학제 운영 면에서 복선적인 요소를 실현하는 것으로 생각할 수 있으나, 그것은 일부분에 불과하며 기간학제에 관한 전형적인 단선형을 이루고 있다. 아울러 복선형 요소를 불식시키기 위해 중학교 및 고등학교 졸업자격 검정고시제와 독학에 의한 학위취득 시험제도를 두어 단선형을 적극 지향하고 있다(주영흠 외, 2007).

① 유치원
유치원은 교육법에 의거 설립되었으며 취학 전 교육으로서 유아를 교육하고 적당한 환경을 주어 심신의 발육을 조정하는 것을 목적으로 한다(초·중등

교육법 제35조). 유치원에서는 초등학교 입학 전의 만 3~5세 아동을 대상으로 1~3년간의 유아교육을 실시한다. 수업일수는 매 학년 180일 이상이다.

② 초등학교

초등학교는 사회생활에 필요한 기초적인 초등 보통교육을 하는 것을 목적으로 하며(초·중등교육법 제38조), 기초교육인 동시에 의무교육으로서 수업연한은 6년이다. 수업일수는 매 학년 220일 이상이며, 교육과목은 도덕, 국어, 수학, 사회, 자연, 체육, 음악, 미술, 실과 및 영어의 총 10개 과목으로 규정하고 있다.

③ 중학교

초등학교에서 받은 교육의 기초 위에 중간학교로서의 중등 보통교육을 하는 것을 목적으로 한다(초·중등교육법 제41조). 중학교는 현재 의무교육기관으로 되어 있으며 수업연한은 3년이다. 수업일수는 매 학년 220일 이상이며 교육과목은 도덕, 국어, 수학, 사회, 과학, 체육, 음악, 미술, 가정, 기술, 산업, 외국어, 한문, 컴퓨터 및 환경 등의 과목으로 구성되어 있다.

④ 고등학교

고등학교는 중학교에서 받은 교육의 기초 위에 중등교육과 기초적인 전문교육을 하는 것을 목적으로 한다(초·중등교육법 제44조). 학교의 형태는 인문계 고등학교와 전문계 고등학교가 있으며, 양자의 기능을 함께 하는 종합학교가 있다. 특수 분야의 전문적인 교육을 목적으로 하는 특수목적 고등학교와 특정 분야의 인재 양성을 목적으로 하는 교육 및 자연 현장 실습, 체험 위주의 특성화 고등학교도 있다. 이들 고등학교의 수업연한은 3년이며, 수업일수는 매 학년 220일 이상이다.

⑤ 대학교

대학은 인격을 도야하고, 국가와 인류사회 발전에 필요한 심오한 학술이론과 그 응용방법을 가르치고 연구하며, 국가와 인류사회에 이바지함을 목적으로 한다(고등교육법 제28조).

수업연한은 4~6년이며, 수업일수는 매 학년도 30주 이상으로 한다. 이수학점은 각 대학이 학칙에 정하는 바에 따라 취득학점을 인정하되 1주 1시간 15주 수업을 1학점으로 한다. 대학원은 고등교육법 제2조에 규정된 독립된 교육기관이 아니고 대학을 구성하는 기관으로서의 성격을 지니고 있는데, 대학원 석·박사 학위과정의 수업연한은 각각 2년 이상이다.

4. 장학행정

1) 장학의 개념

교육행정은 장학행정이라는 말이 있을 정도로 장학은 교육행정의 실제와 교육행정학의 이론체계에서 중요한 위치를 차지하고 있다. 장학(supervision)이라는 말은 어원적으로 superior와 vision의 합성어로 '우수한 사람이 위에서 감시한다.'는 뜻을 내포하고 있어서 감시·감독의 기능을 가지고 발달하였다. 실제로 서구에서는 시학(視學, inspection)이라는 용어가, 미국에서는 'supervision'이 사용되고 있다. 우리나라에서는 일제강점하의 감시·감독적 장학의 영향으로 교사를 포함한 많은 사람들이 장학활동에 대해 부정적인 태도를 갖게 되었다. 그러나 장학의 개념은 교육의 통제보다는 조성과 지원을 통해 교수-학습의 성과를 극대화한다는 의미를 지닌다.

Harris(1975)는 장학을 "학생들의 학습을 촉진시키기 위해 수업과정에서 직접적으로 영향력을 행사하는 방법"으로 정의하였으며, 장학이 수업활동에 영향을 주기 위해 특별히 지정된 일련의 활동과 세분화된 역할임을 강조하고 있다. 그리고 Wiles와 Bondi(1980)도 여러 학자들의 개념 정의를 종합해서 검토한 결과, 장학은 궁극적으로 수업의 개선을 목적으로 한다는 점과 그 대상은 교사임을 공통적으로 포함한다. 즉, 장학이란 교수행위의 개선을 위해 교사에게 제공되는 장학담당자의 모든 노력이라고 할 수 있다.

'교육행정은 장학행정이다.'는 말에서 보듯이 교육현장에서 꼭 필요한 것이 장학이다. 그래서 장학담당자는 교사들로 하여금 좀 더 자신감을 가지고 일할 수 있도록 계속적으로 격려하고, 친절하게 조언을 해 주어야 한다. 일방적인 지시나 면박이나 질책은 별로 도움이 되지 못한다. 교사들이 그들의 수업을 향상하고 학생들의 학습활농을 도와주기 위한 것이라는 인식을 하게 될 때에 장학의 목적은 달성될 수 있는 것이다. 또한 장학담당자는 교사들에게 전문적인 자원인사(resource personnel)가 될 수 있다는 인식을 주는 일도 중요하다.

2) 장학의 기능

장학의 목적이 교수-학습의 개선을 통하여 학생의 성장·발달을 촉진시킴으로써 제 조건을 정비하고 확립하는 일이라고 한다면 그 기능도 역시 장학의 목적을 실현하기 위한 역할인 것이다. 장학을 통해 장학지도자들은 지도성을 행사하여 교사들로 하여금 자주성과 창의성을 기르도록 하고, 그들의 문제를 자신감을 가지고 스스로 분석·처리할 수 있는 능력을 길러 준다. 또한 교사들에게 안정감을 부여하고, 교사들이 건전한 교육철학을 발전시키도록 해 주고, 아울러 지역사회와의 관계 개선을 하도록 도와준다. 이러한 장학 기능은 크게 지도성, 조정, 봉사, 평가의 네 가지 기능이 있다(김종서, 2002).

(1) 지도성

장학담당자는 자신의 전문적인 영역에서 지도성을 발휘해야 하기도 하지만 동시에 다른 사람들의 지도성을 받아들이고 그것을 격려하는 일도 중요하다. 장학은 지도성을 발휘하여 조력을 제공하기도 하지만 지도성이 발휘되도록 하는 기능을 수행하기도 한다. 국민적인 집단과정에서의 지도성은 ① 집단원의 자발성을 자극하고, ② 목표설정을 도와주며, ③ 능력발휘를 자극하고, ④ 교사의 의지적인 행동을 격려하며, ⑤ 사후관리를 담당하는 등의 역할을 수행해야 한다.

(2) 조정

여러 가지 다른 의견을 절충하거나 조정하여 교육의 성과를 향상하는 일에 집중되도록 하는 일은 장학의 중요한 기능이다. 또한 한 교육행정조직 내에 있는 자원과 힘을 동원해서 목표에 맞는 교육이 실현되도록 하는 데 있어서 장학은 중요한 공헌을 할 수 있는 것이다. 즉, 장학이 조정과 행동의 기능을 제대로 발휘할 때에 그것은 가능해진다.

(3) 봉사

장학담당자는 그 자신이 자원인사다. 그의 전문적인 지식과 기능, 경험 등으로 보아 교사와 교육행정가에게 훌륭한 자원인사가 될 수 있다. 그러므로 교사와 교육행정가가 어떤 교육문제에 직면했을 때에 장학담당자는 그 문제의 해결을 위한 자원인사로서 봉사적인 조력을 제공하게 된다. 그뿐 아니라 장학담당자는 교육위원회나 교육행정 책임자가 교육정책을 위한 의사결정을 할 때 교육 전문가로서 자문에 응하기도 하고 또 조언을 하기도 한다.

(4) 평가

평가의 기능은 장학에 있어서 기본적인 것이다. 교육목표의 달성도와 교육성과에 대한 판단은 적절한 평가에 의해서만이 가능하기 때문이다. 또한 교육의 발전과 향상은 현재의 상태를 바르게 평가하는 데서부터 오게 된다는 점을 감안하면 장학에서 평가기능은 중요한 것이다. 이 경우 중요한 점은 올바른 평가기준을 가지고 평가를 하는 일이다. 평가의 기준 자체가 타당하지 못하다면 그 결과에 대하여 타당성을 부여할 수는 없는 것이다. 또 한 가지 중요한 사항은 평가의 기능이 평가 자체에 머무르지 않고 반드시 교육의 목표와 교육활동에 반영되어야 한다는 점이다.

3) 장학의 방법

장학의 방법은 법규 면과 실제 수행 면에서 구분이 된다. 법규 면에서는 교육활동 운영지침으로서의 장학방침의 수립, 교육과정과 생활지도의 운영 · 감독, 교육공무원 및 학생의 지도, 교육연구의 추진 등으로 이루어진다. 그리고 실제 수행 면에서는 교사의 전문적 성장을 돕는 활동, 교육 운영의 기획과 평가를 돕는 활동, 학습환경을 개선하는 활동 등으로 이루어진다. 장학의 기술적인 방법을 준거로 전통적으로 이루어지고 있는 일반적인 장학의 방법으로는 학교방문, 연구학교, 연구수업, 현직교육, 회담 등이 있다(윤정일 외, 2012).

(1) 학교방문

교육부, 시 · 도 장학관이나 장학사, 장학위원회에 의한 학교방문의 목적은 현장에서 애로사항을 발견하고 문제의 협동적 해결을 도모한다는 관점에서 지도 및 조언하는 것이다.

(2) 연구학교

교육부의 연구학교 규정에 의거하여 재정적 보조와 연구과제를 주어 현장연구를 통한 연구결과를 시범 보이거나 연구협의회와 발표회를 통하여 그 성과를 활용하도록 함으로써 지도 및 조언하는 방법이다.

(3) 연구수업

새로운 학습지도의 방법이나 교육재료의 사용법이 소개되는 경우도 있으며, 특히 시범적인 지도방법이 모범적인 교사나 장학사의 손으로 소개되는 수도 있으나 정상적인 학습지도에 관하여 동료직원의 비판을 받고 공동의 문제를 협의하는 기회로 삼는 경우도 있다.

(4) 현직교육

교원이 현직에 있으면서 가지는 모든 연구와 연수를 의미하는 것이며 자기연수 방법도 포함된다. 현직 교육방법인 재교육강습, 연구협의회, 현직교육을 위한 계절제 대학에서의 수학은 장학지도의 방법으로 많은 나라에서 활용되고 있다.

(5) 회담

개인적인 면접과 집단적인 토의의 방법으로 공동의 관심사를 토의하는 가장 좋은 방법이다.

4) 장학의 유형

장학의 유형은 장학의 개념과 마찬가지로 중점을 두는 사항에 따라 매우 다양하게 나타난다. 장학은 주체에 따라 중앙장학, 지방장학, 지구별 자율장학, 교내 자율장학, 자기장학 등으로 구분할 수 있고, 그 밖에도 선택적 장학, 요청장학, 발전장학, 책임장학, 예술적 장학, 인간자원 장학 등 많은 종류가 있다(주영흠 외, 2007).

(1) 중앙장학

중앙 교육행정기관인 교육부에서 이루어지는 모든 장학행정으로, 전국의 각급학교와 지방 교육행정기관이 교육부가 시달한 장학방침과 교육시책의 구현계획을 어떻게 얼마나 실천하고 있는가에 중점을 둔 교육행정의 한 분야다.

(2) 지방장학

지방 교육행정기관인 시·도교육청과 그 하급 교육행정기관에서 이루어지는 장학행정을 말한다. 지방장학은 교육활동을 위한 장학지도, 교원의 인사관리, 학생 생활지도, 교육기관의 감독을 통해 지방의 교육행정 업무를 관할하는 행정활동이며, 주로 시·도교육청의 초등교육과와 중등교육과 그리고 하급 교육청의 교육국을 중심으로 이루어지지만 인접 부서에서도 그 고유 업무와 관련되어 장학활동을 수행하고 있다.

(3) 지구별 자율장학

지구별로 장학협력회 간사학교가 중심이 되어 상호 방문을 통해 교육연구, 생활지도 및 특색사업을 공개적으로 협의하는 장학이다. 지구 내 학교 간, 교원 간의 협의를 통해 독창성 있는 사업을 자율적으로 선정·운영함으로써 교원의 자질과 교육의 질적 향상을 도모하고 학교 간, 교원 간 유대를 강화하며 수업공개를 통한 학교 특색의 일반화와 교수-학습 방법을 개선하고자 하는 장학활동이다.

(4) 교내 자율장학

단위학교에서 교장을 중심으로 교육과정 운영과 교수-학습 과정 및 교육환경을 개선하기 위하여 교사를 지도 및 조언하는 장학을 뜻한다. 교내장학은 교장이 중심이 되지만 교장 이외에도 교감·주임교사 및 동료교사들이 장학을 담당할 수 있다. 또한 근처의 다른 학교 교장이나 교감 또는 주임교사들과 장학협력기구를 구성하여 상호 방문을 통한 수업장학을 할 수도 있다. 교내장학은 수업개선에 일차적인 목적이 있기 때문에 수업장학(instructional supervision)의 개념과 유사하나 보다 광범위하다. 그렇지만 교내장학의 기본 핵심은 수업장학이라 할 수 있다.

교내 자율장학에는 임상장학, 협동적 동료장학, 약식장학, 자기장학, 행정직 감독 등이 포함된다. 이러한 여러 가지 유형의 장학은 학교 상황과 장학대상에 따라서 선택적으로 사용될 수 있다.

① 임상장학

임상장학은 교실현장에서 장학담당자와 교사가 일대일의 친밀한 관계 속에서 교사의 교수기술 향상과 계속적인 전문적 성장을 위하여 수업관찰전 협의회, 수업관찰 및 분석, 수업관찰후 협의회의 3단계를 거치는 현장방문 중심의 장학방법이다. 이 장학은 학급단위의 장학으로 학급 내에서 교사와 학생의 상호작용에 초점을 둔다.

임상장학은 교사의 교실수업을 개선하기 위해 수업의 문제점을 진단하고 해결하는 것에 목표를 두고 있다. 또한 교사의 수업전략을 알아보고, 교사의 승진, 임기보장 또는 다른 어떤 결정을 위하여 교사를 평가한다. 그리하여 교사로 하여금 계속적인 전문적 지식의 발전에 대한 긍정적인 태도를 발전시킨다. 임상장학이 가지는 주요 특징은 다음과 같다(강영삼 외, 1995).

- 교사의 수업기술 향상이 주된 목적이다.
- 교사와 장학담당자 간의 일대일 관계와 상호작용을 중시한다.
- 교실 내에서 교사의 수업행동에 초점을 둔다.
- 일련의 체계적이고 집중적인 지도·조언 과정이다.

② 협동적 동료장학

협동적 동료장학은 동료교사들 간에 그들의 교육활동의 개선을 위하여 공동으로 노력하는 과정이라고 할 수 있다. 같은 학년 또는 교과 단위로 수업연구나 수업방법 개선을 위해 공동으로 협의하는 것이 전형적인 협동적 동료장학의 형태이나 동료 상호 간에 정보, 아이디어, 도움 또는 충고, 조언 등을 주고받는 공식적·비공식적 행위도 모두 동료장학에 포함된다(박병량, 2005).

동료교사들이 자신의 성장을 위하여 서로 함께 협동하는 동료장학은 상호 간에 수업을 관찰하고 분석하여 피드백하고, 공통적인 관심사에 대하여 토의하는 방법으로 이루어진다. 임상장학보다 덜 집중적이고 체계적이기 때문에 교사들이 이용하기 편리하다. 특히 다른 장학에 비해 계층적 거리감이 적고 동료의식이 강하게 지배하기 때문에 자유로운 의사교환과 피드백이 가능하다.

③ 약식장학

약식장학은 단위학교의 교장이나 교감이 간헐적으로 짧은 시간 동안 학급순시나 수업 참관을 통하여 교사들의 수업 및 학급경영 활동을 관찰하고, 이에 대해 교사들에게 지도 및 조언을 제공하는 장학이다. 약식장학은 각 학교에서 일상적으로 빈번하게 수행되기 때문에 일상장학, 전통적 장학이라고도 부른다. 약식장학은 공개적이어야 하며, 계획적으로 정해진 일정에 의해 이루어져야 하고 학습중심적이어야 한다. 즉, 감독 방문의 목적은 학습에 초점을 두어야 한다. 약식장학은 물론 교사와 행정가의 상호작용이 잘 이루어질 때 효과적이다.

④ 자기장학

자기장학은 외부의 강요나 지도에 의해서보다는 교사 자신이 전문적 성장을 위해 스스로 계획을 세우고 실천해 나간다는 점에서 개인의 자기연수나 일반적인 자기발전을 위한 노력과는 구별된다. 자기장학은 장학사나 교장은 하나의 자원으로 봉사해 주고 교사 자신이 자기 경험에 의해 개발·실천하기 때문에 동기유발이 잘된 유능한 교사들로 하여금 선택하게 하면 효과적이다. 교수활동이 고도의 전문성을 토대로 하고 있고 교사에 대한 수업능력 향상이 결국 성인학습의 성격을 가지며 교사들이 남의 지시나 지도에 의한 학습보다는 개인학습을 선호하는 독특한 성격을 가지고 있다는 점에서 가장 이상적인 장학형태라고 주장되기도 한다.

⑤ 선택적 장학

교사와 교장이 실행 가능한 몇 개의 장학대안을 마련해 놓고 교사들로 하여금 자신에게 맞는 것을 합의 · 선택하여 적용하는 장학으로 절충적 장학이라고도 한다. 행정가와 장학사에 의한 표준적 장학은 교사에게 부적합하고 비효과적이며, 또한 모든 교사에게 임상장학의 적용은 불가능하다. 장학의 선택대안으로 임상장학, 협동적 동료장학, 자기장학 등으로 학교나 교육청의 사정과 형편에 따라 늘릴 수도 있고 줄일 수도 있다.

⑥ 요청장학

일선 학교나 교사가 장학의 필요성을 느껴 장학담당자를 초청함으로써 이루어지는 것으로 장학의 내용이나 방법에서의 분류가 아니고 장학이 이루어지는 원인과 형식에 따른 분류이다. 이러한 요청장학은 장학의 이상형으로, 교사주도, 학교주도의 성격을 갖는다. 요청장학이 성공하기 위해서는 장학담당자의 질을 높여야 한다.

5) 장학의 발달

장학은 사회의 변화에 따라 기본 성격과 장학방법, 장학대상 그리고 장학담당자 등이 여러 양상으로 발달하여 왔으며 이를 구체적으로 살펴보면 다음과 같다(고벽진 외, 2005).

(1) 장학의 기본 성격 변화

장학의 기본 성격은 전제주의적인 것에서 민주주의적 방향으로 변천해 왔다. 이것은 시학(視學) 내지 감독을 위주로 하는 장학에서 전문적이고 기술적인 지도 및 조언과 집단적·협동적 연수과정을 위주로 하는 봉사활동으로 변해 왔음을 뜻한다. 장학의 성격이 변해 온 원인은 여러 가지가 있겠으나, 교육철학의 변동이 크게 작용했으며, 그 밖에 지도성, 커뮤니케이션, 인간관계론, 집단역학 등의 이론발달도 요인이 되었다.

(2) 장학방법의 변화

과거에는 권위주의적 시학(視學)의 목적을 위한 학교방문 또는 시찰에만 국한되었다. 그러나 장학에 대한 영역이 확대되면서 새로운 방법들이 나오게 되었다. 순서별로 보면 학교방문 또는 학사시찰, 필기시험, 연구수업, 학습효과의 검사·측정, 연구·조사 활동, 그리고 교육과정 개조운동 등에 이어 장학의 민주화가 주창됨에 따라서 장학사가 상담역을 맡아 보는 경향이 대두되었다.

(3) 장학대상의 변화

처음에 장학의 관심은 교과에 관한 것보다는 주로 교사의 근무실태 평정에 관한 것이었다. 그러나 오늘날에는 교과지도뿐만 아니라 학생지도, 학교환경, 연구조사, 교육교재, 현직연수, 관리행정의 개선 등으로 점차 확대되는 경향이 있다.

(4) 장학담당자의 변화

초기에는 비전문가에 의해서 장학이 행해졌는데 점차 교과담당 장학사, 시청각교육 장학사, 연구활동 장학사 등으로 분화되고 전문화되어 가고 있다.

따라서 장학담당자는 법적, 제도적, 행정적 틀에 의존하기보다는 자율적인 책임과 윤리에 의하여 행동해야 할 것이다.

5. 학교 및 학급 경영

1) 학교경영

(1) 학교경영의 개념

학교경영(school management)은 일반적으로 단위학교에서 교육활동에 참여하는 구성원들이 교육목표를 달성하는 데 보다 효과적으로 일할 수 있도록 필요한 자원을 확보하고 여러 사람들의 노력과 자원을 조화롭게 결합해 나가는 활동이라고 할 수 있다(주삼환 외, 2013).

학교경영이라는 용어는 대체로 학교관리나 학교행정과 혼용되기도 한다. 이를 세부적으로 보면 학교경영은 교육목적을 수립하고 수립된 목적을 달성하기 위하여 인적 · 교육적 · 물적 · 재정적 자원을 확보하고 이를 배분하여 효율적으로 활용하고, 목표달성을 극대화하기 위하여 계획, 운영, 평가하는 일련의 활동을 말한다.

(2) 학교경영의 성격

학교경영은 일반적인 성격과 본질적인 성격을 가진다. 일반적인 성격은 학교조직을 유지 · 존속하는 관리적 기능으로 기존의 질서와 관례를 유지하고 안정성을 보장하는 성격을 지닌다. 반면 학교조직의 발전적 혁신적 기능으로 환경의 변화에 따라서 또는 새로운 변화를 유발하기 위하여 새로운 질서를 창조하고 새로운 기능을 발전시켜 나가는 성격도 지닌다(윤정일 외, 2012). 따라서 학급경영의 본질적 성격은 교육적 측면에서 교육의 질을 높이고자 하는

목적에 봉사하는 수단적 성격과 경영적 측면에서 학교조직의 효과성과 효율
성을 향상하는 것이다.

(3) 학교경영의 영역

학교경영은 교육의 단계별, 국·공립, 사립학교 간, 학교의 규모에 따라 차
이가 있기 때문에 영역을 구분하기가 쉽지 않다. 그러나 일반적으로 교육활
동의 기능요인을 준거로 하여 주요 영역을 구분하고 있다.

- 교육목표 및 교육계획 수립: 교육목표를 수립하고 기본적이고 전반적인
  교육계획을 설정하는 영역, 즉 경영방침 결정, 교육과정, 생활지도, 학습
  지도안, 학급경영안, 연수계획 등
- 교직원 인사관리: 교직원의 신분, 복무, 현직연수, 후생복지 등의 인사
  관계
- 학생 인사관리: 학생의 모집, 학급편성, 전입학, 퇴학, 제적, 졸업, 진로지
  도 등
- 학교 시설과 환경: 학교의 교지, 교사, 교구, 각종 특별교실 등 시설관리,
  교육환경 조성
- 사무 및 재무 관리: 각종 문서 작성 및 발송, 외부문서 접수와 보관 및 보
  존 등 사무처리와 예산 및 결산, 납부금 수납, 회계처리 등의 경리사무
- 장학관리: 교사의 전문적 수업활동 개선을 위한 봉사적 지도활동
- 학부모·지역사회와의 관계: 학부모단체, 동창회, 기타 지역사회 인사와
  의 관계, 학교교육에 대한 이해와 협조 등
- 학교평가: 학교의 교육활동 전반에 관한 성과의 평가·분석

2) 학급경영

(1) 학급경영의 개념

학급은 교수-학습을 통하여 교육과정의 목표를 구현하는 가장 기본적인 단위로 학생에게는 인격형성과 지식습득의 장이며, 교사에게는 교육실천의 장이다. 학급경영은 교사가 학급에서 담당하는 활동 중 교수활동을 제외한 학급 내의 모든 활동을 지칭하며, 학급의 교육목적을 달성하기 위하여 시행하는 계획 · 조직 · 조정 · 통제와 관련된 교육활동이다. 동시에 교수-학습 활동과 생활지도가 효율적으로 이루어질 수 있도록 도와주는 교육지원 활동이라고 할 수 있다(윤정일 외, 2012).

(2) 학급경영의 특징

학급경영의 주체는 학급의 담임교사이며, 그 대상은 학급 구성원이다. 이때 학급경영은 학교경영의 최하 단위이며, 교수-학습 활동의 단위조직이 된다. 학급경영 활동은 교수-학습 활동이 효과적으로 이루어지도록 지원하기 위한 봉사적 활동이다. 학급사회는 동일연령, 동일수준의 학생들이 모여서 공동의 목적을 추구하는 동질사회이면서, 개인차와 학급차를 지닌 이질사회다. 이러한 학급사회는 순수한 우정관계로 결연되어야 할 동지적 사회이면서, 지역사회 안에서 학교와 가정 사이를 연결시키는 교량적 사회다.

(3) 학급경영의 영역

교육현장의 일반적인 학급활동 영역에 따라 학급경영 영역을 분류하면 학급경영 계획의 수립, 집단 조직 및 지도, 교과학습, 특별활동, 생활지도, 환경시설 관리, 사무관리 등으로 구분할 수 있다(박병량, 2003).

- 학급경영 계획의 수립: 목표설정, 학생의 가정환경·지역사회 조사 등
- 집단 조직 및 지도: 규칙 및 절차의 수립과 시행, 소집단 편성 및 지도, 학급 분위기 조성
- 교과학습: 학습지도안 작성, 학습지도, 가정학습지도, 특수아지도
- 특별활동: 자치활동, 적응활동, 계발활동, 봉사활동, 행사활동 등
- 생활지도: 인성지도, 학업문제 지도, 진학·진로지도, 여가지도 등
- 환경시설 관리: 물리적 환경정비, 시설관리, 비품관리, 게시물 관리, 청소관리
- 사무관리: 학사관리, 학습지도, 학생부 기록, 가정연락 관리, 각종 잡무관리 등
- 가정 및 지역사회와의 관계관리: 가정과의 유대, 지역사회와의 유대, 교육기관과의 유대, 지역사회자원의 활용, 봉사활동 등

(4) 학급경영의 원칙

학급경영 활동을 효율적으로 수행하기 위해 필요한 사항은 교육적 학급경영, 학생이해의 학급경영, 민주적 학급경영, 효율적 학급경영 등이다(박세훈 외, 2008).

① 교육적 학급경영

모든 학급경영 활동은 교육의 본질과 목적에 부합되도록 운영하는 원리다. 교육은 인간 성향의 가변성을 믿고 개인이 지닌 잠재적 가능성을 최대로 발전시키고자 하는 노력이다. 따라서 학급경영은 '인간은 교육을 통해서 성장·발전한다.'는 신념 아래 학생 개개인의 지적·정의적·신체적 능력을 최대로 계발하여 자아실현된 인간에 도달할 수 있도록 운영되어야 한다.

② 학생이해의 학급경영

학급경영의 구상과 전개가 학생의 이해를 기반으로 하여 이루어져야 한다는 원리다. 효과적인 학급경영을 위해서는 학생의 발달단계에 따른 제 특징과 학습 능력 및 준비도, 집단역학과 사회적 심리의 이해를 근거로 하여 학급의 제 활동이 구성되고 운영되어야 한다.

③ 민주적 학급경영

민주주의의 이념인 인간존중, 자유와 평등, 참여 합의 등에 입각하여 학급을 경영하는 원리다. 즉, 학급 구성원 개개인의 인격이 존중되고, 자유로운 학급 분위기가 조성되며, 학생 스스로 결정할 수 있고 책임질 수 있는 자율적 행동을 조장하는 원리다. 학급은 민주주의적 학급의 장이란 점에서도 의의가 있다.

④ 효율적 학급경영

효율적이고 능률적으로 학급을 운영함을 의미한다. 이때 학급경영의 효과성은 학급의 목표가 성공적으로 달성되는 것을 의미하며, 능률성은 학급의 자원을 경제적으로 사용하여 최대의 성과를 얻는 것을 의미한다. 즉, 학급자원을 경제적으로 사용하여 학급목표를 달성함과 동시에 학급 구성원의 심리적 만족을 충족하는 학급운영이 효율적인 학급경영이다.

(5) 학급경영의 유의사항

학급경영자로서 교사는 학급사회의 공동목표를 합리적으로 달성하기 위하여 필요한 조건을 정비하고 확립하는 일련의 활동을 한다. 이러한 활동을 할 때 유의할 사항은 다음과 같다.

첫째, 결석, 지각, 조퇴 등 근태 상황과 사유를 매일 파악하고, 학급회를 조직 · 운영하면서 학급 학생들의 민주적 지도력이 신장되도록 모두 참여하고 활동할 수 있게 한다.

둘째, 지속적으로 학생활동을 관찰하여 소정의 관찰기록부에 특기사항을 누가 기록한다. 특별한 환경에 처해 있는 학생에 대하여 항상 관심과 주의를 기울이며 가급적 자주 개별 상담 및 지도를 한다.

셋째, 장래 진로의 문제에 대해 상담한다. 특히 학생지도를 위해 학부모와의 면담이 필요한 경우에는 학교장의 승인을 얻어 가정방문을 하거나 아니면 학부모의 학교방문을 요청한다.

3) 학급경영의 실제

(1) 학급경영 계획의 수립

학급을 효과적으로 경영하기 위해서는 체계적인 계획 수립과 실천하는 과정이 필요하다. 일반적으로 학급경영 계획은 학급경영의 목표 및 방침 결정, 기초자료의 수집, 필요한 조직의 구성, 학급환경 구성계획 수립, 학생지도 계획 수립, 학급경영의 평가와 반성 등의 절차를 통하여 수립된다(김봉수, 1983).

① 학급경영의 목표 및 방침 결정
계획수립의 첫 번째 단계는 궁극적으로 달성해야 할 목표를 정의하는 것이다. 학급경영 목표는 학교목표와 학년목표, 교육방침 등과 일관성을 유지해야 하며, 학급의 교육수준과 학생 실태 파악을 기초로 하여 설정되어야 한다.
학급경영 목표는 다음과 같은 내용으로 정할 수 있다.

- 먹이를 주기보다는 먹이를 잡는 법을 알게 해 준다.
- 주체적으로 생활하고 더불어 생활하도록 한다.
- 풍부한 교양을 지닐 수 있도록 한다.

학급경영 방침은 학교경영 목표를 달성하기 위한 행동전략이다. 행동전략은 경영목표를 달성하기 위한 수단적 활동으로서 구체적인 경영활동 또는 행

동노선으로 진술하여 사용된다. 학급경영 방침은 다음과 같은 내용으로 정할
수 있다.

- 자신의 학습목표를 스스로 설정하고 자율적으로 해결해 나가도록 노력
  한다.
- 학급 자치활동의 활성화를 통해 자율적 능력을 배양하고 참여의식을 길
  러 나간다.
- 나보다 우리를 생각하는 공동체 의식을 가지도록 노력한다.
- 인문, 사회 전반에 걸친 독서습관을 통해 폭넓은 교양을 갖추도록 노력
  한다.

② 기초자료 수집

학급경영계획의 수립을 위해 학생들의 개인적이며 집단적인 환경을 파악
할 수 있는 자료를 수집하여야 한다. 대부분 학생의 능력과 소질, 취미 그리고
학력수준을 알 수 있는 자료, 신체적 발달이나 사회성·정서적 경향을 알 수
있는 자료, 장래 희망, 가정환경, 학부모의 기대를 알 수 있는 자료들이다.

③ 조직의 구성

학급운영의 조직은 구성원 모두가 참여할 수 있도록 학급의 일을 분담하고,
자신들의 의견을 수렴할 수 있는 체계적인 학급운영 구조를 확립해야 한다.
학급경영에 필요한 조직은 교과학습이나 분단조직, 학급회 조직, 특별활동조
직, 봉사활동조직, 생활지도조직 등이 있을 수 있다.

④ 학급환경 구성의 계획

학생들이 생활하고 학습하는 공간인 교실환경은 학생들이 즐겁고 명랑한
분위기를 조성하고, 학습동기를 자극하며, 학습활동에 직접 도움이 될 수 있
는 것으로 조성되어야 한다. 특히 계절적인 영향이나 주위 환경을 고려하는
것이 필요하며, 안전과 위생에도 세심한 배려가 있어야 한다.

학급환경 구성은 물리적인 교실환경에서 각종 설비들을 기능적으로 배치하는 구성환경과 학급활동에 제공되는 각종 자료와 재료인 제공환경을 어떻게 적절하게 배치할 것인가를 고민하는 것이다. 대체로 각 학급에 따라서 학급환경 구성이 다를 수 있으나 학급 담임교사가 창의적으로 구성하는 것이 좋다.

⑤ 학생지도 계획의 수립

학생지도 계획에는 학생지도를 통하여 학교의 교육목적을 실현할 수 있는 구체적인 내용이 포함되어 있어야 한다. 학생지도 계획은 학습지도 계획, 생활지도 계획, 특별활동지도 계획, 건강지도 계획, 기타 지도계획 등으로 나누어 수립하는 것이 좋다. 생활지도와 학습지도 계획에 대한 구체적인 예를 보면 다음과 같다.

• 생활지도 계획
- 자율적이고 능동적인 학교생활을 생활화한다.
- 공동체 생활의 중요성을 인식시킨다.
- 지각한 학생: 체벌, 청소를 시키기보다는 학습과 관련된 일을 하게 한다. 예를 들어, 지각한 학생에게는 시를 외우게 하거나 책 읽고 글쓰기를 하게 한다.

• 학습지도 계획
- 작은 목표와 실천계획으로부터 성취감을 경험하도록 한다.
- 조례, 종례 시간을 '직업세계'로의 진로를 탐색하는 시간으로 활용한다: 심리 테스트 자료(집단상담 자료집)를 통해 자신의 성격, 적성에 대한 일반적 테스트를 진행한 후, 다양한 직업세계를 소개(직업, 자격증과 관련된 일반 출판물, 노동연구소나 개발원 등에서 나온 자료, TV에서 상영된 비디오 자료 등을 활용)하고 자신의 진로를 탐색하는 시간으로 운영할 수도 있다.
- 일주일에 단편소설 한 편 읽기운동 등의 독서지도를 통해서 학생의 전반

적인 이해능력과 사고력을 향상한다.

⑥ 학급경영의 평가계획

학급경영의 평가계획에서는 각 영역별, 활동별로 학급경영의 성과를 진단하고 평가할 수 있는 방법을 구체적으로 계획하여야 한다. 일반적으로 평가는 교사와 학급의 학생이 평가하는 방안을 포함시키는 것이 바람직하다. 이러한 평가의 결과는 계획의 수정과 보완 그리고 다음 계획의 수립에 반영되어야 한다.

⑦ 학급경영안 작성

지금까지의 구상과 조사 및 계획을 기초로 일정한 양식에 의한 학급경영안을 작성하는 것이 학급경영 계획의 마지막 단계다. 학급경영 계획안은 학교의 통일된 양식을 활용할 수도 있고, 교사 자신이 별도의 양식을 개발하여 사용할 수도 있다.

(2) 학급환경의 정비

① 자리배치

학생의 좌석은 배열된 좌석에 따라 배치한다. 좌석 배열방식은 교실 정면을 향해 몇 개의 열로 배열하는 전통적 방식과 그 외에도 다양하게 많은 방법을 사용할 수 있다.

일반적으로 3월은 학생과 교사들이 어느 정도 서로를 파악하게 되고, 학습환경이 조성된 4월부터는 제비뽑기 등을 통해 자리를 배치한다. 단, 예외를 두어 눈이 나쁘거나 키가 작은 학생은 미리 말하고 바꿀 수 있도록 한다.

② 교실환경의 정비

교실환경을 구성할 때에는 유용성, 심미성, 안전성, 융통성, 연계성, 경제성 등을 고려해야 한다. 특히 교실을 정비할 때에는 학생들이 수시로 사용하는 것은 분산시키고, 교사와 학생들의 시야를 가리지 않도록 배치하며, 자주 사용하는 교수-학습 자료는 항상 교사 옆에 두도록 하고, 어디서든지 편한 자세로 교사의 말을 경청할 수 있도록 해야 한다.

(3) 학급경영 평가

학급경영에 대한 평가는 그 자체가 목직이 아니고 학급경영의 발전과 개선, 학급 담임교사의 성장을 위하여 평가결과를 활용할 때 의의를 가진다. 이러한 학급평가의 목적은 학급체제에 관련된 다양한 의사결정에 유용한 정보를 제공하기 위한 것이다.

학급경영 평가는 학급경영 계획, 학습지도, 생활지도, 환경구성, 교사활동 등으로 영역을 구분하여 학기말이나 학년말에 실시하는 것이 보통이나, 월말에도 실시할 수 있다. 학급경영 평가는 학급 담임교사 자신이 평가자가 되는 것이 일반적이나 학교장이 직접 평가하는 경우도 있다. 이때는 학급 담임교사의 능력을 평가하고 지도 및 조언하기 위한 자료로 활용한다.

참고문헌

강영삼 외(1995). 장학론. 서울: 도서출판 하우.

고벽진 외(2005). 최신교육학의 이해. 파주: 교육과학사.

교육부(2006a). 유치원 교육과정.

교육부(2006b). 초등학교 교육과정.

교육부(2006c). 중학교 교육과정.

교육부(2006d). 고등학교 교육과정.

김봉수(1983). 학교와 학급경영. 서울: 형설출판사.

김영식 외(1982). 교육제도의 이념적 현상. 파주: 교육과학사.

김종서(2002). 최신 교육학 개론. 파주: 교육과학사.

김종철(1982). 교육행정의 이론과 실제. 파주: 교육과학사.

남정걸(2003). 교육행정 및 교육경영. 파주: 교육과학사

박병량(2003). 학급경영. 서울: 학지사.

박병량, 주철안(2005). 학교·학급경영(개정판). 서울: 학지사.

박성식(2011). 교육행정학. 서울: 학지사.

박세훈 외(2008). 교육행정 및 교육경영. 서울: 학지사.

서울대 교육문제연구소(1998). 교육학 대백과사전 1·2·3. 서울: 하우동설.

성태제 외(1997). 최신교육학 개론. 서울: 학지사.

성태제 외(2007). 최신교육학 개론(개정판). 서울: 학지사.

윤정일 외(2010). 신교육의 이해. 서울: 학지사.

윤정일 외(2012). 교육행정학 원론. 서울: 학지사.

정일환(1996). 교육행정학: 이론과 적용. 서울: 중앙적성출판사

주삼환 외(2013). 교육행정 및 교육경영. 서울: 학지사.

주영흠 외(2007). 신세대를 위한 교육학 개론. 서울: 학지사.

한용진 외(2006). 교육학 개론. 서울: 학지사.

허영부(2001). 현대교육학개론. 서울: 학문사.

Bolton, B. I. (1973). *Selection and Evaluation of Teachers*. Berkely, CA:McCutchan.

Ferguson, K. E. (1984). *The Feminist Case against Bureaucracy*. Philadelphia: Temple University Press.

Griffiths, D. E. (1956). *Human Relations in School Administration*. New York: Appleton-Century Crofts.

Halpin, A. W. (1970). Administrative Theory: The Fumbled Torch. In A. M. Kroll (Ed.), *Issues in American Education*. NY: Oxford University Press.

Harris, B. N. (1975). *Supervisory Behavior in Education* (2nd ed). Englewood Cliffs, NJ: Prentice-Hall.

Hoy, W. K., & Miskel, C. G. (1996). *Educational Administration: Theory, Research and Practice* (5th ed). New York: Random House.

Hoy, W. K., & Miskel, C. G. (2003). *Educational Administration: Theory, Research and Practice* (6th ed). New York: Random House.

Koopman, G. R. et al. (1943). *Democracy in School Administration.* New York: D. Appleton Century Co.

Moehiman, A. B. (1951). *School Administration*(2nd ed.). Boston: Houghton Mifflin Co.

Spaulding, F. E. (1913). *Improving School Systems through Scientific Management.* Washington, DC: NEA.

Taylor, F. W. (1911). *The Principles of Scientific Management.* New York: Harper & Row, Publishers.

Taylor, F. W. (1947). *Scientific Management.* New York: Harper & Brothers, Publishers.

Wiles, J., & Bondi, J. (1980). *Supervision: A Guide to Practice.* Columbus, OH: Charles E. Merrill Publishing Co.

Yauch, W. A. (1949). *Improving Human Relations in School Administration.* New York: Harper & Brothers.

최|신|교|육|의|이|해

제 11 장

교사론

1. 교직의 특성

사람이 중심이 되고, 교육이 중심이 되며, 지식과 창의력이 가치 창출의 원천이 되어 국가경쟁력을 좌우하는 21세기 지식기반사회에서는 교육이 창조적 지식기반사회 형성에 핵심적 역할을 수행해야 할 것이다. 그런데 현재 학교교육에서는 인간과 교육이 중심이 되어야 함에도 불구하고 인간교육의 기반을 공고히 하지 못하고 있으며, 지식교육은 창의성을 살리지 못하고 있어 이러한 시대적 흐름에 부응하지 못하고 있는 실정이다. 특히 사회문제로 부각되고 있는 '교실붕괴' 현상은 우리 학교교육의 한 단면을 보여 준다고 할 수 있으며, 학교교육이 안고 있는 많은 문제는 학교교육의 구조적 결함에 있다고들 한다. 그럼에도 불구하고 교사의 자질과 능력이 교육의 핵심적 요소임을 부인할 수 없는 이유는 교육의 질이 교사의 질을 능가할 수 없기 때문이다.

교사는 전문가이며 교직은 전문직이다. 즉, 교사는 사람을 사람답게 살아갈 수 있도록 만들어 주는 전문가다. 교사는 학생에게 새로운 행동을 형성하게 하고, 학생의 행동을 바람직한 방향으로 바꾸어 주는 전문가다. 사람의 행동을 바꾸어 주는 일을 교육이라고 한다면 교사는 교육 전문가이며, 교직은 교육 전문직인 것이다. 교사라 함은 그가 대학 수준에서 일하든, 유치원 수준에서 일하든 간에 가르치는 것을 중점으로 하여 전문직화되었다고 보는 것이다.

각 사회마다 전문직을 규정짓는 조건은 다양하겠지만 일반적으로 다음과 같은 특성에 동의한다(박은혜, 2004). 첫째, 전문직은 전문화된 지식과 이를 소화할 수 있는 지적인 능력을 요구한다. 둘째, 전문직은 그 직업 종사자에게 자격증을 요구한다. 셋째, 전문직은 종사자들의 자율성을 최대로 요구한다. 넷째, 전문직은 그에 상응하는 사회적인 지위와 경제적인 보상을 요구한다. 다섯째, 전문직은 고유의 윤리강령을 가지고 있다. 여섯째, 전문직은 자신들의 권익을 보호할 수 있는 단체를 구성한다.

교직의 특성을 전문직의 조건에 비추어 보았을 때, 교직이 전문직인가에 대하여 상반된 견해가 표출되기도 한다. 전문화된 지식은 그 직업에 종사하는 사람들만이 배타적으로 공유하는 것이어서 외부인들이 이해하기 어려운 특성을 가지고 있지만, '교육'의 문제에서만큼은 일반인이 얼마든지 교육적 지식을 공유하고 있다고 생각하기 때문에 교직의 전문성에 의문을 품기도 한다. 교사 양성기간은 변호사나 의사 등 다른 전문직에서 요구되는 것보다 짧기 때문에 '반전문직'이라는 견해도 있다. 어떤 의미에서 교사들은 상당한 자율성을 가지고 있으면서도, 교육활동이라는 것이 높은 수준의 공적 검증을 받는 것이므로 제한된 자율성을 보장받기도 한다. 또한 국민들이 전문가로서 교사들에 대해 가지고 있는 신뢰의 수준은 매우 다양하다. 교사가 하는 일에 대단한 확신을 가지고 교사에게 상당한 권한을 부여해 주기도 하고, 반면 국민의 기대에 못 미치는 교사의 무능과 비도덕성 등을 이유로 국가의 모든 문제에 대한 책임을 교사에게 지우기도 한다.

그럼에도 불구하고 예비교사들은 교직은 전문직이라는 인식을 갖고 각자 전문성을 심화하고, 인정받는 유능한 교사가 되기를 바라는 것이 바람직하다. 교직의 전문화를 위하여 개인적으로나 공동체적으로 힘을 쏟아야 할 내용들을 대학 재학 중에서와 교육현장에서 할 일들로 나누어 반성적 사고의 관점에서 논하면 다음과 같다(이상욱, 2006). 대학 재학 중 개인적으로 해야 할 일이 있다면 우선 고등학교에서 해 왔던 것처럼 수동적 방식으로 공부하는 것에서 벗어나 능동적 방식으로 자신이 찾아서 하는 공부를 할 수 있어야 한다. 교사의 전문성 향상을 위하여 고등학교 수준 이상으로 시간과 노력을 기울이되, 주어진 것이 아니라 자신이 알고 싶고 풀어야 할 과제를 스스로 정해 적극적으로 해결해 나가는 방향으로 공부해야 한다. 또한 책을 통해 얻은 지식이 어떻게 현장에 적용될 수 있는지 연결고리를 찾아 나가는 방식으로 공부해야 한다.

　대학 재학 중 공동체적으로 해야 할 일이 있다면 자신이 잘하는 영역의 활동이나 하고 싶은 활동을 같은 취향과 관심을 가진 친구, 후배, 선배와 함께 자발적 동아리 활동이나 전공심화팀 활동을 통해 꾸준히 발전시켜 나가야 한다. 대학에서 자신의 능력과 흥미를 살린 한두 가지 활동을 즐겁게 자발적으로 하다 보면 자연스럽게 선후배 간의 유대감이 형성되어 현장실습이나 교사생활을 할 때 서로 돕고 의지할 수 있는 전문가 집단으로 발전될 것이다. 각자가 한두 가지의 전문성을 살려 현장에서 각자 할 수 있는 영역을 나누어 감당하는 팀티칭을 실현한다면, 서로의 영역을 활성화할 수 있을 뿐 아니라 서로의 역량을 확대시켜 나갈 수 있을 것이다.

　현장에서 교사가 할 수 있는 일은 실천적 지식을 더욱 연구하고, 그 내용을 현장에 적용하면서 자신의 전문적인 일에 확신과 자신감을 가지는 것이다. 실천적 지식을 형성한다는 것은 교사가 문제 상황에 직면했을 때 이를 해결하기 위하여 강의나 책을 통해서 배운 이론이나 지식, 다른 사람에게서 배운 교수 기술이나 방법 등을 그대로 적용하는 것이 아니라 교사 자신의 직간접적인 현장경험을 토대로 당면한 문제를 해결하기 위한 적절한 방안을 새롭게 창출해 내는 것을 의미한다(배소연, 1993). 교육현장에서 일어나는 많은 문제들을 해결하기 위한 유일한 답은 없다. 그때그때의 상황에서 적용 가능한 지식과 기술을 최대

〈표 11-1〉 신임교사 자격과 전문성 향상을 위한 원칙

원칙	내용
1. 교과지식	교사는 자신이 가르치는 교과의 구조와 중요개념, 탐구방법 등을 이해하고 있어야 하며, 교과내용을 학생들이 의미 있게 이해할 수 있도록 학습활동을 창조해 낼 수 있어야 한다.
2. 학습과 인간발달	교사는 학생들의 학습과 발달과정에 대해 이해하고 있어야 하며, 학생들의 지적, 사회적, 성격적 발달을 촉진할 수 있는 학습기회를 제공할 수 있어야 한다.
3. 적응적 교수활동	교사는 학생들의 학습방법과 관련된 개인차를 이해하고 있어야 하며, 학습자의 다양한 학습방법에 적합한 교수방법들을 개발할 수 있어야 한다.
4. 교수전략	교사는 학생들의 비판적 사고, 문제해결력, 과제수행능력을 향상하기 위해 효과적으로 활용될 수 있는 교수전략들을 이해하고 있어야 하며, 또한 실제 수업 장면에서 이를 활용할 수 있어야 한다.
5. 동기와 학급관리	교사는 학생들의 긍정적인 상호작용, 적극적인 수업참여, 동기화를 촉진할 수 있는 학습환경을 만들어 내기 위해 개인수준과 집단수준에서 나타나는 학습동기에 대해 이해하고 있어야 하며, 또한 실제 수업 장면에서 이를 활용할 수 있어야 한다.
6. 의사소통 기술	교사는 교실에서 학생들이 적극적으로 질문하고 협력하며 지지적으로 상호작용할 수 있는 효과적인 언어적, 비언어적 의사소통 방법과 매체를 이용한 의사소통기법을 이해하고 이를 활용할 수 있어야 한다.
7. 계획	교사는 교과내용, 학생, 지역사회 요구, 교육목표에 대한 자신의 지식을 기반으로 구체적인 교수계획을 세울 수 있어야 한다.
8. 평가	교사는 학생들의 계속적인 지적, 정의적 성장을 평가하고 이를 통해 학생들의 성장을 지속시키기 위한 구체적인 공식적, 비공식적 평가전략들을 알고 있어야 하며, 또한 실제 수업 장면에서 이를 활용할 수 있어야 한다.
9. 헌신	교사는 학교공동체에 속해 있는 학생, 학부모, 다른 교사들에게 자신이 미치는 영향을 계속적으로 평가하는 반성적 실천가여야 하며, 스스로 전문가로서 성장해 갈 수 있는 기회를 적극적으로 찾아가는 일을 수행해야 한다.
10. 협력관계	교사는 학생들의 학습활동과 복지를 향상하기 위해 다른 동료교사, 학부모, 지역사회 단체와 협력적 관계를 유지하고 발전시켜 나갈 수 있어야 한다.

출처: 신종호 외 역(2006), pp. 38-39.

한 동원하여 가장 적절하다고 생각되는 해결책을 찾아 실행해 보고, 자신의 판단에 대한 끊임없는 재평가 과정을 거쳐 기존의 이론을 경험으로 새롭게 재구성할 수 있을 뿐이다.

교사의 전문성은 직전교육을 통하여 그 기초가 형성되지만, 이후에도 현직교육을 통한 끊임없는 자기반성으로 계속해서 신장되어 간다. 교사가 자신의 직무에 대한 전문적 능력을 향상할 수 있도록 정부나 학교에서 제공한 교육의 기회나, 개인이 자발적으로 주도하는 모든 교육활동을 포함한 현직교육은 직전교육에서 부족했던 점을 보완하고, 사회변화에 따라 새로이 요구되는 지식과 기능 및 태도를 습득하고 새로운 가치를 추구하고 연구하는 데 매우 중요하다. 교사는 현직교육을 통해 끊임없이 배움의 과정을 경험하게 되고, 전체적으로 전문성을 신장시킬 뿐 아니라 교사로서의 역량을 강화할 수 있다.

2. 교사의 자질

교사의 자질이란 교사가 갖추어야 할 개인적 특성 및 교직 관련 태도를 의미한다. 즉, 교사의 지적, 정서적, 사회적, 신체적, 개인적 특성과 교직에 관련된 특정한 태도와 교직수행 능력을 의미한다. 그렇다면 과연 훌륭한 교사의 자질의 실제적인 내용은 무엇이며, 어떤 기준에 따라 내용이 결정되고 평가되는 것일까? 교사의 자질에 대한 규정은 정확하고 만족스럽게 하나로 정의할 수 없으며, 표준화하기란 더욱 어렵다. 도덕에 바탕을 둔 지식기반사회가 요구하는 교사는 인간애, 교육애를 겸비한 전문인이다. 교사의 자질을 인격적 소양 측면에서 살펴보면 다음과 같다.

교육에서 교사의 인격문제는 중요한 의미를 가지고 있다. 왜냐하면 좋은 교육은 훌륭한 교사를 통해서 이루어지며, 교육은 교사와 학생의 인격적 접촉으로 이루어지기 때문이다. 교사의 인격 밑바탕에는 건강한 신체와 건강한 정신이 있어야 한다. 건강한 정신을 갖춘 교사는 진실한 참사람이어야 하며, 순수하고 개방적이며 정직해야 한다. 아울러 교사는 인간애가 풍부한 사람이어야 한다. 학생을 하나의 고유한 인간으로, 나름대로의 가치와 권리를 가진 인간으로 깊이 사랑하고 존중하는 모습은 학생과의 관계에서 신뢰를 형성하게 하며, 나아가 학생들로 하여금 진정한 자아를 발견하거나 자신의 삶의 주체가 될 수 있게 하는 데 든든한 기반이 된다. 교사의 인격적 소양을 논할 때 또 하나 빼놓을 수 없는 것은 교사의 교육애다. 교사는 교육에 대한 긍지와 사명감을 가지고 교육에 헌신할 수 있는 자세로 학생들을 대하여야 한다. 분명 교육이 한 인간을 보다 나은 방향으로 변화시킬 수 있는 힘이 잠재되어 있음을 인식한다면, 교육에 대한 열정과 헌신이 있는 교사의 힘 또한 대단하리라 기대해 본다.

1) 교사의 열린 마음

열린 마음(open minded)은 교사로서 끊임없이 성장하기 위한 가능성을 실현하기 위한 전제다. 열린 마음가짐이란 여러 가지 가능성을 적극적으로 고려하려는 태도다. 상황이나 문제가 생긴 이유를 여러 가지 각도에서 살펴보고 가능한 모든 대안에 대하여 충분히 검토하며 자신이 가장 확실하게 믿었던 신념들조차도 틀린 것일 수 있다는 가능성을 인정하는 것이다. 열린 마음을 가지고 있는 교사들은 지금까지 당연하고 옳다고 믿어 왔던 교육적 활동에 깔려 있는 신념들을 끊임없이 검토한다(박은혜, 2004). 때론 수렴적 사고(convergent thinking)로 하나의 올바른 답을 찾아야 할 때도 있지만, 확산적 사고(divergent thinking)로 유연하게 대처해 나가야 하는 상황이 보다 일반적이다. 만약 교사의 마음이 닫혀 있는 상태라면 확산적 사고를 하는 학생들은 교사에게 눈엣가시 같은 존재가 되기 십상이다.

열린 마음을 가진 교사는 자신이 창조적일 뿐 아니라 학생들을 창조적인 사람으로 변화시킬 수 있다. 마음이 닫혀 있는 교사는 문제 상황에서 자신에게 잠재되어 있는 창조적 능력을 충분히 사용할 수 없다. 창조적인 사람들의 특징들을 살펴보면 다음과 같다(제석봉 외 역, 2003). 창조적인 사람은 낙관적이고 신뢰할 줄 안다. 모호함과 불확실성을 수용할 줄 안다. 관심이 넓다. 유연성을 가지고 있다. 복잡한 것을 잘 견뎌 낸다. 말이 유창하다. 호기심이 많다. 추진력과 지구력이 있다. 독립적이다. 잘 동조하지 않고 적절한 모험을 추구한다. 반면 창의적 능력을 억압하는 핵심적 요인은 두려움과 불안, 고정된 습관, 권위에 대한 의존성, 완벽주의 등이다.

가르치는 활동은 수많은 의사결정을 포함하며, 이 의사결정들 대부분은 단순한 규칙들로 환원되지 않는 것들이다. 교사는 자신이 내린 결정이 타당하고 현명한 것이라는 사실을 어떻게 알 수 있을까? 이 질문은 상당히 답하기 어려운 질문이다. 왜냐하면 교사들은 자신이 수행한 일의 효과성에 대해 거의 피드백을 받지 못하기 때문이다. 일 년에 한두 번 정도의 연구수업을 통해 동료교사나 학교행정가들로부터 피드백을 받으며, 학부모나 학생들로부터는 불분명한 피드백을 받을 뿐이다. 따라서 교사는 먼저 교사 스스로 자신의 행동에 대해 비판적으로 조사하고자 하는 열린 마음을 가질 필요가 있다. 변화에 대한 열린 마음은 반성적 사고와 함께 교사를 보다 큰 세계로 이끌 것이다.

세상에 대해 마음의 문을 활짝 열고 더 넓은 세계를 받아들이고 큰 꿈을 키워나가야 할 학생들을 가르치는 교사가 열린 마음을 소유할 때 교육현장은 새로워질 수 있다. 열린 마음의 교류 속에서 성장과 변화를 기대할 수 있으며, 교사의 삶뿐 아니라 학생들의 삶의 질이 달라질 수 있다. 교육환경이 아무리 열린 교육을 실행하기 위해 완벽하게 준비되어 있다 하더라도 교사가 닫힌 사고와 마음을 갖는 경우 결코 성공할 수 없다. 특히 지식의 절대성이 줄어들고 탈가치화 현상이 부각되는 21세기 지식기반사회에서는 기존의 지식을 새롭게 구성하고 창출하여 자기만의 지식체계를 구축해 나가야만 하는 지식의 생산자가 되어야 하기 때문에, 변화에 대해 열린 마음을 갖는 것뿐 아니라 지금까지 당연하게 생각해 왔던 믿음, 지식, 관습, 제도 등에 대하여 새로운 관점에서 사고할 수 있는 힘을 길러야 한다.

인생을 살아가면서 나는 한 가지 분명한 사실을 알게 되었다. 그것은 열린 마음을 잃지 않는 것보다 중요한 것은 없다는 것이다. 열린 마음이야말로 사람들에게 가장 중요한 재산이다.

〈Martin Buber〉

2) 교사의 사랑

교육은 만남을 전제로 하는 특별한 활동이므로 교사는 먼저 학생들과 특별한 교육적 관계를 형성해야 한다. 관계형성을 위한 교사의 기본적 자질은 학생에 대한 깊은 애정과 관심, 돌봄이다. Goldstein은 교사의 사랑을 '3Cs+P'로 설명하고 있다(염지숙 역, 2001). 즉, 사랑이란 돌봄(Care), 관심(Concern), 관계(Connection)와 열정(Passion)의 결합이라고 보는 것이다. 교사는 학생들에게 관심을 기울이며 그들이 무엇을 필요로 하는지를 파악하여 돌봄으로써 특별한 관계를 형성하게 되며, 이 관계는 열정이라는 요소로 활기를 띠고, 상호작용이 촉진되며, 교육에 최선의 노력을 기울이게끔 이끈다.

교사로서의 사랑은 학생을 사랑하려는 열정이 잘 가르치기 위한 열정과 결합될 때 일어나는 것이다. 이 사랑은 부모-자녀 애착과 마찬가지로 사랑을 주려는 교사와 사랑을 흔쾌히 받아들이는 학생 간의 안정된 관계가 형성될 때 더욱 풍부해지고 교육의 제반 현상에 긍정적 영향을 미친다. 교사의 사랑은 학생과의 신뢰와 친밀감을 돈독히 하며, 학생은 교사와의 인격적 만남과 사랑받은 경험을 토대로 인생의 방향 정립과 가치관 형성에 영향을 받는다. 교사로서의 사랑은 노력으로 가능하며, 사랑으로 가르치는 교수경험을 통해 더욱 발전시켜 나갈 수 있다. 교사로서의 사랑은 한 명의 교사가 다수의 학생들을 사랑하는 '다각형의 사랑'으로 간주되지만, 사랑을 받아들이는 학생의 입장에서는 일대일의 특별한 사랑으로 인식될 수 있다. 그 사랑으로 학생들은 알게 모르게 성장하는 것이다.

교사와 학생의 만남은 짧은 기간 동안의 일시적 만남이지만 어떠한 관계를 맺고 영향을 주고받았는지는 학생의 일생을 좌우할 수도 있는 중요한 변인이다. 서로 가르치고 배우며 인생여정을 함께하는 사제동행을 하기 위해서 학생을 사랑할 줄 아는 교사의 자질은 중요하다고 하겠다(윤정일, 허형, 2003). 교사는 많지만 스승은 없다고 한탄하는 작금의 세대이지만 지금도 어느 하늘 아래서는 학생의 마음에 특별한 사랑을 심고, 사랑으로 학생의 삶을 변화시키기를 희망하는 스승들이 있다고 신뢰하며 교육에 희망을 걸어야 할 것이다. 인생에서 진정으로 따르고 싶은 스승 한 명을 만난 학생의 삶은 많은 시행착오와 실패 가운데서도 용기를 되찾으며, 교사로부터 받은 사랑과 신뢰를 바탕으로 또다시 도전할 수 있을 것이다.

학습, 학생, 인간이 되어 가는 과정에는 사랑이 존재한다. 가르치는 것은 신뢰 및 존경과 관련될 뿐 아니라 학생과 교사 사이의 친밀하고 특별한 관계에 의존하기 때문에 사랑에 관한 것이다. 교사들의 일과 바쁜 삶 속에서 사랑을 연습할 시간은 매우 소중하다. 교사 자신의 가르침이 학생들의 삶을 변화시킬 수 있을 것이라는 명확한 목표와 열정과 희망은 좋은 가르침의 핵심이 되기 때문에, 교사 자신이 학생들을 어떻게 사랑하고 있는지 반성적 시각에서 재검토해 보는 것은 매우 중요하다. 교사는 가르침에 필수적인 사랑, 배려, 존중을 연습하고, 학생들이 따르고 싶을 정도로 매력적인 본보기로서, 학급의 분위기를 인간적으로 조성하고 서로의 성장에 도움이 되는 방향으로 만들어 나가야 할 것이다.

생명을 살리는 리더십

〈홀랜드 오퍼스〉라는 오래전 영화에는 음악으로 다음 세대의 리더를 키우는 교사가 주인공으로 등장한다. 그는 원래부터 고귀한 사명감에 불타 교사의 길을 걸었던 사람이 아니었다. 그는 인생의 막다른 길에서 생활수단을 위하여 어쩌다가 교직에 입문하였던 사람이었다. 그는 학생들에게 음악을 가르치면서 자기도 모르게 영향력 있는 리더로 변화되어 갔고, 더 나아가 학생들의 내면을 감동으로 터치하여 잠들어 있는 능력을 깨워 주는 교사로 성장해 갔다. 그는 자신만 성장했던 것이 아니라 학생들을 성장시켰고, 외적 조건으로 보았을 때 화려한 성공은 아니었지만 조용하고도 의미 있는 성공을 이루어 낸 리더의 모습을 보여 주었다. 그는 학생들에게 사랑한다는 말 한마디 건네지 않았지만 행위의 결과로 사랑을 입증하였던 것이다.

『논어』에 보면 "사랑이란 다른 사람이 살게끔 하는 것이다(愛之 欲其生)."는 구절이 나온다. '산다'는 것은 생물학적 삶의 영위를 의미하기도 하지만, 더 나아가 사람답게 행복하게 살아가는 것을 뜻한다. 다른 사람의 생명을 소중히 하며, 그의 삶이 성공할 수 있도록 도울 뿐 아니라 그 성공을 기뻐할 수 있는 리더는 사랑이라는 본질적 위대성을 가진 리더라고 할 수 있을 것이다. 주변에서 사회적으로 성공한 리더가 존경받기는커녕 웃음거리로 회자되는 이유는 무엇일까? 그것은 아마도 그가 구성원을 잘 살게끔 돌아보기보다 성공의 부산물을 누리기에 급급한 삶을 살았기 때문이 아닌가 싶다. 리더가 '수기(修己)'하지 않으면 '안인(安人)'의 과제를 소홀히 할 수 있으므로, 옛 성현들은 리더의 조건으로 '수기안인(修己安人)'을 강조하였던 것인지도 모른다. 리더가 잘 살았다는 증거는 자신의 삶뿐 아니라 구성원의 삶에도 나타나기 때문이다.

리더는 매일 순간순간의 삶에서 넘어야 할 크고 작은 파도들을 헤쳐 나가는 힘이 있어야 할 뿐 아니라, 억울하게 오해받고 뜻밖의 변수 때문에 심은 대로 거두지 못하는 상황에서도 원망하거나 좌절하지 않고 묵묵히 책임지는 '균형감각'이 있어야 한다. 리더가 된다는 것은 사람들 앞에 드러나야 하므로 좋든 싫든 반드시 어떤 종류의 비난을 받게 되어 있다. 따라서 리더는 많은 사람들에 둘러싸여 있음에도 늘 쓸쓸한 고독을 견뎌 내고 그 와중에서도 리더십을 발휘해야만 하는 사명을 부여받은 존재다. 리더는 마치 전장의 최전선에서 가장 먼저 죽기를 각오하고 싸우는 대장과도 같다. 생색내지 않고 가장 먼저 자신의 땀을 쏟는 리더십이 있어야 구성원을 따르게끔 할 수 있는 것이다. 리더가 존재하는 이유는 구성원이 있기 때문이고, 구성원이 편안히 살도록 하기 위한 치열한 분투는 구성원의 마음을 움직일 수 있다.

우리 모두는 적어도 크고 작은 몇 가지 조직에 속해 있으면서 때로는 리더로, 때로는 구성원으로 기능하며 살아간다. 리더가 구성원을 살리는 리더십을 발휘하듯, 구성원 또한 리더의 리더십을 살려 줄 때 아름다운 동반자적 리더십이 생겨난다. 따라서 한 사람의 리더에게 권력이 집중되거나, 소수집단만이 권력을 행사하는 소수의 리더십만으로는 미래의 성공을 보증할 수 없다. 모든 구성원이 힘을 나누어 가지고, 각자 자신이 처한 자리에서 리더가 되어 자신뿐 아니라 타인, 조직의 생명을 살리는 본분을 다할 수 있는 동반자적 패러다임으로의 전환이 필요하다.

3) 교사의 헌신과 사명감

헌신은 교사의 삶에서 중요한 부분이다. 학생들과 교과목에 대한 헌신은 교사가 기본적으로 책임져야 하는 부분이다. 교사는 가르치는 일과 그에 대한 준비에 대한 시간, 노력, 자원을 헌신한다. 교사들은 또한 자신의 학생들에게 헌신해야 한다. 교사생활에 대한 윤리적이고 도덕적인 차원들은 '교육하는 교사', 즉 자신의 일이 전체 삶과 연결되는 교사와 '가르치는 교사', 다시 말하면 가르치는 것을 천직이라기보다는 직업으로 생각하는 교사를 구별한다. '교육하는 교사'에게 학생에 대한 사랑, 감정적 개입, 보호하기, 비판적 사고는 가르침의 필수적인 보완요소들이다. 교직에 대한 사명감이 있는 교사는 자신의 일에 최선을 다할 준비가 되어 있으며, 가르치는 것을 통해 내적 감사가 충만해지고 삶의 목적을 찾게 된다.

David Hansen은 교실에서 가르치는 일을 '학생의 정신과 영혼을 연마하는' 것과 관련지으며 소명과 도덕적 · 개인적 헌신으로 인식한다(박은혜 외 역, 2007). 가르치는 것은 인간으로서 쇠퇴보다 진보하도록 하고, 외모나 능력 안에 갇히지 않고 성장하도록 하는 태도, 성향, 이해 등을 격려하거나 지원하는 계속적인 활동이다. 다른 모든 조건이 똑같다고 할 때 소명감을 가진 사람은 직업으로서 그것을 대하는 사람보다 훨씬 더 교사의 역할에 몰입한다. 소명감을 가진 교사들은 학생들에게 좀 더 넓고 역동적이고 지적 · 도덕적인 영향력을 발휘한다. 가르침에 대한 소명은 그것을 제공하는 사람에게도 개인적인 충만함을 제공하는 공적 서비스다.

교사가 지녀야 할 자세에 관해 코메니우스는 "이러한 교사들이 성공적으로 영향을 끼치기 위해서는 자신의 직업에 대한 과제와 목표를 인식하고 있어야 하며, 그것에 유용한 방법론을 가지고 있어야 하고, 그 방법론의 풍성함을 완전히 유지하고 있어야 한다."고 기술하고 있다. 교사가 꼭 소유해야 할 남다른 사명감은 인간이 그동안 잃어버렸던 하나님의 형상으로 인간을 인도하는 것이며, 선을 선택하며 악을 버릴 수 있는 자유의지를 회복하는 데 있다. 그렇게 하기 위해서는 진리가 무엇인지를 알아야 하며, 선을 소망해야 하고, 무가치한 것과 가치 있는 것을 구별하여 필수적인 행동을 하는 법을 배워야 한다고 하였다(이상욱, 2006).

교사의 성장을 위한 반성적 사고

1. 자아상(Self-image)
   - 교사로서 나는 누구인가?
   - 한 인간으로서 나와 어떤 관계가 있는가?

2. 자아존중감(Self-esteem)
   - 교사로서 나는 나의 직업을 얼마나 잘 수행하고 있는가?
   - 교사로서 나는 나의 직업에 대해 어떻게 느끼는가?
   - 교사로서 나 자신에 대해 만족하는가?
   - 즐거움과 기쁨의 원천은 무엇인가?
   - 무엇이 내 자신의 개인적 · 직업적 자질들을 의심하게 하는가?

3. 직업적 동기(Job motivation)
   - 왜 교사가 되려 했는가?
   - 교사로 계속 남아 있는 이유는 무엇인가?
   - 교사로서 나의 동기를 강화하거나 유지시키기 위해 무엇을 할 수 있는가?
   - 이것이 발생하도록 무엇을 할 수 있는가?

  • 다른 사람들이 도울 수 있는 방법은 무엇인가?

4. 과업인지(Task perception)

  • 좋은 교사가 되려면 무엇을 해야 하는가? 그리고 어떻게 해야 하는가?

  • 내 학생들의 정서적인 또는 관계적인 문제들이 나의 관심사라고 느끼는가? 어느
    정도 느끼는가?

  • 모든 학생들이 최소한의 학습목표를 성취하기에 충분한가?

  • 나의 개인적 · 전문적 성장 프로그램은 무엇인가?

  • 교사로서 나의 직업의 일부분을 차지하고 있는 것은 무엇인가?

  • 그렇지 않은 것은 무엇인가?

  • 나의 상황을 개선하려면 어떤 행동을 할 수 있는가?

5. 미래에 대한 관점(Future perspective)

  • 미래에 대한 나의 기대는 무엇이며 그것에 대해 어떻게 느끼는가?

  • 남은 교직 생활을 어떻게 전망하는가?

  • 밝은 미래를 보장하기 위해 나는 어떤 행동을 할 수 있는가?

＊위의 질문들은 교사의 자아상에 포함되는 다섯 가지 요인에 대해 초임교사와
  경력교사와의 심층 면접을 분석한 벨기에 교육자 Geert Kelchtermans(1999)의
  연구에서 나왔다(박은혜 외 역, 2007, pp. 56-58)

3. 교사의 성장

　하나의 생명이 잉태되어 엄마 뱃속에서 10개월을 보내고 세상에 태어나 인
생의 발달단계를 거치며 성장하고 쇠하듯, 한 명의 교사 또한 교사가 되기 위
한 준비에서부터 교직입문, 성장 그리고 쇠퇴기를 거치게 되어 있다. 대학에서
좋은 교사가 되기 위한 준비를 하고 교직에 입문하면 이론적으로 배워 왔던 지
식들을 현장에 적용하면서 교사로서 뿌리를 내리게 된다. 초임교사로서 일정

기간이 지나면 좀 더 적극적으로 자신의 역할을 수행하기 위하여 노력하게 되고, 더 나은 교육자의 자질을 향상하여 성공적인 교사로 성장하기를 원한다. 물론 성장과정에서 좌절도 경험하고, 어떤 교사들은 자신이 하는 일에 익숙해져 더 이상 성장을 위해 노력하지 않는 안일한 태도를 취하기도 한다. 끊임없이 성장하는 교사가 될 것인가, 성장을 멈춘 교사가 될 것인가의 기로에서 많은 교사들은 고민하고 성장과 후퇴를 반복하며 각기 다른 교사로서의 삶을 살아간다.

교사로서 성장하기 위하여 추구해야 하는 방향은 교사의 리더십 확립과 리더십의 발휘다. 교사는 학급운영과 수업지도, 생활지도 측면에서 학생들과 가장 가까운 곳에서 막강한 영향력을 미치는 리더라고 할 수 있다. 세계 각국은 교육적 변혁을 통하여 변화를 주도하고자 하며, 이러한 교육은 변혁적인 리더들을 통해서 가능하다는 신념을 갖고 있다. 그러므로 교사는 교육적 리더로서 지식활동을 통해 새로운 가치를 창조하고 자아를 실현해 나가야 한다(이병진, 2003). 리더로서의 교사는 팔로워(followe)로서의 학생들과 상호 성장하고 변화할 수 있는 관계형성이 되어야 한다. 교사와 학생이 함께 있음으로 인해 서로의 인격 깊숙한 곳에 자극과 감동과 변화가 수반되어야 한다. 학생은 교사의 가르침을 따라가면서 새로운 비전을 보고, 자신에게 잠재된 능력이 마음껏 발휘되는 기쁨을 경험하고, 새롭게 발전해 나가는 자신을 경험할 수 있어야 하는 것이다. 따라서 교사는 학생들을 가르치기 위해 계속 배워야 하고, 좋은 리더가 되기 위해 평생 성실한 학생이 될 것을 결심해야 한다.

'성장심리학자들'(대부분 인본주의 심리학자)은 인간은 과거와 생물학적 본성이나 환경적 여건을 훨씬 뛰어넘어 성장할 수 있으며 또 성장해야 할 것을 강조하고 있다. 그들은 인간이 끊임없이 성장하고 풍요롭게 발전하면서 자신이 원하는 대로 충족될 수 있다는 가능성을 믿고 있다. 즉, 인간은 스스로를 인식하고 실현하기 위하여 자신이 부여받은 잠재능력을 최대한으로 발휘하도록 노력하지 않으면 안 되고, '정상성(normality)'을 초월한 성장을 낙관해야 한다는 것이다. 성장심리학자들의 이론으로 '성장하는 교사'의 모습을 전망해 보면 다음과 같다(이혜성 역, 2007).

1) 성숙한 교사(Allport의 모형)

성숙한 교사는 자아가 발달됨에 따라 자기뿐 아니라 자기 이외의 것에 관심을 가진다. 이 관심은 어떤 것(직업)이나 어떤 사람(학생)과 단지 관계를 형성하는 것만으로 충분치 않다. 직접적이고 완전한 참여자가 되어야 한다. Allport는 이것을 "인간 능력의 중요한 국면에서의 자신의 진정한 참여"라고 명명했다. 다시 말하면, 교사에게 교직이란 자신에게 중요하고 적절해야만 하며 의미가 있어야 한다. 자신이 중요하다고 믿기 때문에, 자신의 능력에 대한 도전으로 볼 수 있기 때문에, 혹은 최선을 다해 그 일을 해서 기분이 좋기 때문에 교직에 종사한다면 진정한 참여자가 된다. 그 활동은 수입의 근원보다 훨씬 더 많은 의미가 있으며, 다른 욕구들도 충족하게 된다.

성숙한 교사는 부모, 자식, 배우자, 친구, 학생들에게 친밀감(사랑)을 표현할 수 있다. 친밀감의 능력을 만드는 것은 잘 발달된 자아감의 확장이다. 어떤 사람이 사랑하는 사람과 그의 복지에 대한 관심으로 진정한 참여를 나타낸다면 이것은 개개인의 복지만큼이나 중요하다. 친밀감은 잘 발달된 자아정체감의 표현이다. 성숙하지 못한 교사는 사랑의 형성관계에서 줄 수 있는 사랑보다 훨씬 많은 사랑을 받기를 요구하며, 그들이 사랑을 줄 때는 조건과 책임 때문에 주는 것이다. 성숙한 교사의 사랑은 무조건적이다. 또한 성숙한 교사는 다른 사람의 행동을 판단하거나 비방하지 않고 관용을 베푼다. 인간은 모두 약점을 가지고 있다는 것을 알고, 인간의 나약성을 받아들인다.

성숙한 교사는 수동적으로 포기하지 않고 약점과 실패를 포함한 존재의 모든 양상들을 받아들이는 '자기수용(self-acceptance)'의 모습을 보인다. 그렇기 때문에 자신의 정서를 조절하며, 다른 사람들의 정서 또한 받아들일 수 있다. 성숙한 교사는 정서적 안정감이 있으므로 '좌절에 대한 관용의 자세(frustration tolerance)'를 견지한다. 즉, 좌절에 포기하지 않고 오히려 똑같은 목표나 대치

목표에 도달하는 데 좌절을 감소시키는 다른 방법을 발견할 수 있다. 성숙한 교사는 '효능감(sense of proportion)'으로 생의 목표와 자아 위협에 대처하는 것을 배우고, 이런 스트레스가 항상 불행으로 연결되지는 않는다는 것을 발견한다.

성숙한 교사는 다른 사람이나 상황을 현실적으로 지각할 뿐 아니라 자기 자신에 대해서도 객관적으로 지각할 수 있다. 또한 미래지향적이고 긴 안목의 목표와 계획을 끊임없이 추구하는 삶을 살아간다. 성숙한 교사는 과거지향적이 아니라 미래지향적이다. 즉, 장차 되고자 희망하는 모형을 향해 노력하는 것이지, 일단 이루어져서 다시는 변화되기 어려운 모형을 지향하는 것이 아니다. 미래는 의식적으로 그리고 의욕적으로 계획될 수 있으며, 과거에 집착하거나 현실에 안주하는 생활은 변화되기 어렵다. 설사 계획했던 목표가 달성되었다 하더라도 또다시 새로운 목표를 수립할 수 있어야 한다. 성장을 이끄는 힘은 목표를 달성해 가는 과정이지 목표의 달성에 있는 것은 아니며, 성공을 향해 노력하는 것이지 성공 그 자체는 아니다.

2) 기능을 충분히 발휘하는 교사(Rogers의 모형)

기능을 충분히 발휘하는 교사는 모든 감정과 태도를 경험하는 데 자유로울 만큼 경험에 개방되어 있다. 위협받는 것이 없으므로 방어해야 할 것도 없다. 이러한 교사는 삶이 제공하는 경험을 수용할 뿐 아니라 지각과 경험의 새로운 길을 열기 위해 활용하는 데도 융통성이 있다. 자아구조가 새로운 경험에 항상 개방되어 있으므로 적응력이 있다. 이러한 성격에는 완고함이나 예언성이 없다. 이런 사람은 "내가 다음 순간에 어떻게 될지, 무엇을 할지는 그 순간에 또 성장하므로 나 자신이나 타인이 미리 예언할 수가 없다."고 말한다. 지금—여기에 충실한 실존적 삶을 살아가고 있기 때문에 순간마다 일어나는 모든 일에 개방되어 있고, 그 경험은 다음 순간의 경험에 쉽게 반응할 수 있는 구조를 형성한다.

충분히 기능을 발휘하는 교사는 자신이 옳다고 느끼는 방식으로 행동하는 것을 행동과정을 결정하는 데 가장 신뢰할 만한 지침으로 삼는다. 다만 어떠한 결정을 내려야 할 상황에서 경험에 대해 완전히 개방되어 있으므로 유용한 모든 정보에 접근한다. 이 정보에는 개인의 욕구, 적절한 사회적 욕구, 비슷한 과거 상황의 기억, 현 상태의 지각이 모두 포함된다. 이성적이거나 지적인 근거에 따라서만 움직이는 사람은 결정에 이르는 과정에서 정서적인 요소를 무시하기 때문에 어떤 의미에서 불리한 입장에 있다. 유기체의 모든 면, 즉 지적 능력뿐 아니라 의식·무의식·정서까지도 당면한 문제라는 관점에서 분석해야 한다. 결정에 이르는 데 사용한 자료가 정확하고 자신의 전체가 결정과정에 참여하고 있기 때문에 자신을 신뢰하듯 자신의 결정도 신뢰할 수 있는 것이다.

충분히 기능을 발휘하는 교사는 선택이나 행동에서 자유로움을 경험한다. 즉, 억제나 금지 없이 생각과 행동과정의 대안들 사이에서 자유롭게 선택할 수 있다. 뿐만 아니라 삶에 대한 개인적인 지배감을 즐기며, 일시적 생각이나 주변 환경, 과거 사건들에 따라 미래가 정해지는 것이 아니라 자기 자신이 좌우한다고 확신한다. 이런 자유와 지배감 때문에 살아가면서 많은 선택권을 가지게 되고, 자신이 원하는 것을 할 수 있다고 느낀다. 또한 충분히 기능을 발휘하는 교사는 고도로 창조적이다. 모든 경험에 대해 개방을 하고, 자신의 유기체성을 신뢰하며, 결정이나 행동에 융통성이 있는 사람은 자기 실존의 모든 영역에서 독창적 사고력과 창조적 삶으로 스스로를 표현한다. 그들은 자기 행동에 자발적이며 자기를 둘러싼 풍요로운 삶의 작용에 반응하여 변화하고 성장하고 발달한다.

3) 자아를 실현하는 교사(Maslow의 모형)

자아를 실현하는 교사는 주변 세계에 있는 물체와 사람을 객관적으로 지각한다. 그들은 세계를 자기들이 원하거나 필요한 방식으로 주시하는 것이 아니라 있는 그대로 본다. 지각의 이러한 객관성으로 타인에 대해 정확히 판단할 수 있으며 속임수와 부정직을 재빨리 탐지할 수 있다. 이 정확성은 삶의 다른 측면들, 즉 미술, 음악뿐 아니라 지적 · 정치적 혹은 과학적 관심에까지 확대된다. 그들은 자신의 판단과 지각에만 의존하며 편견이나 선입관이 없다. 만약 세계를 자기 주관에 맞추어 지각한다면 세계와 타인들과 상호관계를 효율적으로 맺어 나갈 수 없다. 객관적으로 현실을 반영할 수 있을 때 논리적으로 생각하여 올바른 결론에 도달하는 지적인 능률을 올릴 수 있는 능력이 발휘된다.

자아를 실현하는 교사는 약점과 장점을 포함하여 자기 자신을 불평이나 걱정 없이 받아들인다. 혹 약점이나 결함이 있더라도 그것에 대해 부끄럽게 생각하거나 죄책감을 느끼지 않는다. 자기의 본성을 있는 그대로 받아들이는 것이다. 자기의 본성에 대해 대단히 수용적이므로 자신을 왜곡하거나 변조할 필요가 없다. 일반적으로 그들은 자신뿐 아니라 아는 사람들의 결점에 그리고 사실상 인류 전체의 결점에 대해서도 똑같이 관대하다. 따라서 삶의 모든 측면에서 가식 없이 솔직하고 직접적인 방식으로 행동한다. 정서를 숨기지 않고 정직하게 나타낸다. 간단히 말해, 그들은 자연스럽게 행동한다. 그것이 자기의 본성에 따르는 것이다.

자아를 실현하는 교사는 자기의 일을 사랑하고, 그 일이 자기에게 자연스럽게 맞는다는 것을 느낀다. Maslow는 일과 사람을 열쇠와 자물쇠처럼 꼭 들어맞는 의미 있는 관계로 비유하여 설명하였다. 그들의 일이란 자기가 하고자 하는 일, 단순히 생계를 잇기 위한 수단으로서의 직업이 아니라 실제로 자신이 해야 한다고 느끼는 어떤 것이다. 이런 일에 정열적으로 헌신하면서 자아를 실현하는 교사는 욕구 이상의 것(metaneeds)을 성취하거나 수행할 수 있다. 일에 몰두하고 그에 대해 만족하기 때문에 더 열심히 일한다. 물론 그들에게 일이란 싫은 것이 아닌 즐거운 것이다. 자기의 일을 다른 어떤 것보다 즐기는 것이다.

자아를 실현하는 교사는 사적인 생활과 독립에의 욕구가 있으며, 자기주도적이다. 그들에게 자아실현의 동기는 결핍동기에서 비롯되는 것이 아니라 성장동기에서 나온다. 성장동기 발달의 여부는 자신의 잠재력과 내적 자원에 좌우된다. 따라서 위기나 결핍에서도 강건할 수 있으며, 스스로 만족하며 사회물리적 환경에 자율적으로 기능한다. 또한 아무리 반복되는 경험일지라도 즐거움과 경외(敬畏)와 놀라움 같은 신선한 감각을 경험한다. 그 결과, 당연하게 여기는 것이 거의 없고 자기들이 소유하고 경험할 수 있는 것에 대해 계속 감사할 줄 안다.

포기하면 안 되지(Don't Quit)

–Edgar Albert Guest

이따금 일이 잘 풀리지 않을 때,
험한 비탈을 힘겹게 올라갈 때,
주머니는 텅 비었는데 갚을 곳은 많을 때,
웃고 싶지만 한숨지어야 할 때,
주변의 관심이 되레 부담스러울 때,
필요하다면 쉬어가야지, 하지만 포기하면 안 되지!

인생은 우여곡절 굴곡도 많은 법,
사람이라면 누구나 깨닫는 바이지만,
수많은 실패들도 나중에 알고 보면
계속 노력했더라면 이루었을 일.
그러니 포기는 말아야지, 비록 지금은 느리지만,
한 번 더 노력하면 성공할지 뉘 알까!

성공은 실수와는 안팎의 차이
의심의 구름 가장자리에 빛나는 희망,
목표가 얼마나 가까워졌는지는 아무도 모를 일,
생각보다 훨씬 가까울지도 모르지.
그러니 얻어맞더라도 싸움을 계속해야지.
일이 안 풀리는 시기야말로 포기하면 안 되는 때!

＊승자들은 원래부터 승리하도록 태어난 것이 아니라 후천적으로 만들어진 것이다. 마찬가지로 원래부터 성공한 교사는 없는 것이다. 성공은 그냥 일어나는 게 아니라 열심히 노력해서 얻어 내는 것이다. 성공한 사람에게서 볼 수 있는 불굴의 인내와 끈기, 다음엔 잘할 수 있을 거라 기대하며 포기하지 않는 희망, 견디는 것보다 포기하는 것이 쉽겠지만 끝까지 견뎌 보면서 성장을 멈추지 않을 때 성공이라든지 성장이라든지 승리라는 말을 할 수 있다. 성공하는 교사는 가르치는 일에 역경과 수없이 많은 장애가 있다 하더라도 잘 가르치기 위한 노력을 계속하며 더 좋은 교사가 되기를 포기하지 않는 사람이라 할 수 있을 것이다.

연구문제

1. 은유법을 활용하여 교사의 역할을 비유해 보자. 은유란 다른 방식으로 표현하기 어려운 실체에 대한 이미지를 한 단어나 문장으로 나타내는 것이다(예: '교사는 정원사와 같다.' 왜냐하면 식물이 정원사의 보살핌과 정성으로 아름답게 잘 자라듯 교사도 학생의 잠재력을 최대한 발휘되도록 정성으로 교육하는 사람이기 때문이다).

2. 자신의 인생에 가장 긍정적인 영향력을 끼쳤던 선생님을 떠올려 보자. 그 선생님의 어떤 모습이 자신을 발전시켰는지 친구와 이야기를 나누어 보자.

3. 예비교사로서 지금까지 살아왔던 삶을 회고하며 짤막한 자서전을 써 보자. 자서전에는 과거-현재-미래의 자기 모습이 잘 드러나도록 기록하되, 자신에게 일어난 중요한 사건, 자신에게 영향을 주었던 사람, 앞으로 자신의 성장을 위해 경험해야 할 것들을 중심으로 기록한다.

참고문헌

박은혜(2004). 유아교사론. 파주: 양서원.

박은혜, 이진화, 위수경, 조혜선 공역(2007). 열정으로 가르치기(크리스토퍼 데이 저). 서울: 파란마음.

배소연(1993). 유아교사의 실천적 지식과 교사교육의 방향. 교육학연구, 31(5), 153-171.

신종호, 김동민, 김정섭, 김종백, 도승이, 김지현, 서영석 공역(2006). 교육심리학(P. D. Eggen & D. Kauchak 저). 서울: 학지사.

염지숙 역(2001). 사랑으로 가르치기: 유아교육에 대한 페미니티스트 접근(L. S. Goldstein 저). 서울: 창지사.

윤정일, 허형(2003). 훌륭한 교사가 되는 길. 파주: 교육과학사.

이병진(2003). 새로운 교육의 패러다임 교육리더십. 서울: 학지사.

이상욱(2006). 21C 유아교사론. 서울: 창지사.

이혜성 역(2007). 성장심리학(D. Schultz 저). 서울: 이화여자대학교출판부.

제석봉, 유계식, 박은영 공역(2003). 유능한 상담자(Gerard Egan 저). 서울: 학지사.

내 용

저·자·소·개

이인학
대구과학대학교 물리치료과 교수

이기영
김천대학교 유아교육과 교수

김규태
계명대학교 교육학과 교수

최성열
경북과학대학교 유아교육과 교수

신성철
경북과학대학교 사회복지계열 교수

박지은
대구과학대학교 유아교육과 교수

류관열
대구과학대학교 유아교육과 교수

김도진
대구미래대학교 유아교육과 교수

2판
최신 교육의 이해

2009년 3월 10일 1판 1쇄 발행
2012년 4월 20일 1판 5쇄 발행
2013년 9월 5일 2판 1쇄 발행
2020년 2월 20일 2판 6쇄 발행

지은이 • 이인학 · 이기영 · 김규태 · 최성열
　　　　신성철 · 박지은 · 류관열 · 김도진
펴낸이 • 김 진 환
펴낸곳 • (주) **학지사**
　　　　04031 서울특별시 마포구 양화로 15길 20 마인드월드빌딩 5층
대표전화 • 02) 330-5114　　　팩스 • 02) 324-2345
등록번호 • 제313-2006-000265호

홈페이지 • http://www.hakjisa.co.kr
페이스북 • https://www.facebook.com/hakjisabook

ISBN 978-89-997-0204-4 93370

정가 **18,000**원

이 도서의 국립중앙도서관 출판시도서목록(CIP)은 서지정보유통지원시스템 홈페이지
(http://seoji.nl.go.kr)와 국가자료공동목록시스템(http://www.nl.kr/kolisnet)에서 이용하실
수 있습니다.
(CIP제어번호: CIP2013015713)

출판 · 교육 · 미디어기업 **학지사**

간호보건의학출판 **학지사메디컬** www.hakjisamd.co.kr
심리검사연구소 **인싸이트** www.inpsyt.co.kr
학술논문서비스 **뉴논문** www.newnonmun.com
원격교육연수원 **카운피아** www.counpia.com